Individualistische Wirtschaftsethik (IWE)

Lizenz zum Wissen.

Sichern Sie sich umfassendes Wirtschaftswissen mit Sofortzugriff auf tausende Fachbücher und Fachzeitschriften aus den Bereichen: Management, Finance & Controlling, Business IT, Marketing, Public Relations, Vertrieb und Banking.

Exklusiv für Leser von Springer-Fachbüchern: Testen Sie Springer für Professionals 30 Tage unverbindlich. Nutzen Sie dazu im Bestellverlauf Ihren persönlichen Aktionscode C0005407 auf *www.springerprofessional.de/buchkunden/*

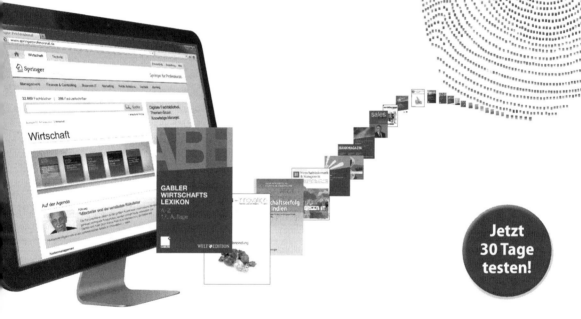

Springer für Professionals.
Digitale Fachbibliothek. Themen-Scout. Knowledge-Manager.

- 🔎 Zugriff auf tausende von Fachbüchern und Fachzeitschriften
- ☺ Selektion, Komprimierung und Verknüpfung relevanter Themen durch Fachredaktionen
- ✎ Tools zur persönlichen Wissensorganisation und Vernetzung

www.entschieden-intelligenter.de

Springer für Professionals

Wolfgang Deppert

Individualistische Wirtschaftsethik (IWE)

Anwendung der individualistischen Ethik auf das Gebiet der Wirtschaft

Wolfgang Deppert
Hamburg, Deutschland

ISBN 978-3-658-03585-3   ISBN 978-3-658-03586-0 (eBook)
DOI 10.1007/978-3-658-03586-0

Die Deutsche Nationalbibliothek verzeichnet diese Publikation in der Deutschen Nationalbibliografie; detaillierte bibliografische Daten sind im Internet über http://dnb.d-nb.de abrufbar.

Springer Gabler
© Springer Fachmedien Wiesbaden 2014
Das Werk einschließlich aller seiner Teile ist urheberrechtlich geschützt. Jede Verwertung, die nicht ausdrücklich vom Urheberrechtsgesetz zugelassen ist, bedarf der vorherigen Zustimmung des Verlags. Das gilt insbesondere für Vervielfältigungen, Bearbeitungen, Übersetzungen, Mikroverfilmungen und die Einspeicherung und Verarbeitung in elektronischen Systemen.

Die Wiedergabe von Gebrauchsnamen, Handelsnamen, Warenbezeichnungen usw. in diesem Werk berechtigt auch ohne besondere Kennzeichnung nicht zu der Annahme, dass solche Namen im Sinne der Warenzeichen- und Markenschutz-Gesetzgebung als frei zu betrachten wären und daher von jedermann benutzt werden dürften.

Springer Gabler ist eine Marke von Springer DE. Springer DE ist Teil der Fachverlagsgruppe Springer Science+BusinessMedia
www.springer-gabler.de

*In Dankbarkeit für viele bereichernde Diskussionen
dem Donnerstags-Schilksee-Treff gewidmet:*

*Dr. Janke-Jörn Dittmer, Prof. Dr. Hans-Carl
Jongebloed, Dr. habil. Dr. Björn Kralemann,
Dr. Claus Köhnlein, Katrin und Dr. Claas
Lattmann, Prof. Dr. Klaus-Jürgen Nordmann
(gest.), Niels Martens, Pastor Siegfried Munz (gest.),
Michael Rahnfeld, Brigitte und Prof. Dr. Jochen
Schaefer, Prof. Dr. Bernhard Thalheim*

Vor dem Anfang

Kritik an den Grundlagen der Wirtschaftswissenschaften

Anlässe zum Nachdenken über Wirtschaftsethik gibt es tagtäglich: etwa beim Hören der Nachrichten, beim Lesen der Zeitung über die europaweite Zunahme der Arbeitslosigkeit und der Managergehälter oder das ausbeuterische Verhalten von Großkonzernen in Indien und Bangladesch oder sonstwo. Aber derlei Anlässe reichen stets nur so weit, sich über die Missstände in unserer Welt zu beklagen, was freilich überhaupt nicht weiterführt. Es bedarf schon eines sehr konkreten Anlasses, um sich über einige Monate klar darüber zu werden, was denn zu tun ist und was wir selbst dazu beitragen können, damit wir mit unserer Welt zufriedener werden. Könnte es nicht eine große Lust zu leben sein, die Gewißheit zu haben, endlich wieder etwas Richtiges oder gar etwas Gutes getan zu haben und es weiterhin zu tun? Aber wie geht das?

Der Anlaß, dieser Frage nachzugehen, bot sich mir, als ich an der Universität in Kiel die Wissenschaften allesamt sehr heftig kritisiert hatte. Im Rahmen meiner Wissenschaftstheorie-Vorlesung „Kritik der Wissenschaften hinsichtlich ihrer Verantwortung für das menschliche Gemeinwesen" habe ich mir besonders eine Kritik an den Wirtschaftswissenschaften erlaubt. Die Wirtschaftswissenschaften[1] sind von meinem wissenschaftstheoretischen Standpunkt aus gesehen heftig zu kritisieren, weil sie sich kaum um die Sicherstellung ihrer eigenen wissenschaftlichen Grundlagen bemühen. So haben sie z. B. versäumt, den Wertbegriff klar zu bestimmen. Geht es denn in der Wirtschaft nicht vor allem um die Schaffung und Verteilung von Werten, die die Menschen zum Leben brauchen? „Aber was ist denn das, ein Wert?" Reicht denn auf die Frage schon die Antwort: „Na, das, was etwas wert ist?" „Na prima!" „Aber was ist denn das?" Und da reden vor allem die Politiker und die Sonntagsredner so viel vom Werteverlust, aber sie sagen nicht dazu, was sie damit meinen!

---

[1] Wenn ich hier sehr allgemein von Wirtschaftswissenschaften spreche, dann meine ich damit die sogenannte „moderne Wirtschaftswissenschaft", die sich im wesentlichen erst in der zweiten Hälfte des 20. Jahrhunderts ausgeprägt hat, und nehme davon ausdrücklich die wirtschaftstheoretischen Arbeiten von Bruno Hollnagel aus, die unter dem Begriff „Relativitätsökonomie" erschienen sind. Vgl. B. Hollnagel, *Relativitätsökonomie*, WILEY-VCH Verlag GmbH & Co. KGaA Weinheim 2009.

Die Wirtschaft ist ja wohl das große menschliche Gemeinschaftswerk, das sich deshalb über Jahrtausende entwickelt hat, um das Überleben der Menschen dadurch zu sichern, daß sie über dasjenige verfügen können, was ihnen wertvoll ist. Darum sollte es in den Wirtschaftswissenschaften doch wesentlich um die Organisation der Herstellung und Verteilung von Werten gehen, durch welche die Erhaltungsprobleme der Menschen weitgehend gelöst werden können. In den Wirtschaftswissenschaften wird so getan, als ob es sich bei dieser Problematik ausschließlich um materielle Werte handelt, die sich als Geldwerte erfassen lassen, **um mathematisch behandelt werden zu können**. Damit wird aber die Grundlagenproblematik auf den Kopf gestellt; denn wenn wir die Bedeutung von Geld begreifen wollen, dann können wir gar nicht anders, als Geld durch ein Wertäquivalent zu bestimmen, da es ja ursprünglich nur dazu eingeführt worden ist, um Tauschgeschäfte von etwas Wertvollem zu vereinfachen.[2] Schließlich war es ja etwas unbequem, zehn Schafe unter den Arm zu nehmen, um diese für eine Kuh einzutauschen, wenn es denn so war, **daß** zehn Schafe dem Wert einer Kuh entsprachen. Da war es doch einfacher, einen Zettel auszuschreiben, auf dem vermerkt war, daß dieser Zettel den Wert von zehn Schafen hat. Dabei spielt freilich das Vertrauen eine wesentliche Rolle, daß man auf die Werthaltigkeit solcher Zettel bauen konnte. Darum wurde schließlich die Vergabe von derartigen werthaltigen Zetteln, die dann als Geld bezeichnet wurden, zu einem staatlichen Monopol gemacht, um die Werthaltigkeit des Geldes sicherzustellen, ja sogar zu garantieren. Geld muß also einen Wert besitzen oder – akademisch ausgedrückt – ein Wertäquivalent darstellen. Zur Grundlegung der Wirtschaftswissenschaften ist darum die Klärung des Wertbegriffes unerläßlich. Diese Klärung hat meines Wissens in den modernen Wirtschaftswissenschaften bisher nicht grundlegend stattgefunden. Man sollte allerdings auch erwarten können, daß diese Grundlagenarbeit längst hätte von philosophischer Seite geleistet werden müssen. Abgesehen von den Anfängen der Wirtschaftswissenschaften her, hat sich jedoch in der Philosophie bedauerlicherweise kein Fach ausgebildet, das den Namen einer Wirtschaftsphilosophie verdiente, es sei denn auf dem Sondergebiet der Betrachtung und Bewertung der Wirtschaft nach moralischen oder gar ethischen Gesichtspunkten. Wegen dieser Tatsache ist zweifellos das Universitätsfach der Philosophie zu kritisieren, was in der besagten Vorlesung auch ge-

---

[2] Zur Erläuterung möge folgendes Beispiel aus B. Hollnagel, *Relativitätsökonomie*, WILEY-VCH Verlag GmbH & Co. KGaA Weinheim 2009 dienen. „Wer also für ein Paar Schuhe 100 Euro bezahlt und für ein zweites Paar Schuhe 120 Euro, für den ist das zweite Paar Schuhe offenbar 20 % mehr wert. Aber auch diese Aussage ist nicht zuverlässig, denn er wäre möglicher Weise auch bereit, für das zweite Paar 125 Euro zu bezahlen. Außerdem gilt diese Aussage unter Umständen nur für einen gewissen Augenblick. Zudem ist keineswegs sicher, dass mit den 100 Euro für das erste Paar Schuhe dessen Relativ-Wert vollständig erfasst wird, denn es könnte sein, dass der Kauf der Schuhe noch zusätzlich mit anderen Aufwendungen und Mühen (Fahrt zum Geschäft usw.) verbunden ist, also zusätzlich zum Preis ‚bezahlt' werden müssen. Wir sollten uns also immer bewusst sein, dass Geldwerte bestenfalls angenäherte relative, niemals (!) aber absolute Größen sind."

schehen ist.³ Durch die Nachlässigkeit der Philosophen und das mangelhafte Interesse der Wirtschaftswissenschaftler an ihren eigenen Grundlagen ist nun zu beklagen, daß die begriffstheoretischen Grundlagen der Wirtschaftswissenschaften zumindest an einer besonders wichtigen Stelle, was den Wert- und den Geldbegriff angeht, weitgehend ungeklärt sind, so daß die wissenschaftlichen Erkenntnisse der Wirtschaftswissenschaften, die mit diesen Begriffen verbunden sind, nicht gesichert sind. Dies ist gewiß eine sehr herbe Kritik an den Wirtschaftswissenschaften, die aber von philosophischer Seite geäußert werden können muß, da auch die Wirtschaftswissenschaften so wie nahezu alle anderen Wissenschaften auch von philosophischer Seite begründet und ins Leben gerufen worden und nun der philosophischen Kinderstube entwachsen sind, so daß von ihnen ein gewisses Maß an Selbstverantwortung erwartet werden darf. Insbesondere gilt dies für die Wirtschaftswissenschaften, da gerade sie eine besondere Verantwortung für das Wohlergehen der menschlichen Gemeinwesen tragen. Und hier geht es zweifellos bereits um sehr elementare ethische Grundprinzipien der Wirtschaftswissenschaften, die freilich erst im Laufe dieses Buches Schritt für Schritt entwickelt und einsehbar gemacht werden sollen.

Wohin die Vernachlässigung der eigenen Grundlagenarbeit in den Wirtschaftswissenschaften **führen kann**, ist uns durch die weltweite Finanzkrise in Form eines finanzpolitischen Erdbebens allergrößten Ausmaßes wie in einem durchgeplanten wirtschaftsphilosophischen Lehrstück gerade vorgeführt worden. Dies schließt direkt an die Feststellung an, daß die nötige Vertrauensbildung über die Werthaltigkeit von Geld zu staatlichen Monopolbildungen der Geldherstellung geführt hat. Und aufgrund der Tatsache, daß es viele Staaten gibt, die jeweils ihr eigenes Geld ausgeben, gibt es auch Geld, dem besonders viel Vertrauen entgegengebracht wurde, weil der Staat, der dieses Geld druckte, besondere militärische Stabilität besaß, was bedeutet, daß seine äußere Existenz besonders stark gesichert war. Die gesicherte äußere Existenz eines Geld druckenden Staates ist gewiß eine wesentliche Voraussetzung für die Vertrauensbildung zu dessen Währung. Allerdings gehört sicher auch die wirtschaftliche Verläßlichkeit dieses Staates, daß seine Währung zu einer internationalen Leitwährung werden kann, dazu. **Existiert eine Leitwährung, so wird diese zum Bezugspunkt von anderen Währungen. Geld wird dann durch Geld bewertet.** Damit aber

---

³ Immerhin gab und gibt es durchaus einzelne Philosophen, die sich um den Wertbegriff bemüht haben, sie sind jedoch meist in einer Werttypologie steckengeblieben, ohne zu einer einheitlichen und umfassenden Definition durchzudringen. Vgl. dazu Deppert, Wolfgang, Problemlösen durch Interdisziplinarität. Wissenschaftstheoretische Grundlagen integrativer Umweltbewertung, in: Theobald, Werner (Hg.), *Integrative Umweltbewertung. Theorie und Beispiele aus der Praxis*, Springer Verlag, Berlin Heidelberg1998, S. 43ff. Beinahe beispielhaft für die kaum vorhandene Zusammenarbeit der Wissenschaftler untereinander mag die Tatsache stehen, daß in dem gleichen Band von Werner Theobald die Definition des hier weiter unten eingeführten Wertbegriffes wortgleich steht, und die anderen Autoren dieses Bandes davon keinerlei Notiz genommen haben. In dem Artikel von Hans Lenk und Matthias Mahring sind aber viele Verweise auf andere Philosophen, die sich mit der Problematik der Bestimmung des Wertbegriffes beschäftigt haben.

wird in die Grundlagen der Wirtschaftswissenschaften eine Zirkularität implementiert, was freilich ein wissenschaftstheoretisches Vergehen schlimmsten Ausmaßes ist. Denn das mit einer solchen Konstruktion des Geldsystems notwendig vorhandene Vertrauen in die Leitwährung führte weltweit dazu, daß diese Währung besonders nachgefragt und in riesigen Mengen gehortet wurde, so daß davon mehr und mehr zu drucken war. Dies bewirkte aber, daß die tatsächliche Werthaltigkeit der Leitwährung immer weiter absank. Da die Banken die Möglichkeit hatten und noch immer haben, durch die Vergabe von Krediten weitere Geldschöpfungen vorzunehmen, konnten sie durch Kreditvergaben an Firmen, deren Werthaltigkeit lediglich auf Spekulationsgeschäften beruhte, mehr Werthaltigkeit ihrer eigenen Bank vortäuschen, um wieder mehr Geld von staatlichen Zentralbanken zu erhalten. Dadurch verschafften sie sich die Bonität dafür, daß sie Staatsanleihen kaufen konnten, deren pekuniarer Wert aber immer weiter sank, weil mit den buchhalterischen Geldschöpfungen durch Kreditvergaben der Banken keine Werthaltigkeit verbunden war.[4]

Hier wird nun die Spiralität der Geldschöpfungen durch die Banken besonders deutlich, da der Wert des Geldes nur durch anderes Geld bestimmt ist, dem aber keinerlei Wertäquivalent mehr entspricht. Diese Zirkularität in der Gelddefinition mußte darum zu einem Zusammenbruch des gesamten Finanzsystems führen, wie wir ihn gerade erlebt haben. Die dabei ausgegebenen sogenannten Wertpapiere **wurden** deshalb wertlos, weil sie kein Wertäquivalent mehr besitzen. Und wenn dann die Banken zu ihren Regierungen gehen, um ihr wertloses Geld für werthaltiges Geld einzutauschen, und dies auch tatsächlich bekommen, dann ist dies zweifellos ein gigantischer Betrug an den Steuerzahlern, die mit der Erstellung tatsächlicher Werte den angerichteten und sogar offiziell legalisierten Schaden wieder wettzumachen haben. Inzwischen haben wir in Deutschland den Eindruck, als ob wir diese Finanzkrise relativ glimpflich überwunden haben. Wenn wir uns aber den Ursprung dieses Desasters ansehen, dann ist bisher meines Wissens an den Gründen dafür gar nichts geändert worden, so daß wir der nächsten Finanzkrise ganz sicher wieder entgegensteuern, wenn wir nicht an die Wurzel dieses Unheils gehen und dort eine grundlegende Änderung bewirken. Versteht man die Philosophen als die Tiefbauer, die die Fundamente bereitstellen, auf denen sich wissenschaftliche Gebäude errichten lassen, dann ist nun offenbar philosophische Kleinarbeit gefragt, durch welche die Grundlagen der Wirtschaftswissenschaften auszubessern sind.

Gründe für das Entstehen dieses Buches und Kritik

Die hier angedeuteten wesentlichen Gründe für meine Kritik an den Wirtschaftswissenschaften habe ich in besagter Vorlesung über die „Kritik der Wissenschaften hinsichtlich ihrer Verantwortung gegenüber dem menschlichen Gemeinwesen" vorgetragen und niedergeschrieben. Da ich im wesentlichen ähnliche Kritiken in nahezu allen Fakultäten vorzubringen

---

[4] Dieser hochgradig komplexe Mechanismus ist gut beschrieben in Bruno Hollnagel, *Was wird aus unserem Geld?*, Signum Verlag, München 2013.

hatte, habe ich das Manuskript jener Vorlesung nach ihrer Beendigung an das Präsidium unserer Universität und an alle Dekanate mit der Bitte geschickt, sich zu den Kritikpunkten zu äußern, damit ich gegebenenfalls meine Kritik hätte zurücknehmen oder wenigstens ändern können. Dieser Bitte ist bis heute von keiner Seite entsprochen worden, so daß ich selbst Termine mit einigen Dekanen ausmachte, um ein möglichst fruchtbares Gespräch in Gang zu bringen. Dieses Vorgehen hat mich zu der Dekanin der Wirtschafts- und Sozialwissenschaftlichen Fakultät, Frau Professor Dr. Friedl geführt. Wir haben sehr verständnisvoll miteinander gesprochen, und in den wesentlichen Punkten stimmten wir überein, was ich so nicht erwartet hatte. Darüber hinaus wurde in dem Gespräch deutlich, daß es tatsächlich einen Mangel an Wirtschaftsphilosophen gibt, selbst in dem besonderen philosophischen Bereich der Wirtschafts- und Unternehmensethik. Da nun die Fakultät aber nach ihren eigenen Studienplänen nicht nur die Verpflichtung, sondern auch den erklärten Willen zur Abhaltung von wirtschafts- und unternehmensethischen Lehrveranstaltungen hat, ist es dazu gekommen, daß mir ein Lehrauftrag für die Lehrveranstaltung angeboten wurde, den ich auch gern angenommen habe, so daß das vorliegende Buch über Wirtschafts- und Unternehmensethik hat entstehen können. Als ich die entsprechende Vorlesung begann, waren immerhin schon sieben Jahre seit meiner Pensionierung vergangen, und ich war ziemlich überrascht und auch erschrocken über die erheblichen Veränderungen, die sich vor allem im Prüfungsbetrieb ergeben hatten und die, wie ich von meinem eigenen Sohn erfahren hatte, zu einer ziemlichen Paukerei geführt haben, so daß ich gleich zu Beginn meiner Vorlesung erklärte:

„Dazu möchte ich von vornherein klarstellen, daß ich an dem Humboldt'schen Ideal der Einheit von Lehre und Forschung festhalten werde, um der Verschulungstendenz an der Universität entgegenzuwirken. Dies bedeutet, daß ich nicht an einer Einbahn-Kommunikation interessiert bin. Ich werde zwar aus einem schriftlich fixierten Vorlesungsmanuskript vortragen, aber ich wünsche mir, daß Sie sich melden, wenn Sie vielleicht etwas nicht verstanden haben sollten oder – und dafür wäre ich besonders dankbar – wenn Sie der Meinung sind, daß dasjenige, was ich Ihnen vorgetragen habe, nicht Ihre Zustimmung findet, aus welchen Gründen auch immer. Denn natürlich möchte ich auch von Ihnen etwas dazulernen; schließlich werde ich Ihnen nicht nur alte Kamellen erzählen, sondern hin wieder jedenfalls neue Ideen und deren Verarbeitung, die noch nicht in irgendwelchen Lehrbüchern nachzulesen sind. Um Ihnen aber das Leben gerade in dieser Hinsicht nicht unnötig schwer zu machen, werde ich zumindest versuchen, die nicht ganz mühelose Pflicht auf mich zu nehmen, Ihnen das von mir Vorgetragene mit den möglicherweise von Ihnen initiierten Veränderungen über das Internet zum Nachlesen zur Verfügung zu stellen. Dies ist auch der Hauptgrund für die schriftliche Ausarbeitung meines Vorlesungsmanuskripts, um dadurch auch die neuen Einsichten festzuhalten, die wir hier im Laufe des Semesters gemeinsam erarbeiten werden. Allerdings dürfen Sie in *der* Hinsicht nicht sicher sein, daß ich noch die Zeit finden werde, um auch all das hier Diskutierte noch nachträglich in das im Internet veröffentlichte Manuskript einarbeiten zu können. Aber natürlich wird auch das hier durch Diskussionen Erarbeitete eine gewisse Prüfungsrelevanz haben können, so daß ich Ihnen empfehle, jedenfalls dann, wenn wir hier anfangen zu diskutieren, den altbewährten Bleistift zum Mitschreiben zur Hand zu nehmen; denn ganz gewiß ist das Selberschreiben noch immer eine der wichtigsten Kulturtechniken, obwohl sie schon so alt ist und für manche altertümlich erscheinen mag. Ich habe für mich jedenfalls festgestellt, daß ich genau das, was ich selber mitgeschrieben habe, besonders gut behalte, so, als ob das handschriftliche Schreiben zugleich ein Einschreiben ins Gehirn bewirkt."

Kritik am Bologna-Prozeß und an den „klassischen Wirtschaftsethiken"

Das von mir weiter gepflegte Humboldt'sche Ideal der Einheit von Forschung und Lehre hatte natürlich auch deutliche Auswirkungen auf meinen Vorlesungsstil, den ich den Studierenden wie folgt erläuterte:

> „Das von mir durchaus enthusiastisch vertretene Humboldt'sche universitäre Bildungsideal der Einheit von Forschung und Lehre bewirkt, daß Sie den Stoff, den wir hier behandeln werden, nicht pauken können, wie es vielleicht in den Schulen noch üblich war, welche von den Damen und Herren der Bologna-Beschlüsse besucht worden sind; denn dieser Stoff wird nicht – so wie der Lehrstoff in Schulbüchern – eindeutig bestimmt sein, so daß dann etwa nach einem Multiple-Choice-Verfahren bestimmtes Wissen stur abgefragt werden könnte. Das mag man vielleicht noch immer an Schulen oder auch an Fachschulen betreiben, aber bitte nicht an Hochschulen und schon gar nicht an Universitäten. Hier geht es darum, etwas so verstanden zu haben, daß es zu neuen Fragen anregt und daß sich die eigene Kreativität zu neuen und durchaus eigenwilligen Problemlösungen anregen läßt, was sogar sehr lustbetont erlebt werden kann. Durch schulische Paukerei wird das eigene Interesse an einem Fach zugeschüttet und damit auch die Kreativität und überhaupt das Interesse an der Welt und ihren Schönheiten und Geheimnissen. Ich möchte jedenfalls nicht dazu beitragen, daß sie als Fachidioten die Universität verlassen mit der Vorstellung, aus sich selbst eine perfekte Maschine zum Geldverdienen gemacht zu haben."

An dem antiuniversitären Bologna-Prozeß ist besonders bedenklich, daß Bologna die älteste Universität Europas ist und das große Ansehen dieser altehrwürdigen Universität durch das Verschulungsprogramm beschädigt wurde, den die europäischen Kultusminister an diesen Namen geheftet haben.

Gewiß werden wir immer wieder darauf zurückkommen müssen. Worauf aber können Sie, liebe Leserin oder lieber Leser, sonst noch bei der Lektüre dieses Buches gespannt sein? Natürlich wird es ein systematisch geordneter Stoff sein. Aber es soll dadurch bitte nicht der Eindruck entstehen, als ob es sich dabei um ein in sich geschlossenes, fertiges Gebäude handelt, sondern ich möchte Sie vielmehr dazu anregen, Ihre eigenen Gedankenbahnen aufzubauen, in denen Sie sich selbst auch am besten zurechtfinden, damit Sie immer dann, wenn Sie vor ethische Probleme gestellt sind und Entscheidungen fällen müssen, Lösungsmöglichkeiten finden, die Sie selbst vertreten können, ohne dazu etwa gar Autoritäten heranziehen zu müssen. In der Vorlesung bot es sich an dieser Stelle an, mit den Studenten darüber zu diskutieren, wie wir die geforderten Prüfungsleistungen hinter uns bringen könnten. Da es durchaus für Sie, liebe Leserschaft, interessant sein kann, etwas darüber zu erfahren, wie sich so ein Prüfungsvorbereitungsgespräch trotz der rigiden derzeitigen Prüfungsvorschriften gestalten läßt, erlaube ich mir, den Verlauf dieses Gesprächs kurz wiederzugeben, das ich mit folgender Einleitung begann:

> „Wie ich bisher von einigen Studierenden erfuhr, gibt es da den Wunsch, eine Hausarbeit zu schreiben, aber auch den Wunsch nach einer Klausur. Ich könnte mir vorstellen, daß wir beide Wünsche miteinander wie folgt verbinden können:
> Da Sie inzwischen schon eine Menge über Wirtschaft und Unternehmen gehört haben und sicher schon seit Kindertagen mit moralischen und ethischen Problemen konfrontiert

wurden, können Sie sich gewiß schon jetzt bestimmte wirtschafts- oder unternehmensethische Probleme vorstellen. Ein solches Problem schreiben Sie zu Beginn der Vorlesung in einem Zeitraum von drei Wochen auf. Dann mailen Sie mir diese Darstellungen (bitte in der ‚doc-Formatierung') zu, und ich bewahre diese ersten Arbeiten bei mir auf. Etwa drei Wochen vor Vorlesungsschluß schicke ich Ihnen diese Arbeiten wieder zu, nachdem ich einige Fragen dazu vermerkt habe. Und dann haben Sie die Gelegenheit, diese Fragen zu bearbeiten und möglicherweise Ihre Problemstellungen und Ihre Problemlösungen zu verändern und zu vervollständigen, so daß ich bemerken kann, welchen Effekt die Vorlesung möglicherweise gehabt hat. Und außerdem schreiben wir noch eine Klausur, in der ich ein gewisses Überblickswissen nachfrage, wobei diese Klausur nicht zum Pauken Anlaß geben soll. Was halten Sie davon? Oder was für Vorschläge haben Sie? – In stark gekürzter Form verlief diese Diskussion etwa wie folgt:

Meine Frage an die Studierenden hat eine ausführliche Diskussion ausgelöst, wobei ich meine Vorschläge schließlich getrennt voneinander zur Abstimmung stellte, wobei ein Zwischenruf laut wurde: ‚So viel Freiheit sind wir nicht mehr gewohnt.' Die Frage danach, wie die Hausarbeit und die Klausur bewertet würden, haben wir dann mit 50 % und 50 % beantwortet, nachdem ich versichert hatte, daß sich die Klausur auf zwei bis höchstens drei Seiten beschränken läßt. Hinsichtlich der Benotung der Klausur haben wir noch besprochen, daß nach der Fertigstellung der Klausuren diese noch einmal an die Studenten verteilt würden, um sie von den Kommilitoninnen und Kommilitonen beurteilen zu lassen, wobei diese studentische Beurteilung für mich eine zweite Möglichkeit zur Beurteilung darstellt, die dann in die Klausur-Gesamtbewertung mit eingeht. Schließlich wurde diese Kombination aus Hausarbeit, Klausur und Studentenbewertung von der großen Mehrheit der anwesenden Studenten gebilligt, so daß wir dieses Verfahren nun anwenden werden."

In der Durchführung des Prüfungsverfahrens mussten wir aufgrund eines Einspruchs des Prüfungsamtes von der beschlossenen Version abweichen, weil die Beurteilung der Klausur durch Prüflinge, welche die Klausur mitgeschrieben haben, dem Prüfungsamt nicht machbar erschien. Aber alles andere ist dann tatsächlich so, wie beschlossen, abgelaufen. Besonders gefreut hat mich, daß einige qualitativ sehr gute Hausarbeiten dabei waren, deren beispielhaftes Studium eine Menge zum besseren Verständnis der hier vertretenen individualistischen Wirtschaftsethik beitragen könnte. Für diejenigen, die sich in der Literatur zur Wirtschafts- und Unternehmensethik etwas auskennen, sei noch erläutert, warum gewisse Klassiker der Wirtschafts- und Unternehmensethik wie etwa Karl Homann oder Peter Ulrich und ihre Schüler hier kaum behandelt werden. Dies liegt daran, daß sie sich auf philosophische Positionen beziehen, die längst nicht mehr haltbar sind, wodurch ihre Arbeiten nahezu wertlos sind. Dieses Urteil mag hart klingen. Aber es geht hier um den tragfähigen Aufbau einer neuen Wirtschaftsethik. Dazu müssen wir uns über die Tragfähigkeit der Begründungen Rechenschaft ablegen. Schließlich ist **Philosophie** nichts anderes als der Wille und die Fähigkeit zum *gründlichen Nachdenken* und schließlich auch die Ergebnisse dieses Bemühens. Philosophieren bedeutet demnach, so lange nachzudenken, bis sich im Denken ein stabiler Grund findet, auf dem sich etwas Standfestes aufbauen läßt.

▶ **Definition** *Philosophieren* bedeutet: *gründlich nachdenken*, und gründlich nachdenken heißt: so lange nachdenken, bis sich ein stabiler Grund findet, der zum Aufbau eines Gedankengebäudes tauglich ist.

Weil die gründlichen Gedanken von Philosophen aus vergangenen Zeiten für unsere Zeit und unsere Problemstellungen kaum einen solchen Grund abgeben können, so ist es nutzlos, Philosophie als ein museales Gewerk zu betreiben, indem in den Ausstellungsstücken der Philosophiegeschichte so lange herumgesucht wird, bis sich für unsere heutige Problemlage etwas Passendes findet, so wie es Homann und Ulrich und ihre Epigonen getan haben. Sie gehen nur scheinbar vom Individuum aus, benutzen dabei aber einen Individuumsbegriff der Philosophiegeschichte, in dem so etwas wie eine innere Wirklichkeit, eine innere Existenz des Individuums oder gar innere Werte gar nicht vorkommen. Ganz sicher gibt es in der Philosophiegeschichte auch Philosophen, die aufgrund ihrer besonderen formalen und intuitiven Denkfähigkeit für unsere heutigen Probleme Lösungsanregungen geben können. Dies wird meistens nur durch mühevoll gefundene Verallgemeinerungen möglich sein, wie es etwa für den historischen Sokrates, Aristoteles und ganz besonders für Kant gilt. Lesen wir Kants Kritiken der reinen oder der praktischen Vernunft z. B. so, daß er lediglich seine eigene Vernunft kritisiert, dann stoßen wir auf eine fruchtbare Spur nützlicher Verallgemeinerungen. Denn heute können wir nicht mehr annehmen, daß die Vernunft aller Menschen identisch ist, wie es Kant behauptet. Heute ist die Vernunft als das Vermögen eines Lebewesens zu verstehen, durch das es seine innere Existenz so sichert, daß dadurch auch die äußere Existenz erhalten wird. Wo aber nimmt dies alles seinen Anfang?

Inhaltsverzeichnis

1	Von Anfang an		1
	1.1	Den Anfang kennen, um zu wissen, wie es weitergeht	1
	1.2	Wie das Bewußtsein und der Wille in die Welt kamen	3
	1.3	Wie das ethische Problem in der Natur evolutionär gelöst ist und nur als Krankheitszustand auftritt	12
2	Die ethischen Probleme unter den Menschen		21
	2.1	Mit Begriffsklärungen und Definitionen anfangen	21
	2.2	Definitionen der Begriffe Wert, Nutzen, Sinn, Wert-Entstehung, Religion, Moral und Ethik	22
		2.2.1 Zum Wertbegriff	22
		2.2.2 Zum Nutzenbegriff	28
		2.2.3 Zum Sinnbegriff	30
		2.2.4 Zu den Begriffen „Wert-Entstehung" und „Religion"	31
		2.2.5 Zu den Begriffen Moral und Ethik	39
	2.3	Zu den Begründungsversuchen von Moral und Ethik	42
		2.3.1 Zu den historischen Grundlagen von Moral- und Ethikbegründungen	42
		2.3.2 Konkrete Moral- und Ethikbegründungen	47
3	Ableitung einer individualistischen Ethik		53
	3.1	Die Einbettung der individualistischen Ethik in die ethischen Traditionen und systematische Betrachtungen über die grundsätzliche Struktur einer individualistischen Ethik	53
	3.2	Die Annahmen zur Ableitung einer individualistischen Ethik	56
	3.3	Die Ableitung der Grundsätze einer individualistischen Ethik	58
	3.4	Die Beurteilung der individualistischen Ethik	64
	3.5	Vom Sollen zum Wollen	67

4	Wirtschaftsethik als Konsequenz individualistischer Ethik............	73
	4.1 Untergliederungen des Anwendungsbereiches der Wirtschaftsethik..	73
	4.2 Wie es zum Kontakt der Wirtschaftssubjekte kommt: Das Marktgeschehen....................................	77
	4.3 Wie aus Forderungen an sich selbst Forderungen an andere werden können oder welche Bedingungen für die Verrechtlichung von individualistischer Ethik erfüllt sein müssen....................................	81
	4.4 Wie aus dem Mikromechanismus des Marktgeschehens eine direkte Verbindung von Wirtschaft und Ethik in Form eines besonderen Grundsatzes individualistischer Ethik folgt.............	85
	4.5 Individualistische Wirtschaftsethik im Umgang von Wirtschaftssubjekten untereinander..................	88
	4.5.1 Überprüfung der Anwendungsbedingungen...........	88
	4.5.2 Die Gefahr der Toleranzklassenbildung und die besondere Bedeutung der Selbstverantwortung des Einzelnen........	93
	4.5.3 Das Marktgeschehen als Grundlage aller Wirtschaftsethik...	95
	4.5.4 Der Umgang der einzelnen Menschen als Wirtschaftssubjekte	98
	4.5.5 Der Umgang konkurrierender Wirtschaftsbetriebe.......	102
	4.5.6 Der Umgang der Wirtschaftssubjekte untereinander in der Form der auf dingliche Art persönlichen Güter..........	108
	4.5.7 Individualistische Wirtschaftsethik im Umgang der Wirtschaftssubjekte mit den auf persönliche Art dinglichen Gütern und den rein dinglichen Gütern.......	114
	4.5.8 Vom Entstehen, Leben und Vergehen der Wirtschaftssubjekte	127
5	Vergleichende Anwendung von ordnungstheoretischer und individualistischer Ethik zum Erklärungsproblem des Prinzips der „unsichtbaren Hand"..................................	135
6	Vom Umgang der staatlichen Wirtschaftssubjekte mit sich und den nichtstaatlichen Wirtschaftssubjekten.......................	141
	6.1 Zu den Grundlagen des Staates.......................	141
	6.2 Zu den Grundlagen erfolgreicher Wirtschaftssysteme.........	143
	6.3 Der Nachweis der Ableitungsmöglichkeit von Menschenrechten auf der Grundlage der individualistischen Wirtschaftsethik.........	145
	6.4 Die Ableitung von Menschenrechten auf der Grundlage der IWE..	154
	6.5 Von den Gefahren des Mißbrauchs staatlicher Gewalt gegenüber den im Staat agierenden Wirtschaftssubjekten oder von der Gefahr der Autoimmunerkrankungen des Staates...	165
	6.5.1 Von den gefahrabwehrenden Maßnahmen zur Existenzsicherung der Lebewesen und insbesondere des Staates................................	165

		6.5.2	Staatliche Zwangsmaßnahmen zum Zwecke der Entledigung von wirtschaftsethischen Pflichten des Staates.	168
		6.5.3	Von den Autoimmunerkrankungen des Staates	170
	6.6	Vom Umgang der Staaten als Wirtschaftssubjekte untereinander . .		180
		6.6.1	Zur Überlebenssicherung des kulturellen Lebewesens „Menschheit", das aus den Staaten und Völkern besteht	180
		6.6.2	Wahrnehmungen zur allgemeinen Lage der Staaten als Wirtschaftssubjekte, Erkenntnisse über Gefahren ihres Wirtschaftens und erste Maßnahmen zur Gefahrenbegrenzung	181
		6.6.3	Möglichkeiten der Sicherung der äußeren und inneren Existenz demokratischer Staaten und ihrer weltweiten Bündnisse	185
7	Zum Schluß.			193
Literatur				195
Stichwortverzeichnis.				201

Von Anfang an 1

1.1 Den Anfang kennen, um zu wissen, wie es weitergeht

Wenn Hermann Hesse sagt: „Und jedem Anfang wohnt ein Zauber inne, der uns beschützt und der uns hilft zu leben", dann ist damit ein Anfang gemeint, von dem es viele gibt, so daß wir uns auch immer wieder dazu entschließen können, einen neuen Anfang zu machen. Und der Zauber, der in einem Anfang wohnt, ist wohl damit verbunden, daß in jedem Anfang noch so viele Möglichkeiten verborgen liegen, weil noch gar nicht bekannt sein kann, was sich aus dem Anfang entwickeln wird.

Nun machen wir hier mit dem Versuch, eine neue Ethik aufzubauen, um daraus eine neue Wirtschaftsethik und damit zugleich auch eine Unternehmensethik zu gewinnen, ebenfalls einen Anfang. Und für die Studierenden, die in meiner Vorlesung saßen, war ganz klar, daß sich für sie mit diesem Anfang nur das eine Ziel verbindet, vier Punkte zu erwerben, die sie infolge des Bologna-Prozesses für den Fortgang ihres Studiums benötigten. Welch eine Erniedrigung einer universitären Lehrveranstaltung durch den törichten Bologna-Prozess! Denn damit ist der Zauber des Anfangs dahin, den uns Hermann Hesse versprochen hat, weil die Möglichkeiten dafür, wohin dieser Anfang führen könnte, schon zu Beginn extrem autoritär festgelegt sind.

Damit wird erneut klar, in welchen Unsinn wir hineingeraten, wenn der Bologna-Prozeß verinnerlicht wird, der Bologna-Prozeß, der den Studierenden in Verletzung des Grundgesetzes Art. 5 Abs. 3 *„Kunst und Wissenschaft, Forschung und Lehre sind frei"* den Ablauf von universitären Bildungsprozessen diktatorisch vorschreibt. Damit ist schon jetzt klar, daß die wissenschaftsethische Beurteilung des Bologna-Prozesses nicht ‚moralisch einwandfrei' lauten kann. Glücklicherweise gibt es immer noch die Möglichkeit, den Anfang einer Vorlesung so zu begreifen, wie es früher an den Universitäten üblich war, daß der Anfang einer Vorlesung wie der Besuch eines noch unbekannten Landes verstanden wurde, in dem es so viel Interessantes zu entdecken gibt, das uns bereichert. Und so wünsche ich mir, daß Sie, liebe Leserin oder lieber Leser, die Lektüre dieses Buches als bereichernd erleben. Und damit ist gewiß keine äußerliche Bereicherung gemeint, sondern eine innerliche. Aber was ist denn das, eine innere Bereicherung? Wohl kaum etwas, das unserer Zunge schmeckt und unserem Magen guttut; obwohl diese ja zweifellos in unserem Inneren zu finden sind. Es könnte wohl etwas sein, das uns Freude macht oder uns gar begeistert. Ohne an dieser Stelle bereits genauer darauf eingehen zu wollen, ist es gewiß bereits auch ohne weitere Erklärungen einsichtig, daß es so etwas wie innere Genüsse und entsprechend innere Reichtümer gibt, die sich nicht durch äußere Genüsse und Reichtümer bestimmen lassen. Könnte es davon in dem Land, in das Sie nun durch die Lektüre dieses Buches eindringen, etwas geben? In meinem Studium, das nun freilich über 40 Jahre zurückliegt, ist es tatsächlich vorgekommen, daß wir die Vorlesungen, etwa in Mathematik bei den Herren Bachmann oder Weise oder in theoretischer Physik bei Herrn Unsöld oder bei Herrn Weidemann, mit großem inneren Gewinn gehört haben.[1]

Nun geht es in unserer Thematik selbst wiederum um Anfänge, die sehr viel weiter zurückliegen, nämlich um die Anfänge, durch die überhaupt Gemeinwesen entstanden, in denen das Problem aufkam, daß einzelne Lebewesen mitverantwortlich für das Überleben ihrer Artgenossen wurden. Schließlich haben wir Menschen uns als Lebewesen zu verstehen, die aus der Milliarden Jahre währenden biologischen Evolution hervorgegangen sind. Und wenn wir hier gründlich vorgehen wollen; dann sollten wir versuchen, die Entstehungsgeschichte der Menschheit so weit zurückzuverfolgen, wie es uns eben möglich ist.

Damit wir aber von den ersten Anfängen des Gemeinschaftsverhaltens von Lebewesen ausgehend die weitere Entwicklung bis hin zu unseren menschlichen Gemeinschaftsformen verfolgen können, haben wir uns um die Bestimmung zweier Begrifflichkeiten besonders zu bemühen:

den Begriff vom Bewußtsein und den Begriff des Willens.

Denn in jeder Ethik geht es um die bewußte Bestimmung unseres Willens. Ohne eine genauere Kenntnis dessen, was unter dem Bewußtsein und dem Willen zu verstehen ist, können wir ganz unmöglich etwas begründen, was als Ethik zu bezeichnen sein könnte. Denn in jeder Ethik geht es um die bewußte Bestimmung unseres Willens. Bevor wir in genauere Klärungen von Moral- und Ethikbegriffen einsteigen, mag es genügen, den moralisch-ethischen Bereich als denjenigen zu kennzeichnen, in dem beschrieben wird, wie sich in einem Bewußtsein ein Wille bestimmen läßt.

---

[1] An dieser Stelle meiner Vorlesung habe ich mir erlaubt, folgende Bemerkung einzuflechten: „Es wäre sehr schmeichelhaft für mich, wenn es mir wenigstens in Ansätzen gelingen könnte, wieder an diese Vorlesungstradition anzuknüpfen."

1.2 Wie das Bewußtsein und der Wille in die Welt kamen

Darwins Theorie von der Entstehung der Arten durch Mutation und Variation der Erbanlagen und durch Selektion der Lebewesen ist heute zur unbestrittenen Grundlage der Wissenschaften vom Leben geworden. Danach sind auch die Menschen durch Evolution aus der Tierwelt hervorgegangen. Dies gilt ebenso für die besonderen Anlagen und Fähigkeiten des Menschen, von denen man lange Zeit geglaubt hatte, daß durch sie Mensch und Tier grundsätzlich unterscheidbar wären. Insbesondere wurde das Bewußtsein für ein typisches Merkmal der Menschen gehalten, das auch Kant den Tieren noch absprach, da es für ihn als sogenannte Apperzeption eine Funktion von Verstand und Vernunft war, die man den Tieren nicht zusprechen könne.[2]

Es mag sein, daß es sogar heute noch Evolutionstheoretiker gibt, die diese Position immer noch vertreten, obwohl sie keine Antwort auf die Frage geben können, woher denn wohl die Menschen ihr Bewußtsein haben sollten, wenn nicht durch eine evolutionäre Entwicklung aus dem Tierreich. Gewiß gibt es in der evolutionären Betrachtung der Natur eigenwillige Sprünge zwischen den Arten, die sich wohl nur aufklären lassen, wenn man auch Mutationen zuläßt, die durch Übertragung von Erbmaterial, etwa durch Viren, zustandekommen. Es ist aber kaum denkbar, daß das Bewußtsein

---

[2] Vgl. Immanuel Kant, *Kritik der reinen Vernunft*, Riga 1787, A 534, B 562: „Die Freiheit im praktischen Verstande ist die Unabhängigkeit der Willkür von der Nötigung durch Antriebe der Sinnlichkeit. Denn eine Willkür ist sinnlich, sofern sie pathologisch (durch Bewegursachen der Sinnlichkeit) affiziert ist; sie heißt tierisch (arbitrium brutum), wenn sie pathologisch necessitiert werden kann. Die menschliche Willkür ist zwar ein arbitrium sensitivum, aber nicht brutum, sondern liberum, weil Sinnlichkeit ihre Handlung nicht notwendig macht, sondern dem Menschen ein Vermögen beiwohnt, sich, unabhängig von der Nötigung durch sinnliche Antriebe, von selbst zu bestimmen"; oder A 546f., B 574f.:

„Bei der leblosen, oder bloß tierisch belebten Natur, finden wir keinen Grund, irgendein Vermögen uns anders als bloß sinnlich bedingt zu denken. Allein der Mensch, der die ganze Natur sonst lediglich nur durch Sinne kennt, erkennt sich selbst auch durch bloße Apperzeption, und zwar in Handlungen und inneren Bestimmungen, die er gar nicht zum Eindruck der Sinne zählen kann, und ist sich selbst freilich einesteils Phänomen, anderenteils aber, nämlich in Ansehung gewisser Vermögen, ein bloß intelligibler Gegenstand, weil die Handlung desselben gar nicht zur Rezeptivität der Sinnlichkeit gezählt werden kann. Wir nennen diese Vermögen Verstand und Vernunft, vornehmlich wird die letztere ganz eigentlich und vorzüglicherweise von allen empirisch bedingten Kräften unterschieden, da sie ihre Gegenstände bloß nach Ideen erwägt und den Verstand danach bestimmt, der dann von seinen (zwar auch reinen) Begriffen einen empirischen Gebrauch macht.

Daß diese Vernunft nun Kausalität habe, wenigstens wir uns eine dergleichen an ihr vorstellen, ist aus den Imperativen klar, welche wir in allem Praktischen den ausübenden Kräften als Regeln aufgeben. Das Sollen drückt eine Art von Notwendigkeit und Verknüpfung mit Gründen aus, die in der ganzen Natur sonst nicht vorkommt. Der Verstand kann von dieser nur erkennen, was da ist, oder gewesen ist, oder sein wird. Es ist unmöglich, daß etwas darin anders sein soll, als es in allen diesen Zeitverhältnissen in der Tat ist, ja das Sollen, wenn man bloß den Lauf der Natur vor Augen hat, hat ganz und gar keine Bedeutung. Wir können gar nicht fragen: was in der Natur geschehen soll; ebensowenig als: was für Eigenschaften ein Zirkel haben soll, sondern, was darin geschieht, oder welche Eigenschaften der letztere hat."

durch einen derartigen Sprung im genetischen Material des Menschen hervorgebracht sein könnte. Da scheint es mir weit vernünftiger zu sein, erst einmal einen möglichst allgemeinen Bewußtseinsbegriff zu bestimmen und mit dessen Hilfe zu versuchen, das Rätsel des menschlichen Bewußtseins auf evolutionäre Weise aufzuklären. Um dazu einen adäquaten Ansatz zu finden, ist zuvor der Begriff eines Lebewesens so allgemein wie eben möglich zu fassen.

Alle Lebewesen entstehen und vergehen. Sie sind offene Systeme, sogenannte dissipative Systeme, die laufend freie Energie verbrauchen. Außerdem haben sie ein Existenzproblem, das sie eine Zeit lang lösen können. Also können wir definieren:

▶ **Definition** *Ein Lebewesen ist ein offenes System mit einem Existenzproblem, das es eine Weile lösen kann*

Durch diese sehr allgemeine Definition des Begriffs ‚Lebewesen' sollten sich alle Folgerungen, die sich aus dieser Definition ziehen lassen, auf alle entsprechenden Systeme mit einem Überlebensproblem anwenden lassen. Dazu gehören alle Lebewesen der Natur: von den molekularen Lebewesen angefangen bis hin zu den höchstentwickelten Lebensformen, aber auch die vielfältigen Formen menschlicher Gemeinschaftsbildungen, wie z. B. Familien, Vereine, Gesellschaften, Wirtschaftsbetriebe, politische Kommunen, Staaten und Staatenverbände usw. Dies bedeutet, daß die folgenden Überlegungen und Ergebnisse ein großes Anwendungsspektrum besitzen, auf das in diesem Buch immer wieder hingewiesen werden wird. Die Lebewesen, die durch die Evolution in der Natur entstanden sind, mögen *natürliche Lebewesen heißen*, während die Lebewesen, die aus den kulturellen Aktivitäten von Menschen hervorgehen, *kulturelle Lebewesen* genannt werden.

▶ **Definitionen** *Natürliche Lebewesen* sind Lebewesen, die durch biologische Evolution entstanden sind. *Kulturelle Lebewesen* sind menschliche Vereinigungen.

Die Definition des Begriffs *Lebewesen* führt zu der Frage, welche Eigenschaften es besitzen muß, damit es in der Lage ist, die eigene Existenz eine Weile zu erhalten. Ein kurzes Nachdenken darüber führt zu der Einsicht, daß Lebewesen zum Überleben folgende *Überlebensfunktionen* benötigen:

▶ **Definitionen**
1. Die Überlebensfunktion, durch die das System etwas von dem wahrnehmen kann, was außerhalb oder innerhalb des Systems geschieht, heißt *Wahrnehmungsfunktion*.
2. Die Überlebensfunktion, durch die Wahrgenommenes als Gefahr eingeschätzt werden kann, heißt *Erkenntnisfunktion*.
3. Die Überlebensfunktion, durch die das System über Maßnahmen verfügt, mit denen es einer Gefahr begegnen oder die es zur Gefahrenvorbeugung nutzen kann, heißt *Maßnahmebereitstellungsfunktion*.

4. Die Überlebensfunktion, durch die das System geeignete Maßnahmen zur Gefahrenabwehr oder zur vorsorglichen Gefahrenvermeidung ergreift, heißt *Maßnahmedurchführungsfunktion*.
5. Die Überlebensfunktion, durch die sich das System die Energie verschafft, die es für die Aufrechterhaltung seiner Lebensfunktionen benötigt, heißt *Energiebereitstellungsfunktion*.

Diese Überlebensfunktionen müssen direkt miteinander verschaltet sein, damit nach der Wahrnehmung einer Gefahr möglichst schnell reagiert werden kann, um die Gefahr abzuwenden, d. h., es muß eine Organisationsform dieser Kopplung für alle Überlebensfunktionen geben. Diese Kopplungsorganisation nenne ich das *Bewußtsein* des Lebewesens, also können wir nun wie folgt definieren:

▶ **Definition** Das *Bewußtsein* eines Lebewesens ist die Verkopplungsorganisation seiner Überlebensfunktionen.

Damit besitzt jedes Lebewesen grundsätzlich dann ein Bewußtsein, wenn die Überlebensfunktionen räumlich voneinander getrennt sind und darum miteinander verkoppelt werden müssen, was für die allerersten Lebensformen so nicht anzunehmen ist. Die Verkopplungsorganisation muß zeitlich sehr genau und so rasch wie möglich arbeiten. Die ersten Formen der Verkopplungen sind Vorläufer der Nervenzellen, die sich später als Zellenknäuel zum Gehirn mit hohem Übertragungstempo entwickeln, wodurch das *Gehirn* zum *Sicherheitsorgan* der Lebewesen wird, das die Bewußtseinsformen hervorbringt, welche die Gefahrensituationen aus der überaus großen Fülle an Sinnesreizen so schnell und so sicher wie möglich erkennbar machen. Das Bewußtsein muß zugleich ein zeitliches Bewußtsein sein, d. h. mit der Verkopplungsorganisation im Gehirn wenigstens im Gefahrenfall ein sehr waches Gegenwartsbewußtsein gegeben sein. Je nachdem, ob die Gegenwartsfunktion der Kopplungsorganisation arbeitet oder nicht, können wir ein **aktives Bewußtsein** von einem **passiven Bewußtsein** unterscheiden, so daß wir definieren können:

▶ **Definitionen**
Das aktive Bewußtsein *ist ein Bewußtsein mit* **aktivierter Gegenwartsfunktion**.
Das passive Bewußtsein *ist ein Bewußtsein mit* **inaktivierter Gegenwartsfunktion** *(wie etwa im Schlaf oder in einer der verschiedenen Arten von Bewusstlosigkeit)*

Jeder, der schon einmal unter Schlaflosigkeit gelitten hat, weiß, daß wir keinen direkten Zugriff auf die Inaktivierung unserer Gegenwartsfunktion besitzen, die vom Bewußtsein gesteuert werden kann, weil unser Bewußtsein direkt mit der Gegenwartsfunktion verbunden ist. Dann kann man versuchen, den Schlaf durch alkoholische Getränke oder durch irgendwelche Anstrengungen körperlicher oder geistiger Art herbeizurufen. Offenbar läßt sich die Verkopplungsorganisation unserer Überlebensfunktionen beeinflussen. Ganz allgemein scheint die Verkopplung unserer Überlebensfunktionen, die von unserem Gehirn durch die Verschaltung von Nervenzellen zu leisten ist, stets mit einer Anstrengung verbunden zu sein, die nach einer bestimmten Zeit immer schwieriger zu leisten ist, was wir als Müdigkeit erleben und was wir bei Schlaflosigkeit künstlich durch Betäubungsmittel oder besondere willentliche Anstrengungen erreichen können.

Wem die hier angegebene Bewußtseinsdefinition etwas waghalsig erscheint, mag sich selbst daran erinnern, daß er der Tätigkeit seiner eigenen Überlebensfunktionen in seinem Bewußtsein gewahr wird: das Wahrnehmen durch unsere Sinnesorgane, das Spüren des Schreckens über eine erkannte Gefahr oder auch die Freude über eine Überlebenssicherung durch ein Zusammenhangserlebnis, die Gedanken zur Gefahrenbekämpfung oder zum Schaffen von Sicherungsmaßnahmen und schließlich auch der Wille zur Durchführung geeigneter Maßnahmen zur Überlebenssicherung. All dies findet in unserem Bewußtsein statt.

Mit dem Bewußtsein eines Lebewesens ist immer ein Wille zum Überleben verbunden; denn die Überlebensfunktionen und deren Verkopplung im Bewußtsein sind der ausdifferenzierte Ausdruck für den Überlebenswillen. Die Evolution des Bewußtseins über verschiedene Bewußtseinsformen ist darum mit einer Evolution von Willensformen verbunden. Der Begriff des Willens ist nun aber von Zielen her bestimmt, die die Bewältigung von Gefahren betreffen. Ein Wille will etwas verwirklichen, das in der Zukunft liegt. In der Naturphilosophie sagt man: Ein Wille ist final bestimmt, und nicht kausal. Aber nur das kausal in Form von Ursache-Wirkungsketten Beschreibbare gilt in der Naturwissenschaft als wissenschaftlich. Da es keine naturwissenschaftliche Bestimmung des Willens gibt, kommt ein Wille in den Naturwissenschaften nicht vor. Er kann naturwissenschaftlich darum nicht beschrieben werden und mithin nicht existieren. Diese Einsicht ist ein naturwissenschaftliches Dilemma allergrößten Ausmaßes.

Es läßt sich aber zeigen, daß die Evolution als ein Prozeß der Optimierung von Überlebenschancen nur begreiflich ist, wenn wir den Lebewesen einen final bestimmten Systemerhaltungswillen unterstellen, der Überlebensgefahren bewältigen oder ihre Entstehung durch Schutzmaßnahmen vermeiden kann und der über den Evolutionsmechanismus in diesem Wollen der Lebewesen – etwa durch Mutationen – immer erfolgreicher wird.[3] Fragt man sich, was denn der heute wieder so viel diskutierte freie Wille bedeuten soll, so doch gewiß nicht, daß er von dem, was er will, befreit ist; denn dann wäre er ja gar kein Wille mehr. Ein Wille ist immer an das gebunden, was er will, und er ist niemals frei davon.

Die verwirrende Begriffsbildung der Willensfreiheit ist historisch aus dem Kausalitätsdogma der Naturwissenschaftler entstanden. Denn es hat das Gespenst der vollständigen Determiniertheit allen Weltgeschehens hervorgebracht. Wir können heute das naturwissenschaftliche Kausalitätsdogma wie eine Falle begreifen, die zugeschnappt und dieses Gespenst gefangen hat, das auch heute noch immer wieder furchterregende Zerrbilder der

---

[3] Vgl. dazu W. Deppert, Concepts of optimality and efficiency in biology and medicine from the viewpoint of philosophy of science, in: D. Burkhoff, J. Schaefer, K. Schaffner, D. T. Yue (Hg.), *Myocardial Optimization and Efficiency, Evolutionary Aspects and Philosophy of Science Considerations*, Steinkopf Verlag, Darmstadt 1993, S. 135–146 oder W. Deppert, Teleology and Goal Functions – Which are the Concepts of Optimality and Efficiency in Evolutionary Biology, in: Felix Müller und Maren Leupelt (Hg.), *Eco Targets, Goal Functions, and Orientors*, Springer Verlag, Berlin 1998, S. 342–354.

Vernunft ausspukt[4], nach denen die Vorbestimmtheit allen Geschehens keinen Freiraum für verantwortbares moralisches Handeln zulässt. In dieser gedanklichen Falle befinden sich bis heute die meisten Natur- und Geisteswissenschaftler, obwohl schon ein kurzes Studium der Geschichte der Naturwissenschaft zeigt, daß vor allem die aristotelische Naturwissenschaft, die die Philosophie des Mittelalters weitgehend beherrschte, grundsätzlich finalistisch organisiert war. Aristoteles war davon überzeugt, daß alles sich auf ein Ziel hin entwickelt, insbesondere jedes einzelne Lebewesen. Darum bestimmte er den Begriff der Seele mit einer eigenen Wortschöpfung als *Entelechie*, womit er etwas beschreiben möchte, was das eigene Werdeziel in sich selbst trägt und welches der gedankliche Vorläufer des Riesenmoleküls ist, das als DNS oder DNA abgekürzt geschrieben wird, welches nach heutigem kausalistisch gewonnenem Forschungsstand die Erbinformationen eines Lebewesens enthält. Obwohl viel über die sogenannte Mechanisierung des Weltbildes geforscht worden ist[5], bleibt es immer noch weitgehend dunkel, warum im späten Mittelalter und Anfang der frühen Neuzeit die finale Art der Naturbeschreibung von der kausalen abgelöst wurde. An der zunehmenden mathematischen Beschreibungsart der Vorgänge kann es nicht gelegen haben, da kausal und final beschreibbare Vorgänge grundsätzlich in gleicher Weise mathematisierbar sind. Aus dieser kurzen historischen Betrachtung ist es aber sehr wohl denkbar, kausale und finale Naturbeschreibungen miteinander zu versöhnen. So könnten wir jedenfalls erst einmal dem Kausalitätsdogma entkommen. Und dies ist tatsächlich auch möglich, weil uns die moderne Naturwissenschaft die Werkzeuge dazu längst bereitgestellt hat.

▶ **Definition** *Entelechie* ist für *Aristoteles* das in einer veränderungsfähigen Sache Innewohnende, das die Art und Weise ihrer Veränderung im Zeitverlauf bestimmt.

Nicht nur die quantenphysikalische Naturbeschreibung zeigt, daß alles, was wir in der Natur untersuchen, Systeme sind, die durch bestimmte Strukturmerkmale gekennzeichnet sind. Denn diese Systeme steuern in ihrem Verhalten Zustände an, die sie nicht wieder verlassen, es sei denn durch äußere Einwirkungen. In der Theorie offener Systeme werden diese Systemzustände als Attraktoren bezeichnet, so, als ob das System von diesen Zuständen angezogen würde oder als ob sie nach ihrer Verwirklichung streben. Die Attraktoren bestimmen das Verhalten eines offenen Systems nicht kausal, sondern final, weil sie Sys-

---

[4] Es möge uns an dieser Stelle aus Heiterkeitsgründen gestattet sein, den Vorgang „mit Hilfe von Spuk etwas hervorbringen" mit dem Verb „ausspuken" zu kennzeichnen.

[5] Vgl. etwa E. J. Dijksterhuis, *Die Mechanisierung des Weltbildes*, Springer-Verlag, Berlin – Heidelberg – New York 1983, übers. von Helga Habicht. Einige Ausführungen über den Wandel von der griechischen Innensteuerung zur offenbarungsgläubigen Außensteuerung finden sich in dem als Vortrag veröffentlichten Aufsatz „Problemlösung durch Versöhnung" im Internet unter „Information Philosophie" auf der Seite „Vorträge" oder auch in W. Deppert, Atheistische Religion für das dritte Jahrtausend oder die zweite Aufklärung, erschienen in: Karola Baumann und Nina Ulrich (Hg.), *Streiter im weltanschaulichen Minenfeld – zwischen Atheismus und Theismus, Glaube und Vernunft, säkularem Humanismus und theonomer Moral, Kirche und Staat*, Festschrift für Professor Dr. Hubertus Mynarek, Verlag Die blaue Eule, Essen 2009.

temzustände beschreiben, in denen die Systeme verharren, sobald sie erreicht sind. *Die Attraktoren bestimmen damit die mögliche Zukunft eines Systems.*

▶ **Definition** Ein Systemzustand, der von einem System nicht mehr selbsttätig verlassen wird, wenn er erst einmal eingenommen worden ist, heißt *Systemattraktor* oder auch nur kurz *Attraktor*.

Alle Atome finden sich aufgrund ihrer Attraktoren zu Molekülen zusammen. Diese Attraktoren lassen sich quantenphysikalisch als die sogenannten Edelgaselektronenkonfigurationen berechnen. Die vielfältigen Möglichkeiten der Molekülbildung sind durch das „Bestreben" der Atome gegeben, eine Edelgas-Elektronenkonfiguration in ihrer Elektronenhülle zu erreichen. Dieses Bestreben läßt sich von außen nicht beobachten, so wie dies für alle Dispositionsprädikate gilt, die von den empiristischen Wissenschaftstheoretikern darum am liebsten vermieden worden wären.

So läßt sich etwa das Dispositionsprädikat der Löslichkeit in Wasser etwa von einem kristallinen weißen Pulver nicht von außen erkennen. Wenn man allerdings weiß, daß es sich dabei um Puderzucker handelt, dann wissen wir aus Erfahrung, daß er in Wasser löslich ist und daß man davon naschen kann. Und wenn wir diese Erfahrung noch nicht gemacht hätten, aber die chemische Zusammensetzung und deren Aufbau kennten, dann könnten wir die Löslichkeit vorhersagen. Die Löslichkeit ist also ein mögliches Verhalten, das beim Vorliegen bestimmter Bedingungen eintritt. Wenn wir nun fragen, wo es diese Möglichkeiten gibt, diese Dispositionen, dann werden wir antworten müssen: Gewiß nicht in der äußeren Wirklichkeit; denn da sind sie ja nicht beobachtbar. Aber die Dispositionen sind doch vorhanden und nicht nichts! Wo also sind sie? Da bleibt nur eine mögliche Lösung:

Es gibt eine Wirklichkeit, in der die möglichen Zustände eines Systems enthalten sind, die aber nicht mit der äußeren Wirklichkeit zusammenfällt. Es liegt nahe, diese Wirklichkeit als *innere Wirklichkeit* zu bezeichnen.

▶ **Definition** Die **innere Wirklichkeit** eines Systems besteht aus der Menge seiner möglichen Zustände.

Diese möglichen Zustände der Systeme sind nicht nichts; denn sie können wirklich werden, etwa durch eine Messung der Systeme. Mithin befinden sich die Attraktoren atomarer und molekularer Systeme in ihren inneren Wirklichkeiten.

Tatsächlich lassen sich so erhebliche Deutungsprobleme der Quantenmechanik durch die Annahme von inneren Wirklichkeiten der quantenmechanischen Systeme lösen, wenn wir ihre Zustandsmöglichkeiten etwa über die Lösung der zugehörigen Schrödingergleichung berechnen und diese Möglichkeiten mit gradierten Zahlenwerten versehen, die dann den Wahrscheinlichkeiten entsprechen, welche wir durch häufiges Messen von vielen identisch präparierten Systemen beobachten können.

Durch die Einführung neuer Begrifflichkeiten handelt man sich gerade auch in der Naturbeschreibung meistens neue Probleme ein. Die Einführung der Begrifflichkeit von inneren Wirklichkeiten wirft die Frage auf, wie sich ein Übergang von einer inneren Wirklichkeit in die äußere Wirklichkeit erklären oder gar berechnen läßt, und schließlich auch die Frage danach, in welcher Weise die innere Wirklichkeit eines Systems mit dem System selbst verbunden ist. Immerhin läßt die Annahme der inneren Wirklichkeiten aller materiellen Systeme einen zwingenden Schluß auf unsere eigene menschliche Befindlichkeit zu, nämlich den, daß auch in uns aufgrund unserer Zusammensetzung aus Trilliarden von Atomen eine innere Wirklichkeit von unglaublich vielfältigen Inhalten und Ausmaßen enthalten ist, die wir aber nicht beobachten können, sondern nur durch äußere Wechselwirkungen, die den quantenphysikalischen Messungen entsprechen, bemerken können. Offenbar hat der alte *Sokrates* so etwas intuitiv bereits gewußt, indem er nämlich jeden Tag auf die **Agora**, den Marktplatz von Athen, gegangen ist, um sich selbst kennenzulernen; denn wenn er dort auf fremde Menschen traf und sich mit ihnen unterhielt, dann konnte er an sich selbst feststellen, welche neuen Saiten in ihm zum Schwingen kamen, von denen er bisher noch nichts gewußt hatte und auch noch nichts wissen konnte, weil unsere eigene innere Wirklichkeit genauso wenig beobachtbar ist wie die der einzelnen Atome. Über die Einführung der inneren Wirklichkeit können wir nun verstehen, warum es von Sokrates vernünftig war, den **Weg der Selbsterkenntnis** zu propagieren und diesen Weg mit der Frage zu verbinden, in welcher Hinsicht wir *nützlich für die menschliche Gemeinschaft* sein können.[6]

▸ **Definition** Selbsterkenntnis ist das Bewußtwerden von Zuständen der eigenen inneren Wirklichkeit durch Wechselwirkungen mit neuen Gegebenheiten.

Unsere innere Wirklichkeit besteht aus all den unzählbaren möglichen Zuständen, in denen wir uns befinden könnten, etwa als Kenntnis- oder Fähigkeitszustände. Sokrates hat an sich selbst Messungen durch das Kennenlernen fremder Menschen vollzogen. Wir können diese Möglichkeiten heute etwa durch das Lesen neuer Bücher oder durch die Wahrnehmungen anderer Medien erheblich vergrößern und auch durch große Fremdenfreundlichkeit und das Interesse, andere Menschen kennenzulernen.

Damit die Annahme der inneren Wirklichkeiten in den Atomen und die Konsequenzen dieser Annahme noch deutlicher werden, soll nun auf die Molekülbildung der Atome, die eine Konsequenz ihrer inneren Wirklichkeiten sind, noch etwas genauer eingegangen werden.

Alle Atome setzen sich zusammen aus einer Atomhülle, die aus Elektronen besteht, und dem Atomkern, in dem Protonen und Neutronen enthalten sind. Die Konfiguration der Elektronen um den Atomkern ist im Bohr'schen Schalenmodell durch die Angabe der Zahl der Elektronen bestimmbar, die ein Atom in seinem elektrisch neutralen energetisch niedrigsten Zustand besitzt. Nummeriert man die Schalen vom Kern aus gesehen mit den natürlichen Zahlen von eins angefangen und bezeichnet irgendeine Schale mit n; dann ergibt die quantenphysikalische Rechnung, daß sich auf einer Schale maximal $2n^2$ Elektronen

---

[6] Vgl. Xenophon, *Erinnerungen an Sokrates*, übers. u. mit Anmerkungen versehen von Rudolf Preiswerk, Nachwort von Walter Brunkert, Philipp Reclam Jun. Stuttgart 1992, 4. Buch (24) bis (30), S. 120.

befinden können. Und genau durch diese Elektronenanzahlen auf den jeweiligen Schalen ist die Edelgaselektronenkonfiguration bestimmt, wodurch die Attraktoren der Atome und mithin ihre innere Wirklichkeit festliegt. Nehmen wir etwa ein Kochsalzmolekül NaCl, das aus einem Natrium- und einem Chlor-Ion zusammengesetzt ist. Das Natriumatom Na gibt ein Elektron ab, weil es auf seiner äußersten Schale ein Elektron besitzt und darunter, auf der zweiten Schale, acht Elektronen, und das ist die Edelgaselektronenkonfiguration des Edelgases Neon. Das Chloratom nimmt aus dem gleichen Grund ein Elektron auf, um dadurch die Elektronenkonfiguration des Edelgases Argon zu erreichen. So entstehen zwei Ionen, das positiv geladene Natrium- und das negativ geladene Chlor-Ion. Durch den Austausch eines Elektrons entstehen die entgegengesetzten Ladungen der Ionen, die sich gegenseitig anziehen und fortan zusammenbleiben, wenn sie nicht etwa durch die Dipole der Wassermoleküle getrennt werden. Aber auch dann bleiben die Ionen erhalten, d. h., die Attraktorzustände des Natrium- und des Chloratoms verändern sich auch in der wässrigen Lösung nicht. Dies ist eine Systemstabilität, die aus den inneren Eigenschaften der Atome in dem Moment entsteht, in dem sich das Natrium- und das Chloratom begegnen. Dadurch tritt plötzlich eine innere Eigenschaft, d. h. eine Eigenschaft der inneren Wirklichkeit des Atoms in Erscheinung, die ebenso plötzlich neue Systemgesetze hervorbringt. Denn die Natriumatome und die Chloratome haben ganz andere Eigenschaften als ihre Ionen. Die Atome sind für uns sogar giftig, und mit ihren Ionen würzen wir im Fall des Kochsalzes unser Essen. Man nennt diese Art des Entstehens neuer Eigenschaften gern eine **Emergenz**, weil sich die neuen Eigenschaften des plötzlich entstandenen Systems durch die Systembestandteile nicht erklären lassen; denn das aus dem Lateinischen gebildete Wort ‚Emergenz' bedeutet lediglich „Auftauchen".

▶ **Definition** **Emergenz** werden die Eigenschaften eines neu gebildeten Systems genannt, die sich aus den Systembestandteilen nicht erklären lassen.

Man kann ferner danach fragen, in welcher zeitlichen Weise eine derartige Emergenz geschieht. Und wir werden diese Frage nur so beantworten können, daß die Emergenz nicht in der Vergangenheit und auch nicht in der Zukunft geschieht, sondern immer in einer Gegenwart, so daß auch die Zeitmodi nicht nur Zustände unseres Bewußtseins sind, wie es bereits Aristoteles und später besonders Immanuel Kant angenommen hat, sondern daß die Gegenwartsvorstellung auch in der Physik nötig ist, wenn ein möglicher Systemzustand der inneren Wirklichkeit eines physikalischen Systems sich in einem Zustand der äußeren Wirklichkeit verwirklicht; denn das geschieht immer in einer Gegenwart, ja man könnte meinen, daß die Gegenwart, die wir wahrnehmen und die durch die Kopplungsorganisation unserer Überlebensfunktionen in uns mit unserem Bewußtsein gegeben ist, genau diese Gegenwart ist, indem in uns mit der Kopplungsorganisation derartige Verwirklichungen von Zuständen unserer eigenen inneren Wirklichkeit in unsere äußere Wirklichkeit geschehen. Stellen wir uns nun die sogenannte Ursuppe vor etwa vier Milliarden Jahren vor, in der aufgrund der enormen Hitze sich alle möglichen Atome begegneten und Riesenmoleküle mit einer Fülle von Systemattraktoren entstehen konnten; denn auch Moleküle bilden wiederum eigentümliche Attraktorzustände aus. Man stelle sich ferner vor, daß dabei Moleküle entstanden, durch deren Attraktoren die Existenz dieser Moleküle vor ganz bestimmten Zerstörungsgefahren gesichert wurde, etwa dadurch, daß sie sich aus Gegenden mit zu hohen Säuregraden wegbewegen konnten, was sich noch ganz mit elektrostatischen Mitteln verstehen läßt. Diese Attraktoren hätten wir als erste Formen von Überlebenswillen zu interpretieren und ein entsprechendes System aufgrund der angegebenen Definition als eine erste Form eines Lebewesens. Daraus lernen wir:

Der Wille kommt als Überlebenswille in Form von Systemattraktoren in die Welt!

Dieser Überlebenswille ist der Ursprung aller später unterscheidbaren Willens- und Bewußtseinsformen. Man stelle sich weiter vor, daß diese lebenden Moleküle sich durch Spaltung reproduzieren, indem genau die Atome sich an die Spaltprodukte anlagern, durch die das ursprüngliche Molekül reproduziert wird. Dieser Spaltungsvorgang ist bis heute einer der wichtigsten Vermehrungsmechanismen. In dem Moment, in dem unser erstes molekulares Lebewesen sich reproduziert, beginnt der von Charles Darwin erdachte Evolutionsmechanismus durch zufällige Veränderungen der Wesensmerkmale eines sich vermehrenden Lebewesens. Denn die Moleküle werden sich durch Ausbildung neuer Attraktoren mit hinzukommenden Atomen verändern. Wenn diese Veränderungen das Überleben sicherer machen, werden sich immer stabilere molekulare Lebewesen ausbilden, die sich sogar mit anderen molekularen Lebewesen verbinden können, wodurch für die Übernahme der Überlebensfunktionen erste Arbeitsteilungen möglich werden, wie wir sie in den Bestandteilen der Zellen heute vorfinden. Damit entstehen die allerersten Bewußtseinsformen; denn wenn die Überlebensfunktionen aufgrund von überlebenssichernden Arbeitsteilungen von verschiedenen Bestandteilen der Lebewesen übernommen werden, dann muß die Verkopplung zwischen den Überlebensfunktionen organisiert werden, und diese Verkopplung ist ja hier als Bewußtsein definiert worden. Und dabei ist stets der Überlebenswille beteiligt, der sich von nun an im Laufe der Evolution zusammen mit den Bewußtseinsformen weiterentwickelt.

Damit haben wir nun eine Vorstellung davon gewonnen, was das Bewußtsein ist, wie es – und damit verbunden – der Wille entsteht. Der Wille ist ursprünglich immer ein Erhaltungswille, da sein naturwissenschaftlicher Ursprung aus den Attraktoren eines Systems besteht, die als Systemerhaltungseigenschaften eines Systems zu betrachten sind. Daraus ergibt sich zwangsläufig, daß ein Wille von unsterblichen Wesen nicht denkbar ist; denn diese haben keine Existenzproblematik, es sei denn in den Vorstellungen über mythische Götter, die im zyklischen Jahreslauf immer wieder vergehen und wiederauferstehen. Die Tatsache, daß in der Geistesgeschichte aller Völker derartige mythische Vorstellungen von unsterblichen Wesen auftreten, die sogar von der Art sind, daß sie einen Willen ausbilden, dem die Menschen zu gehorchen haben, ist ein äußerst wichtiger Hinweis auf die evolutionär bedingten Bewußtseinszustände der Menschen, insbesondere dann, wenn die mythische zyklische Zeitstruktur dem menschlichen Bewußtsein verlorengeht, so daß sich aus dem Mythos heraus monotheistische Überzeugungen entwickeln. Es fragt sich nun erst einmal, wie die biologische Evolution Lösungen des Grundproblems aller Ethik, das Zusammenleben der Lebewesen zu ermöglichen, organisiert hat.

1.3 Wie das ethische Problem in der Natur evolutionär gelöst ist und nur als Krankheitszustand auftritt

Dazu sei davon ausgegangen, daß wir in der Evolution bereits bei der Zellbildung und der Zellvermehrung angekommen sind, wozu vermutlich wenigstens 1,5 Milliarden Jahre nötig waren. Dann dürfen wir weiter annehmen, daß die Bildung von Zellverbänden mit Überlebensvorteilen verbunden ist, weil auf diese Weise überlebenssichernde Arbeitsteilungen möglich werden. Alle höher entwickelten natürlichen Lebewesen sind Zellverbände, in denen es zu einer Hierarchiebildung der Überlebenswillen untergeordneter Lebewesen kommen muß, die dennoch ihre grundsätzlichen Fähigkeiten zur Selbsterhaltung bewahren. Das bedeutet zugleich nach der hier gegebenen Definition von Bewußtsein, daß auch die einzelnen Zellen eines Zellverbandes ein Bewußtsein besitzen, und das gilt auch schon für den Zellverband, der ein eigenständiges Lebewesen geworden ist. Zur Unterscheidung dieser verschiedenen Bewußtseinsformen soll von untergeordnetem und von übergeordnetem Bewußtsein gesprochen werden. Dabei tritt nun die grammatikalische Schwierigkeit auf, daß wir auch die Mehrzahl von Bewußtsein zu bilden haben, was sprachlich schlecht machbar ist. Deshalb werden wir in der Mehrzahl von „Bewußtheiten" sprechen, wobei aber stets nur die Mehrzahl von Bewußtsein gemeint ist.

Durch das Ineinandergreifen der Bewußtheiten gleichen Ranges und der übergeordneten in die untergeordneten Bewußtheiten entstehen einerseits vielfältige Reflexionsschleifen innerhalb der durch das übergeordnete Bewußtsein miteinander verkoppelten Überlebensfunktionen der untergeordneten Bewußtheiten und andererseits Hierarchien von Willensformen, weil sich der Wille zu verläßlicheren Wahrnehmungen, Erkenntnissen und Maßnahmen durchsetzen muß, wenn das Überleben des ganzen Systems sicherer werden soll. Und weil in dem Überlebenskampf der natürlichen Evolution nur die Systeme überleben, in denen sich optimierte Willens- und damit auch Wertehierarchien ausgebildet haben, konnte es dazu kommen, daß wir in unserem Bewußtsein sogar den Willen zur Unterordnung vorfinden, wenn wir das Vertrauen haben können, daß von einem übergeordneten Willen größere Lebenssicherheit ausgeht. Dieser Wille findet sich bereits bei allen Herdentieren[7], aber auch in allen heranwachsenden Tieren, die des Schutzes ihrer Eltern bedürfen, und wir kennen ihn, wenn wir uns einer fachlichen Autorität unterwerfen, sei es einem gutem Arzt, einem hoffentlich guten Rechtsanwalt, einem womöglich tüchtigen Unternehmensberater oder schlicht nur einem gut ausgebildeten und Vertrauen erweckenden Lehrer.

Durch das Vorhandensein eines übergeordneten Überlebenswillens tritt eine mögliche Spaltung zwischen dem ursprünglichen Lebenswillen und dem übergeordneten Überlebenswillen ein. Durch diese Spaltung könnte sich ein Problem entwickeln, das wir unter

---

[7] Der Papst bezeichnet sich bis heute noch als Oberhirten, der sogar in Glaubensdingen mit dem Prädikat der Unfehlbarkeit ausgestattet ist, was zweifellos größtmögliche Sicherheit verspricht. Leider kann dieses Versprechen von einem Menschen niemals eingehalten werden und ist deshalb heute ethisch unvertretbar geworden.

Menschen als das ethische Problem bezeichnen, da es sein könnte, daß die Individuen eher geneigt sind, ihrem ursprünglichen Überlebenswillen zu folgen als dem übergeordneten Überlebenswillen. Tatsächlich aber finden sich etwa bei den Herdentieren, den Tieren, die in Rudeln leben, oder bei allen höher entwickelten Jungtieren Hierarchiebildungen des Überlebenswillens, die im Normalzustand strikt eingehalten werden. Herden- oder Rudeltiere oder auch besonders junge Tiere eignen sich darum zur Domestikation oder auch zur Dressur, in der der Mensch den Tieren seinen Willen aufzwingt. Der menschliche Wille fungiert dabei als Willenshierarchiespitze. Wir können diese angelegte Verhaltensdisposition, sich einem übergeordneten Willen aus Existenzsicherungsgründen zu unterwerfen, auch als ein Streben nach Geborgenheit oder, formal ausgedrückt, als ein Streben nach größtmöglicher Stimmigkeit interpretieren.

Kant deutet diese Neigung in uns in seinem berühmten Aufsatz „Beantwortung der Frage: Was ist Aufklärung" allerdings als „Faulheit und Feigheit"; denn dies seien

> „die Ursachen, warum ein so großer Theil der Menschen, nachdem sie die Natur längst von fremder Leitung frei gesprochen, dennoch gerne Zeitlebens unmündig bleiben; und warum es Andern so leicht gemacht wird, sich zu deren Vormündern aufzuwerfen. Es ist so bequem, unmündig zu sein. Habe ich ein Buch, das für mich Verstand hat, einen Seelsorger, der für mich Gewissen hat, einen Arzt der für mich die Diät beurtheilt, u. s. w. so brauche ich mich ja nicht selbst zu bemühen. Ich habe nicht nöthig zu denken, wenn ich nur bezahlen kann; andere werden das verdrießliche Geschäft schon für mich übernehmen."[8]

Demnach gibt es inzwischen im Zuge der Aufklärung gewichtige Gründe dafür, warum wir uns mit unserem Willen nicht mehr generell in eine Willenshierarchie von angemaßten Vormündern einordnen sollten, wenngleich die Tendenz dazu in uns durchaus evolutionär angelegt ist, was Kant freilich so noch nicht sehen konnte. Wenn der Entscheidungsprozeß als ganzer in der Kopplungsorganisation als ein Vorgang repräsentiert wird, so kann man von einer Wahrnehmung des übergeordneten Willens sprechen. Ist dies der Fall, so möge die Kopplungsorganisation zwischen Gefahrenrepräsentation, dem Reservoir an Maßnahmen und der Durchführungsbestimmung ein *intuitiv unterordnendes Bewußtsein* heißen, wie es bei höheren Säugern als vorhanden anzunehmen ist, insbesondere bei den Primaten. Die Wahrnehmung des Entscheidungsprozesses setzt sich zusammen aus der Wahrnehmung von Gefahrensituationen, der Wahrnehmung möglicher Geborgenheitszustände, den Möglichkeiten, sie zu erreichen, und aus der Wahrnehmung eines übergeordneten Willens, der bestimmt, welche dieser Möglichkeiten auszuwählen ist. Dieser übergeordnete Wille muß nicht der eigene Wille sein, und darum können Tiere oder Menschen anderen Tieren ihren Willen aufprägen. Ganz analog findet sich diese Hierarchiebildung auch bei menschlichen Gemeinschaften.

---

[8] Vgl. Immanuel Kant, Beantwortung der Frage: Was ist Aufklärung, in: *Berlinische Monatsschrift* (1784), S. 481–494 oder in: Immanuel Kant, *Ausgewählte kleine Schriften*, Meiner Verlag, Hamburg 1969.

▶ **Definition** Das **intuitiv unterordnende Bewußtsein** bestimmt eine Gefahrenabwehr vermittelst eines übergeordneten Willens.

Daß diese *Möglichkeiten* zur Willens-Hierarchiebildung genetisch festgelegt sind, zeigt die Überlegung zu den evolutionären Bedingungen, die gegeben sein müssen, damit es überhaupt zu Optimierungen durch Evolution kommen kann.[9] Denn dazu müssen sich in den Lebewesen genetisch bestimmte Möglichkeitsräume (Innenräume) etwa in Form von Gedächtnis- und Bewertungsfunktionen ausbilden, durch die sie in der Lage sind, ihr Überlebensproblem besser als andere zu lösen. Da es für das Überleben des Einzelwesens nur die beiden Zustände des Überlebens und des Nicht-Überlebens gibt, sind Möglichkeiten des Optimierens erst auf einer nächsten Stufe der Hierarchiebildung zusammengesetzter Lebewesen denkbar, sei es nun die Meute oder das Rudel, die Art oder sogar verschiedene Stufen von überartlichen Lebensgemeinschaften mit symbiotischem Charakter. Demnach scheint eine Stufung des Überlebenswillens etwa in Form von Selbst- und Arterhaltungswillen eine Bedingung der Möglichkeit der Evolution zu sein, da sonst gar kein Optimierungsprozeß stattfinden könnte. Und somit sind auch die aufgezeigten Bewußtseinsstufungen sehr elementar in allen Lebewesen angelegt, die die biologische Evolution hervorgebracht hat. Und wir sollten dabei stets bedenken, daß alle diese Bewußtseinsformen, die sich evolutionär weiter ausdifferenziert haben, in uns weiterhin enthalten sind, ob nun in den einzelnen Zellen, aus denen wir bestehen, in unseren Organen oder in unserem Zentralnervensystem.

Alle lebenden Systeme brauchen zur Bewältigung ihrer Überlebensproblematik eine ausgeprägte Erkenntnisfunktion, wobei der schlichte *Erkenntnisbegriff* verwandt wird, der wie folgt definiert ist.

▶ **Definition** *Eine Erkenntnis besteht aus einer stabilen Zuordnung von etwas Einzelnem zu etwas Allgemeinem.*

Die Erkenntnisfunktion eines Lebewesens beinhaltet demnach, einzelne wahrgenommene Situationen in Klassen eingeschätzter Gefährlichkeit oder Ungefährlichkeit einzuordnen. Diese Klassifikationen aber liefern das Allgemeine, in welches die einzelnen Situationen einzuordnen sind, was freilich bei den weitaus meisten lebenden Systemen ganz intuitiv geschieht. Erkenntnisse stellen ganz bestimmte Zusammenhänge dar. Irrtümer aber lassen sich als Isolationen bezeichnen, in denen ein Zusammenhang, der eine Erkenntnis konstituiert, fehlt oder verlorengegangen ist. Erkenntnisse fördern die Überlebenssicherheit, einerlei, ob es sich dabei um die Erkenntnisse von Gefahren, um Erkenntnisse von besseren

---

[9] Vgl. dazu Deppert, Wolfgang, Problemlösen durch Interdisziplinarität. Wissenschaftstheoretische Grundlagen integrativer Umweltbewertung, in: Theobald, Werner (Hg.), *Integrative Umweltbewertung. Theorie und Beispiele aus der Praxis*, Springer Verlag, Berlin Heidelberg1998, S. 43ff. oder ders., Concepts of optimality and efficiency in biology and medicine from the viewpoint of philosophy of science, in: D. Burkhoff, J. Schaefer, K. Schaffner, D.T. Yue (Hg.), *Myocardial Optimization and Efficiency, Evolutionary Aspects and Philosophy of Science Considerations*, Steinkopf Verlag, Darmstadt 1993 (b), S. 135–146.

Schutzmaßnahmen oder auch um die Erkenntnisse über genießbare oder ungenießbare Nahrungsmittel handelt. Darum können wir in uns bemerken, daß **alle Zusammenhangserlebnisse unsere Gefühlslage positiv verändern**, woraus sich einige der grundsätzlichen ethischen Prinzipien ableiten lassen werden.

▸ **Definition** *Zusammenhangserlebnisse* sind Erlebnisse, in denen irgendeine Form von Zusammenhang geahnt oder sogar bewußt wird und welche die Gefühlslage stets positiv verändern.

Die Erkenntniskonstitution muß schon in den einfachsten Lebewesen gegeben gewesen sein, weil sie sonst nicht hätten überleben können; denn *Erkenntnisse verschaffen erst Überlebenssicherheit*. Wenn wir Menschen durch einen unvorstellbar langen Zeitraum aus dem einfachsten ersten Leben geworden sind, dann ist zu erwarten, daß auch unsere Erkenntnisfunktion aus den einfachsten Erkenntnisfunktionen über eine lange Kette ihrer Veränderungen und Optimierungen hervorgegangen ist. Dies bedeutet, daß auch unsere heutige Erkenntniskonstitution intuitive Anteile besitzt, die sich möglicherweise sogar von ihrer Quelle her jeder Erkennbarkeit entziehen. Und sicher weiß jeder, daß Schlafen oder auch nur Entspannen heilsame Maßnahmen sind, um sich gesünder zu fühlen. Auf sie können wir vertrauen, weil wir aus lauter kleinen Lebewesen bestehen, die ihre Selbstheilungsfunktionen von Urzeiten her besitzen. Darum wissen wir von uns nur zu gut, daß wir Krankheiten kennen, die dann besser ausheilen, wenn wir unseren Willen beiseitelassen und uns nur der Ruhe hingeben. So tun es ja auch die kranken Tiere. Die legen sich an eine geschützte Stelle und warten so lange, bis sie wieder gesund sind. Wir können also darauf vertrauen, daß in uns auf vielfältige Weise selbstorganisierte Heilungsmaßnahmen angelegt sind und wirksam werden können, wenn wir nicht deregulierend eingreifen, wie es leider durch die sogenannten Schulmediziner nicht selten geschieht.

Die lebenden Teilsysteme eines größeren lebenden Systems stehen also in sehr eigentümlichen existentiellen Abhängigkeiten. Wenn z. B. alle Zellen eines Organs oder ein großer Teil von ihnen absterben, dann ist das ganze Organ auch nicht mehr lebensfähig, und wenn ein lebenswichtiges Organ abstirbt, dann stirbt auch der gesamte Organismus. Um das Überlebensproblem von innen her beherrschen zu können, muß der Organismus Mechanismen entwickelt haben, die ihm die Gefahr anzeigen, daß Zellen oder ganze Organe erkranken oder erkrankt sind, und dann sind vom Gesamtsystem für die erkrankten Teile Gesundungsmaßnahmen zu ergreifen.[10] Als Anzeigesystem fungiert weitgehend das Nervensystem. Die Sanitätstruppen, die die Gesundung der erkrankten Teile bewirken sollen, sind im Blut enthalten und können durch die Pumpleistung des Herzens an fast jede Stelle des Organismus transportiert werden. Wir können also darauf vertrauen, daß unser eigener

---

[10] Tatsächlich sind in jeder einzelnen Zelle Selbstheilungsmechanismen etabliert, deren gezielte Ein- und Ausschaltbarkeit leider kaum erforscht ist. Vgl. das Reihen-Herausgebervorwort in: A. Pakdaman, O_2-Wasser fördert die Gesundheit und bessert die Lebensqualität, Band IV der Reihe *Grundlagenprobleme unserer Zeit*, Leipziger Universitätsverlag 2003.

Organismus mit einer Fülle von Selbstheilungskräften ausgestattet ist, wie es z. B. Aaron Antonovsky in seiner Theorie der Salutogenese annimmt[11].

Die einzelnen Lebewesen, aus denen ein größeres Lebewesens besteht, sichern demnach aus Selbsterhaltungsgründen auch die Erhaltung des ganzen Lebewesens. Es kommt gar nicht zu einem ethischen Problem zwischen den Teil-Lebewesen untereinander und auch nicht zwischen Teillebewesen und dem übergeordneten Lebewesen. Wenn es aber dennoch geschehen sollte, daß ihr Unterwürfigkeitsbewußtsein ausgeschaltet wird, so daß nur noch die evolutionär frühesten eigenen Überlebensstrategien in ihrem Willen tätig werden, dann können das z. B. Krankheitsformen von Zellen sein, wie im Falle von Krebserkrankungen, in denen das Apoptose-Programm zur Selbsttötung der Zellen ausgeschaltet ist. Dadurch gibt es keinen Platz für die heranwachsenden Zellen, und eine wachsende Geschwulst ist die Folge. Die Konsequenz ist schließlich, daß der gesamte Organismus abstirbt und damit auch die Krebszellen selbst.

Eben dieses Phänomen läßt sich in unserer Wirtschaft aufgrund von unternehmens- und wirtschaftsethisch mangelhaft ausgebildeten Managern beobachten, die nur das Wachstum des eigenen Unternehmens im Auge haben, ohne zu berücksichtigen, daß sie wesentlich vom Funktionieren des Gesamtorganismus des Marktes leben, und ohne zu wissen, daß sie auch mit draufgehen, wenn der Markt zusammenbricht. Genau dies ist gerade in der neuerlichen Finanzkrise mit den Banken geschehen.

Wenn es in der Natur ein Problem der Isolierung des Überlebenswillens einzelner Lebewesen zum Nachteil des Überlebenswillens des übergeordneten Systems gibt, wie das etwa bei den Krebszellen geschieht, dann ist dies eine krankhafte Ausnahme. Im Wirtschaftsverhalten der derzeitigen Manager ist dies aber der Normalfall. Sie werden in diesem Verhalten sogar noch von dem Wirtschaftsethiker Karl Homann unterstützt, weil er meint, daß der Markt ein moralentlastendes Instrumentarium darstelle. Diese Auffassung entnimmt er fälschlicherweise dem wirtschaftheoretischen Jahrtausendwerk von Adam Smith „Der Wohlstand der Nationen" (1776), in dem Smith behauptet, im freien Markt vollziehe sich das Wunder, daß jeder seinen Vorteil suche und daß, wie von ‚unsichtbarer Hand' (invisible hand) geleitet, dies dazu führe, daß der Wohlstand aller steige und damit ein ursprünglich unethisches Verhalten den ethischen Effekt der Wohlstandsvermehrung hervorbringe. Adam Smith erklärt dieses Phänomen sehr überzeugend; denn es ist für ihn ganz klar, daß dies nur dann geschieht, wenn sich die Marktteilnehmer füreinander interessieren, so daß auf dem Markt genau das angeboten wird, was von anderen auch gebraucht wird, damit sie daraus einen Nutzen ziehen können. Es ist also das Interesse am Wohlergehen der Marktteilnehmer der Grund für die scheinbar so geheimnisvolle **„invisible hand"**.

Falls jemand im Sinne der derzeitigen Wirtschaftswissenschaften immer noch im Homann'schen Sinne meint, daß es sinnvoll sei, als Betriebsleiter nach dem Monopolgewinn zu streben, weil dieser den höchsten denkbaren Gewinn darstelle, dann liegt der Fehler allerdings hier an den Universitätslehrern und an mangelhaften wirtschaftsethischen

---

[11] Vgl. A. Antonovsky, Alexa Franke: *Salutogenese: zur Entmystifizierung der Gesundheit*. Dgvt-Verlag, Tübingen 1997.

Doktrinen. Auf derlei Mängel in der Betriebswirtschaftslehre kann gar nicht oft genug hingewiesen werden; denn niemand kann heute glaubhaft versichern, daß derartige Fehler aufgrund besserer wissenschaftlicher Einsicht inzwischen nicht mehr gelehrt werden. An dieser Stelle wird immerhin deutlich, daß es offensichtliche Parallelen zwischen der biologischen Evolution und den Wirtschaftsvorgängen gibt, worauf noch im Einzelnen einzugehen sein wird und was weitgehend auf folgender Feststellung beruht: Die gesamte Evolution der Natur ist nur als das Zusammenspiel eines *Vereinzelungsprinzips* und eines *Vergesellschaftungsprinzips* begreifbar.[12] Diese Prinzipien mögen der Tradition folgend **principium individuationis** und **principium societationis** genannt werden.

▶ **Definitionen** Das Evolutionsprinzip, daß alle Entwicklung über einzelne Lebewesen verläuft, heißt *Vereinzelungsprinzip* oder auch **principium individuationis**.
Das Evolutionsprinzip, welches die evolutionäre Optimierung ermöglicht, heißt *Vergesellschaftungsprinzip* oder **principium societationis**.

Diese elementaren Annahmen der Evolutionstheorie entsprechen Friedrich Nietzsches Prinzipien *des Apollinischen* und *des Dionysischen*. Die Überlebensproblematik läßt sich im Rahmen der Evolutionstheorie niemals nur für eine isolierte Stufe der Systembildung lösen, sondern nur für alle Stufungen zugleich.[13] Dies sollte aufgrund der begrifflichen Parallelität zwischen Wirtschaftstheorie und Evolutionstheorie für die Wirtschaftstheorie zu einer bedeutsamen Einsicht für das Verhalten der Wirtschaftssubjekte führen, wobei unter Wirtschaftssubjekten nicht nur die einzelnen am Wirtschaftsleben teilnehmenden Menschen zu verstehen sind, sondern darüber hinaus alle menschlichen Organisationen, seien es nun Wirtschaftsbetriebe, Vereine, politische Gemeinden oder ganze Staaten; denn von ihnen wissen wir bereits, daß sie kulturelle Lebewesen sind. Dabei ist zu beachten, daß Menschen aufgrund von Einsichten Änderungen herbeiführen können, die sich im Verlauf der Evolution über Mutationen und Selektionen erst über sehr lange Zeiträume einstellen können.[14]

Der Gegensatz zwischen Individuum und Gemeinschaft ist demnach in der Natur gar nicht vorhanden, weil in jedem Individuum ein übergeordneter Überlebenswille angelegt

---

[12] Diese Prinzipien sind als grundlegende Prinzipien des Wirtschaftslebens dargestellt in: W. Deppert, *Zur Philosophie von Wirtschaft und Recht. Eine individualistische Gemeinschaftstheorie zur Sicherung des Ganzen von Mensch und Natur*, Vorlesungsmanuskript, Kiel 1998.

[13] Vgl. dazu Deppert, Wolfgang, Teleology and Goal Functions – Which are the Concepts of Optimality and Efficiency in Evolutionary Biology, in: Felix Müller und Maren Leupelt (Hrsg.), *Eco Targets, Goal Functions, and Orientors*, Springer Verlag, Berlin 1998, S. 342–354.

[14] An dieser Stelle sei betont, daß die hier benutzte Analogie zwischen Natur und Wirtschaft nichts, aber auch gar nichts mit den Organismus-Analogien der Nationalsozialisten zu tun hat. Denn das Vereinzelungsprinzip wurde im ganzen Faschismus gänzlich unterdrückt, hier aber ist es ganz im Gegensatz dazu konstitutiv. Der verheerende Satz: „Du bist nichts, Dein Volk ist alles" erweist sich ohnehin als gänzlich widersinnig, weil das Ganze nur durch seine Teile existiert. Wenn aber die Teile nichts sind, dann ist auch das Ganze nichts. Vereinzelungs- und Vergesellschaftungsprinzip müssen darum immer zusammenwirken, um das Überlebensproblem eines Systems lösbar zu machen.

ist, der auf die Erhaltung der nächsthöheren Gemeinschaft ausgerichtet ist, der das individuelle Lebewesen angehört. Und diese Ordnung des Eintretens der individuellen Lebewesen für die Existenz der nächsthöheren Gemeinschaftsform gilt von den kleinsten Lebensformen an, wie etwa in individuellen Zellen, bis hin zu den Gemeinschaftsformen, die wir heute als Ökosysteme bezeichnen. Wie ich versucht habe anzudeuten, ist dieser Zusammenhang von Individualitäts- und Gemeinschaftserhaltung eine notwendige Bedingung für den Optimierungsprozeß innerhalb der Evolution der Natur. Die Natur entwickelt sich durch das Zusammenspiel eines *principium individuationis* und eines *principium societationis*; denn alles Geschehen wird von Individuen hervorgebracht, diese aber folgen in ihren Handlungen wesentlich einem *principium societationis,* da in der Evolution *die Arten* gewinnen, die mehr Nachkommen als andere Arten hervorbringen, wobei jedes einzelne möglichst gut für den Überlebenskampf gerüstet sein muß. Das ethische Problem eines Gegensatzes zwischen Individualität und Gemeinschaft tritt in der Natur so, wie wir es unter Menschen kennen, nicht auf. Es gibt bei höher entwickelten Tieren aber schon den Kampf um die Vermehrungsmöglichkeit, wobei meistens das Leben des unterlegenen Rivalen geschont wird, bisweilen aber nicht das seiner Nachkommen, was evolutionär aber gut erklärbar ist, da die Gene des Überlegenen dadurch eine größere Verbreitung erfahren als die Gene des Rivalen. Diese Zusammenhänge haben Richard Dawkins schon 1976 dazu veranlaßt, vom *egoistischen Gen* zu sprechen und darüber sogar ein ganzes Buch zu schreiben.[15]

Die hier zusammengetragenen Evolutionsbedingungen lassen sich in folgenden zwei Evolutionsgesetzen zusammenfassen:

1. Evolutionsgesetz:
   Evolutionsfähige Lebewesen verhalten sich nach hierarchisch angeordneten Willensformen.
2. Evolutionsgesetz:
   Die evolutive Optimierung von Lebewesen bringt eine Stufung von Lebewesen so hervor, daß von den Erhaltungsprinzipien der höheren Stufe stets Restriktionen auf die Erhaltungsprinzipien er unteren Stufen ausgehen.

Wir haben uns nun ein gewisses anfängliches Selbstverständnis unserer selbst als evolutionär aus der Natur entstandener Wesen verschafft. Jetzt sind die Probleme der Menschen untereinander zu behandeln. Es ist aber an dieser Stelle bereits zu vermerken, daß die ethischen Probleme der Menschen nicht etwa nur durch einen möglichen Gegensatz zwischen den Einzelnen und ihrer Gemeinschaft bestehen, sondern vor allem zwischen den einzelnen Menschen. Die Ursache dafür wird meist damit beschrieben, daß der Mensch weitgehend die tierischen Instinkte verloren habe, so daß bei ihm kein quasi automatisches

---

[15] Vgl. Richard Dawkins, *Das egoistische Gen,* übersetzt aus dem Englischen von Karin de Sousa Ferreira, Rowohlt, Reinbek bei Hamburg 2000, ISBN 3-499-19609-3, Originaltitel *The Selfish Gene* (1976).

1.3 Wie das ethische Problem in der Natur evolutionär gelöst ist

Verhalten mehr vorliege, wie es bei den anderen natürlichen Lebewesen, insbesondere bei den Tieren, der Fall sei.

Diese Erklärung ist sicher viel zu naiv, da wir ja bereits eindringlich darauf hinweisen konnten, daß auch die Tiere schon sehr ausdifferenzierte Bewußtseinsformen entwickelt haben und daß auch die Bewußtseinsformen der Menschen aufgrund der vielfältigen kulturellen Evolutionen sehr verschieden sein können. Diese Sichtweise wird dadurch besonders deutlich, daß wir bei den Menschen davon auszugehen haben, daß wir eine äußere von einer inneren Existenz zu unterscheiden haben, so daß das Erhaltungsproblem sich aufspaltet in die Erhaltung der äußeren und der inneren Existenz.

Sehr kurz gesagt, differenziert sich beim Menschen das, was wir bei den Tieren als Instinkt bezeichnen, zu seiner inneren Existenz aus. Die innere Existenz ist der Bereich in seinem Vorstellungs- und Denkvermögen, wodurch der Mensch sich seine sinnvollen Ziele setzt, so daß er für sich selbst davon überzeugt sein kann, sinnvoll zu leben, solange er diese Ziele verfolgt. Wenn die innere Existenz eines Menschen zusammenbricht, weil sich für ihn keine sinnvollen Ziele oder keine Möglichkeiten zu ihrer Verfolgung mehr ausmachen lassen, dann folgt allzuoft auch der Zusammenbruch der äußeren Existenz; denn wenn der Mensch den Glauben daran verliert, etwas Sinnvolles für sich oder für andere tun zu können, dann verliert er die Fähigkeit, seine Handlungen zielgerichtet zu planen und zu organisieren, wodurch schließlich auch seine äußere Existenz in größte Gefahr gerät; denn diese ist wesentlich davon abhängig, daß die Überlebensfunktionen tüchtig bleiben, insbesondere durch eine planvoll gesicherte Energiebereitstellung.

Die ethischen Probleme unter den Menschen 2

2.1 Mit Begriffsklärungen und Definitionen anfangen

Es war bereits die Rede davon, daß wir Menschen als Lebewesen, die durch Jahrmilliarden aus der Evolution hervorgegangen sind, eine Fülle von Erkenntnisformen und einzelnen Erkenntnissen in den unzähligen Lebewesen, aus denen wir bestehen, gespeichert besitzen, ohne daß wir darauf allerdings bewußt zugreifen könnten. So wissen wir herzlich wenig über einfachste Lebensvorgänge, auch wenn wir sie tagtäglich ausüben. Wenn wir irgendeine Tätigkeit vorhaben, dann müssen wir dies nur heftig wollen, und schon tun wir das, ohne zu wissen, wie wir das im Einzelnen machen und welche Vielzahl von Sehnen und Muskeln dabei beteiligt sind. Wenn wir morgens aus dem Bett aufstehen, dann haben wir dazu eine große Fülle von verschiedensten Muskeln zu bewegen, die wir aber in keiner Weise einzeln zu ihrer Tätigkeit aufrufen, und Entsprechendes geschieht, wenn wir dann die Beine zum Gehen bewegen, um das Badezimmer zu erreichen, jedes Mal müssen wir uns nur einen inneren Anstoß geben, und alles klappt, ohne daß wir in unserem Bewußtsein die Fülle der verschiedensten Bewegungsvorgänge unserer Muskeln, die zum Gehen nötig sind, auch nur annähernd überblicken geschweige denn bewußt einsetzen könnten.

Darum haben wir davon auszugehen, daß in unserem Inneren ganz klare Unterscheidungen über die verschiedenen Muskeln vorhanden sind und darüber, wie sie etwa zum Zwecke des Gehens in ganz bestimmter Weise zu betätigen sind; denn unser Körper funktioniert ja phantastisch genauso, wie wir es von ihm erwarten. Wir haben also davon auszugehen, daß in uns eine großartig organisierte Menge von Erkenntnissen und Wissen über deren Anwendbarkeit angelegt sein muß. Und dies betrifft erst einmal nur unsere äußere Erscheinung in der beobachtbaren äußeren Wirklichkeit der äußeren Welt. Nun besitzen wir außerdem auch noch eine innere Welt, in der sich sehr viele Vorstellungen tummeln, die auch alle organisiert sein wollen, so daß wir mit unserem Denken in unserem Bewußtsein etwas möglichst klar Bestimmtes in uns ausmachen können. Denn nur etwas Wohl-Bestimmtes kann unser Körper korrekt ausführen, wenn wir durch unser Wollen den Anlaß dazu geben. Wir haben also, wie es unsere innere körperliche Organisation offenbar unbewußt tut, auch in unserer Innenwelt der Gedanken durch klare Unterscheidungen und Abgrenzungen bewußt so viel Klarheit wie möglich zu schaffen.

Was es bedeutet, von einem Bewußtsein oder von einem Willen zu reden, haben wir bereits versucht durch evolutionstheoretische Betrachtungen aufzuklären. Dies waren bereits Begriffsklärungen, die dazu beitragen sollen, die Fülle an inneren Vorstellungen möglichst klar voneinander abzugrenzen, damit sie sich unterscheiden lassen. Den Begriffsbestimmungen, die wir als Definitionen bezeichnen, hat demnach ein Begriffsklärungsprozeß vorauszugehen, den wir nun weiter fortzusetzen haben; denn nur dadurch können wir in unserem Denken die Klarheit schaffen, die wir benötigen, um schließlich in unserem Inneren zu eindeutigen Handlungsanweisungen zu kommen, die wir dann an unsere Körperlichkeit richten können, welche auf durchaus geheimnisvolle Weise in der Lage ist, diese auch auszuführen. Aber ganz sicher ist dazu eine zuvor erreichte Eindeutigkeit der Gedanken erforderlich.

Soeben haben wir auch eine erste Klärung der Unterscheidung von äußerer Existenz in einer beobachtbaren äußeren Welt von einer inneren Existenz in einer von außen freilich unbeobachtbaren inneren Welt versucht. Denn wir Menschen haben unsere Problematik der Existenzsicherung aufzuteilen in die Sicherung unserer äußeren Existenz und in die Sicherung unserer inneren Existenz. Die äußere Existenz läßt sich dabei vergleichen mit einer „bloß" tierischen Existenz, wie etwa Friedrich Schiller sie in seinem für ihn selbst frühen wegweisenden Werk „Versuch über den Zusammenhang der thierischen Natur des Menschen mit seiner geistigen" bezeichnet. Und die geistige Natur des Menschen ist entsprechend mit der inneren Existenz zu identifizieren. Während wir die Maßnahmen, die wir zu ergreifen haben, um die Erhaltung unserer äußeren Existenz sicherzustellen, durch ein genetisch bedingtes Wissen schon recht gut beherrschen, bleibt es vorerst noch weitgehend unklar, was wir zu tun haben, um unsere innere Existenz zu sichern. Gewiß gibt es auch dafür bereits ein erblich bedingtes Repertoire von Zuneigungsbezeugungen und Signalen für deren Einforderungen.

Unser Tun und Lassen wird weitgehend durch die vielfältige Erhaltungsproblematik unserer eigenen Existenz und der Lebewesen bestimmt, mit denen wir es zu tun haben. Darum ist zu erwarten, daß es Begriffe gibt, mit denen sich die Bewältigung der Überlebensproblematik genauer beschreiben läßt. Diese Begriffe sollen nun geklärt und definiert werden.

2.2 Definitionen der Begriffe Wert, Nutzen, Sinn, Wert-Entstehung, Religion, Moral und Ethik

2.2.1 Zum Wertbegriff

Der grundlegendste Begriff zur Beschreibung und Bewältigung der Existenz-Erhaltungs-Problematik ist ein Begriff, den die Wirtschaftswissenschaften bisher in sträflicher Weise versäumt haben zu bestimmen. Wir haben hier einen langen Anlauf genommen, um ihn endlich adäquat definieren zu können: Es ist der *Wertbegriff,* der Begriff, durch den bestimmt wird, was ein *Wert* ist, und von dem wir bereits behauptet haben, daß er auch für die Wirtschafts- und Sozialwissenschaften von grundlegender Bedeutung ist. Und nun ist es an der Zeit, daß eine solche Definition bereitgestellt wird. Wenn wir wissen, was ein Wert *ist,* dann können wir daraus auch bestimmen, was es bedeutet, daß etwas einen Wert *hat,* und was es bedeutet, von einem *Nutzen* zu sprechen.

Und nun kommt's:

▶ **Definition** Ein *Wert* ist etwas, von dem behauptet und womöglich nachgewiesen werden kann, daß es in bestimmter Weise und in einem bestimmten Grad zur äußeren oder inneren Existenzerhaltung eines Lebewesens beiträgt.[1]

Weil Werte zur äußeren oder inneren Existenzerhaltung beitragen können, lassen sich *äußere* von *inneren Werten* unterscheiden. Der Begriff ‚Lebewesen' ist hier in der oben angegebenen allgemeinen Bedeutung zu verstehen, so daß darunter ein jegliches ganzheitliches System fällt, das ein Existenzproblem hat, welches es eine Zeitlang etwa durch Nutzung von Werten überwinden kann, sei es nun ein Unternehmen, ein Verein, ein biologischer Organismus, ein Staat, ein Motor oder ein Ökosystem oder eben auch die ganze Menschheit, wenn sie sich als eine Ganzheit beschreiben läßt.

Werte sind immer bezogen auf das Lebewesen, dessen Existenzerhaltung oder Existenzbedrohung durch sie behauptet werden kann. Dadurch sind Werte zugleich abhängig von demjenigen, der diesen Zusammenhang zu erkennen meint. So haben z. B. Süßigkeiten für die meisten Kinder einen hohen positiven inneren Wert, weil durch sie die innere Zufriedenheit stark befördert wird. Nach der Auffassung der meisten Eltern haben dagegen Süßigkeiten für Kinder einen negativen äußeren Wert, weil die Eltern meinen, daß durch Süßigkeiten die körperliche Gesundheit der Kinder langfristig beeinträchtigt wird. Solche unterschiedlichen Wertbestimmungen kommen aufgrund der prinzipiellen Relativität von Werten in allen Lebensbereichen vor. So sind oft die Werte, die zur Existenzerhaltung einer Firma bestimmt werden, entgegengesetzt zu den Werten, die zur Erhaltung eines bestimmten Ökosystems ausgemacht werden oder die ein einzelner Mensch für seine Existenzerhaltung für notwendig erachtet. Ebenso erleben wir es täglich, daß Menschen verschiedene und zum Teil widerstreitende Werte besitzen oder setzen, ja, wir müssen feststellen: Es gibt ein nicht durchschaubares Durcheinander von ähnlichen, gänzlich verschiedenen oder sich widerstreitenden Werten in der Menschenwelt, und wir sehen darin sogar viele Vorteile, so daß wir positiv von der Pluralität von Werten sprechen. Schließlich beruht auf dieser Verschiedenheit das demokratische System, welches die Vielfalt der Meinungen grundsätzlich akzeptiert und auf die vernünftige Einsichtsfähigkeit der Bürger setzt, sich trotz ihrer

---

[1] Vgl. dazu W. Deppert, Individualistische Wirtschaftsethik, in: W. Deppert, D. Mielke, W. Theobald: *Mensch und Wirtschaft.* Interdisziplinäre Beiträge zur Wirtschafts- und Unternehmensethik, Leipziger Universitätsverlag, Leipzig 2001, S. 131–196.

großen Verschiedenheit auf Regeln des friedlichen und selbstverantwortlichen Zusammenlebens in einem Staat einigen zu können.

Eine fruchtbarere Unterscheidung scheint mir ferner dadurch gegeben zu sein, daß es Werte gibt, deren Wert gerade darin besteht, daß er durch den Gebrauch hinsichtlich der Existenzerhaltung vernichtet wird, und daß es Werte gibt, für die dies nicht gilt, ja für die man sogar bemüht ist, ihre Beständigkeit zu erhalten. So verliert das vielzitierte Brot seinen Wert durch den Verzehr. Die Brotfabrik hingegen hat einen um so größeren Wert, je länger ihre Funktion, Brote zu produzieren, erhalten werden kann. Wir haben also vergängliche Werte, die ihren Wert in ihrer wertvernichtenden Verwertungsmöglichkeit tragen, von solchen Werten zu unterscheiden, deren Bestand erhalten werden soll. Dementsprechend sei von **Vergänglichkeitswerten und von Haltbarkeitswerten** gesprochen. Es kann sehr wohl möglich sein, daß sich diese beiden Wertarten überlagern, wie dies etwa bei verderblichen Lebensmitteln der Fall ist, wenn für sie, um sie für den Verzehr zu einem späteren Zeitpunkt zu erhalten, Haltbarkeitsmaßnahmen ergriffen werden.

▶ **Definitionen** Ein *Vergänglichkeitswert* ist ein Wert, dessen Nutzung zu seiner Vernichtung führt.

Ein *Haltbarkeitswert* ist ein Wert, dessen Werthaftigkeit durch seine Nutzung erhalten bleibt.

Durch den Bezug zur Existenzerhaltung und der damit verbundenen orientierenden Funktion sind Werte grundsätzlich mit Zielen verbunden, die in der Zukunft liegen, sie haben teleologischen Charakter und können darum in einer rein kausal beschriebenen Welt nicht vorkommen. Werte sind kein Bestandteil der kausalistisch verstandenen physikalischen Welt, sie finden sich nur im Bewußtsein eines lebenden Wesens und sind auch durch diese Existenzform bezogen auf das Wesen, in dessen Bewußtsein sie existieren. Trotz des Hume'schen Gesetzes, das besagt, daß aus Beschreibungen des Seins nicht auf ein Sollen geschlossen werden kann, kommt im Wertbegriff eine eigentümliche Verbindung der Welt des Seins und der Welt des Sollens vor; denn die Frage danach, wodurch die äußere Existenz eines Lebewesens gesichert werden kann, ist weitgehend durch die Kenntnisse über das Sein zu beantworten. Darum gelten Werte ausschließlich in bezug auf irgendeine bestimmte Existenzerhaltungsmöglichkeit und einen bestimmten Existenzerhaltungswunsch, und sie werden von jemandem aufgrund von Kenntnissen behauptet. Da alle Lebewesen ihr Verhalten auf ihre Selbsterhaltung ausrichten und alle Lebewesen dazu an der Erhaltung von bestimmten anderen Lebewesen interessiert sind, haben Werte stets eine orientierende Funktion und erhalten dadurch Handlungsrelevanz. Darum sind Werte Elemente eines Begriffssystems, in dem Begriffe in vielfältigen Beziehungen miteinander verbunden sind. Die Struktur dieses Beziehungsgeflechts mag durch folgende Relation zusammengefaßt werden[2]:

---

[2] Definitionen lassen sich generell als relationale Beziehungsgeflechte verstehen, die oft einen ganzheitlichen Charakter besitzen.

▶ **Definition** Ein **Wert W** ist stets ein Wert für ein Lebewesen L nach der Meinung einer Person P aufgrund einer Kenntnis K und einer Sinnvorstellung S, und ein Wert ist ein Orientierungsmaßstab O für eine Gruppe G von Menschen, Wirtschaftssubjekten oder überhaupt Lebewesen.

Ein Wert ist mithin wenigstens eine fünfstellige Relation W(L, P, K, S, O(G)).

Werte sind demnach wenigstens *fünfstellige Relationen W(L, P, K, S, O(G))*. Was es bedeuten soll, wenn von einem ‚Wert an sich' gesprochen wird, läßt sich in diesem Zusammenhang nicht sagen, da dadurch der Wertbegriff zu einem isolierten Begriff würde, der aufgrund seines fehlenden Beziehungsgefüges für niemanden eine Bedeutung haben könnte.[3] Das ändert sich, wenn von intrinsischen Werten gesprochen wird; denn diese lassen sich als etwas verstehen, das sich auf eine innere Wirklichkeit bzw. auf eine innere Existenz bezieht, die nicht Bestandteil der äußeren Wirklichkeit ist und nicht durch Beobachtung auffindbar, sondern nur näherungsweise mit Hilfe von Theorienbildung bestimmbar ist.

Oft wird versucht, eine Unterscheidung im Gebrauch des Wertbegriffes durch den Hinweis auf den verschiedenen Wortgebrauch herbeizuführen, in dem man davon sprechen kann, daß etwas ein Wert *ist* oder daß etwas einen Wert *hat*. Dieser Unterschied wird gern an dem vielzitierten Beispiel aufgezeigt, daß man Geld nicht essen könne; denn Geld *habe* nur einen Wert und *sei* nicht selbst einer. Dies komme auch dadurch zum Ausdruck, daß man unter bestimmten Umständen sich für Geld etwas verschaffen könne, was selbst ein Wert ist, weil man es, etwa wie ein Stück Brot, essen könne. Darum ist für die Verwendung des Wortes ‚Wert' eine *substantielle von einer attributiven Bedeutung* zu unterscheiden.

Die hier gegebene Definition des Wertbegriffes ist demnach die Definition von substantiellen Werten. So ist etwa ein Eimer voll Hafer ein Wert für ein Pferd, ein Brot ist ein Wert für einen Menschen zur Erhaltung seiner äußeren Existenz, oder die Treue zu einem Menschen ist ein Wert zur Erhaltung seiner inneren Existenz. Natürlich kann auch das, was einen Wert hat, wie etwa ein Pferd, das etwa einen Tauschwert von zehn Schafen *hat*, auch selbst ein Wert sein, z. B. für diejenige oder denjenigen, die oder der eine innere Beziehung zu diesem Pferd besitzt, welche für ihre oder seine innere Existenz bedeutsam ist. Umgekehrt kann man auch das, was ein Wert ist, wie etwa ein Brot, wiederum gegen eine Wurst eintauschen. Dann *hätte* auch das Brot den Wert einer Wurst.

▶ **Definitionen** Wenn etwas ein Wert *ist,* dann ist dies ein *substantieller Wert*.
Wenn etwas lediglich einen Wert *hat,* dann ist dieser Wert ein *attributiver Wert*.

Die Unterscheidung von *Wert-Sein oder Wert-Haben*, d. h. *von substantiellen und attributiven Werten*, ist demnach so vorzunehmen, daß **alles, was ein Wert ist, auch einen Wert**

---

[3] Derartige Wertbegriffe werden mit gewiß guten Absichten immer wieder in ‚naturethischen' Diskussionen benutzt, leider mit der unabwendlichen Konsequenz fehlender Überzeugungskraft aufgrund mangelhafter Begründung infolge heilloser begrifflicher Konfusionen. Vgl. etwa Devall (1980), Taylor (1981) oder Sprigge (1987).

haben kann, aber nicht alles, was einen Wert hat, auch ein Wert sein muß. Das liegt an dem fundamentalen Unterschied zwischen Sein und Haben oder auch zwischen Substanz und Attribut. Ein Haben setzt immer voraus, daß etwas existiert. Dieses Existierende kann dann etwas haben, z. B. einen Wert. Wenn das Existierende selbst ein Wert für jemanden ist, dann könnte es sein, daß dies für einen anderen auch zutrifft, so daß der andere dieses Etwas auch gern hätte. Mit dem Begriff des Wertes ist so auf sehr elementare Weise der Begriff des Eigentums verbunden; denn nur derjenige, der den Gegenstand, der ein Wert ist, besitzt, darf mit ihm tun, was ihm beliebt, und ihn etwa für die Erhaltung seiner äußeren Existenz aufessen oder auf andere Weise nutzen, auch für die Erhaltung der inneren Existenz, wenn der Gegenstand für ihn ein innerer Wert ist. Mit diesen kurzen Erläuterungen ist bereits erkennbar, daß aus dem Wertbegriff der Begriff des Marktes folgt, als der Ort, an dem die Eigentumsverhältnisse an den Wertgegenständen geregelt werden. Für einen Gegenstand, der einen Wert hat, aber selbst keiner ist, kann man etwas bekommen, das ein Wert ist, so daß man ihn für die Sicherung der eigenen Existenz nutzen kann. Aber trägt denn der Gegenstand, der kein Wert ist, sondern nur einen Wert hat, nicht doch auch zur Existenzerhaltung bei? Denn das tut er doch, wenn man für ihn etwas bekommen kann, was ein Wert ist. Dann müßte er nach der Wert-Definition auch ein Wert sein; denn durch seine Vermittlung trägt er doch zum Existenzerhalt bei! Das ist sicher richtig, und darum haben wir den Wertbegriff noch weiter auszudifferenzieren, d. h., wir haben weitere Unterscheidungen des Wertbegriffs vorzunehmen. Genau dies sieht die Definition des Wertbegriffs vor, indem in ihr gesagt wird, daß ein Wert *in bestimmter Weise und in einem bestimmten Grad zur äußeren oder inneren Existenzerhaltung eines Lebewesens beiträgt*. Die bestimmte Weise erlaubt uns, **direkte** von **indirekten Werten** zu unterscheiden. Die direkten Werte sind nur durch den direkten Bezug auf ein bestimmtes Wirtschaftssubjekt als substantielle Werte bezogen. Die indirekten Werte sind keine substantiellen Werte, sondern attributive Werte. Diese Aussagen gelten nur dann, wenn sie auf ganz bestimmte Wirtschaftssubjekte zutreffen.

Um dies zu verdeutlichen, mag man sich fragen, ob eine Brotfabrik ein Wert ist oder nur einen Wert hat. Aus der hier gegebenen Definition folgt, daß die Brotfabrik ein direkter Wert für die Firma ist, welche die Brotfabrik betreibt; denn ohne diese Fabrik wäre ihre Existenz als Firma bedroht, wenn sie sich als eine Brot produzierende Firma versteht. Die Brotfabrik trägt aber zur Bewältigung der Überlebensproblematik der Menschen bei, ist also auch ein Wert für die einzelnen Menschen, aber nur ein indirekter Wert, weil man die Brotfabrik selbst nicht essen kann. Es muß also bei den Unterscheidungen von direkten und indirekten Werten oder des substantiellen und des attributiven Gebrauchs des Wortes ‚Wert' stets bedacht werden, für wessen Existenzerhaltung von einem Wert gesprochen wird, und erst dann ist erkennbar, ob es sich dabei um einen direkten oder um einen indirekten Wert handelt. Bei dem typischen Beispiel des Geldes ergibt sich, daß es für einzelne Menschen nur ein indirekter Wert sein kann, weil es sich bekanntlich nicht essen läßt. Aber für eine Firma, die z. B. eine Brotfabrik betreibt, kann Geld sehr wohl ein direkter Wert sein, wenn es sich bei dem Geld etwa um einen Kredit einer Bank handelt, mit dem die Brotfabrik so modernisiert werden kann, daß die Betreiberfirma auf dem Markt der Backwaren konkurrenzfähig bleibt; dann trägt dieses Geld direkt zum Erhalt der Firma bei.

Die attributive Verwendung des Prädikats *Wert* kam vermutlich erst im Zuge des Tauschhandels und des später eingeführten Geldverkehrs auf; denn dann *hat* ein Pferd etwa den Wert von zehn Schafen oder ein Geldstück den Wert von einem Brot. Und in diesem attributiven Sinn sprechen wir heute in den Wissenschaften, in denen quantitative Begriffe[4] verwendet werden, davon, daß eine Größe einen Zahlenwert *hat*. Demgemäß hat sich in der Mathematik die Redeweise eingebürgert, von Wertzuweisungen zu sprechen oder davon, daß eine Variable an einer bestimmten Stelle einen bestimmten Wert habe. Die Zahlenwerte lassen sich dann durch die Größenbegriffe unterscheiden, je nachdem welchen Größenarten, die eine bestimmte Dimension besitzen, sie zugewiesen werden. Der ursprüngliche existenzerhaltende Zusammenhang des Wertbegriffes scheint dabei vollständig verlorengegangen zu sein. Bei genauem Hinsehen ist er aber immer noch da; denn durch die Bestimmung einer quantitativen Größe mit Hilfe einer Wertzuweisung verbindet sich immer eine Existenzbehauptung für den Wert dieser Größe, d. h., es *existiert* eine Größe mit diesem Zahlenwert. Ferner können Werte als qualitative oder als quantitative Begriffe auftreten. Letztere sind für den Geldbegriff von entscheidender Bedeutung. Die qualitativen Wertbegriffe lassen sich oft in Präferenzordnungen einfügen. Dies und die Bildung von Wert- und Wertesystemen spielen in der Preistheorie eine wesentliche Rolle, wobei die vielfältigen theoretischen Ansätze dazu in den Wirtschaftswissenschaften durchweg an einer weitgehenden Unkenntnis der Metrisierungsvorschriften leiden, wie sie etwa von Rudolf Carnap oder von Wolfgang Stegmüller sehr akribisch zur Bildung von quantitativen Begriffen entwickelt worden sind.[5]

Da jede Sicherung und jede Verbesserung der Überlebensfunktionen die Existenzsicherung eines Lebewesens unterstützt oder gar verstärkt, stellen alle dazu tauglichen Maßnahmen einen Wert für das Lebewesen dar. Dadurch lassen sich die Werte noch danach klassifizieren, welche der Überlebensfunktionen durch sie unterstützt werden, und zwar jeweils noch danach, ob dabei die äußere oder die innere Existenz oder gar beide davon betroffen sind. Und nun kommt noch hinzu, daß die hier beschriebenen Überlebensfunktionen noch Zusammenfassungen von weiteren notwendigen Funktionen sind, ohne die die fünf genannten Funktionen gar nicht funktionstüchtig sind. Dies gilt etwa für die nötigen Gedächtnis- und Bewertungsfunktionen sowie für die Repräsentationsfunktionen. Auch die Erhaltung und die Verbesserung von Überlebensfunktionen stellen Werte dar, die hinsichtlich der hier genannten grundsätzlichen Unterscheidungsmöglichkeiten von

---

[4] Quantitative oder auch metrische Begriffe sind solche, durch die Gegenständen mit Hilfe von Einheitswerten Zahlen zugeordnet werden. So können wir etwa von einem Gegenstand sagen, daß er ein Volumen von 27 ccm, eine Länge von 3 cm und vielleicht ein Gewicht von 54 g hat.

[5] Vgl. etwa Rudolf Carnap, *Einführung in die Philosophie der Naturwissenschaften*, München 1969, Wolfgang Stegmüller, *Probleme und Resultate der Wissenschaftstheorie und Analytischen Philosophie*, Band II *Theorie und Erfahrung*, Springer Verlag, Berlin-Heidelberg-New York 1970 oder auch Deppert, Wolfgang, *Zeit. Die Begründung des Zeitbegriffs, seine notwendige Spaltung und der ganzheitliche Charakter seiner Teile*, Steiner Verlag, Stuttgart 1989.

Werten ebenfalls zu klassifizieren sind. Derartige Unterscheidungen und Spezialisierungen des Wertbegriffs sind meines Wissens bisher nicht vorgenommen worden, da ja der hier definierte Wertbegriff noch nicht vorlag. Daraus wird ersichtlich, daß eine gründlichere Betrachtung der Grundlagen der Wirtschafts- und Sozialwissenschaften neue Forschungsfelder eröffnet, die Anlaß zu einer Fülle von wissenschaftlichen Untersuchungen geben, die ihren Niederschlag in Master- oder Doktorarbeiten finden können.

Wem diese kaum überschaubar vielen Bezüglichkeiten und Verflechtungen, in denen Werte stehen können, verwirrend oder gar zu theoretisch erscheinen, der mag sich klar darüber werden, in wie vielen Hinsichten sein eigenes Ich als Wirtschaftssubjekt auftritt und an welchen Wirtschaftssubjekten es teilhat, um dann festzustellen, was für innere Werte für diese vielen Wirtschaftssubjekte ihm bekannt sind und welche Gefahren es für den Bestand und die Verfügbarkeit dieser Werte gibt; denn davon hängt die Sicherung der inneren Existenz dieser Wirtschaftssubjekte ab, die ja mit unserer eigenen Existenz verbunden sind. Dabei kann er aber bemerken, daß es doch endlich viele Wirtschaftssubjekte sind, mit denen er so verbunden ist, daß er sich aus eigenem Interesse für ihr Überleben und darum besonders für die Sicherung ihrer äußeren und inneren Existenz mitverantwortlich fühlen sollte.

Seit längerer Zeit stellen wir fest, daß die Wahlbeteiligungen in der Bundestagswahl und mehr noch in den Landtags- und Kommunalwahlen immer weiter abnehmen. Dies scheint ein Signal für eine fortschreitende Gefahr für die innere und auch für die äußere Existenz unserer noch jungen Demokratie in Deutschland zu sein. Wenn wir uns mitverantwortlich für unsere Demokratie fühlen, dann sollten wir versuchen herauszufinden, welches die Gründe für diese Gefährdung sind, und bemüht sein, diese Gründe – freilich nur so weit es uns möglich ist – abzustellen. Entsprechendes gilt für das Unternehmen, in dem wir unser Brot verdienen, und für die Vereine und Organisationen oder auch für die Freundes- oder familiären Kreise, denen wir angehören. Wenn wir uns selbstverantwortlich für die Führung eines sinnvollen Lebens fühlen, dann wird es zu unserem eigenen Nutzen sein, uns für die Sicherung der Existenz all der Wirtschaftssubjekte einzusetzen, die für uns von Bedeutung sind.

Im Laufe der Diskussionen über die verschiedenen Wert-Arten und deren Beziehungsverhältnisse wurde der Nutzenbegriff bisweilen verwendet, obwohl er noch gar nicht definiert wurde. Darum ist es an der Zeit, den Begriff ‚Nutzen' nun genauer zu bestimmen.

2.2.2 Zum Nutzenbegriff

Aus dem Wertbegriff ergibt sich der *Nutzenbegriff*; denn jeder Wert, der einem Lebewesen zur Verfügung steht, nützt dem Lebewesen, sein Existenzproblem zu überwinden. Wenn aber der Wert durch diesen Nutzen verbraucht wird, nützt er auf Dauer nur, wenn er wieder her- und bereitgestellt werden kann. Zum Nutzen der Vergänglichkeitswerte gehört darum unbedingt ihre Reproduzier- und ihre verläßliche Beschaffbarkeit. Ferner läßt sich der Nutzen von Werten auch durch eine Vermehrung des Wertevorrats der bereits vorhandenen Werte steigern. Außerdem vermehrt sich der Nutzen für ein Lebewesen auch durch die Entdeckung neuer Werte, die etwa durch eine genauere Betrachtung der Überlebensproblematik gefunden werden können. Wir haben darum den Nutzenbegriff in mehreren Hinsichten wie folgt zu bestimmen:

▶ **Definition** Der Begriff des **Nutzens** ist bestimmt:
  1. durch den *Beitrag, den ein Wert zur Existenzerhaltung eines oder mehrerer Lebewesen leistet*,
  2. durch die *Wiederherstellung und Wiederbeschaffung von Vergänglichkeitswerten*,
  3. durch die *Vermehrung unterschiedlicher Werte* und
  4. durch den *Zuwachs oder die Erhaltung des Wertevorrats und also auch durch die Abwehr des Verlustes von Werten*.

Alle Unterscheidungen des Wertbegriffs setzen sich auf den Nutzenbegriff fort, so auch die Relationalität des Wertbegriffs, so daß es auch die Nutzenrelation N (L, P, K, S, O(G)) gibt:

▶ **Definition** *Ein* **Nutzen N** *ist stets ein Nutzen für ein Lebewesen L nach der Meinung einer Person P aufgrund einer Kenntnis K und einer Sinnvorstellung S, und ein Nutzen ist ein Orientierungsmaßstab O für eine Gruppe G von Lebewesen.*

Entsprechend der Unterscheidung von inneren und äußeren Werten gibt es inneren und äußeren Nutzen und entsprechend innere und äußere Nutzenmaximierung. Weil sich die Wirtschaftswissenschaftler nicht der Mühe unterzogen haben, einen Wertbegriff zu definieren, durch den sie den Begriff des Geldes über ein zu bestimmendes Wertäquivalent definieren konnten, ist bei ihnen seit langem die Gelddefinitionszirkularität eingetreten, so daß sie nur noch pekuniäre Werte und mithin nur monetären Nutzen, d. h. nur äußeren Nutzen kennen und darum nur äußere Nutzenmaximierung betreiben können und betrieben haben. Schon Aristoteles hat in aller Deutlichkeit darauf hingewiesen, daß mit dem Streben nach äußeren Gütern, wie es die äußeren Werte und insbesondere das Geld sind, die Gefahr des Übermaßes verbunden ist.[6] Denn das Streben nach immer mehr Geld kennt keinen End- oder Haltepunkt. Jeder erreichte Zustand wird durch den des Noch-mehr abgelöst. Es ist darum das ausschließliche Streben nach Geld und Geldeswert, das die Gefahr der Sinnlosigkeit mit sich führt. Für Aristoteles kann das Sinnproblem nur durch das Streben nach inneren Gütern gelöst werden, welche für sich die Tugenden sind, die er als Verhaltensweisen in der Mitte zwischen dem Zuviel und dem Zuwenig bestimmt. Von der Gefahr, das eigene Leben sinnlos zu vertun, sind darum vor allem diejenigen betroffen, die ihre Arbeitskraft ausschließlich für die Nutzenmaximierung in bezug auf äußere Güter mit Geldeswert einsetzen, worauf wir freilich noch genauer zu sprechen kommen werden. Tatsächlich haben die äußeren Nutzenmaximierungen zu den Wirtschaftskatastrophen geführt, von denen schon etwas die Rede war. Im Gegensatz zu den sinnwidrigen Maximierungen des äußeren Nutzens bewirken innere Nutzenmaximierungen ein sinnerfülltes Leben. Denn

---

[6] Vgl. Aristoteles, Politik, Buch VII, 1. Kapitel.

die innere Existenz des Menschen bestimmt seine Sinnvorstellungen. Sicherung der inneren Existenz des Menschen heißt für ihn: *Sinnvorstellungen gewinnen und bewahren*, die er zur Gestaltung der äußeren Welt und insbesondere zur Erhaltung der eigenen äußeren Existenz benötigt. Also ist die Erhaltung der äußeren Existenz abhängig von der Erhaltung der inneren Existenz und umgekehrt. Darum ließen sich die dazu nötigen Werte als Vergegenständlichungen von Sinnvorstellungen verstehen, und das gilt ebenso für Gegenstände der Außenwelt wie für die Gegenstände der Innenwelt. Um dies verständlich zu machen, ist nun der Sinnbegriff aufzuklären.

2.2.3 Zum Sinnbegriff

▶ **Definition** Der Begriff *Sinn* ist das Prädikat einer Handlung, die einen Bezug zur Lebens- oder Existenzerhaltung eines Lebewesens besitzt.

Das höchste Ziel der Lebewesen ist ihre Existenzerhaltung; denn dadurch sind sie ja definiert. Lebewesen, die ihr Überlebensproblem nicht bewältigen konnten und dadurch zerstört wurden, sind keine Lebewesen mehr. Nun ist die Frage nach dem Sinn stets die Frage nach dem „Wozu?", d. h. nach dem Ziel, das sich mit einer Handlung verbindet. Wenn aber das höchste Ziel aller Lebewesen die Lebenserhaltung ist, dann hat genau die Handlung einen *Sinn*, **die zur Lebens- oder Existenzerhaltung beiträgt.**

Und das ist eben dieselbe Bestimmung, die einem Gegenstand das Prädikat verleiht, ein *Wert zu sein* oder einen *Wert zu haben*. Das heißt: Es ist das gleiche Prädikat, das einem Objekt zuschreibt, ein Wert zu sein oder einen Wert zu haben, welches von einer Handlung behauptet, sie habe einen Sinn.

▶ **Definition** *Werte* sind Vergegenständlichungen von Sinnvorstellungen oder:
„das Prädikat ‚*wertvoll sein*' kommt einem Gegenstand zu und
das Prädikat ‚*sinnvoll sein*' einer Handlung".

Und so wie wir von äußeren und inneren Werten sprechen, können wir auch einen äußeren von einem inneren Sinn unterscheiden, je nachdem ob eine Handlung die äußere oder die innere Existenz sichert. Dieser Sprachgebrauch ist jedoch kaum üblich geworden, vermutlich deshalb, weil der Sinnbegriff nicht auf die gegenständliche Welt angewandt wird und somit stets auf etwas Inneres bezogen ist, so wie das Zukünftige immer in einer inneren Vorstellung lebt und nicht in der sinnlich wahrnehmbaren Welt auftreten kann. Da Handlungen immer auf etwas zukünftig zu Erreichendes ausgerichtet sind, können die Begründungen von Handlungen, ihre Zielorientierung, nur aus dem Inneren kommen. Und das gilt sicher für alle Lebewesen, warum es vernünftig ist, allen Lebewesen eine innere Existenz zuzusprechen. Und damit zeigt sich auch, daß die Erhaltung der inneren Existenz Voraussetzung für die Erhaltung der äußeren Existenz ist; denn aus der inneren Existenz werden die Handlungsziele bestimmt, und alle Handlungen erhalten so ihren Sinn. Umgangssprachlich verbindet sich mit der Vorstellung von Existenzsicherung das Bild vom *Getragenwerden*, so daß das Sinnstiftende auch gern als das Tragende im Leben bezeichnet wird oder auch die sinnstiftenden Vorstellungen als die tragenden Vorstellungen, die uns in unserem Leben die Geborgenheitssehnsucht erfüllen. Damit ist ‚Geborgenheit' der Inbegriff einer nachhaltigen Sicherung der inneren Existenz, die auch dann noch trägt, wenn die Sicherung der äußeren Existenz verlorengeht.

Die tragenden Vorstellungen oder eben die Sinnvorstellungen können von Mensch zu Mensch sehr verschieden sein, weil sie ihre eigenen Vorstellungen darüber entwickeln, was für sie zur Erhaltung ihrer inneren und äußeren Existenz wichtig und bedeutungsvoll ist und wofür dies weniger gilt. Das ist der Grund dafür, warum der Wertbegriff und entsprechend der Nutzenbegriff nur relational bestimmbar sind. Warum aber unterscheiden sich bei den Menschen die Inhalte ihrer Sinnvorstellungen bisweilen sogar so stark, daß sie zu sehr unterschiedlichen Wertesystemen kommen? Um diese Frage zu beantworten, sind nun die Begriffe der Wertentstehung und der Religion zu behandeln.

2.2.4 Zu den Begriffen „Wert-Entstehung" und „Religion"

Die Frage nach der Wert-Entstehung ist die elementare Erkenntnisfrage nach den Möglichkeiten der Existenzsicherung und nach dem, was uns innerlich trägt. Das Vorhandensein der Fähigkeiten zur Existenzsicherung in den Lebewesen lässt sich nur durch elementare Prozesse erklären, deren Entstehung und Fortentwicklung durch die Evolution begreiflich ist. Es ist inzwischen gut 38 Jahre her, als ich mich intensiv mit der Frage beschäftigte, was für mich selbst das Tragende in meinem Leben ist. Aus diesen Überlegungen wuchs in mir die Einsicht, daß dies für mich nur im Rahmen einer *atheistischen Religion* auffindbar sein kann, da gemeinhin die Begriffe von ‚Sinn' und ‚Wert' immer mit dem Religionsbegriff verbunden wurden und da es mir schon damals aus vielerlei Gründen unmöglich war, an einen theistischen, d. h. an einen persönlichen Gott zu glauben. Außerdem war mir klar, daß das Tragende im Leben wesentlich mit stabilen Zusammenhängen zu tun haben muss. Und dabei fiel mir auf, daß die glückhaften Erlebnisse immer solche sind, durch die Zusammenhänge von irgendeiner Art bewußt werden. Dadurch bildete sich damals in mir allmählich der Begriff ‚*Zusammenhangserlebnis*' aus.

▸ **Definition** Ein *Zusammenhangserlebnis* ist ein erlebnishaftes Bewußtwerden eines möglichen Zusammenhanges.

Zusammenhangserlebnisse sind mit der Behauptung verbunden, daß sie unsere Gefühlslage stets positiv verändern, also verbessern, so daß wir bestrebt sind, Zusammenhangserlebnisse zu reproduzieren, zu wiederholen. Und wenn sich Zusammenhangserlebnisse *sicher* wiederholen lassen, etwa gar mit einer Methodik, dann werden diese Erlebnisse sogar zu *Erkenntnissen* über diese Zusammenhänge, so daß alle *Erkenntnistheorie* letztlich einen *Erlebnisgrund* besitzt. Und so ist es nach meiner Auffassung tatsächlich. Freilich sind Zusammenhangserlebnisse in der Intensität des Erlebens sehr verschieden. Und wenn wir morgens nach dem Aufwachen die Augen öffnen und wir finden alle Zusammenhänge in unserer kleinen Umgebungswelt wieder so vor, wie wir sie vor dem Einschlafen mit unserem Bewußtsein verlassen haben, dann finden dabei sogar viele Zusammenhangserlebnisse statt. Wenn wir uns gestatten, sie wahrzunehmen, auch wenn sie aufgrund ihrer scheinbaren Selbstverständlichkeit von ziemlich geringer Intensität sind, dann können wir die positive Grundstimmung, die uns diese kleinen Zusammenhangserlebnisse bescheren und mit der wir unseren Tag beginnen können, sehr wohl wahrnehmen. Da die erlebten Zusammenhänge stets mit der Aussicht auf eine Sicherung der äußeren oder inneren Existenz verbunden sind, entsteht durch sie ein Wertbewusstsein, durch das wichtigere von unwichtigeren Werten unterschieden werden können. Besonders deutlich kann uns dies bei unseren zwischenmenschlichen Zusammenhangserlebnissen bewußt werden.

Die positive Veränderung unserer Gefühlslage durch Zusammenhänge erklärt zudem, warum es überhaupt zur Ausbildung von Wissenschaften gekommen ist, in denen ja stets versucht wird, Erkenntnisse zu gewinnen. Der Grund für das Entstehen und Betreiben von Wissenschaft ist: **Es macht Freude**, Zusammenhänge zu erleben und dadurch etwas zu erkennen, ja, es bringt sogar beständige Freude, auch wenn es hin und wieder mal Täuschungen gibt. Dieser wichtigste Aspekt des ganzen wissenschaftlichen Unternehmens scheint in dem sogenannten Bologna-Unternehmen ganz verlorengegangen zu sein. Wer die Freude an der Wissenschaft und ihrem Fortschreiten nie erlebt hat, der sollte es lassen, zu versuchen, Wissenschaft zu betreiben. Darum: Bitte keine Irritationen durch den Bologna-Murks: Studieren aus Interesse ist wichtig und tut gut, nicht wegen des schnellen Geldes!

Wie wir aber zu Erlebnissen und insbesondere zu Zusammenhangserlebnissen kommen, läßt sich allerdings grundsätzlich nicht erkennen, weil dazu ja wieder Zusammenhangserlebnisse nötig wären, so daß wir dabei immer in einen Erklärungszirkel geraten. Darum bleibt nur, in uns ein zusammenhangstiftendes Vermögen anzunehmen, von dem wir bemerken können, daß es uns nicht verläßt, selbst dann nicht, wenn wir feststellen, daß der erlebte Zusammenhang eine Täuschung war, wodurch das ursprüngliche Zusammenhangserlebnis sich in ein Isolationserlebnis verkehrt, welches dann unsere Gefühlslage entsprechend negativ verändert. Aber auch das Isolationserlebnis besitzt einen Erkenntnischarakter, von welchem der positiv zu wertende Schutz in bezug auf die Vermeidung von falschen Annahmen über die Welt ausgeht. Allerdings gibt es keine Sicherheit für verläßlich reproduzierbare Zusammenhangserlebnisse. Diese Einsicht, daß das Streben nach Zusammenhangserlebnissen nicht vor Isolationserlebnissen schützen kann, ist mit einer unvermeidlichen Verunsicherung verbunden, die aber nicht zu Resignationen führen darf. Darum verlangt diese verunsichernde Gewißheit nach einer Möglichkeit, in jedem Fall, trotz größter Verunsicherungen, die bewußt aktive Gestaltung des eigenen Lebens niemals aufzugeben. Und darum habe ich damals in meiner Jugendzeit den Religionsbegriff wie folgt definiert:

2.2 Definitionen der Begriffe zu den Grundlagen der Ethik

▶ **Definition** *Religion ist der Weg, auf dem ich in der Lage bin, die handlungslähmende Wirkung der prinzipiell unvermeidbaren Verunsicherungen zu überwinden.*

Der Anfang dieses Weges war und ist für mich die Überzeugung, daß das Zusammenhangstiftende grundsätzlicher Bestandteil alles Lebendigen ist,[7] da es sonst nicht hätte überleben können, schließlich bedeutet das Verb ‚leben' immer ‚überlebt haben', und alles Leben lebt von Leben; denn **leben heißt zusammenleben**. Darum ist dieser Religionsbegriff so angelegt, daß prinzipiell jedem Menschen Religiosität zukommt, weil jeder Mensch grundsätzlich die Fähigkeit zum aktiven Leben besitzt und Handlungslähmungen überwinden kann, die durch tiefe Verunsicherungen entstanden sind. Die Überzeugungen, durch die einem Menschen dies intuitiv oder bewußt gelingt, sollten als eine Form der *Religion des Einzelnen* verstanden werden, die von dem Begriff der *Religion der Gemeinschaft* zu unterscheiden ist. Denn das *Menschenrecht der Religionsfreiheit* ist ein *individuelles Menschenrecht* und schützt erst einmal die Religion des einzelnen Menschen, der mit anderen zusammen eine Religion der Gemeinschaft bilden kann, wenn seine Sinnstiftungsvorstellungen mit anderen ähnlich sind oder sogar übereinstimmen. Neuere Forschungen zeigen, daß auch der antike Religionsbegriff vor dem Hintergrund der Sinnstiftungs- und Verantwortungsproblematik entstanden ist. Dies gilt bereits für die Vorsokratiker, obwohl sie den Religionsbegriff noch nicht formuliert haben. Dieser Zusammenhang ist erst von Cicero deutlich erkannt worden. Da Cicero noch ganz im Einfluß der römischen und griechischen mythischen Götterwelt stand, haftete seiner Vorstellung von ‚relegere' und dem dazu passenden Substantiv ‚religio' im Sinne von Rückbindung durch gründliche Prüfung nichts Transzendentes an, da mythische Vorstellungen grundsätzlich immanenter Art sind; denn die mythischen Götter gehören zur Welt und stehen nicht außerhalb von ihr. Die mit *religio* gemeinte zurückbindende Vergewisserung ist eine Rückbindung an eine tragende Überzeugung. Sie wurde bereits bei den Vorsokratikern entwickelt, weil sie durch die allmähliche Entfaltung der Vernunft auf neue Möglichkeitsräume stießen, von denen sie nicht wußten, ob sich die einzelnen Möglichkeiten bei ihrer Verwirklichung als lebensfreundlich oder als lebensfeindlich erweisen würden. Um das Beschreiten neuer Möglichkeitsräume wagen zu können, mußten sie ihre neuen Gedanken auf ihre Tragfähigkeit überprüfen und für sie an tragende Überzeugungen zurückbinden, die oft – aber auch nicht immer – von mythischer Art waren. Pythagoras und seine Schüler knüpften zur Sicherheit noch an die alte Götterwelt an, aber schon Thales gar nicht mehr, er stützte sich aber auf die formale Systematik Hesiods, ebenso seine Schüler Anaximandros und Anaximenes. Xenophanes fand seine Sicherheit in dem unpersönlichen All-Einen und Parmenides in der Anbindung an die Göttin Nike. Heraklit

---

[7] Alle Religionen im Sinne von traditionell festgefügten Glaubenssystemen haben tragende Vorstellungen darüber entwickelt, wie die Zusammenhänge in die Welt kommen. Meist wird das Zusammenhangstiftende mit einer persönlichen Gottesvorstellung verbunden, was allerdings heute für die meisten Menschen eine Überforderung ihrer Glaubensfähigkeit darstellt. Vgl. W. Deppert, Atheistische Religion, in: *Glaube und Tat* 27, 89–99 (1976).

fand das Beständige des steten Wandels im unveränderlichen Weltlogos und Empedokles in der ewigen Wiederkehr des Auseinanderstrebens und des Wiederversöhnens. Anaxagoras fand schließlich die Orientierung in der unveränderlichen Weltvernunft, und auch Platon sperrte sich noch vor der sokratischen Selbstverantwortung und suchte die Rückbindung an eine ewige Ideenwelt. Aristoteles bindet schließlich seine ganze Weltkonstruktion noch an ein allgemein herrschendes unbewegt bewegendes Prinzip an.

Diese bei allen Vorsokratikern nachweisbaren Rückbindungsschritte hat Cicero aufgrund seiner exzellenten Kenntnisse der griechischen Philosophie beobachtet. Als stolzer Römer aber war er ehrgeizig genug, um das in der griechischen Philosophie Entdeckte auf den Begriff zu bringen und sich damit durch sein dreiteiliges Werk „Über die Natur der Götter" in die Philosophiegeschichte einzutragen.[8] Im 2. Buch beschreibt Cicero seinen Religionsbegriff, den er von *relegere* (S. 181f.) ableitet und als ‚sorgfältig bedenken' und ‚gewissermaßen immer wieder durchgehen' erklärt. Im 3. Buch wendet Cicero seinen von den Vorsokratikern abgelesenen Religionsbegriff an, indem er alles, was über die Götter behauptet wird, aufs Genaueste überprüft und dabei zu Ergebnissen kommt, die ihn selbst erschüttern, wie etwa „die Götter können keine Menschengestalt haben" oder der Schluß „Die Götter können in der Welt keine Wirksamkeit entfalten, sie können nicht wirken". Dies bedeutet erstaunlicherweise schon, daß der Inhalt des Religionsbegriffes von Cicero als ein gottloser Religionsbegriff zu verstehen ist. Zu dieser Konsequenz des Cicero sind offenbar die Theologen nicht vorgestoßen, weil sie wohl sein drittes Buch aus seinem Werk ‚De natura deorum' nicht gelesen haben. Und darum wird bis heute der Religionsbegriff des Cicero völlig entstellt und sogar falsch dargestellt; denn Götter oder auch nur ein Gott kommen im Religionsbegriff des Cicero nicht vor. Er beweist sogar, daß sie gar nicht vorkommen können. Ganz sicher aber verbindet sich mit seinem Religionsbegriff der Sinnbegriff, ja er liegt ihm sogar zugrunde; denn nur *das* kann sinnstiftend sein, was sorgfältig bedacht und immer wieder durchgegangen worden ist, so daß es Sicherheit im Sinne des vorsokratischen Rückbindens verspricht.[9]

Zusammenfassend läßt sich heute der Religionsbegriff in Kant'scher Weise wie folgt charakterisieren:

Religion ist die Bedingung der Möglichkeit für sinnvolles Handeln.

Wenn man heute in den Medien irgendetwas über den Begriff „Religion" hört oder liest, dann wird dieser bewußt oder unbewußt sinnentstellend gebraucht, weil damit unglaublich viele Machtansprüche gestellt oder wenigstens verbunden werden. Mit den herkömmlichen Religionen sind in Wahrheit Konfessionen im Sinne von Sukzessionen gemeint, in denen

---

[8] Vgl. M. Tullius Cicero, *De natura deorum/Über das Wesen der Götter*, Lateinisch/Deutsch, übers. V. Ursula Blank-Sangmeister, Philipp Reclam jun. Stuttgart 1995.
[9] Vgl. W. Deppert, Atheistische Religion für das dritte Jahrtausend oder die zweite Aufklärung, erschienen in: Karola Baumann und Nina Ulrich (Hg.), *Streiter im weltanschaulichen Minenfeld – zwischen Atheismus und Theismus, Glaube und Vernunft, säkularem Humanismus und theonomer Moral, Kirche und Staat*, Festschrift für Professor Dr. Hubertus Mynarek, Verlag Die blaue Eule, Essen 2009.

den Menschen eine bloße Nachfolge abverlangt wird, in der eigenverantwortliche Selbständigkeit keinen Platz hat. Und diejenigen, die sich einem derartigen Führerprinzip verweigern, werden als areligiös denunziert, so, als ob Menschen, die an keinen Gott mehr glauben können, das Sinnproblem nicht hätten. Nein, alle Menschen haben das Sinnproblem, und *Religiosität ist die Fähigkeit all der Menschen*, die bewußt oder auch intuitiv Sinnfragen stellen und beantworten können oder so leben, als ob sie diese intuitiv beantwortet hätten, wie wir es etwa bei den mythischen Menschen anzunehmen haben.

▸ **Definition** *Religiosität ist die Fähigkeit des Menschen, Sinnfragen zu stellen und womöglich auch zu beantworten.*

In der Neuzeit waren es schon Kant, Goethe und Schiller[10], die deutlich darauf hinwiesen, daß es zur Beantwortung der Sinnfragen keiner der herkömmlichen Religionsformen oder auch gar keines Gottesglaubens mehr bedarf.

Die weitaus größten Wirtschaftsmächte der Bundesrepublik Deutschland sind die beiden Großkirchen, die sogar auf grundgesetzwidrige Weise von unserem Staat jährlich mit fünfstelligen Millionenbeträgen unterstützt werden. Das ist ein himmelschreiendes Unrecht gegenüber allen Menschen und deren Gemeinschaften, die versuchen, einen eigenständigen – und damit im Sinne Kants aufgeklärten – Sinnstiftungsweg zu gehen. Nicht nur weil die Großkirchen derart mächtige Wirtschaftsunternehmungen darstellen – das war in der *Wirtschaftswoche* vom 21. April 2011 („Lohnt sich Kirche?") zu lesen –, müssen wir sie und ihren überaus schädlichen Einfluß in einem Buch über Wirtschaftsethik erwähnen, sondern besonders darum, weil das Problem der Sinnstiftung das zentrale Problem der Sicherung der inneren Existenz der Menschen betrifft. Wenn aber diese Problematik von den immer noch universitären Theologischen Fakultäten der Großkirchen gar nicht wissenschaftlich behandelt wird und entsprechend nicht im staatlich geförderten Religionsunterricht der Großkirchen vorkommt, dann brauchen wir uns nicht zu wundern, daß bis heute an unseren Wirtschafts- und Sozialwissenschaftlichen Fakultäten der Begriff von sinnstiftenden inneren Werten zur Erhaltung der inneren Existenz der Menschen nicht vorkommt, so daß der Markt nur noch und ausschließlich der äußeren Nutzenmaximierung dient, obwohl dies schon von Adam Smith ausdrücklich nicht so gesehen wurde. Er hat im Gegenteil dazu betont, daß der Markt zu seinem Funktionieren der Freiheit und insbesondere der inneren Freiheit bedarf.

Das durchaus vorhandene kapitalistische Desaster der Finanzmärkte und – dadurch bedingt – das Desaster aller Großmärkte haben ihre Wurzeln nicht im Marktmechanismus, sondern darin, daß den Menschen aufgrund der übermächtigen kirchlichen Wirtschaftskraft in Deutschland immer noch die Ausbildung einer eigenständigen inneren Sinnstiftungsfähigkeit behindert oder gar verhindert wird. Die Freiheit zur Ausbildung einer ei-

---

[10] Friedrich Schiller überschreibt die Nr. 41 seiner TABULAE VOTIVAE mit „Mein Glaube" und führt darin aus: „Welche Religion ich bekenne? Keine von allen, die du mir nennst! 'Und warum keine?' Aus Religion." Damit hat Schiller bereits den Begriff von der ‚Religion des Einzelnen' geprägt, so wie dies hier ebenso vertreten wird.

genen religiösen Sinnstiftung wird schon durch den Religionsunterricht in den Schulen systematisch unterdrückt. Die damit verbundene Sinnleere gerade bei jungen Menschen, die aufgrund von Sinnlosigkeit freiwillig in den Tod gehen oder noch eine Spur des Grauens durch einen Amoklauf hinter sich herziehen oder andere terroristische Aktionen betreiben, geht auf dieses Konto verheerender kirchlich gelenkter Bildungspolitik. Ich hielt es im 200. Todesjahr von Heinrich von Kleist für meine ethische Pflicht, auf diese Zusammenhänge hinzuweisen; denn er ist eines der ersten Opfer des Zusammenbruchs der inneren Existenz infolge des christlichen Absolutheitsanspruchs. Damit kommen wir zu der Frage, wie sich Werte verändern und darum auch gänzlich verschwinden können.

Wie bereits angedeutet, läßt sich mit Hilfe des Begriffs der Zusammenhangserlebnisse auf sehr einfache Weise erklären, wie es zur Bildung von Werten und von Wert- und Wertesystemen kommt und warum sie sich mit der Zeit auch ändern. Zusammenhangserlebnisse treten mit verschiedenen Intensitäten auf. Dadurch erhalten die erlebten Zusammenhänge ihre gestuften Wertzuweisungen, so daß sich daraus Präferenzordnungen der Werte ergeben, woraus auch die Wertesysteme entstehen. Dabei sollen **Werte-** von **Wertsystemen** unterschieden werden. **Wertsysteme** sind vorgegebene festgefügte Wertordnungen, die sich nicht durch eigenes Erleben im Einzelnen gebildet haben, sondern die entweder durch Erziehungsdruck oder äußeren Zwang von den einzelnen Menschen übernommen werden.

▶ **Definitionen** Wertsysteme sind festgefügte vorgegebene Wertordnungen, Wertesysteme sind solche Ordnungen von Werten, die sich ein Mensch im Laufe seines Lebens selbst erschafft und derer er sich bewußt wird.

Wertesysteme sind dagegen Wertanordnungen oder sogenannte Präferenzordnungen, die durch eigene Zusammenhangserlebnisse entstanden sind. Aufgrund der verschiedenen Gestimmtheiten und Empfänglichkeiten aller Menschen für Zusammenhangserlebnisse sind die Wertesysteme einzelner Menschen untereinander verschieden und auch prinzipiell nicht in Übereinstimmung mit fest vorgegebenen und autoritär vermittelten Wertsystemen zu bringen.[11] Dennoch wird es aufgrund des Aufwachsens in einer sehr gleichgearteten historisch bedingten Lebenssituation zu vielen Übereinstimmungen in den Wertesystemen verschiedener Menschen kommen.

Jede Persönlichkeit besitzt ein *einzigartiges zusammenhangstiftendes Vermögen*, das sie kennzeichnet und ihre besonderen Neigungen, Fähigkeiten, Wünsche und schließlich sogar ihre Würde bestimmt. Überdies besitzt das zusammenhangstiftende Vermögen die Eigenschaft, sich über die Lebensjahre verändern zu können, und auch dies charakterisiert eine Persönlichkeit durchaus in dem Sinne, wie bereits Aristoteles von einer Entelechie sprach, die für jedes Lebewesen die gesamte Entwicklung mit beeinflußt oder gar bestimmt. Darum

---

[11] Den Unterschied zwischen allgemeingültigen Wertesystemen, die hier als Wertsysteme bezeichnet werden, und gewachsenen Wertesystemen arbeitet schon Gonde Dittmer (Kiel) in seinem lesenswerten Werk *Managen mit Methode – Instrumente für individuelle Lösungen* heraus. Erschienen im Gabler Verlag, Wiesbaden 1995 (Vgl. etwa S. 113 und 206f.)

2.2 Definitionen der Begriffe zu den Grundlagen der Ethik

werden in unseren Wertesystemen Änderungen eintreten. Und je mehr die Idee der Aufklärung an Boden gewinnt, daß jeder Mensch in sich selbst orientierende Fähigkeiten besitzt und somit in die Selbstbestimmung entlassen werden kann, um so mehr werden auch die überkommenen, nur noch scheinbar festgefügten autoritär zu vermittelnden Wertsysteme an Bedeutung verlieren, was oft in sehr oberflächlicher Weise als Werteverlust beklagt wird. In den meisten Fällen zeigt der sogenannte Werteverfall oder Werteverlust das Gegenteil davon an, da es gerade die Fülle der eigenen Wertvorstellungen ist, die einen Wertewandel bewirkt, der sich nach außen durch eine Abkehr von den autoritären Wertsystemen manifestiert, die immer noch von überkommenen Konfessionen zum Schaden sehr vieler Menschen vertreten werden. Aber auch diese Veränderungen werden wiederum durch Zusammenhangserlebnisse bewirkt. Deshalb ist es lohnend, noch einen etwas genaueren Blick auf sie zu werfen.

Wie wir es bereits wissen, sind *Zusammenhangserlebnisse solche Erlebnisse, in denen wir spontan einen Zusammenhang bemerken* oder auch erspüren oder auch nur erahnen, von dem wir vorher nichts gewußt haben. Wegen der damit verbundenen positiven Veränderung unserer Gefühlslage, die wir nun evolutionär verstehen können, wollen wir Zusammenhangserlebnisse gern reproduzieren. Um dabei sicherzugehen, können wir sogar Methoden entwickeln, und wenn wir Zusammenhangserlebnisse sicher reproduzieren können, dann sind aus Zusammenhangserlebnissen *Erkenntnisse* geworden, so wie wir dies bereits bemerkten. Erkenntnisse sind zuverlässig reproduzierbare Zusammenhangserlebnisse oder, wie ich auch gern sage, *stabile Zusammenhangserlebnisse*. Besonders stabil scheinen dabei mathematische Erkenntnisse zu sein, da sie nur aus Vereinbarungen bestehen und der Zusammensetzung von einfachsten Zusammenhangserlebnissen, sogenannten kleinsten Verstehensschritten. *Darum ist die Mathematik prinzipiell die einfachste Wissenschaft, die überhaupt angeboten werden kann.* Lassen Sie sich also bitte nicht verwirren und bei mathematischen Ableitungen vom schrittweisen Vorgehen abbringen oder gar zu einem Sprung verleiten. Denn wenn wir vor einem Verstehens-Abgrund stehen, dann dürfen wir nicht springen, das könnte in einem realen Gebirge tödlich oder mit schweren Blessuren enden. Wir müssen dann Schritt für Schritt absteigen, um danach wieder Schritt für Schritt aufzusteigen, aber bitte immer Schritt für Schritt und bei jedem Schritt prüfen, ob er stabil ist, d. h. ob der Untergrund hält, bis wir schließlich bei dem Verständnis angekommen sind, das wir durch einen Sprung nicht hätten erreichen können. Gewiß können viele Schritte mühevoll sein, auch wenn jeder Schritt jedes Mal einfach ist.

Dieses Erkenntnissicherungsverfahren der Mathematik hat René Descartes für alle Wissenschaften vorgeschlagen, so daß nur dasjenige für wahr angenommen werden soll, was sich klar und deutlich darstellt. Dabei besteht das Klar-und-Deutliche in den meisten Wissenschaften nicht nur aus Vereinbarungen, weshalb alle anderen Wissenschaften nicht so leicht sind wie die Mathematik, sondern dazu sind noch Intuitionen (Einsichten) erforderlich, die sich erst durch langes Beschäftigen mit einer Materie einstellen. Weil Menschen durchaus mit unterschiedlichen intuitiven Fähigkeiten begabt sind, ist es für die Studierenden vernünftig, durch Variation ihrer Studienfächer herauszufinden, in welchen der Fächer ihre Begabungen liegen, was der Bologna-Prozeß stark behindert oder gar ganz verhindert.

Aber es gibt auch eine Fülle von Zusammenhangserlebnissen, die nicht durch schrittweises Aneinanderfügen von einfachsten Verstehensschritten reproduziert werden können. Und dennoch lassen sich auch für diese Zusammenhangserlebnisse Methodiken entwickeln. Bezeichnen wir nun **die Fähigkeit, Zusammenhangserlebnisse reproduzieren zu können,** als **Rationalität**, dann gibt es schon unter den Wissenschaften verschiedene Arten von Rationalität, obwohl sie alle die Methode anwenden, Zusammenhangserlebnisse schrittweise zu reproduzieren.

▶ **Definition** *Rationalität* ist die Fähigkeit zum Reproduzieren von Zusammenhangserlebnissen.

Damit wird nun noch deutlicher, daß Erkenntnisse einen Erlebnischarakter haben. Wenn sich dies die Pädagogen unserer Grund-, Haupt-, Real- und Gymnasialschulen zu Herzen nähmen, dann könnte sich vielleicht bei der Wissensvermittlung wieder ein bißchen mehr Freude einstellen, was sich ja unter Umständen auch auf die Universitäten übertragen ließe. Außerdem aber wird damit auch klar, daß es nicht nur die wissenschaftliche Rationalität gibt. Darum haben wir es *in allen Lebensbereichen,* in denen wir in uns reproduzierbare Zusammenhangserlebnisse bemerken können, mit *Rationalitäten zu tun*. Ganz besonders läßt sich dies beim aktiven Musizieren bemerken, wenn man nicht nur die Noten spielen will, wie sie dastehen, sondern musikalische Zusammenhänge feststellt, die dargestellt sein wollen. Einer der wichtigsten Lebensbereiche ist für uns Menschen gewiß der zwischenmenschliche Bereich, der Bereich der Mitmenschlichkeit. Wie schön ist es doch, wenn wir plötzlich erleben, von jemandem verstanden zu werden oder gar das Gefühl zu haben, daß uns jemand freundschaftlich gesonnen ist. Um uns diese positive Veränderung unserer Gefühlslage zu erhalten, werden wir auch im mitmenschlichen Bereich versuchen, durch die Reproduktion dieser Zusammenhangserlebnisse mitmenschliche Erkenntnisse zu machen. Wenn sich aber dann herausstellt, daß diese Zusammenhangserlebnisse Täuschungen waren und der geglaubte Zusammenhang gar nicht besteht, da die scheinbare Sympathie gespielt war, um ganz bestimmte Zwecke zu erreichen, dann gibt es einen Absturz unserer Gefühlslage ins Negative. Erlebnisse, durch die deutlich wird, daß bestimmte Zusammenhänge gar nicht bestehen, die wir jedoch in einem Zusammenhangserlebnis meinten zu erspüren, solche Erlebnisse habe ich bereits kurz erwähnt. Sie heißen *Isolationserlebnisse*, weil ein erhoffter Zusammenhang gar nicht besteht, d. h., dasjenige, zwischen dem kein Zusammenhang vorliegt, ist isoliert voneinander. Isolationserlebnisse sind das Gegenteil von Zusammenhangserlebnissen.

▶ **Definition** *Isolationserlebnisse* sind das Gegenteil von Zusammenhangserlebnissen.

Sie sind leider grundsätzlich nicht zu vermeiden, da wir den Mechanismus für das Auftreten von Zusammenhangserlebnissen prinzipiell nicht erkennen können. Die einzige Sicherheit, auf die wir vertrauen können, ist die, daß wir immer wieder Zusammenhangserlebnisse haben werden. Weil dies für alle Lebensbereiche auch hinsichtlich der Reproduzierbarkeit von Zusammenhangserlebnissen gilt, können wir eine Fülle von Rationalitäten unterscheiden, künstlerische, sportliche, politische, wirtschaftliche, soziale und natürlich auch wissenschaftliche oder auch fußballerische, wie sie etwa Franz Beckenbauer in hohem Maße besitzt.

▶ *Wichtige Einsicht:*
Rationalitäten gibt es in allen Lebensbereichen: **künstlerische** Rationalität, **mitmenschliche** Rationalität, **wirtschaftliche** Rationalität, **politische** Rationalität, **handwerkliche** Rationalität, **kindliche** Rationalität, **sportliche** Rationalität usf.

Es ist ein verhängnisvoller Fehler, zu meinen, die wissenschaftliche sei die einzige oder gar die wichtigste Rationalität; denn viel wichtiger ist ganz sicher die zwischen- oder mitmenschliche Rationalität, die leider an den Universitäten nicht gelehrt oder trainiert wird, wenngleich dies gerade für den ethischen Bereich von größter Bedeutung ist. Könnte es gelingen, die mitmenschliche Rationalität so weit zu entwickeln, wie es uns Menschen für die wissenschaftliche Rationalität seit etwa 350 Jahren gelungen ist, dann könnte der Traum unseres Immanuel Kant vom ewigen Frieden vielleicht doch noch Wirklichkeit werden. Erleben werden wir das wohl nicht mehr, aber mit den Vorbereitungen dazu könnten wir doch allmählich beginnen.

2.2.5 Zu den Begriffen Moral und Ethik

Seit alters her haben sich Regeln zur Normierung des menschlichen Verhaltens herausgebildet, die als *moralische Regeln* bezeichnet werden. Sie sind darum stets historisch bedingt. Sie können explizit (formell) oder implizit (informell) existieren, d. h., nicht alle moralischen Regeln sind aufgeschrieben und wörtlich bekannt, obwohl sie dennoch befolgt werden, etwa so, wie die kleinen Kinder ihre Muttersprache einwandfrei lernen, ohne je von einer grammatischen Regel gehört zu haben. Solange Eltern ihre täglichen Handlungen nach moralischen Regeln ausrichten, werden ihre Kinder das übliche moralische Verhalten ebenso leicht lernen wie die Umgangssprache. So wie das intuitive Beherrschen der Umgangssprache die Voraussetzung für das gegenseitige Verstehen der Mitmenschen ist, so ist auch das intuitive Einhalten der moralischen Regeln die Voraussetzung für die Vertrauensbildung, ohne die ein geregeltes und reibungsloses mitmenschliches Zusammenleben nicht möglich ist. Sobald sich jemand eine moralische Regel bewußt macht und reflektiert, kann er sie aber auch verletzen oder gänzlich durchbrechen. Die menschliche Gemeinschaft reagiert beim Bekanntwerden der Nichtbefolgung von moralischen Regeln seit alters her mit Achtungsentzug und Schimpf und Schande. Dies ist das drohende Druckmittel, das die Einhaltung moralischer Regeln erzwingen soll, was jedoch in unseren Zeiten gerade im Bereich der Wirtschaft allzuoft versagt, und es wird darüber nachzudenken sein, was sich dagegen tun läßt. Offenbar fehlt es besonders in der Wirtschaft an einem Bewußtsein und dem Verantwortungsgefühl für das Ganze eines natürlichen oder kulturellen Lebewesens, sei es das Ganze eines Menschen, das Ganze einer Firma, das Ganze einer Gemeinschaftsform, das Ganze der Menschheit oder gar das Ganze von Mensch und Natur. Alle historisch gewordenen moralischen Regeln zielen stets auf den Erhalt der Gemeinschaft, in der sie entstanden sind. Und das gilt selbst für die historisch gewordenen Rechtssysteme. Darum soll die bewußte Einhaltung der moralischen Verhaltensregeln über das lediglich antrainierte moralische Verhalten entweder durch Identifikation mit dem Gemeinwesen garantiert werden, das durch diese Regeln charakterisiert wird, oder durch die Angst, bei Nichtbefolgung der moralischen Regeln Nachteile in der eigenen Lebensgestaltung in Kauf nehmen zu müssen. Die Begründung des Durchsetzungsverfahrens der moralischen Regeln erfolgt hier deutlich erkennbar aufgrund *egoistischer Motivationen,* wie etwa die der Vermeidung von eigenen Nachteilen. Hier liegt ein *egoistisches Moralbefolgungsprinzip* vor:

▶ **Definition** Das *egoistische Moralbefolgungsprinzip* lautet:
Die Befolgung der moralischen Regeln durch Identifikation sichert das eigene Leben in der Gemeinschaft ebenso wie die Befolgung der Regeln aufgrund der Vermeidung von gesellschaftlichen Sanktionen und den damit verbundenen eigenen Schädigungen.

Die Menge der historisch gewordenen moralischen Regeln innerhalb einer Gemeinschaft fasse ich hier mit dem Begriff **Moral** zusammen. Sie haben in bezug auf die Gemeinschaft, in der sie sich herangebildet haben, stets eine lebenserhaltende Funktion für das Gemeinschaftsganze und für die überlebenswichtigen Teile dieses Ganzen.

▶ **Definition** Die *Moral* besteht aus gemeinschaftserhaltenden Verhaltensregeln, die sich historisch in einer Gemeinschaft herausgebildet haben.

Die Moral kennzeichnet damit menschliche Gemeinschaftsformen auf ganzheitliche Art und Weise. Moral hat darum auch etwas Abgrenzendes an sich. Denn verschiedene menschliche Gemeinschaften kennen durchaus verschiedenes Moralverhalten, was etwa die Kleidung, den Umgang von Männern und Frauen unter sich und miteinander oder auch die allgemeinen Begrüßungs- und Verabschiedungsformen angeht und vieles mehr. Durch die Verschiedenheit der Moral in verschiedenen Ländern und Gemeinschaften sind darum Barrieren im mitmenschlichen Verstehen gesetzt, die sehr genau zu beachten sind, wenn ein gegenseitiges Verstehen angestrebt wird. Aufgrund der Tatsache, daß verschiedene menschliche Gemeinschaften unterschiedliche Moralvorstellungen entwickeln, ergibt sich das sprachliche Problem der Mehrzahlbildung des Wortes ‚Moral'. Das Rechtschreibwerk des Bertelsmann-Verlages kennt keine Mehrzahlform des Wortes ‚Moral', aber der Duden gibt als Mehrzahl von Moral ‚die Moralen' an. Ich werde mich hier darum dieser Mehrzahlform bedienen und von den Moralen der verschiedenen Völker oder menschlichen Gemeinschaften sprechen.
Unter *Ethik* mag hier ein Ableitungssystem von Handlungsregeln verstanden werden, durch das sich durchaus auch historisch gewordene moralische Regeln als erschließbar erweisen können. Eine Ethik gestattet es, Verhaltensregeln auch für solche Entscheidungssituationen herzuleiten, die von den überlieferten moralischen Regeln nicht erfaßt werden.

▶ **Definition** Eine *Ethik* ist ein Ableitungssystem von Handlungsregeln zur Erhaltung von Gemeinschaften, in dem auch für die Einhaltung dieser Regeln gesorgt ist.

2.2 Definitionen der Begriffe zu den Grundlagen der Ethik

Eine Ethik ist dann und nur dann vonnöten, wenn das Individualitätsbewußtsein oder die Veränderung des natürlichen, technischen oder menschlichen Umfeldes so weit fortgeschritten sind, daß neue Entscheidungssituationen erwartet werden müssen, auf welche die tradierten moralischen Regeln nicht anwendbar sind. Dies gilt besonders für die verschiedenen Lebensbereiche, in denen sich aufgrund ihrer Variabilität oder aufgrund ihrer Schnelllebigkeit keine moralischen Regeln ausbilden können. Um auch in diesen verschiedenen Lebensbereichen ethisches Verhalten begründen zu können, bedarf es einer allgemeinen Ethik, d. h. klarer ethischer Grundsätze, aus denen trotz der großen Verschiedenheit der Lebensbereiche auch für sie spezifische ethische Handlungsregeln abgeleitet werden können. Die Begründbarkeit der ethischen Grundsätze ist eine der wichtigsten Voraussetzungen für die Einhaltung der abgeleiteten Handlungsregeln, für die jedes ethische System Sorge zu tragen hat.

Dieses grundsätzliche Ethik-Verständnis steht in krassem Gegensatz zu den Vertretern der sogenannten Bereichsethiken[12], die meinen, in verschiedenen Lebensbereichen eigenständige Ethiken entwickeln zu sollen, weil die ethischen Probleme der verschiedenen Lebensbereiche nicht miteinander vergleichbar wären. Aber wieso ließe sich dann noch von einer Ethik reden? Es ist genau umgekehrt: Gerade deshalb, weil Lebensbereiche sehr verschieden sein können, brauchen wir ethische Grundsätze, aus denen Handlungsregeln für sie alle ableitbar sind; denn es handelt sich hier um eine Erkenntnistheorie über mögliches sinnvolles Handeln. Entsprechend liegt den verschiedensten Wissenschaften ein und dieselbe Erkenntnistheorie zugrunde, die freizulegen und dem wissenschaftlichen Nachwuchs zu vermitteln Aufgabe der philosophischen Disziplin der Wissenschaftstheorie ist. Man kann darum sagen, daß alle Wissenschaften die gleiche Grammatik der Erkenntnistheorie besitzen und daß interdisziplinäres Arbeiten genau dadurch möglich wird, wenn die Spezialwissenschaftler diese Grammatik beherrschen, damit sie quasi durch Vokabel-Lernen in eine andere Wissenschaft einsteigen können; denn in diesem Bilde handelt es sich bei den verschiedenen Wissenschaften um verschiedene Wissenschaftssprachen.[13]

Entsprechendes gilt für Erkenntnisse von ethisch begründbarem Verhalten. Die Grammatik einer Ethik wird darum durch die Form einer Ethik bestimmt, weil diese aus der

---

[12] Vgl. dazu etwa Julian Nida-Rümelin (Hg.), *Angewandte Ethik. Die Bereichsethiken und ihre theoretische Fundierung,* Kröner Verlag, Stuttgart 1996, insbesondere etwa W. Ch. Zimmerli und M. Aßländer, Wirtschaftsethik, S. 290–344.

[13] Es ist leider wiederum eine Konsequenz des Bologna-Prozesses, daß ich einerseits aufgrund der Einführungsrede unseres Präsidenten zehn Semester lang einen inzwischen viersemestrigen Kurs über Wissenschaftstheorie gegeben habe, weil der Präsident die starke Befürchtung vom gänzlichen Zerfallen der Einheit der Wissenschaft hegte, daß diese Vorlesung jedoch nur eine extrem geringe Zuhörerzahl erreichte, weil dafür keine Vergabe von Punkten vorgesehen worden ist, obwohl ich ganz bewußt im Rahmen der sogenannten Exzellenzinitiative diese Wissenschaftstheorie-Serie gestartet habe. Im Bereich der Erkenntnistheorie der Handlungsgrundsätze, der Ethik, sieht es allerdings noch schlimmer aus, weil es überhaupt keine zentrale Ethik-Vorlesungsreihe gibt. Diese Behinderung der Lehre für Studenten und Lehrende ist zwar nach Art. 5 Abs. 3 GG grundgesetzlich nicht erlaubt, ist aber durch das HRG und den Wissenschaftsrat möglich gemacht worden.

Form eines Ableitungssystems von Verhaltensregeln aus wenigen ethischen Grundsätzen besteht, durchaus vergleichbar zu der Form eines Axiomensystems, durch die alle gültigen Formeln des Axiomensystems aus wenigen Axiomen ableitbar sind. Anders als bei mathematischen Axiomensystemen bedürfen die ethischen Grundsätze noch einer Begründung; denn die Anwendbarkeit der Axiomensysteme auf irgendeine Wirklichkeit stellt für den Mathematiker kein Problem dar. Für einen Ethiker ist dies grundsätzlich anders; denn eine Ethik ist dann bedeutungslos, wenn sie sich auf keine rein menschliche oder menschlich-natürliche Gemeinschaft anwenden läßt. Damit sich eine Ethik anwenden läßt, müssen ihre Grundsätze jedenfalls für diejenigen Menschen begründbar sein, für die sie gelten soll. Und da es sich bei der Ethik um die Regulierung des menschlichen Verhaltens handelt, muß es eine Sicherstellung der Durchsetzbarkeit oder wenigstens der verläßlichen Anwendung der abgeleiteten moralischen Regeln geben. Auch die Art dieser Sicherstellung macht verschiedene Ethiken unterscheidbar. Zusammenfassend gilt für verschiedene Ethiken:

▶ **Definition** *Verschiedene Ethiken* unterscheiden sich durch ihre Grundsätze, ihre Begründungen und ihre Durchsetzungsstrategien.

Es gibt den Sprachgebrauch des Wortes „Ethik", der unter Ethik eine philosophisch-wissenschaftliche Disziplin versteht, die es sich zur Aufgabe macht, existierende Ethiken und mögliche Ethiken zu untersuchen, zu vergleichen oder gar hinsichtlich ihrer Anwendbarkeit zu testen. Leider werden die beiden Sprachgebräuche „Ethik als System von Handlungsregeln" und „Ethik als Disziplin zur Erforschung solcher Systeme" oft nicht unterschieden, selbst nicht oder kaum im Rahmen der sogenannten Bereichsethiken. Dies gilt z. B. für Texte von Homann (1992, 1994) ebenso wie für die von Nida-Rümelin (1996) oder Zimmerli (1996) usw. Ich werde – wenn nicht ausdrücklich anders vermerkt – im folgenden nur den Sprachgebrauch „Ethik als System von Handlungsregeln" verwenden.

2.3 Zu den Begründungsversuchen von Moral und Ethik

2.3.1 Zu den historischen Grundlagen von Moral- und Ethikbegründungen

Welche Art von Moral oder Ethik sich in einer menschlichen Gemeinschaft bildet oder durchsetzen läßt, hängt wesentlich davon ab, welche Lebenseinstellungen die Menschen dieser Gemeinschaft besitzen oder genauer formuliert, welche Bewußtseinsformen sich in ihnen bereits entwickelt haben; denn die Bewußtseinsformen, die das Gehirn als Sicherheitsorgan der Lebewesen bereitstellt und die sich auch als Lebenseinstellungen oder Lebenshaltungen beschreiben lassen, bestimmen weitestgehend das Verhalten der Lebewesen und insbesondere der Menschen.

2.3 Zu den Begründungsversuchen von Moral und Ethik

▶ **Definition** *Lebenseinstellungen oder Lebenshaltungen* werden die Bewußtseinsformen genannt, die weitgehend das Verhalten der Lebewesen, insbesondere der Menschen, bestimmen.

Daß dies nicht nur für Menschen gilt, wissen Halter von Katzen oder Hunden, die woanders groß geworden sind. Für Menschen mögen vier verschiedene Lebenshaltungen unterschieden werden, in die sie bewußt oder auch unbewußt durch die Umstände ihres Aufwachsens hineinerzogen werden und in denen sie sich selbst vorfinden, wenn sie bemerken, daß sie für ihre Handlungen und Entscheidungen Maßstäbe brauchen. Diese werden sie meist ihren eingeübten moralischen oder erlernten ethischen Handlungsregeln entnehmen. Aufgrund der kulturellen Entwicklung der Menschheit, welche ja eine Bewußtseinsentwicklung und die ihrer Traditionen ist, werden die Lebenshaltungen durch Traditionen im Sozialisationsprozess vermittelt und vom Gehirn zu Bewußtseinsformen verarbeitet und dadurch ganz besonders historisch geprägt. Das bedeutet, daß sich die Lebenshaltungen mit den kulturellen Veränderungen wandeln. Gemäß einer Klassifizierung nach der Folge ihres historischen Auftretens mögen folgende vier Lebenshaltungen unterschieden werden:

1. *Die autoritative Lebenshaltung*
2. *Die vernunftgläubige Lebenshaltung*
3. *Die fortschrittsgläubige Lebenshaltung*
4. *Die selbstverantwortliche Lebenshaltung*

In der *autoritativen Lebenshaltung* ist der einzelne Mensch davon überzeugt, daß er selbst zu unfähig oder gar zu unvollkommen ist, um tragfähige Entscheidungen über seine eigene Lebensführung zu treffen, und daß er deshalb eine möglichst vollkommene oder gar göttliche Autorität benötigt, durch die er erfährt, was er in seinem Leben anzustreben und welche Handlungen er dazu auszuführen hat.

▶ **Definition** Die *autoritative Lebenshaltung* ist die Bewußtseinsform, in der sich der Mensch für unfähig zu eigenen Entscheidungen über die eigene Lebensführung hält und darum nach einer Autorität sucht, die ihr oder ihm sagt, was zu tun ist.

Die autoritative Lebenshaltung bildet zwei Formen aus, die passive und die aktive Form.

In der *passiv-autoritativen Lebenshaltung* besteht die einzige Aktivität des Menschen darin, die gesuchte Autorität zu finden und ihren Anweisungen, die von angeblich dazu Berufenen vermittelt werden, zu folgen. Die passive autoritative Lebenshaltung entspricht dem durch die Evolution bedingten unterwürfigen Überlebenswillen, der an ein unterwürfiges Bewußtsein gebunden ist. Diese Willens- und Bewußtseinsformen sind bei den Herdentieren besonders ausgeprägt und treten darum in der Entwicklung der Menschheit als erste auf, weil auch die Menschen in der evolutionären Tradition der Herden- und

Hordentiere stehen. Diese Bewußtseinsform kann aber auch ganz bewußt anerzogen werden. In patriarchalischen Gesellschaften, in denen von Frauen verlangt wird, daß sie sich Anweisungen unterordnen, die von Männern ausgehen, werden schon die Mädchen in diese patriarchalisch autoritative Lebenshaltung hineinerzogen, was weltweit in vielen Ländern noch immer geschieht und sogar auch noch in Deutschland, vorzugsweise in katholischen Bergregionen. Aber in Europa und ebenso in Deutschland hat sich das Patriarchat besonders im Bürgertum bis tief in die zweite Hälfte des 20. Jahrhunderts hinein erhalten, was zu der sogenannten Achtundsechziger Studentenrevolte führte.

▶ **Definition** Die *passiv-autoritative Lebenshaltung* ist eine Bewußtseinsform, in der besonders die Suche nach einer Autorität aktiviert ist, aber kaum selbständig längerfristig organisierte Aktivitäten.

In der *aktiv-autoritativen Lebenshaltung* befinden sich Menschen, die davon überzeugt sind, einen direkten Kontakt zur gesuchten göttlichen Autorität zu besitzen, ihre Anweisungen zu einer sinnvollen Lebensführung zu kennen und den Auftrag zu haben, diese Anweisungen an die Menschen weiterzureichen, die sich in einer passiv-autoritativen Lebenshaltung befinden. In der Geschichte war es nicht selten der Fall, daß diese Führungspersonen von den unterwürfigen Menschen auf den Schild gehoben worden sind und damit in die Rolle der aktiv-autoritativen Lebenshaltung hineingedrängt wurden.

▶ **Definition** Die *aktiv-autoritative Lebenshaltung* ist eine Bewußtseinsform, in der Menschen davon überzeugt sind, daß sie über direkte Kontaktmöglichkeiten zu der gesuchten Autorität verfügen oder daß sogar ihre eigenen Vorstellungen von sinnvollen Handlungen ihnen durch die göttliche Autorität eingegeben wurden, so daß sie den Auftrag haben, anderen Menschen zum sinnvollen Handeln Anweisungen zu geben.

Die *autoritative Lebenshaltung* wird vor allem bei Menschen angetroffen, die sich in der religiösen Tradition einer der Offenbarungsreligionen befinden, die in der direkten Nachfolge des mythischen Bewußtseins stehen. Ihre Traditionen bestehen wesentlich aus einem Glauben an einen übermächtigen Gott, dessen Autorität man sich wie im Mythos unterwirft und dessen Geboten man zu gehorchen hat. Da diesen Geboten eine Ableitungssystematik fehlt, kann man sie nicht als eine Ethik, sondern lediglich als verschiedene Moralen bezeichnen. So bilden etwa die Zehn Gebote die alttestamentarische Moral aus, auf der die weiter ausdifferenzierten Moralen der Juden, Christen und Muslime aufruhen. Man könnte versucht sein, für die alttestamentarische Moral eine Systematisierungsmöglichkeit im jüdischen Liebesgebot im 3. Buch Mose 19, 18 zu finden. Dies wird jedoch dadurch zunichte gemacht, daß unter dem Nächsten der Verwandte gemeint ist. Insbesondere läßt sich daraus keine christliche Ethik ableiten, weil im Christentum die Liebe von Gott gegeben wird und somit vom Menschen nicht als eine eigene Leistung gefordert werden kann. Insgesamt müssen wir aufgrund des kulturgenetischen Grundgesetzes der menschlichen

2.3 Zu den Begründungsversuchen von Moral und Ethik

Bewußtseinsformen[14] uns heute wohl zu der Einsicht durchringen, daß die Entstehungszeit der Offenbarungsreligionen als die Kindheitsphase der heutigen Menschheit zu betrachten ist, so daß aus dieser Zeit kaum noch Orientierungsmöglichkeiten für die Problemstellungen unserer Zeit ausgehen können und tatsächlich auch nicht mehr ausgehen.

Die Religionsformen, die wir heute als Offenbarungsreligionen bezeichnen, stammen alle aus dem vorderasiatischen Bereich. Direkt in Asien haben sich andere Formen entwickelt, die aber auch bis heute gelebte religiöse Gemeinschaftsformen hervorgebracht haben, die auch besondere Formen der passiven und aktiven autoritativen Lebenshaltungen tradiert haben. So hat sich etwa in Indien eine aus dem Hinduismus stammende Form der aktiv-autoritativen Lebenshaltung bei den sogenannten Gurus erhalten, die eine große Attraktivität auf Europäer ausüben, die durch die patriarchalischen Formen des Bürgertums in der zweiten Hälfte des 20. Jahrhunderts noch in eine passiv-autoritative Lebenshaltung hineingeraten sind.

Ein durchaus tief liegendes ethisches Problem aber ist es, wie sich Argumente dafür finden lassen, daß die heutigen Nachfahren der Offenbarungsreligionen und autoritativen Formen des Hinduismus künftig in Frieden miteinander zu leben lernen. Viele dieser Nachfahren leben noch immer in einer autoritätsgläubigen Lebenshaltung, in der sie wegen anerzogener Minderwertigkeitsgefühle eine Autorität suchen, die ihnen sagt, was sie zu tun haben. Sie werden gewiß keine ethischen Leitlinien akzeptieren können, die einer *vernunftgläubigen Lebenshaltung* entstammen. Diese taucht erstmalig in der griechischen Antike auf, in der besonders die Philosophen davon überzeugt sind, daß die Menschen in sich selbst orientierende Fähigkeiten besitzen, die sich in ihrer Vernunft zeigen und die als mit der göttlichen Weltvernunft verbunden geglaubt wird. Darum mußten schon in der griechischen Antike alle ethischen Entwürfe eines *Sokrates*, eines *Platon*, eines *Aristoteles* oder eines *Epikur* oder eines *Seneca* durch die Vernunft begründet sein.

▶ **Definition** Die *vernunftgläubige Lebenshaltung* ist die erste Bewußtseinsform einer bewußten Innensteuerung, in der die Menschen davon überzeugt sind, daß in ihnen eine allgemeingültige göttliche Vernunft wirksam ist, durch die sie selbst die Sinnhaftigkeit von Handlungszielen erkennen können.

In der Zeit der Christianisierung wird die vernunftgläubige Lebenshaltung etwa für gut 1.000 Jahre wieder durch die autoritätsgläubige Lebenshaltung verdrängt, allerdings mit der Ausnahme der islamischen Gelehrten, die in Europa vom 8. bis mindestens zum 12. Jahrhundert durch ihre damalige vernunftgläubige Lebenshaltung die geistige Führung in Europa und Kleinasien übernehmen, da sie die antike griechische Philosophie und Kultur wiederentdeckten und in ihre islamische Gläubigkeit integrierten. Den muslimischen Gelehrten haben wir in Europa die verschiedenen Renaissance-Schübe der Wiedergeburt

---

[14] Vgl. W. Deppert, Vom biogenetischen zum kulturgenetischen Grundgesetz, in: *unitarische blätter für ganzheitliche Religion und Kultur*, Heft 2, März/April 2010, 61. Jahrgang, S. 61–68.

der griechischen Antike zu verdanken. Damit entwickelte sich auch in der geistigen Welt Europas wieder der Glaube an eine im Menschen ansässige Vernunft, von der man bis zu Immanuel Kant hin überzeugt war, daß sie einen absoluten Charakter besitzt. Und Kant vertrat sogar die Auffassung, daß alle bewußten Wesen mit der identisch gleichen Vernunft ausgestattet sind.

Mit der Renaissance wurde nicht nur die griechische Kultur in Europa wiedergeboren, sondern besonders auch die wissenschaftliche Weise, die Natur zu betrachten und die Möglichkeiten zu nutzen, mit Hilfe von Naturerkenntnissen die menschliche Welt durch die Erfindung spezieller Techniken angenehmer und sicherer zu gestalten. In Verbindung mit den geistigen Entwicklungen aus der Reformationszeit wurde dadurch die vernunftgläubige Lebenshaltung in die *fortschrittsgläubige Lebenshaltung* verwandelt. Was dem Fortschritt nützlich war, galt dadurch als ethisch vertretbar. Die Fortschrittsgläubigkeit blühte besonders im 19. Jahrhundert auf und erreichte im ersten Drittel des 20. Jahrhunderts einsame Höhepunkte, weil die Wissenschaft unglaubliche Fortschritte in der Erforschung der Naturgesetze und deren technischer Nutzung machte.

▶ **Definition** Die *fortschrittsgläubige Lebenshaltung* ist die Bewußtseinsform, in der die Menschen daran glauben, daß die Lebensumstände von ihnen selbst fortschreitend verbessert werden können, indem sie mehr und mehr von den Naturgesetzen erkennen und diese durch verbesserte Techniken für einen derartigen Fortschritt einsetzen können.

Das 20. Jahrhundert brachte jedoch sehr herbe Enttäuschungen für den Glauben an eine in allen Menschen identisch wirksame Vernunft und ebenso für den Glauben, daß die fortschreitende Wissenschaft auf die Dauer alles zum Besseren wenden würde. Der Kommunismus zeigte ebenso wie der Kapitalismus unmenschliche Fratzen, und das aus der autoritativen Lebenshaltung erwachsene Führerprinzip führte im Nationalsozialismus und im Stalinistischen Kommunismus im Verein mit einem gänzlich unkritischen Wissenschaftsglauben zu bisher nicht gekannten unmenschlichen Zerstörungsgewalttaten insbesondere aufgrund einer unhaltbaren Rassenlehre, von der auch noch geglaubt wurde, daß sie an der absoluten Wahrheit der Wissenschaft teilhabe.

Als Gegenbewegung zu diesem zerstörerischen Fortschrittsglauben bildete sich allmählich eine neue Lebenshaltung heran, die ihre Wurzeln erneut in der griechischen Antike und in der aus ihr folgenden europäischen Aufklärung hat und die als *selbstverantwortliche Lebenshaltung* bezeichnet werden mag.

▶ **Definition** Die *selbstverantwortliche Lebenshaltung* ist die Bewußtseinsform, in der der Mensch nicht mehr darauf baut, durch göttliche Offenbarungen oder durch die Wissenschaft absolute Erkenntnisse gewinnen zu können, sondern darauf, daß er nur noch relative Erkenntnisse gewinnen kann, deren Gültigkeit lediglich auf bestimmte zeitliche, räumliche und situative Zusammenhänge einzuschränken ist. Daraus folgt, daß der Mensch in dieser Bewußtseinsform die Sinnhaftigkeit seiner Handlungen selbst aufzusuchen und zu verantworten hat.

In ihr verläßt sich der Mensch nicht mehr auf eine übermächtige Autorität oder auf eine absolute Vernunft oder auf ein Geschichtsziel, dem zu dienen er sich verpflichtet fühlt, sondern ganz auf seine eigene innere Verpflichtung, nur das zu tun, was er vor sich selbst verantworten kann.

2.3.2 Konkrete Moral- und Ethikbegründungen

Aus den hier kurz umrissenen Lebenshaltungen haben sich in der Geschichte bestimmte Moralen und Ethiken entwickelt, auf die sich freilich auch die bisherigen Wirtschafts- und Unternehmensethiker bezogen haben. Sie alle sind durch den Wunsch der Menschen bestimmt, im Rahmen ihres Weltbildes ein möglichst sinnvolles Leben zu führen, und das ist ja zweifellos ein egoistischer Wunsch für das eigene dauerhafte innere Wohlergehen. Da äußert sich zweifellos der ebenfalls evolutionär begründete eigenständige Überlebenswille. Nun scheint dieser selbständige Wunsch im Widerstreit mit den Wünschen der Führungsfiguren der aktiven autoritativen Lebenshaltung zu stehen, denn sie können eigene Wünsche nicht dulden, da sie wähnen, für die Durchsetzung des Willens der göttlichen Autorität verantwortlich zu sein. Darum entstand mit dem Aufkommen der Aufklärung Ende des 17. Jahrhunderts **der moralisch gänzlich negativ besetzte Begriff des Egoismus**. Diejenigen, die schon immer seit alters her bestimmt hatten, was die Menschen zu glauben, zu denken und zu tun hatten, wollten auf keinen Fall dulden, daß die Menschen mit der Aufklärung begannen, sich selbst um ihr geistig-seelisches Wohlergehen zu bemühen, und darum mußte diese Selbständigkeit mit dem bösen Etikett des teuflischen Egoismus versehen werden. Seitdem wurde systematisch eine Anti-Egoismus-Ideologie in die Herzen der Menschen gepflanzt, so, als ob der Egoismus der größte Feind aller Moralität und Ethik sei. Und selbst die Aufklärer haben es nicht bemerkt, daß diese Anti-Egoismus-Kampagne gegen sie selbst, gegen die Vertreter der Aufklärung, gerichtet war und es noch immer ist. Dadurch sind alle Ethik-Theorien, die in der Zeit der Aufklärung entwickelt wurden, als Abwehrmaßnahmen gegen den verhaßten Egoismus zu verstehen.

Es ist die vernunftgläubige Lebenshaltung, die sich mit der Aufklärung in Europa ausgebreitet und den Philosophen eine besondere Wirksamkeit beschert hat. Sie waren sich allerdings nicht einig darüber, wo die Vernunft ihre segensreichste Wirksamkeit entfalten kann, im Denken oder im Beobachten. Die **Rationalisten**, die sich auf Europas Festland etablierten, präferierten die Denkfähigkeit und die **Empiristen**, die sich im nordeuropäischen Inselreich fanden, die Fähigkeit zum Beobachten. Entsprechend lassen sich **rationalistische von empiristischen Ethiken** unterscheiden. Immerhin war es ein Empirist Großbritanniens, **David Hume**, der bemerkte, daß sich aus Beobachtungen, d. h. aus empirisch gewonnenen Einsichten, keine Handlungsvorschriften des Sollens ableiten lassen, wodurch er zweifellos einen gedanklichen Brückenbau zum rationalistischen europäischen Festland begann, den Kant schließlich dankbar weiterbaute und vorläufig vollendete. Denn man mißversteht Kant, wenn man ihn in der Begründung der Naturerkenntnis als einen Rationalisten bezeichnet. Dennoch gilt dies durchaus im Sinne des Hume'schen Gesetzes gewiß für seine ethische Theorie. Kants Ethik des Kategorischen Imperativs stützt sich tatsächlich ausschließlich auf die reine Denkvernunft, von der er annimmt, daß diese in allen bewußten Wesen identisch gleich ist. Nun können wir nach den ungezählten grauenhaften Geschehnissen des 20. Jahrhunderts diese Annahme ganz sicher nicht mehr stützen und außerdem hat sich in der Physik gezeigt, daß Kants Erkenntnissystem ebenfalls nicht mehr zu halten ist, da in der Gravitationstheorie und der Quantenphysik Erkenntnisse gemacht wurden, die nach Kant hätten nicht hätten möglich gewesen sein dürfen. Interessanterweise kann man aber aus Kants Werk einen Erkenntnisweg finden, auf dem sich die Probleme der Physik und der Moralphilosophie lösen lassen.

Aus der empiristisch verstandenen angelsächsischen Philosophie haben sich etwa über John Locke, David Hume oder Adam Smith empiristische Ansätze zu einer Moralphilosophie ergeben, die sich allerdings auf die empirische Psychologie stützen mußten, die jedoch bis heute keinerlei allgemeingültige Grundlagen einer begründbaren Ethiktheorie liefern konnte. Die Versuche, aus der vernunftgläubigen Lebenshaltung vereinbarungsfähige Grundlagen einer verbindlichen Ethik zu gewinnen, müssen als gescheitert angesehen werden. Darum ließ sich hoffen, daß dieser Wunsch sich im Zuge der fortschrittsgläubigen Lebenshaltung, die im 19. Jahrhundert mächtig aufkam, erfüllen ließ. Die fortschrittsgläubigen Ethiken beruhen auf einer religiösen Position, in der geglaubt wird, daß der Mensch aufgrund seiner Erkenntnismöglichkeiten der absolut wahren Beschreibung über die eine Wirklichkeit, in der alles Sein und Sollen stattfindet, immer näher kommen kann. Es ist zwar nicht möglich, ein Sollen mit Hilfe von Erkenntnissen über das Sein abzuleiten, aber es gibt für die Erkenntnis des Sollens einen Erkenntnisweg, der auch den Erkenntnisweg des Seins mitbestimmt. Hierher gehören die Ethiken der Empiristen, der Pragmatisten sowie der Konstruktivisten. Diese Ethiken laufen auf die verschiedenen Arten des Utilitarismus hinaus, in denen stets davon ausgegangen wird, es gäbe die Möglichkeit der Nutzenmaximierung in einem allgemein inhaltlich ableitbaren Sinn. Sie sind alle mit dem Makel behaftet, daß in ihnen die Relationalität des Nutzenbegriffs, wie sie hier dargestellt wurde, gar nicht oder nicht genügend beachtet wird.

So wie der Glaube an die biblischen Ethiken durch die mythenzersetzende Kraft der Relativierungsbewegung[15] heute weitgehend verschwunden ist, so hat schon seit der zweiten Hälfte des 19. Jahrhunderts auch der einst übermächtige Mythos von der einen göttlichen Vernunft und ihrer absoluten Wahrheit seine orientierende Funktion nachhaltig eingebüßt. Ebenso haben die vernunft- und fortschrittsgläubigen Ethiken ihre Argumentationsbasis verloren, so daß der Ruf nach einer neuen Ethik verständlich ist. Von welcher Art aber könnte eine solche neue Ethik sein?

---

[15] Die Relativierungsbewegung ist eine Entwicklungslinie in der abendländischen Geistesgeschichte, die sich durch alle Paradigmenwechsel hindurchzieht, da sie durch das begriffliche Denken hervorgerufen wird, durch das Menschen versuchen, Begründungsendpunkte entweder durch Verallgemeinerung oder Vereinzelung zu relativieren. Vgl. dazu Wolfgang Deppert, Hermann Weyls Beitrag zu einer relativistischen Erkenntnistheorie, in: Deppert et al. (1988, 446f.) oder W. Deppert, Gefahren und Chancen der Individualität, in: *unitarische blätter*, 47. Jahrgang, Heft 2, 1996, S. 56–74.

2.3 Zu den Begründungsversuchen von Moral und Ethik

Alle gescheiterten Ethikansätze hatten den Egoismus arg verteufelt. War das womöglich ein Fehler? Sind doch schon das mosaische Liebesgebot und die Goldene Regel egoistisch formuliert! So verfaßte man in der Zeit der aufkommenden Aufklärung die sogenannte Goldene Regel sprachlich neu sogar in Versform.

▸ **Definition** Die *Goldene Regel* in Versform: „Was Du nicht willst, das man Dir tu, das füg auch keinem andern zu!"

Darin ist die egoistische Begründungsbasis ganz deutlich ausgesprochen. Dennoch wird immer wieder versucht, die Goldene Regel als ein übergreifendes ethisches Grundprinzip auszuweisen. Mit ihr könnte womöglich eine Argumentationsbasis für das friedliche Zusammenleben von Menschen verschiedenster religiöser Traditionen gefunden sein. Denn diese Regel hat schon in der ältesten Geschichte Kulturen miteinander verbunden. Sie stammt bereits aus dem alten Ägypten, findet sich in indischen und chinesischen Schriften, in verschiedenen Varianten des Alten Testaments, natürlich auch bei den Griechen und insbesondere in der Bergpredigt des Neuen Testaments. Selbst Kants Kategorischer Imperativ wird oft als eine Formalisierung der Goldenen Regel gedeutet. Leider scheitert auch dieser Versuch, mit der Goldenen Regel ein allgemeinverbindliches, grundlegendes ethisches Prinzip anzugeben, **weil** sich schon an folgenden einfachen Beispielen zeigt, daß **die Anwendung der Goldenen Regel** als moralisches Gesetz **unmoralische Konsequenzen erzwingt**:

1. Falsifizierendes Beispiel zur Goldenen Regel:
Ein Arzt kennt die Leiden, die einem Menschen bei sogenannten lebensverlängernden Maßnahmen zugefügt werden, und er schreibt in sein Patiententestament, daß er auf gar keinen Fall lebensverlängernden Maßnahmen unterzogen werden möchte. Nun erleidet in seinem Betreuungsbereich ein 90-Jähriger einen Schlaganfall und wird mit einem Krankenwagen zu ihm gebracht, und die Angehörigen bitten ihn, doch bitte sofort lebensverlängernde Maßnahmen einzuleiten. Nach der Goldenen Regel dürfte er dies nicht tun; denn diese fordert von ihm: „Was Du nicht willst, das man Dir tu, das füg auch keinem andern zu!" Weil es ethische Grundsätze gibt, die weit über die Goldene Regel hinausreichen, wird er die Goldene Regel verletzen und sofort mit den geeigneten Maßnahmen beginnen.

2. Falsifizierendes Beispiel zur Goldenen Regel:
Der Student Helge hat eine Riesenfreude daran, seine mathematischen Übungsaufgaben allein zu lösen. Er kann es darum nicht leiden, wenn ihm die Lösung einer Aufgabe gesagt wird, bevor er sie selbst gelöst hat. Nun kommt sein Freund Ole in heller Aufregung zu ihm, weil er ganz schnell nach Hause fahren muß, weil auf dem väterlichen Hof der Stier ausgebrochen ist und er der einzige sei, der ihn wieder einfangen könne, bevor er in seinem Dorf einen Riesenschaden anrichtet. Darum bittet Ole seinen Freund Helge, ihm doch schnell die Lösungen der Mathematikaufgaben zu sagen, damit er diese noch schnell abge-

ben kann. Nach der Goldenen Regel dürfte Helge das nun nicht tun, aber das wäre wahrhaft unmoralisch, und Helge hilft seinem Freund Ole sogar beim Ausfüllen des Aufgabenzettels.

3. *Falsifizierendes Beispiel zur Goldenen Regel:*
Luise und Renate sind Schulfreundinnen. Luise mag nicht, daß man ihr Milch in ihren Kaffee gießt, aber Renate mag es und bittet Luise darum. Sie tut es nicht, weil ihr Philosophielehrer gerade die Goldene Regel erklärt hat. Und Renate ist stinksauer! Luise aber sagt: „Soll ich denn wegen Deiner blöden Milch unmoralisch werden?"

Die Liste solcher Beispiele ließe sich beliebig verlängern; denn in der Zeit, in der die Goldene Regel entstanden ist und in der sie sich hat halten können, besaßen die Menschen noch kein Individualitätsbewußtsein, ein Bewußtsein von der eigenen Einzigartigkeit und der Andersartigkeit aller anderen Menschen, so wie wir es heute nahezu weltweit voraussetzen können.

Aufgrund der Tatsache, daß sich heute keine allgemeinverbindliche Überzeugungsbasis mehr finden läßt, auf der sich ein allgemein anerkanntes ethisches System errichten ließe, versuchen viele Autoren – wie bereits erwähnt – einen neuen Weg in der Bestimmung von sogenannten *Bereichsethiken* zu finden.[16] Ich habe schon darauf hingewiesen, daß ich die Wortwahl in diesem Buch *nicht* im Sinne der Bereichsethiken eines Karl Homann oder eines Peter Koslowski verstehe. In jeder der Bereichsethiken geht es darum, Menschen davon zu überzeugen, ihre Handlungen von bestimmten ethischen Grundsätzen regieren zu lassen. Das Begründungsproblem einer einzigen Ethik wird damit aber nur auf die Begründung vieler verschiedener Bereichsethiken verlagert und das Begründungsproblem sogar vervielfacht und nicht gelöst. Wenn Bereichsethiken unterschieden werden sollen, dann kann dies nur *dann* überzeugend sein, wenn das ethische Begründungsproblem eine allgemeine Lösung erfahren hat.

Eine Ethik, die von Menschen mit ausgeprägtem Individualitätsbewußtsein als eigene Leitlinie des Handelns akzeptiert werden kann, läßt sich weder auf die Autorität eines absoluten Gottes noch auf die einer göttlichen Vernunft oder einer absoluten Wahrheit oder ihrer fortschreitenden Annäherung gründen. Orientierungswege einer selbstverantwortlichen Lebenshaltung können sich nur auf eine Innensteuerung stützen, das bedeutet: Ethische Forderungen, die von außen an den Einzelnen herangetragen werden, sind nicht mehr begründbar. Darum erwächst die Aufgabe, einen neuen *Typ* von Ethik zu finden, deren Forderungen ausschließlich Forderungen des Einzelnen an sich selbst sind. Solch ein ethisches System sei als **individualistische Ethik** oder auch als **selbstverantwortliche Ethik** bezeichnet.

Da die selbstverantwortliche Lebenshaltung wesentliche Bedingung für das Funktionieren von marktwirtschaftlich organisierten Demokratien ist, besteht die Aussicht, daß eine solche individualistische Ethik eine Grundlage für eine Wirtschaftsethik marktwirtschaftlicher Systeme abgeben kann.

---

[16] Vgl. z. B. Julian Nida-Rümelin (Hg.), *Angewandte Ethik. Die Bereichsethiken und ihre theoretische Fundierung*, Kröner Verlag, Stuttgart 1996.

2.3 Zu den Begründungsversuchen von Moral und Ethik

▶ **Definition** Die individualistische Ethik besteht nur aus Forderungen, die das Individuum an sich selbst stellt. Die individualistische Ethik wird auch **selbstverantwortliche Ethik** genannt.

Wenn es gerechtfertigt sein soll, ein System von Forderungen an sich selbst im Rahmen der hier verwendeten Sprachregelung eine *Ethik* zu nennen, dann müssen in diesem System das *Vereinzelungs- und das Vergesellschaftungsprinzip* über die beiden Evolutionsgesetze so verbunden werden, daß die Lösung der Überlebensproblematik des Individuums zugleich auf die Beherrschung der Überlebensproblematiken in der mitmenschlichen und natürlichen Umwelt zielt. Die Ableitung einer individualistischen Ethik kann darum nur als gelungen gelten, wenn in ihr die Prinzipien der natürlichen Evolution wirksam sind. Denn die Natur löst ihre Überlebensproblematik niemals nur für einzelne Stufen der Individuation, sondern für alle Stufen zugleich durch ein **Zusammenspiel eines Vereinzelungsprinzips** und **eines Vergesellschaftungsprinzips**, eines *principium individuationis* und eines *principium societationis*[17]. Das Entsprechende gilt für die Wirtschafts- und Sozialwissenschaften, die ihre Aufgabe der langfristigen Beherrschung der Überlebensproblematik der einzelnen Menschen und der Menschheit nur erfüllen können, wenn die grundsätzliche Antriebsstruktur aller wirtschaftlichen Aktivitäten durch zwei wechselseitig aufeinander bezogene Axiome bestimmt wird,[18] das *dynamische* und das *statische wirtschaftstheoretische Axiom*.

▶ **Definition** *Das dynamische wirtschaftstheoretische Axiom* (auch das *individualistische Axiom* genannt) **lautet:**
Der Grund des Handelns besteht für Wirtschaftssubjekte in der Aussicht auf einen inneren oder äußeren individuellen Nutzen.

▶ **Definition** Das *statische wirtschaftstheoretische Axiom* (auch als das *globale Axiom* bezeichnet) **lautet:**
Das Ziel jeglichen globalen Wirtschaftens besteht für alle Wirtschaftssubjekte in ihrem Interessenausgleich, so daß es zur optimalen Überlebenssicherung aller beteiligten Wirtschaftssubjekte durch ein langfristiges Gleichgewicht der Stabilität der subjektiven Nutzen-Kosten-Quotienten kommt.

Das Interesse an einer sinnvollen Lebensgestaltung fordert jedes Wirtschaftssubjekt zur Beachtung dieser beiden Axiome heraus. Je mehr dies gelingt, um so näher kommen wir der Verwirklichung des höchsten ethischen *Begriffs der Gerechtigkeit,* den ich als die Verwirklichung einer harmonischen Verbindung des individualistischen und des globalen Axioms verstehe.

---

[17] Vgl. die Ableitung dieser Prinzipien durch Vergleich von Evolutions- und Wirtschaftstheorie in Deppert 1999(a), 2. Kap.

[18] Durch diese beiden Axiome läßt sich die Dynamik des Wirtschaftens selbstverantwortlicher Wirtschaftssubjekte beschreiben. Vgl. dazu Deppert 1999(a), Abschn. 3.2.3.5.3. und 3.3.2.6.

▶ **Definition** *Gerechtigkeit* ist die Verwirklichung einer harmonischen Verbindung des individualistischen und des globalen wirtschaftstheoretischen Axioms.

Damit ist ein Zusammenspiel von *Vereinzelungsprinzip* und *Vergesellschaftungsprinzip* gewährleistet, das in der Natur nur ein anderer Ausdruck für ihr kaum ergründbares Geheimnis ist, daß in jeder Stufe die Bedingungen für den Erhalt des Individuellen und des Ganzen gleichermaßen angelegt sind. Zu fragen ist nun, ob und unter welchen Bedingungen es heute einsichtige Gründe für jedes Wirtschaftssubjekt gibt, die es davon überzeugen, **daß die durch das globale Axiom gebotene Selbstbeschränkung den eigenen äußeren und inneren Nutzen mehrt**. Dies gilt durch die Bestimmung des Begriffs von *kulturellen Lebewesen* auch für jeden Betrieb, jede Aktiengesellschaft, jeden Verein, jede Partei und jede Gewerkschaft, **die ebenso ein äußeres und ein inneres Existenzproblem besitzen**, das sie **durch äußere und innere Werte bewältigen**, so daß ihre Existenz von äußerem und innerem Nutzen abhängig ist.

3 Ableitung einer individualistischen Ethik

3.1 Die Einbettung der individualistischen Ethik in die ethischen Traditionen und systematische Betrachtungen über die grundsätzliche Struktur einer individualistischen Ethik

Eine individualistische Ethik, die es den einzelnen Menschen erlaubt, den eigenen Sinnvorstellungen gemäß zu leben, wird nur dann zu einem friedlichen Zusammenleben führen können, wenn die Forderungen, die Menschen an sich selbst richten, die gemeinschaftserhaltenden Funktionen der bisherigen Ethiken besitzen. D.h., die Forderungen, die die Anhänger einer individualistischen Ethik an sich selbst stellen, müssen inhaltlich das bewirken, was die überkommenen Ethiken bewußt und die Moralvorstellungen meist unbewußt für das friedliche Zusammenleben der Menschen erreicht haben oder erreicht haben sollten. Der Unterschied zu den herkömmlichen Ethiken ist der, daß in einer individualistischen Ethik die Forderungen an sich selbst so begründet sein müssen, daß sie deshalb befolgt werden, weil die Individuen davon überzeugt sind, dadurch ihrem eigenen Wunsch nach einem sinnvollen Leben nachzugehen, ohne sich einer von außen an sie herangetragenen Forderung beugen zu müssen. Damit schließt das Konzept einer individualistischen Ethik direkt an das ethische Autonomieprinzip Kants an.[1] Das Autonomieprinzip hat Kant deshalb aufgestellt, weil er zutiefst davon überzeugt war, daß alle

---

[1] Vgl. zum Autonomieprinzip: I. Kant, *Grundlegung zur Metaphysik der Sitten,* Johann Friedrich Hartknoch, Riga 1785, BA 87ff. oder I. Kant, *Critik der practischen Vernunft,* Johann Friedrich Hartknoch, Riga 1788, § 8 Lehrsatz IV. Dort sagt Kant: „Die *Autonomie* des Willens ist das alleinige Prinzip aller moralischen Gesetze und der ihnen gemäßen Pflichten; alle *Heteronomie* der Willkür gründet dagegen nicht allein gar keine Verbindlichkeit, sondern ist vielmehr dem Prinzip derselben und der Sittlichkeit des Willens entgegen." (A58)

Menschen über die identisch gleiche Vernunft verfügen, d. h., wenn den Menschen von Kant Autonomie in ihrer Willensbestimmung zugestanden wird, dann deshalb, weil sie auf diese Weise alle derselben Vernunft folgen. Und die Vernunft ist schon für Kant das, was wir hier als innere Existenz der Menschen bezeichnen; denn sie erfüllt auch für Kant die Handlungen mit Sinn. Die Sicherung der inneren Existenz ist für Kant darum identisch mit einer Selbsterhaltungsstrategie der Vernunft, und genau so haben wir Kants Kategorischen Imperativ zu verstehen. Wie wir noch sehen werden, ist dies identisch mit einer Widerspruchsvermeidungsstrategie.[2]

Da wir heute nach den furchtbaren, menschenunwürdigen Ereignissen des 20. Jahrhunderts nicht mehr von der kantischen Annahme der Vernunftidentität aller bewußten Wesen ausgehen können, ist auch Kants Vernunftbegriff zu verallgemeinern, indem jedem Menschen seine eigene Vernunft zugesprochen wird, die in der Analogie zu Kant mit dem Vermögen zu identifizieren ist, die eigene innere Existenz zu sichern. Und so wie Kant bereits seine Vorstellung vom Vernunftbegriff an alle bewußten Wesen knüpfte, so haben wir nun auch die individuelle Vernunft an das Individualitätsbewußtsein zu binden. Das Individualitätsbewußtsein ist durch ein Bewußtsein der eigenen Verantwortlichkeit sich selbst gegenüber definiert, so daß *die einzige erkennbare Basis für eine individualistische Ethik* für Menschen mit einem Individualitätsbewußtsein oder mit einem individuellen Selbstbewußtsein die *Selbstverantwortlichkeit* ist, d. h., es ist eine Instanz im eigenen Ich anzunehmen, vor der es seine Handlungen zu verantworten hat. Und dies ist die eigene innere Existenz, die eigene Vernunft.

▶ **Definition** Die *individuelle Vernunft des einzelnen Menschen* ist identisch mit seinem Willen zur Erhaltung seiner inneren Existenz.

Dennoch handelt es sich bei einer individualistischen Ethik nur bedingt um eine *neue* Ethik. Denn der Entscheidungsgrund einer selbstverantwortlichen Ethik kann nur das persönliche Wohlempfinden sein, das sich bei den Vorstellungen über die Folgen einer Handlung in dem betreffenden Menschen einstellt. Es ist mithin eine *egoistische Ethik*. Es gibt aber – abgesehen vom griechischen Hedonismus, der Stoischen Ethik, Spinozas und Stirners Ethik und wenigen weiteren Ausnahmen der europäischen Geistesgeschichte – keine jemals

---

[2] Vgl. W. Deppert, Zum Verhältnis von Religion, Metaphysik und Wissenschaft, erläutert an Kants Erkenntnisweg und dessen Aufdeckung durch einen systematisch bestimmten Religionsbegriff, in: W. Deppert, M. Rahnfeld (Hg.), *Klarheit in Religionsdingen, Aktuelle Beiträge zur Religionsphilosophie,* Grundlagenprobleme unserer Zeit, Bd. III, Leipziger Universitätsverlag, Leipzig 2003.

allgemein akzeptierte egoistische Ethik, obwohl sich leicht zeigen läßt, daß alle bisherigen Ethiken ausschließlich durch egoistische Begründungen bestimmt sind.[3]

Dies läßt sich einsehen, wenn unter Egoismus ein Begründungszusammenhang verstanden wird, durch den Werte und Entscheidungskriterien auf das eigene Interesse mit dem Ziel zurückgeführt werden, das eigene Wohlbefinden auf Dauer zu optimieren. Mit dem Wort „Interesse" sollen Werteinstellungen zu Vorstellungen gekennzeichnet werden, die sich im Einzelnen bilden, wenn diese Vorstellungen in sein Bewußtsein treten. Dabei soll positives von negativem Interesse unterschieden werden, je nachdem, ob die bewußt gewordene Vorstellung ein inneres Wohlsein oder Unwohlsein auslöst. Ferner gibt es graduelle Unterschiede im Interesse, je nachdem, mit welcher Intensität die Gefühlsreaktionen auf die Vorstellungen im Bewußtsein auftreten. Das Optimierungsziel des Egoismus verlangt, daß der Einzelne die verschiedenen Interessen in eine Präferenzordnung bringt, nach der er entscheiden kann, welche Interessen anderen Interessen vorgezogen werden sollen, was langfristig verläßlich nur auf dem Weg der Selbsterkenntnis durch stete Selbstbeobachtung und Selbstüberprüfung möglich ist. Diejenigen, die sich ausschließlich nach kurzfristig auftretenden Interessen ausrichten, können schnell als dumme Egoisten ausgemacht werden, da sich ihr inneres Wohlbefinden durch kurzfristigen Egoismus langfristig verschlechtern kann. Sogenannte Raffgier-Egoisten sind nach der oben gegebenen Definition keine Egoisten, sondern Ausgeburten einer selbstschädigenden Dummheit.

Es ist heute aufgrund des gesteigerten Individualitätsbewußtseins notwendig, die grundsätzlich egoistische Begründungsstruktur aller Moralen und Ethiken bewußt zu machen, da ethische Appelle keine Überzeugungskraft mehr besitzen. Nur wenn moralisches Handeln dadurch begründet werden kann, daß es der Verwirklichung der eigenen Sinnvorstellungen dient, dann werden wir mit ethischen Argumenten überzeugen können, ohne den Knüppel der Gewalt im Hintergrund zu schwingen oder mit der Zwangsjacke der Angst zu drohen. Die Ableitung von Grundsätzen einer *selbstverantwortlichen* oder *individualistischen Ethik* findet hier ihren systematischen Ort.

---

[3] Solchen Begründungen wird oft der Einwand entgegengehalten, daß eine Begründung, mit der alles begründet werden könne, keine Begründung sei, da eine Begründung gerade die Besonderheit des Begründeten auszuweisen habe. Tatsächlich führen aber alle Begründungen notwendig auf Begründungsendpunkte zurück, die die Form von sogenannten mythogenen Ideen (vgl. Deppert 1997(b)) haben. In wissenschaftlichen Begründungen wird das Ziel verfolgt, mit möglichst wenig mythogenen Ideen auszukommen, wie etwa mit den mythogenen Ideen des einen Raumes, der einen Zeit und der einen Naturgesetzlichkeit, wobei man davon überzeugt ist, daß alles dies durch die mythogene Idee der einen Wirklichkeit zusammengehalten wird. Insbesondere wird man im naturwissenschaftlichen Bereich versuchen, alle Wirkungsmechanismen auf einen einzigen Kraftbegriff zurückzuführen, wodurch dieser, falls es gelingt, zum Grenzbegriff wird, zu dem es kein Allgemeineres mehr gibt, wodurch er die Qualität einer mythogenen Idee erhält. Entsprechend verhält es sich mit der Zurückführung der Wirkprinzipien des bewußten menschlichen Verhaltens, daß sie auf die mythogene Idee zurückgeführt werden, durch die der Mensch in der Lage ist, Erstrebenswertes von Nicht-Erstrebenswertem zu unterscheiden. Da aber das Erstrebenswerte stets entweder an die äußere oder an die innere Existenzerhaltung des Entscheidenden selbst gebunden ist, kommt man nicht umhin, diese so umschriebene mythogene Idee mit einem egoistischen Selbsterhaltungsprinzip, das die Gemeinschaftserhaltung einschließt, zu identifizieren.

3.2 Die Annahmen zur Ableitung einer individualistischen Ethik

Menschen sind grundsätzlich für ihre Handlungen verantwortlich. Weil sie es vermeiden wollen, Unsinniges zu tun, müssen sie sich selbst zur Verantwortung ziehen, wenn sie etwas getan haben, dessen Sinn nicht erkennbar oder zweifelhaft ist oder dessen Sinn sie nicht vertreten können. Basis aller Verantwortung ist somit die durch Selbsterkenntnis gewonnene Selbstverantwortung. Eine individualistische Ethik soll Handlungsgrundsätze formulieren und begründen, durch deren Befolgung der Mensch im eigenen Interesse Sinnlosigkeit vermeiden und damit seine Vernunft zur Erhaltung seiner inneren Existenz selbst schützen kann. Dies gilt für alle Lebensbereiche des Menschen, für das wirtschaftliche Agieren oder das wissenschaftliche Arbeiten. Die Ableitung einer individualistischen Ethik kann nur gelingen, wenn dabei ausschließlich von Annahmen ausgegangen wird, die von Menschen mit einer selbstverantwortlichen Lebenshaltung für sie selbst aufgrund von Selbsterkenntnis als grundlegend angesehen werden, wenn sie über diese Annahmen gründlich nachgedacht haben.

Für die allermeisten Menschen dürfen wir vermuten, daß sie zumindest langfristig sinnlose Handlungen vermeiden wollen. Diese Annahme sei die **Sinnannahme** genannt. Die Sinnannahme bedeutet, daß die Menschen ihr Leben nicht in Sinnlosigkeit vertun wollen, ja, daß sie vielleicht sogar eine Angst davor entwickeln können, in Sinnlosigkeit zu verkommen.

▶ **Definition** Die *Sinnannahme* bezeichnet die Bewußtseinsform, nach der Menschen bestrebt sind, ihre Handlungen mit Sinn zu erfüllen.

Damit ist die Sinnannahme eine erste Annahme, von der wir voraussetzen können, daß zumindest die Menschen, die mit einem Individualitätsbewußtsein ausgestattet sind, diese Annahme für sich selbst als grundlegend für ihr langfristig angelegtes Handeln anerkennen, weil sinnvolle Handlungen die eigene innere oder äußere Existenz sichern.

Ferner läßt sich einsehen, daß sich Sinn nur über Zusammenhänge erschließt, die bewußt erlebt worden sind und die erhalten oder angestrebt werden sollen, so daß die Bedeutung des Begriffs ‚Sinn' sich daraus ergibt, daß Handlungen dann einen Sinn haben, wenn sie dazu beitragen, bestimmte für die Sicherung der eigenen inneren oder äußeren Existenz als positiv erkannte Zusammenhänge zu erhalten, zu erstreben oder überhaupt erst zu ermöglichen. Diese Annahme sei als **Zusammenhangsannahme** gekennzeichnet.

▶ **Definition** Die *Zusammenhangsannahme* ist mit der Bewußtseinsform gegeben, nach der die Zusammenhänge von stabilen Zusammenhangserlebnissen als sinnvoll gelten.

Das Erleben von Zusammenhängen haben wir bereits als *Zusammenhangserlebnisse* eingeführt. Ihre positive sinnstiftende Funktion läßt sich evolutionär begründen. Weil durch Zusammenhangserlebnisse die Sicherung der inneren und äußeren Existenz ermöglicht wird, belohnt das Gehirn diese Erlebnisse mit Glückshormonen, d. h., die Gefühlslage verändert sich positiv. An erlebte Zusammenhänge knüpfen sich besonders dann positive Wertvorstellungen, wenn sie sich durch ihre Reproduzierbarkeit als stabil erweisen, wodurch

3.2 Die Annahmen zur Ableitung einer individualistischen Ethik

sogar weitere Zusammenhangserlebnisse möglich werden. Diese Einsicht mag als **Annahme der positiven Gefühlsänderung durch Zusammenhangserlebnisse** bezeichnet werden.

▶ **Definition** Die *Annahme der positiven Gefühlsänderung durch Zusammenhangserlebnisse* bezeichnet die Bewußtseinsstruktur, in der Zusammenhänge grundsätzlich als existenzsichernd erkannt werden.

Schließlich müssen wir noch annehmen, daß umgekehrt Isolationserlebnisse, durch die uns bewußt wird, daß die in einem Zusammenhangserlebnis erlebten Zusammenhänge nicht oder nicht mehr bestehen, unsere Gefühlslage entsprechend negativ verändern. Dies sei die **Annahme der negativen Gefühlsänderung durch Isolationserlebnisse** genannt. Dabei soll von Isolationen ausschließlich in dem Sinne gesprochen werden, daß durch sie ein Nichtbestehen von Zusammenhängen bezeichnet wird, die zuvor in einem Zusammenhangserlebnis als gegeben angesehen worden sind.

▶ **Definition** Die **Annahme der negativen Gefühlsänderung durch Isolationserlebnisse** bezeichnet die Bewußtseinsstruktur, in der Isolationen grundsätzlich als existenzgefährdend erkannt werden.

Aus diesen ersten vier Annahmen folgt, daß man versucht sein wird, die Wahrscheinlichkeit für mehr Zusammenhangserlebnisse und deren Reproduzierbarkeit zu erhöhen, die Wahrscheinlichkeit von Isolationserlebnissen aber zu verringern. Und darum tritt unvermeidlich erneut die grundsätzliche Frage auf, ob und wie wir etwas darüber erkennen und erfahren können, wodurch in uns Zusammenhangs- oder Isolationserlebnisse entstehen. Wie bereits mehrfach betont, müssen wir aber einsehen, daß es sich prinzipiell nicht begreifen läßt, wie Zusammenhangserlebnisse entstehen; denn dies ließe sich nur mit Hilfe von Zusammenhangserlebnissen erkennen, über deren Zustandekommen wir wiederum nichts wüßten, usw. Wir haben lediglich die Möglichkeit, unsere Sensibilität für die Wahrnehmung der Umstände zu schulen, durch die das Auftreten von Zusammenhangserlebnissen oder im Gegensatz dazu von Isolationserlebnissen begünstigt oder behindert wird. Außerdem können wir feststellen, daß Zusammenhangs- oder Isolationserlebnisse unterschiedlich intensiv auftreten. Dadurch läßt sich die Bedeutung der erlebten Zusammenhänge für unsere Lebensführung bestimmen, indem wir die Intensitäten der Zusammenhangserlebnisse miteinander vergleichen und dadurch bewerten können. Darum können wir noch eine weitere Annahme formulieren: die **Annahme der Bewertbarkeit der Zusammenhangserlebnisse.**

▶ **Definition** Die **Annahme der Bewertbarkeit der Zusammenhangserlebnisse** steht für besondere Ausprägung des zusammenhangstiftenden Vermögens in jedem Subjekt.

Wenn wir uns klarmachen, daß es sich bei reproduzierbaren Zusammenhangserlebnissen um Erkenntnisse handelt, dann bezieht sich die Schwierigkeit der Reproduktion auch auf die Bestimmung unserer eigenen Erkenntnisquellen. Wir können sie nur bezeichnen, aber nicht erkennen. Darum ist es zwar vernünftig, von einem *Zusammenhangstiftenden* zu sprechen, das in jedem Lebewesen, insbesondere in jedem Menschen, auf geheimnisvolle und sehr spezifische Weise tätig ist, ohne es aber näher begreifen oder analysieren zu können. Da wir aber immer wieder in der Lage sind, Zusammenhangserlebnisse zu haben, können wir getrost davon ausgehen, daß in uns ein *zusammenhangstiftendes Vermögen* wirksam ist, das uns niemals verläßt.[4] Dieses Vermögen ist jedoch subjektiv bestimmt, da wir nicht voraussetzen können, daß andere die gleichen Zusammenhangserlebnisse haben wie wir selbst. Darum sei die sechste Annahme als die **Annahme eines spezifischen eigenen zusammenhangstiftenden Vermögens** genannt, das auch als das unitarische Göttliche verstanden werden kann.

▶ **Definition** Die **Annahme eines spezifischen eigenen zusammenhangstiftenden Vermögens** ist der unitarische Glauben, daß sich das Göttliche in jedem Einzelnen auf subjektive Weise darstellt.

Dies ist nun die letzte der Annahmen, die hier der Ableitung einer individualistischen Ethik zugrunde gelegt werden. Zusammengefaßt sind dies:

1. die Sinnannahme,
2. die Zusammenhangsannahme,
3. die Annahme der positiven Gefühlsänderung durch Zusammenhangserlebnisse,
4. die Annahme der negativen Gefühlsänderung durch Isolationserlebnisse,
5. die Annahme der Bewertbarkeit der Zusammenhangserlebnisse,
6. die Annahme eines spezifischen eigenen zusammenhangstiftenden Vermögens.

Diese sechs Annahmen genügen, um Grundsätze einer individualistischen Ethik abzuleiten. Unter der Voraussetzung, daß der Einzelne mit diesen Annahmen übereinstimmt, kann er die daraus bestimmten Prinzipien aus eigenem Interesse zu seinen eigenen machen, da sie ihn in seinem langfristigen Streben nach Sinnhaftigkeit seiner Handlungen unterstützen.

3.3 Die Ableitung der Grundsätze einer individualistischen Ethik

Aufgrund der Sinnannahme werden Menschen mit einem Individualitätsbewußtsein einsehen, daß es für sie selbst gut ist, solchen Grundsätzen zu folgen, durch die garantiert oder wenigstens wahrscheinlich wird, die eigenen Handlungen und – langfristig gesehen – auch das ganze Leben mit Sinn zu erfüllen. Aufgrund der Zusammenhangsannahme werden sie ihre eigenen Zusammenhangserlebnisse bewußter wahrnehmen und aufgrund der dritten und vierten Annahme werden sie sich zugleich einerseits über bewußt gewordene Zusammenhänge freuen oder andererseits versuchen, sich vor Isolationserlebnissen zu schützen.

---

[4] Durch genaues Studium von Kants *Kritik der Urteilskraft* erweist sich das zusammenhangstiftende Vermögen als die Verallgemeinerung von Kants Vermögen der Urteilskraft.

3.3 Die Ableitung der Grundsätze einer individualistischen Ethik

Die Veränderungen ihrer Gefühlslage zeigen ihnen an, daß die erlebten Zusammenhänge in irgendeiner Weise etwas zur Sicherung der äußeren oder inneren Existenz beitragen und daß umgekehrt die Isolationserlebnisse Verunsicherungen bewirken, durch die ihnen das für sie Wertvolle vielleicht noch bewußter wird. Aufgrund der Annahme über die Bewertbarkeit der Zusammenhangserlebnisse werden sie bemerken, daß sie die mit ihnen verbundenen Wertvorstellungen miteinander vergleichen und prinzipiell auch ordnen können. Und sie werden bei Verunsicherungen bemerken, daß ihnen ein in ihnen geheimnisvoll verborgenes, aber vorhandenes *zusammenhangstiftendes Vermögen* immer wieder Zusammenhangserlebnisse zuspielt, wenn sie sich diesen nur öffnen, so daß sie auch die sechste Annahme für sich durch ihre eigenen Erfahrungen bestätigen können. Und darum sollte es den Menschen mit einem Individualitätsbewußtsein möglich sein, die nun folgenden Ableitungen von Grundsätzen oder Prinzipien als Forderungen an sich selbst so zu akzeptieren, als ob sie diese selbst für sich gefunden hätten, weil sie den sichersten Weg zur Selbsterkenntnis markieren.

Die ersten beiden Prinzipien individualistischer Ethik beziehen sich auf die verwirrende Vielfalt von Zusammenhangserlebnissen und der mit ihnen verbundenen eigenen Werte, deren Wertigkeit von der Intensität der Zusammenhangserlebnisse abhängt. Sie sind in eine hierarchische Ordnung, eine eigene, stets zu überprüfende Präferenzordnung zu bringen, die freilich durchaus abhängig von bestimmten Situationen sein kann. Denn Handlungsorientierung kann inmitten vielfältigster Wertvorstellungen für den Einzelnen nur dann erwachsen, wenn er seine Werte durch gründliche Selbstreflexion nach ihrer Bedeutsamkeit so geordnet hat, daß er bei einem Wertekonflikt entscheiden kann, in welcher Situation ein Wert konkurrierender Werte der wichtigste und darum der für die Handlung ausschlaggebende ist.

Ein erstes Prinzip individualistischer Ethik mag als *Ordnungsprinzip* oder auch als **Ordnungsregel** bezeichnet werden.

1. Ordnungsprinzip:
Bringe deine Zusammenhangserlebnisse und die damit verbundenen Werte in eine Ordnung nach der von dir eingeschätzten Wichtigkeit!

Die Herstellung dieser Ordnung ist allerdings gar nicht so leicht zu schaffen, da die Zusammenhangserlebnisse durchaus situationsbedingt sind, so daß die Werteordnung ein ziemlich kompliziertes Geflecht von situationsbedingten Wertebeziehungen ist. Wer den Aufbau eines eigenen Wertesystems[5] aber nicht bewußt oder zu wenig bewußt betreibt, kann an

---

[5] Hier soll immer wieder zwischen *Werte*systemen und *Wert*systemen unterschieden werden. Während *Wertsysteme,* etwa aufgrund einer ideologischen Begründung, fertig vorgegeben sind, sind *Wertesysteme* variabel, indem die Rangordnung der Werte immer wieder überprüft wird, wobei auch gänzlich neue Werte hinzukommen können, die immer wieder eine Neuordnung des alten Wertesystems erforderlich machen. Darum handelt es sich bei dem System von Werten, das ein einzelner Mensch aufgrund seiner Zusammenhangserlebnisse ausbildet, um ein Wertesystem, das sich grundsätzlich im Laufe eines selbstverantwortlich geführten Lebens verändern wird. Zur Bedeutung von Wertesystemen im Wirtschaftsmanagement vgl. Rolf Berth, *Erfolg,* Econ Verlag, 2. Aufl., Düsseldorf 1995, besonders im Kap. VIII „Test: Überprüfen Sie Ihren Wertekosmos", S. 299–309.

Angstgefühlen leiden, die anzeigen, daß er sich auf die Bewältigung seiner Zukunftsprobleme nicht oder nicht genügend vorbereitet hat. Denn Zukunftsängste weisen auf einen Mangel an zukunftssichernden Konzepten hin.

▸ **Definition** *Zukunftsängste* erweisen sich als die Bewußtseinsform ungenügender Vorbereitung auf die Bewältigung zukünftiger Problemstellungen.

Dieser Mangel kann auch durch Widersprüchlichkeiten im eigenen Wertesystem bedingt sein. Die in einer solchen Ordnung vorhandenen Widersprüche lassen sich erst im einzelnen bemerken, wenn man sich nach der eigenen Werteordnung in seinem Handeln bestimmen läßt. Ein zweites Prinzip individualistischer Ethik besteht deshalb aus einer Widerspruchvermeidungsstrategie, so wie auch Kants Ethik des Kategorischen Imperativs eine Widerspruchvermeidungsstrategie seiner Vernunft ist.[6] Es heißt *Stimmigkeitsprinzip*:

2. Stimmigkeitsprinzip:
Handle gemäß Deinem eigenen Wertesystem, aber nicht im Widerspruch zu ihm, und versuche, bemerkte Widersprüche auszuräumen!

Widersprüche lassen sich durch Schuldgefühle oder durch das, was wir ein schlechtes Gewissen nennen, aufdecken, da ein Schuldgefühl oder das Gewissen als Indikator für das Vorhandensein eines Widerspruchs im eigenen Wertesystem zu verstehen ist.

▸ **Definition** Das *Gewissen* ist die Bewußtseinsform des Anzeigers (Indikator) für einen Widerspruch im eigenen Wertesystem.

Anstelle eines schlechten Gewissens können auch bestimmte Arten von Angstgefühlen auftreten, die auch als Indikatoren für Widersprüche im eigenen Wertesystem gedeutet werden können, die womöglich noch recht verborgen sind. Schuld- und Angstgefühle scheinen auf sehr eigentümliche Weise mit unserer Vernunft verbunden zu sein. Denn das Prinzip des verbotenen Widerspruchs ist eines der ältesten Vernunftprinzipien, die je aufgestellt worden sind.[7] Mit ihm werden alle Vernünfte einzelner Menschen miteinander verbunden,

---

[6] Kant (1785/86, A/B 81): „Der *Wille ist schlechterdings gut,* der nicht böse sein, mithin dessen Maxime, wenn sie zu einem allgemeinen Gesetz gemacht wird, sich selbst niemals widerstreiten kann."
[7] Das erste Mal wurde der Satz vom verbotenen Widerspruch von Platon in seinem Dialog ‚Der Staat' hingeschrieben, allerdings ohne ihn als Vernunftprinzip zu bezeichnen. Dort (436b) läßt Platon Sokrates folgendes sagen: „Ein Gegenstand tut oder leidet offenbar nicht zu gleicher Zeit und in gleicher Lage und Beziehung das Entgegengesetzte", vgl. Platon (1973, S. 134). Als Prinzip des Denkens wird der Satz vom verbotenen Widerspruch erstmals von Aristoteles in seiner Metaphysik formuliert (Met. Γ3.1005b17-24): „[...] daß nämlich dasselbe demselben und in derselben Beziehung unmöglich zugleich zukommen und nicht zukommen kann. Das ist das sicherste unter allen Prinzipien; denn es paßt darauf die abgegebene Bestimmung. Es ist nämlich unmöglich, daß jemand annehme, dasselbe sei und sei nicht." Vgl. Aristoteles (1989, S. 137). Für Kant ist im Gewissensanruf, durch den sich das Schuldgefühl bemerkbar macht, das Faktum der Vernunft tätig, wodurch sie in die Erscheinungswelt der Gefühle eingreift. Vgl. I. Kant (1788, A56).

3.3 Die Ableitung der Grundsätze einer individualistischen Ethik

so daß es ein zur Verständigung nötiges vernünftiges Argumentieren ermöglicht. Es ist wichtig, dies hier zu betonen; weil wir aus erkenntnistheoretischen, religionsphilosophischen und pragmatischen Gründen nicht mehr wie Kant davon ausgehen können, daß in allen bewußten Wesen die identisch gleiche Vernunft wirksam ist. Dennoch zeigt sich in der Möglichkeit, Gewissensanrufe, Schuld- und Angstgefühle als Indikatoren für Widersprüche im eigenen Wertesystem zu verstehen, daß wir darin ein letztes Verbindendes aller menschlichen Vernünfte besitzen. Dadurch ist das Stimmigkeitsprinzip mit der kantischen Pflicht verbunden, dem Vernunftgesetz der Widerspruchsvermeidung zu folgen, um sinnvoll leben zu können. Darüber hinaus zeigt Kants Argumentation für sein *ethisches Prinzip des Kategorischen Imperativs,* daß daraus das Stimmigkeitsprinzip durch Verallgemeinerung wie folgt gewonnen werden kann:

Den Sinn menschlicher Handlungen stützt Kant auf seine Vernunftreligion, die durch die selbstbestimmte (autonome) Anerkennung des einen moralischen Gesetzes des Kategorischen Imperativs definiert ist. Und deshalb, weil sich heute nicht mehr für eine identische, inhaltlich voll bestimmte Vernunft aller bewußten Wesen argumentieren läßt,[8] kann von der menschlichen Vernunft nur noch in einem verallgemeinernden Sinn gesprochen werden, indem diese in den Menschen auf jeweils spezifische Weise tätig ist, so daß der Ausgangspunkt aller Sinnbetrachtungen nur in den individuell verschiedenen religiösen Empfindungen und Standpunkten der einzelnen Menschen aufgefunden werden kann, die seine innere Existenz ausmachen. Betrachtet man die sinnstiftende Funktion der individuellen Vernunft, dann ist das **Stimmigkeitsprinzip das Selbsterhaltungsprinzip individueller Vernunft** oder der inneren Existenz eines Menschen, so wie der Kategorische Imperativ das Selbsterhaltungsprinzip von Kants eigener Vernunft ist, der dadurch aber seine Allgemeingültigkeit verliert. Kant will mit seinem Kategorischen Imperativ sicherstellen, daß sich die Vernunft nicht selbst widerstreitet. In seiner ‚Grundlegung der Metaphysik der Sitten' sagt er:

> „Der *Wille* ist *schlechterdings gut,* der nicht böse sein, mithin dessen Maxime, wenn sie zu einem allgemeinen Gesetze gemacht wird, sich selbst niemals widerstreiten kann. Dieses Prinzip ist also auch sein oberstes Gesetz: handle jederzeit nach derjenigen Maxime, deren Allgemeinheit als Gesetz du zugleich wollen kannst; dieses ist die einzige Bedingung, unter der ein Wille niemals mit sich selbst im Widerstreite sein kann, und ein solcher Imperativ ist kategorisch."[9]

Das Bösesein des Willens bestimmt Kant hier als den Widerspruch im Willen. In der heute möglichen und nötigen Verallgemeinerung lautet Kants **Kategorischer Imperativ für jeden Einzelnen** so: [10]

---

[8] Vgl. Kurt Hübners Darstellung der historischen Abhängigkeit des kantischen Vernunftbegriffes in Hübner (1978).

[9] Vgl. Immanuel Kant, *Grundlegung der Metaphysik der Sitten,* Riga 1785/86, A/B 81.

[10] Das Folgende hat Ralph Waldo Emerson intuitiv schon in gleicher Weise gesehen, wenn er in seinem Essay „Selbstvertrauen" sagt: „Kein Gesetz kann mir heilig sein außer dem meiner Natur". Vgl. Ralph Waldo Emerson, *Die Natur. Ausgewählte Essays,* übersetzt von Manfred Pütz und Gottfried Krieger, Reclam Verlag Jun., Stuttgart 1990, S. 149.

▶ **Definition** *Kants kategorischer Imperativ lautet in der Verallgemeinerung auf die individuelle Vernunft:* „Handle jederzeit nach derjenigen Maxime, deren Allgemeinheit Du als **Gesetz Deines eigenen Lebens** zugleich wollen kannst."

Und dann kann sich die eigene Vernunft tatsächlich nicht selbst widerstreiten. Dies stimmt damit überein, Schuldgefühle bzw. das Gewissen als einen Anzeiger, einen Indikator, für einen Widerspruch im eigenen Wertesystem aufzufassen. So wie uns die Fähigkeit zu Zusammenhangserlebnissen durch die Evolution angeboren ist, so gilt dies auch für das Gewissen; denn diejenigen Lebewesen, in denen keine Kontrolle der Eindeutigkeit von inneren Handlungsanweisungen etwa in Gefahrensituationen angelegt ist, werden geringere Überlebenschancen als diejenigen besitzen, die aufgrund einer bemerkten Unstimmigkeit zwischen Handlungsintention und Handlungsimpuls sofort Korrekturmaßnahmen einleiten können. Damit erweist sich das Gewissen als ein Geschenk der Evolution, und wir sollten seine Hinweise so strikt beachten, wie es Sokrates getan hat, der sein Gewissen als sein *Daimonion* bezeichnete;[11] denn es weist darauf hin, daß sich in unserem Wertesystem ein Widerspruch befindet, der ausgeräumt werden muß, da sonst die innere Existenz gefährdet ist. Aus dieser Haltung ergibt sich nahezu automatisch, das *Wahrhaftigkeitsgebot* als Forderung an sich selbst zu stellen, wie schon Sokrates es getan hat, und zwar Wahrhaftigkeit nach außen und nach innen. Denn wenn ich mich anders nach außen darstelle als ich tatsächlich bin, so vermittle ich meiner mitmenschlichen Umwelt ein falsches Bild von mir, und damit werden Zusammenhangserlebnisse in meinen Mitmenschen zu mir entstehen, die sich für sie sehr bald in enttäuschende Isolationserlebnisse verwandeln. Dadurch aber werde ich von meinen Mitmenschen isoliert, was ich mir aber selbst zuzuschreiben hätte und was zweifellos eine folgenreiche Selbstschädigung darstellte. Noch viel dümmer aber ist es, sich ein falsches Bild von sich selbst zu machen, sich etwas einzubilden, was nicht der eigenen Wirklichkeit entspricht. Das Wahrhaftigkeitsgebot läßt sich noch weiter verallgemeinern; denn dies ist nur ein Aspekt des Umgangs mit anderen Menschen und sich selbst, der ja stets darauf abzielen sollte, die Wahrscheinlichkeit von stabilen Zusammenhangserlebnissen zu erhöhen. Dazu kann jeder eine Menge von Erfahrungen machen, wovon die Befolgung des Wahrhaftigkeitsgebots nur eine ist.

▶ **Definition** Das *Wahrhaftigkeitsgebot* ist die Bewußtseinsform der inneren Stimmigkeit zur Selbsterhaltung der inneren Existenz oder der eigenen Vernunft.

Die Wiederholbarkeit von Zusammenhangserlebnissen wird *dann* besonders sicher möglich werden, wenn es sich bei den Zusammenhängen um solche handelt, die die Existenz derer sichern, die durch diesen Zusammenhang miteinander verbunden sind, d. h. wenn der Zusammenhang aus einer gegenseitigen Abhängigkeit besteht, wie sie z. B. in Symbiosen gegeben ist. Bei Zusammenhangserlebnissen im mitmenschlichen Bereich ist

---

[11] Vgl. Xenophanes, *Erinnerungen an Sokrates,* Reclam Verlag, Universalbibliothek Nr. 1855, ISBN3-15-001855-2, z. B. 1. Buch, Kap. 1.

dies aus dem eigenen Erleben leicht einsichtig. So wird eine Freundschaft dann besonders stabil sein, wenn sich die Freunde beide um den Erhalt der Freundschaft bemühen, Familienmitglieder werden sich für den Erhalt des Familienzusammenhangs dann besonders einsetzen, wenn in der Familie keine hierarchische Befehlsstruktur verfolgt wird, sondern wenn sich in ihr eine Gegenseitigkeit von Tragen und Getragenwerden ausbildet, und auch eine Firma wird dann besonders erfolgreich sein, wenn die Mitarbeiter in ihr die Möglichkeit bekommen, ihre Vorstellungen von einer sinnvollen Arbeit in einem Prozeß des gegenseitigen Verstehens auszubilden. Im mitmenschlichen Bereich ist es demnach aus eigenem Interesse sinnvoll, folgendes *Verstehensprinzip* zu befolgen, welches ein drittes Prinzip individualistischer Ethik darstellt:

3. Verstehensprinzip:
Bevorzuge die Handlung, die ein besseres gegenseitiges Verstehen herbeizuführen verspricht.

Das Wahrhaftigkeitsprinzip ist in dem Verstehensprinzip deutlich enthalten; denn nur wenn es eingehalten wird, läßt sich ein gegenseitiges Verstehen überhaupt erst erreichen. Darüber hinaus lassen sich aus dem Verstehensprinzip die allermeisten der überlieferten moralischen Regeln leicht ableiten, wie etwa „Du sollst nicht töten!", „Du sollst nicht stehlen!", „Du sollst nicht lügen!"; denn bei Nichtbeachtung dieser Forderungen an sich selbst läßt sich das gegenseitige Verstehen ganz sicher nicht verbessern. Ferner kann man mit Hilfe des Verstehensprinzips zeigen, daß es moralische Regeln gibt, die mit einer individualistischen Ethik unverträglich sind. Da gibt es z. B. die weit verbreitete moralische Regel – etwa in großbürgerlichen Kreisen – : „Du sollst keinen Umgang mit Verbrechern pflegen, wie es etwa Gefängnisinsassen oder Vorbestrafte sind." Eine solche moralische Regel widerstreitet ganz offensichtlich dem Verstehensprinzip und kann fortan nicht mehr als moralische Regel gelten.[12] Grundsätzlich lassen sich mit dem Verstehensprinzip Brücken zwischen Menschen bauen und Versöhnungen erreichen, die dem kostengünstigen Interessenausgleich und überhaupt dem friedlichen Zusammenleben der Menschen untereinander sehr dienlich sind.

Während die ersten beiden ethischen Grundsätze weitgehend nur den Umgang des Individuums mit sich selbst betreffen, so geht der dritte Grundsatz, die Verstehensregel, auf den Umgang mit anderen Menschen oder auch anderen Lebewesen ein. Da einzelne Menschen sich jedoch auch aus Gründen der eigenen Überlebenssicherheit zu kulturellen Lebewesen zusammenschließen sollten, bietet es sich an, auch durch das Anstreben symbiotischer Verhältnisse die Stabilisierung von Zusammenhangserlebnissen langfristig abzusichern. Daraus läßt sich ein weitreichender vierter Grundsatz individualistischer Ethik ableiten, der das *Stabilitätsprinzip der Gegenseitigkeit* genannt sei. Es gibt davon mehrere Formulierungen, von denen ich drei angeben möchte:

---

[12] Vgl. dazu auch: W. Deppert, Strafen ohne zu schaden, in: Hagenmaier, Martin (Hg.), *Wieviel Strafe braucht der Mensch*, Die Neue Reihe -Grenzen- Band 4, Text-Bild-Ton Verlag, Sierksdorf 1999(b), S. 9–19.

4. Stabilitätsprinzip der Gegenseitigkeit:
4.1. Begib dich bewußt in solche Abhängigkeiten, von denen Du hoffen kannst, daß aus ihnen gegenseitige Abhängigkeiten entstehen, und erhalte solche gegenseitigen Abhängigkeiten, die Stabilität in dein Wertesystem und Deine Existenz tragen.
4.2. Bevorzuge die Handlung, die neben Deinen Interessen auch die Deines Gegenübers berücksichtigt.
4.3. Entscheide Dich zu einer Handlung gegenüber einem Betroffenen, etwa zum Abschluß eines Vertrags, nur dann, wenn du gewiß bist, daß dieser auch einen Vorteil davon hat.

Das Stabilitätsprinzip der Gegenseitigkeit verbindet das Eigeninteresse mit dem Lebensinteresse anderer in noch stärkerem Maße als es durch das Verstehensprinzip geschieht. Auch dieses vierte Prinzip individualistischer Ethik ist nur durch das Eigeninteresse begründet, das eigene Leben mit Sinn zu erfüllen, und dies bedeutet gleichzeitig, die eigene äußere und vor allem innere Existenz zu sichern.

Damit besteht die hier entwickelte individualistische Ethik aus vier ethischen Grundsätzen, die auch als Prinzipien oder Regeln bezeichnet werden können. Sie reichen von ganz individuellen Handlungsregeln im Sinne des *principium individuationis* bis zur Gemeinschaftsbildung im Sinne des *principium societationis*. Von denen wird behauptet, daß sie dazu tauglich sind, die ethische Grundlage für alle Bereichsethiken abzugeben und insbesondere für eine Ethik, die auf das allgemeine Wirtschaftsgeschehen als Wirtschaftsethik und auf das Verhalten der Unternehmen und das Verhalten der Menschen in den Unternehmen in Form einer Unternehmensethik angewandt werden kann. Die vier ethischen Grundsätze, die stets nur als Forderungen eines einzelnen Subjekts an sich selbst zu verstehen sind, einerlei, ob es sich dabei um menschliche Individuen oder um andere Wirtschaftssubjekte wie etwa Firmen, Konsortien, Vereine, Banken, Religionsgemeinschaften, Kommunen, Länder, Staaten oder Staatenbünde handelt, konstituieren die hier vertretene individualistische Ethik. Sie lauten:

1. das Ordnungsprinzip,
2. das Stimmigkeitsprinzip,
3. das Verstehensprinzip und
4. das Stabilitätsprinzip der Gegenseitigkeit.

Bevor diese individualistische Ethik auf das Wirtschaftsgeschehen und auf das Verhalten der Betriebe und das Verhalten der Menschen in den Betrieben angewendet wird, ist noch zu untersuchen, ob sie den Forderungen genügt, die eine jede Ethik in bezug auf das friedliche Zusammenleben zu erfüllen hat.

3.4 Die Beurteilung der individualistischen Ethik

Eine individualistische Ethik hat die folgenden Bedingungen zu erfüllen, um definitionsgemäß als eine Ethik gelten zu können:

3.4 Die Beurteilung der individualistischen Ethik

1. Sie soll die gemeinschaftserhaltende Funktion der bisherigen Ethiken besitzen.
2. Die Forderungen, die die Anhänger einer individualistischen Ethik an sich selbst stellen, sollen inhaltlich das bewirken, was die überkommenen Ethiken bewußt und die Moralvorstellungen meist unbewußt für das friedliche Zusammenleben der Menschen erreicht haben.
3. Sie soll Verhaltensprobleme in Lebensbereichen lösbar machen, auf die die herkömmlichen moralischen Regeln und Ethiken nicht oder nur unzureichend anwendbar sind.

Die erste und zweite Bedingung sind durch das Stimmigkeits- und das Verstehensprinzip erfüllt. Das Verstehensprinzip weist nach, daß mit seiner Hilfe fehlerhafte moralische Regeln eliminiert werden können. Insbesondere erweist sich die kantische Vernunftethik über das Stimmigkeitsprinzip als Vorläufer der individualistischen Ethik. Selbst die sogenannte Goldene Regel „Was Du nicht willst, daß man Dir tu', das füg' auch keinem andern zu!" ist bereits individualistisch formuliert. Die aufgezeigten unmoralischen Konsequenzen der Goldenen Regel können durch die Anwendung des Verstehensprinzips vermieden werden; denn in vielen Fällen wird das bessere gegenseitige Verstehen durch die Nichtanwendung der Goldenen Regel erreicht. Diese altehrwürdige Handlungsregel erweist sich heute durch die Relativität der Werte als zu eng, obwohl sie schon individualistisch als Forderung an sich selbst gefaßt ist. Der Fehler der Goldenen Regel liegt – ähnlich wie bei Kant – an einer nicht zu rechtfertigenden Übertragbarkeit von Werten von einer Person auf eine andere. In solchen Fällen kann nur das Verstehensprinzip helfen, durch das die Andersartigkeit von *nicht-eigenen* Werten und *eigenen* Werten erst bewußt wird, so daß mit der Anwendung des Stabilitätsprinzips der Gegenseitigkeit daraus ein vor sich selbst begründbares ethisches Verhalten möglich wird. Die Grundsätze der individualistischen Ethik erlauben es auch im Gegensatz zur Goldenen Regel, moralische Regeln, die sich z. B. im Rahmen der Pflicht zur Hilfeleistung herausgebildet haben, als ethisch vertretbar zu qualifizieren.[13]

Schon bei Sokrates finden wir die Einsicht vor, daß Sicherheit für das Individuum nur auf dem Weg der Selbsterkenntnis zu gewinnen ist. Und so wie Sokrates schon eine selbstbestimmte Ethik vertrat, so sind nun auch die Grundsätze der individualistischen Ethik eine Beschreibung dieses Weges zur Selbsterkenntnis, der mit dem Ordnungsprinzip beginnt, indem man sich um die Bedeutung und Wichtigkeit der eigenen Wertvorstellungen für sich selbst kümmert und diese möglichst eindeutig ordnet. Das Stimmigkeitsprinzip ist dann dazu da, das durch das Ordnungsprinzip aufgestellte eigene Wertesystem zu überprüfen. Dies läßt sich ja nur dann erreichen, wenn man sich genau nach dem eigenen Wertesystem verhält und dann in aller Wahrhaftigkeit sich selbst gegenüber feststellt, ob man das so motivierte Verhalten auch hinsichtlich seiner Wirkungen vertreten kann oder nicht.

---

[13] Bereits Leonhard Nelson (1882–1927) hat diese Enge der Goldenen Regel erkannt und durch die Einführung eines übertragenen Selbstbezuges überwunden, indem er sie wie folgt umformulierte: „Handle nie so, daß du nicht auch in deine Handlungsweise einwilligen könntest, wenn die Interessen der von ihr Betroffenen auch deine eigenen wären." Damit die Anwendung dieser Regel möglich ist, muß er aber zusätzlich ein Verstehensprinzip setzen, um die von ihm angenommene Übertragbarkeit von Werten des ‚Sich-in-den-anderen-Hineinversetzens' zu gewährleisten.

Wenn das letztere der Fall sein sollte, dann muß in den eigenen Vorstellungen über das Vernünftige und das Unvernünftige ein bisher nicht bemerkter Widerspruch liegen, was uns glücklicherweise auch die innere Stimme anzeigt, die wir das *Gewissen* nennen, welches ja nichts weiter als ein *intuitiver Anzeiger für einen Widerspruch im eigenen Wertesystem* ist. Und wenn man sich wieder wohl fühlen möchte, was ja wohl jeder vorzieht; denn das Unwohlsein ist ja das, was wir nicht mögen, dann wird man sich so lange bemühen, bis man den Widerspruch gefunden und ihn ausgeräumt hat. Für die Menschen, die mit einem unterwürfigen Selbstbewußtsein, etwa in der Tradition einer Offenbarungsreligion, aufgewachsen sind, findet das Gehirn die Möglichkeit, das Gewissen als Stimme Gottes zu interpretieren, was ja ganz in der alten mythischen Tradition steht. Dabei schaltet sich wieder die Vorstellung des Sollens ein, die das Nichtbeachten des Sollens mit einem schlechten Gewissen, mit Gewissensbissen bestraft; denn im mythischen Unterwürfigkeitsbewußtsein sollen die Menschen den Willen der Götter erfüllen und nicht ihren eigenen.

Das Verstehensprinzip ist wiederum das konsequente Weiterverfolgen des Weges der Selbsterkenntnis. Denn wenn ich mich mit anderen um ein besseres Verstehen und weiter noch um ein besseres gegenseitiges Verstehen bemühe, dann werde ich im Falle des Nichtgelingens wiederum einen Hinweis für mich entnehmen können, daß in meinem eigenen Selbstverständnis und der damit verbundenen Selbsterkenntnis etwas nicht stimmt. Wenn ich damit aber im Reinen bin, dann kann ich mit dem Stabilitätsprinzip der Gegenseitigkeit in mein eigenes Leben Stabilität bringen, so daß ich erst einmal etwas festmache, das auch für längere Zeit haltbar ist. Daß dieser Aspekt im heutigen sogenannten faustischen Lebensgefühl fehlt, d. h. des immer Weiterstrebens und des Sich-in-steter-Unruhe-Befindens, ist offenbar ein uralter Fehler der westlichen Welt, der mit dem Stabilitätsprinzip der Gegenseitigkeit überwunden werden kann; denn dadurch entstehen Haltepunkte, ja sogar Geborgenheitsräume, die sich durchaus auch genießen lassen.

Obwohl aufgrund der Verschiedenheit aller Menschen unsere Welt durch unübersehbar viele andersartige Wertvorstellungen bestimmt wird, dürfen wir hoffen, daß aufgrund der formal eindeutigen Bestimmbarkeit des Weges zur Selbsterkenntnis alle hier dargestellten Grundsätze einer individualistischen Ethik akzeptiert werden können. Außerdem erfüllt die individualistische Ethik die Bedingungen einer Ethik, auch wenn in ihr nur Forderungen an sich selbst vorkommen. Darum liefert die individualistische Ethik die Begründung für die Weiterführung des Programms der Aufklärung, nachdem Kants erste Begründung nicht mehr gültig ist. Die Aufforderung zur Selbstbestimmung des Menschen erfährt mit der individualistischen Ethik ihre zweite Begründung, die als zweite Aufklärung bezeichnet wird.[14]

▶ **Definition** Die *zweite Aufklärung* ist die Aufforderung an die Menschen, sich mit einem Individualitätsbewußtsein in ihrem Verhalten gemäß der individualistischen Ethik selbst zu bestimmen.

---

[14] Vgl. W. Deppert, Die zweite Aufklärung, in: *Unitarische Blätter*, 51. Jahrgang, Heft 1 Jan./Febr., Heft 2 März/April und Heft 3 Juni/Juli (2000).

Inwiefern die individualistische Ethik eine Grundlage zur Beantwortung auch der neuartigen Fragen der Verbindung von Ethik und Wirtschaft liefern und einen Rahmen einer ethisch begründeten Wirtschaftsordnung der Subjekte und Objekte des Wirtschaftens insbesondere in den Wirtschaftsunternehmen angeben kann, soll nach ihrer verinnerlichenden Zusammenfassung untersucht werden.

3.5   Vom Sollen zum Wollen

Von Kindesbeinen an kennen wir Forderungen: „Tu' dies, tu' das oder laß das oder jenes!" Wir werden von klein auf trainiert, fremden Willen Folge zu leisten. Und wenn wir das tun, dann sind wir brav und ein liebes Kind. Wenn wir aber selbst etwas wollen, dann ist das meistens nicht erlaubt, und wenn wir uns lautstark darüber beschweren, dann sind wir böse. Und bis heute werden Kinder nach der überaus blöden Maxime erzogen: „Kinder mit 'nem Willen krieg'n ein' auf die Brillen." Die Ausbildung eines eigenen Willens wird systematisch unterbunden, es ist ein extrem autoritäres Erziehungsprinzip. Etwas vornehmer formuliert sagen selbst ausgebildete Pädagogen noch immer: „Kindern müssen Grenzen gesetzt werden", als ob uns die Bewältigung der Überlebensproblematik nicht schon immer genügend Grenzen setzte! „Kinder sollen rechtzeitig lernen, daß nicht jeder machen kann, was er will." Welch ein Quatsch! Soll er denn das machen, was er nicht will? Aber das geht doch gar nicht; denn unser Körper vollzieht nur die Handlungen, die wir auch wollen. Tatsächlich aber sollen wir *das* wollen, was andere wollen! Und darum beginnen auch moralische Forderungen allermeist mit: „Du sollst!" Aber warum? Welcher Wille will mir und warum *seinen* Willen aufzwingen? Vielleicht weil er selbst nicht bereit ist, das zu tun, was er von mir verlangt, es zu wollen? Das Sollen ist doch nur die Konsequenz eines unterwürfigen Bewußtseins und eines Willens, der sich aus Selbsterhaltungsgründen einem mächtigeren Willen fügt, d. h., das Sollen kommt nur durch verschiedene Willensformen in die Welt und ist somit immer nur von einem Willen abgeleitet, der ausschließlich durch Selbsterhaltungsgründe bestimmt ist, was ebenso für alle übermächtigen Willensformen gilt. Göttliche Willensformen sind darum nur für mythische Gottheiten, nicht aber für monotheistisch-allmächtige Götter denkbar, die kein eigenes Existenzerhaltungsproblem besitzen. Wenn dennoch im Judentum, im Christentum und im Islam von einem Willen Gottes die Rede ist, so läßt sich dies nur als ein Mittel derjenigen verstehen, die behaupten, Gottes Willen zu verkünden, um ihrem eigenen Willen göttliche Autorität und damit mehr Durchsetzungskraft zu verleihen. Das sind sehr bedauerliche Formen der Unwahrhaftigkeit und auf Dauer nur durch den Einsatz von brutaler Erzwingungsmacht überlebensfähig, wobei ein solcher Wille zur Macht stets den Vertuschungsversuch der selbst eingesehenen eigenen Kümmerlichkeit darstellt. Ihr Mächtigen der Welt, hört auf damit, Eure eigene Würde zu zerstören, indem Ihr Eure eigene innere Existenz durch Unwahrhaftigkeit vernichtet!

In der nicht abschätzbar langen Zeit des Mythos gingen alle Menschen davon aus, daß das Geschehen in allen Lebensbereichen von Gottheiten bewirkt wird und daß die Menschen lediglich den Willen der Gottheiten zu erfüllen haben, der den Göttergeschichten zu entnehmen war, die von unvordenklichen Zeiten an in nahezu gleichlautenden Texten von den Perioden der natürlichen Kreisläufe wie Tag und Nacht, Voll- und Neumond oder Frühling, Sommer, Herbst und Winter immer wiederkehrend weitererzählt wurden.[15] Durch diese zyklischen Zeitvorstellungen wurden die Göttinnen und Götter immer wieder neu geboren, und sie gingen auch immer wieder unter, so daß ihnen ein Wille nachgesagt werden konnte; denn sie hatten ja ein immer wiederkehrendes Überlebensproblem. In mythischer Zeit besaßen die Menschen noch kein eigenständiges Selbstbewußtsein, aber einen unterwürfigen Willen, durch den ihr Sicherheitsorgan, ihr Gehirn, ihr Überleben sicherte. Nach dem kulturgenetischen Grundgesetz haben wir davon auszugehen, daß auch heute noch die ganz kleinen Kinder mit einem unterwürfigen Willen ausgestattet sind, weil sie ihn immer noch zum Überleben brauchen.

Im Laufe des Zerfalls des Mythos treten nacheinander zwei grundsätzlich unterschiedene Orientierungswege auf, zuerst der israelitisch-christliche Orientierungsweg der Außensteuerung und etwa 600 Jahre später der innengesteuerte Orientierungsweg der griechischen Antike, der vom Vertrauen auf die im Inneren des Menschen sich entwickelnden Erkenntnisvermögen beseelt ist.[16] Der Orientierungsweg der Außensteuerung wird von einem übermächtigen monotheistischen Gott beherrscht, der von den jüdischen Propheten gegen den verunsichernden Mythoszerfall entwickelt wird. Dieser Orientierungsweg ist erst mit Jesus und Paulus voll etabliert. In der Verfolgung des antiken griechischen Orientierungsweges der Innensteuerung[17] vertrauen die Menschen auf eine ihnen innewohnende Orientierungsfähigkeit. Dieser Orientierungsweg erreicht seinen ersten Höhepunkt in Sokrates und Aristoteles. Platon aber fällt aus Angst vor dem Relativismus seines Lehrers Sokrates auf eine mythische Außensteuerung zurück, wodurch Platon später eine besondere philosophische Stütze des Christentums wird.[18]

Vor allem durch die Einsetzung des Christentums als römische Staatsreligion im späten 4. Jahrhundert wurde der Orientierungsweg der griechischen Antike über lange Zeit nicht weiter fortgesetzt oder sogar ganz versperrt, so daß er nicht mehr verfolgt werden konnte.

---

[15] Diese Göttergeschichten werden von Kurt Hübner als *arché* bezeichnet und in seinem Werk *Die Wahrheit des Mythos*, Beck Verlag im einzelnen dargestellt.

[16] Zur genaueren Darstellung dieser Orientierungswege vgl. W. Deppert, *Einführung in die Philosophie der Vorsokratiker. Die Entwicklung des Bewußtseins vom mythischen zum begrifflichen Denken*, Vorlesungsmanuskript, Kiel 1999, 187 S., noch nicht publiziert.

[17] Schon bei Hesiod zeigt sich die im Vergleich zum Alten Testament gänzlich andere Art, ethische Richtlinien zu setzen, indem er in seinem Werk *Werke und Tage* um Einsicht wirbt und keine Forderungen aufstellt, um seinen Bruder zu ethischem Handeln zu bewegen, wie etwa in den Versen „Vor den Erfolg haben die Götter den Schweiß gesetzt" oder „Arbeit schändet nicht". Vgl. Hesiod, *Theogonie, Werke und Tage,* griechisch-deutsch, herausgegeben und übersetzt von Albert von Schirnding, Artemis&Winkler Verlag, München 1991, Verse 288 und 310.

[18] Die mit Platons Denken verbundene Reglementierung des Denkens und Handelns hat vor allem Karl R. Popper in seinem Werk *Die offene Gesellschaft und ihre Feinde*, Erster Band: *Der Zauber Platons,* Francke Verlag, Bern 1957 deutlich herausgearbeitet und kritisiert.

3.5 Vom Sollen zum Wollen

Erst durch die verschiedenen Renaissanceschübe kam allmählich wieder selbständiges und damit wissenschaftliches und künstlerisches eigenständiges Denken in Europa auf, das die geistesgeschichtliche Entwicklung der Aufklärung und ihre Weiterentwicklung hervorbrachte. Aber das damit verbundene Aufeinandertreffen der beiden entgegengesetzten Orientierungswege war stets mit heftigen Auseinandersetzungen mit christlich oder islamisch bestimmter weltlicher Macht verbunden, in der nicht die leiseste Spur der Beachtung von Menschenrechten zu erkennen ist. Auf die Dauer ließ sich aber dieser Drang zur Selbstbestimmung gemäß dem Orientierungsweg der griechischen Antike nicht unterdrücken, und inzwischen hat sich die einstige christlich-weltliche Übermacht in ihre Ohnmacht verwandelt. Man mag mit den Renaissanceschüben der Orientierung durch die Innensteuerung die Trotzphase der zu sich selbst kommenden Menschheit erkennen.[19] Dennoch nimmt es nicht wunder, daß durch die geistesgeschichtliche Tradition des Offenbarungsglaubens die Hervorhebung des Sollens, des von außen Geforderten, die ethische Diskussion der Philosophen der Neuzeit bis heute beherrscht.

Sogar der kirchenkritische David Hume hat das nach ihm benannte Gesetz, das Hume'sche Gesetz, mit Hilfe des Sollens formuliert, daß nämlich aus dem Sein kein Sollen folge, warum sogar Immanuel Kant seine ganze Philosophie in zwei grundsätzlich getrennte Gebiete aufteilte, in die theoretische Philosophie der Beschreibung der Kausalität aus Naturnotwendigkeit und in die praktische Philosophie der Kausalität aus Freiheit, die Moralphilosophie oder kurz die Ethik. Bis heute scheint noch immer die Ethik-Diskussion von dem „Du sollst!" zu leben. Nimmt man etwa ein philosophisches Wörterbuch zur Hand, dann steht da z. B.: „Ethik sucht nach einer Antwort auf die Frage: was sollen wir tun?" (Kröner Verlag), oder schon im Kant-Lexikon von Eisler steht über Ethik: „Sie stellt den obersten Maßstab für das sittliche Sollen auf, begründet dieses einheitlich und formuliert das Prinzip des Sollens, aus dem sie dann die Pflichten und Tugenden ableitet." Tatsächlich hat auch Kant sich selbst noch mit diesen Formulierungen abgegeben, etwa wenn er in der

---

[19] Diese Selbstbefreiungsschritte hat auch Karl R. Popper mehrfach belobigend herausgearbeitet, z. B. im Vorwort zur amerikanischen Ausgabe seines Werkes *Die offene Gesellschaft und ihre Feinde,* Erster Band: *Der Zauber Platons,* Francke Verlag, Bern 1957, wo er von einer Bewegung spricht, „die vielleicht die größte aller moralischen und geistigen Revolutionen unserer Geschichte darstellt, einer Bewegung, die vor dreihundert Jahren begann: Es ist das Bestreben ungezählter unbekannter Menschen, sich und ihre Seelen von der Herrschaft der Autorität und der Vorurteils zu befreien; ihr Versuch, eine offene Gesellschaftsordnung aufzubauen, die die absolute Autorität des bloß Vorhandenen und des bloß Traditionellen ablehnt, jedoch alte und neue Traditionen zu erhalten und fortzuentwickeln strebt, welche ihren Forderungen von Freiheit, Menschlichkeit und vernünftiger Kritik entsprechen; ihre Weigerung, sich passiv zu verhalten und alle Verantwortung für die Lenkung der Welt einer menschlichen oder übermenschlichen Autorität zuzuschieben; ihre Bereitwilligkeit, die drückende Last der Verantwortung für vermeidbares Leid mitzutragen und es nach Möglichkeit zu lindern. Die zerstörenden Kräfte, die durch diese Revolution entfesselt wurden, sind erschreckend, aber sie können wohl noch gebändigt werden." Diese Bändigung erfolgt durch die Einsicht, daß jede bewußte Schädigung, die wir an einem Wirtschaftssubjekt willentlich vollziehen, langfristig zu einer Selbstschädigung führt. Genau dies wird sich im Fortgang der Ausarbeitung zur Individualistischen Wirtschaftsethik immer deutlicher zeigen.

Diskussion um die Willensfreiheit sagt: „Du kannst; denn du sollst." Und damit meinte er, daß wir im Gewissenanruf bemerken können, daß wir die Freiheit haben müssen, der Gewissensforderung des Sollens Folge zu leisten, weil sonst das Faktum dieses Anrufes ganz sinnlos wäre, was unmöglich für das menschliche Dasein angenommen werden könne. Dieser krummen Argumentation brauchen wir heute nicht mehr zu folgen; denn auf dem Wege der Versöhnung von kausaler und finaler Naturbeschreibung können wir einen eigenen Willen in uns naturwissenschaftlich erklären,[20] der aus unserem Inneren heraus fordert, die Existenzsicherung durch das Ausräumen von inneren Widersprüchen zu betreiben: **Dieser Wille ist die eigene Vernunft!**

Es ist immerhin doch Kant, der die Wandlung vom Sollen zum ursprünglichen Wollen einläutet; denn das Sollen wird von Kant als das Wollen der Vernunft zur eigenen Selbsterhaltung verstanden, *als die Autonomie der Vernunft, die Selbstbestimmung durch die Vernunft*, die den Willen ohne Einmischungen der Sinnlichkeit steuert. Kant war – systematisch gesehen in Form seiner *religiösen* Überzeugung[21] – zutiefst davon überzeugt, daß in allen bewußten Wesen die identisch gleiche Vernunft regiert, da für ihn das Vorhandensein des Bewußtseins eines Lebewesens an die in ihm tätigen Erkenntnisvermögen der Sinnlichkeit, des Verstandes und der Vernunft gebunden war. Und darum konnte er die Aufklärung emphatisch fördern und fordern, durch die der Mensch in seine Selbstbestimmung entlassen wird, da die Menschen sie in all ihren Entscheidungen – abgesehen von den sinnlichen Versuchungen – durch die prinzipiell gleiche Vernunft bestimmt sind, welche durch die Vermeidung von Widersprüchen sich selbst erhalten will. Der Kategorische Imperativ ist für Kant die Selbsterhaltungsstrategie der Vernunft, welche für ihn eine Art Weltvernunft in der Welt aller bewußten Wesen einschließlich der Menschheit ist. Der Kategorische Imperativ entspringt dem egoistischen Selbsterhaltungswillen der Vernunft, die für Kant göttlichen Charakter besitzt, warum er mit großer Emphase von der Vernunftreligion spricht.

Wie sich bereits zeigte, ist die Identitätsannahme der den bewußten Wesen innewohnenden Vernunft heute nicht mehr zu rechtfertigen. Aber wie es typisch für Kants Werk ist, können wir die Zeitbedingtheit seiner Überlegungen durch Verallgemeinerungen seiner Gedanken auf die Problemstellungen unserer Zeit überwinden und dadurch Problemlösungen oder wenigstens Problemlösungssätze herausarbeiten. Der Weg, auf dem die dazu geeigneten Verallgemeinerungen zu finden sind, ist Kants Erkenntnisweg, der sich als

---

[20] Vgl. W. Deppert, „Zum Darwinjahr – Darwin weiterdenken: Die Evolution des Bewußtseins", Vortrag in der Reihe *Freiheit und Verantwortung* am 29. März 2009 in NDR 4 um 7.15 Uhr oder Wolfgang Deppert, Die Evolution des Bewußtseins, in: Volker Mueller (Hg.), *Charles Darwin. Zur Bedeutung des Entwicklungsdenkens für Wissenschaft und Weltanschauung*, Angelika Lenz Verlag, Neu-Isenburg 2009, S. 85–101.

[21] Vgl. W. Deppert, Zum Verhältnis von Religion, Metaphysik und Wissenschaft, erläutert an Kants Erkenntnisweg und dessen Aufdeckung durch einen systematisch bestimmten Religionsbegriff. In: Wolfgang Deppert, Michael Rahnfeld (Hg.), *Klarheit in Religionsdingen, Aktuelle Beiträge zur Religionsphilosophie*. Grundlagenprobleme unserer Zeit, Bd. III, Leipziger Universitätsverlag, Leipzig 2003.

3.5 Vom Sollen zum Wollen

transzendentaler Erkenntnisweg identifizieren läßt.[22] Die Bedingung der Möglichkeit für die andauernde Existenz eines Lebewesens ist die Überwindung der existenzbedrohenden Gefahren. Darum lag es nahe, Kants Begriff der Vernunft die Funktion der Existenzsicherung zuzuweisen. Und darum bemerkten wir bereits, daß es sich anbietet, Kants Vernunftbegriff für den einzelnen Menschen so zu verallgemeinern, daß die Vernunft des Einzelnen für die Sicherung seiner eigenen inneren Existenz zuständig ist. **Damit hat nun jeder Mensch seine eigene Vernunft** und Kants Sollen ist identisch mit dem Willen zur äußeren und inneren Existenzerhaltung[23]: ***Das Sollen wird zum eigenen Wollen***. Dieser Übergang führt in der individualistischen Ethik dazu, daß individuelle Menschen nur Forderungen an sich selbst stellen, die sie deshalb wollen, weil sie damit gemäß der Sinnannahme die für sie größtmögliche Sicherheit gewinnen, ein von ihnen selbst gewolltes sinnvolles Leben zu führen.

Die Voraussetzung der individualistischen Ethik, daß der Einzelne an sich selbst Forderungen stellt, setzt aber immer noch eine Spaltung des Ichs voraus, als ob im eigenen Ich ein fordernder Teil und ein befolgender Teil enthalten wären. Zweifellos klingt diese Spaltung nach Schizophrenie, die sich aus der hier kurz beschriebenen dualistisch geprägten Geistesgeschichte des Sollens erklären und heute als unproblematisch erkennen läßt. Denn der Weg vom Sollen zum Wollen führt auf die Entdeckung des Philosophen in sich selbst, im eigenen Herzen und im eigenen Verstand. Diese Entdeckung beinhaltet: **Jeder Mensch ist sein eigener Philosoph! Und jeder Mensch kann philosophieren; denn:**

▸ **Definition** *Philosophieren* bedeutet: gründlich nachdenken!

Und „gründlich nachdenken" heißt, so lange nachzudenken, bis sich in uns selbst ein Grund findet, der stabil und tragfähig genug ist, um zu Entscheidungen zu kommen, die wir selbst verantworten können. **Mit der individualistischen Ethik vollendet sich der geistesgeschichtliche Weg vom Sollen zum Wollen.** Die vier Prinzipien der individualistischen Ethik stellen den Versuch dar, das Ergebnis des gründlichen Nachdenkens von Menschen mit einem selbstverantwortlichen Individualitätsbewußtsein in Form von Imperativen zu formulieren. Um die Ankunft im eigenen Wollen zu demonstrieren, sind nun die Imperative in Maximen der Individualistischen Ethik umzuformulieren, wobei der Begriff ‚Maxime' im Kant'schen Sinne als eine rein subjektive Willensbestimmung zu verstehen ist.

▸ **Definition** Eine **Maxime** ist eine rein subjektive Willensbestimmung.

---

[22] Vgl. dazu ebenda oder in: W. Deppert, Problemlösung durch Versöhnung, veröffentlicht unter www.information-philosophie.de und dort unter <Vorträge>, 2009 oder in: W. Deppert, Immanuel Kant, der verkannte Empirist oder wie Kant zeigt, Grundlagen der heutigen Physik aufzufinden (Festvortrag zum 286. Geburtstag Immanuel Kants am 22. April 2010 in Königsberg (Kaliningrad), Deutsch-Russisches Haus), noch unveröffentlicht nur im Blog <wolfgang.deppert.de>.

[23] Das Hume'sche Gesetz, wonach vom Sein kein Weg zum Sollen führe, wird nun obsolet, weil sich zeigen läßt, daß der Wille aus den berechenbaren Attraktoren der Atome und Moleküle, also aus dem Sein von Systemen hervorgeht, wenn man ihren beobachtbaren äußeren Wirklichkeiten ihre inneren Wirklichkeiten möglicher Zustände hinzufügt.

An dieser Stelle sei nochmals betont, daß Kants sehr mächtig klingender Ausdruck „Maxime" keine moralische Bewertung enthält; denn die *Maxime* ist lediglich eine rein *subjektive Willensbestimmung*. Ob sie auch ethisch vertretbar ist, soll erst durch das Verallgemeinerungsverfahren des Kategorischen Imperativs, durch die Frage entschieden werden, ob die Maxime dazu tauglich ist, aus ihr ein allgemeines Gesetz werden zu lassen, oder nicht, und das bedeutet, ob das so gewonnene Gesetz zu einem Widerspruch führt oder nicht. Führt die Maxime als allgemeines Gesetz in einen Widerspruch, so ist sie ethisch nicht vertretbar!

Für die Maximen der Individualistischen Ethik mag jeder Einzelne für sich entscheiden, ob sie nach *Kants Kategorischem Imperativ für jeden Einzelnen* und mithin auch für ihn selbst als ethisch vertretbar erscheinen oder nicht,[24] sie lauten nun:

1.) Ordnungsmaxime:
Ich will meine Zusammenhangserlebnisse und die damit verbundenen Werte in eine Ordnung nach der von mir eingeschätzten Wichtigkeit bringen.

2.) Stimmigkeitsmaxime:
Ich will gemäß meinem eigenen Wertesystem, aber nicht im Widerspruch zu ihm handeln und versuchen, bemerkte Widersprüche auszuräumen.

3.) Verstehensmaxime:
Ich will die Handlung bevorzugen, die ein besseres gegenseitiges Verstehen herbeizuführen verspricht.

4.) Stabilitätsmaxime der Gegenseitigkeit:
4.1. Ich will mich bewußt in solche Abhängigkeiten begeben, von denen ich hoffen kann, daß aus ihnen gegenseitige Abhängigkeiten entstehen, und ich will solche gegenseitigen Abhängigkeiten erhalten, die Stabilität in mein Wertesystem und meine Existenz tragen.
4.2. Ich will die Handlung bevorzugen, die neben meinen Interessen auch die meines Gegenübers berücksichtigt.
4.3. Ich will mich zu einer Handlung gegenüber einem Betroffenen, etwa zum Abschluß eines Vertrags, nur dann entscheiden, wenn ich gewiß bin, daß dieser auch einen Vorteil davon hat.

In den folgenden Untersuchungen über die Anwendbarkeit der Individualistischen Ethik auf die ethisch vertretbaren Handlungen in der Wirtschaft und besonders in Unternehmen wird weiterhin die Rede von Prinzipien sein. Sie sind stets als Maximen der Individualistischen Ethik zu verstehen, auch wenn es sich bei den Wirtschaftssubjekten um keine natürlichen Personen, sondern um Wirtschaftsbetriebe oder um andere Gemeinschaften handelt. Die Ich-Form der Maximen ist dabei metaphorisch zu verstehen.

---

[24] Zur Erinnerung sei der Kategorische Imperativ für den Einzelnen hier noch einmal genannt: „Handle jederzeit nach derjenigen Maxime, deren Allgemeinheit Du als **Gesetz Deines eigenen Lebens** zugleich wollen kannst."

Wirtschaftsethik als Konsequenz individualistischer Ethik 4

4.1 Untergliederungen des Anwendungsbereiches der Wirtschaftsethik

Wenn heute vielfach gefordert wird, daß das wirtschaftliche Handeln von einer Wirtschaftsethik geleitet werden sollte, dann sind es bestimmte Lebensbereiche, in denen das Handeln zu normieren ist. Diese Lebensbereiche lassen sich klassifizieren mit Hilfe einer Unterscheidung von Wirtschaftssubjekten und Wirtschaftsobjekten, mit denen Wirtschaftssubjekte umgehen, die wie folgt zusammengefaßt werden:

A. Wirtschaftssubjekte
1. Private Individuen
    1.1 Einzelne Menschen
    1.2 Gruppen von Menschen
    1.3 Privatwirtschaftliche Vereinigungen von Menschen wie Vereine, Firmen, Gesellschaften
    1.4 Vereinigungen von Vereinigungen wie Verbände oder Konzerne usf.
    1.5 Gruppen von Vereinigungen

2. Öffentlich-rechtliche Organisationen
    2.1 Industrie- und Handelskammern, weitere Kammern aller Art sowie künftige Wissenschaftskammern
    2.2 Gewerkschaften
    2.3 Arbeitgeberorganisationen
    2.4 Öffentlich-rechtliche Medien
    2.5 Religionsgemeinschaften als Körperschaften öffentlichen Rechts

2.6 Öffentlich-rechtliche Kranken- und Sozial-Einrichtungen
2.7 Weitere öffentlich-rechtliche Organisationen wie Bildungseinrichtungen, Forschungs- einrichtungen, Gerichte, Überwachungseinrichtungen usw.

3. Politische Individuen
3.1 Natürliche Personen als politische Amtsinhaber
3.2 Politische Gemeinden und Kreise (Kommunen)
3.3 Staatliche Länder
3.4 Bundesstaaten oder Zentralstaaten
3.5 Staatenbünde und politische, soziale, rechtliche, wirtschaftliche, kulturelle, sportliche und weltanschaulich-religiöse internationale Organisationen
3.6 Die UNO und deren Unterorganisationen

B. Wirtschaftsobjekte
1. Rein dingliche Güter
   1.1 Öffentliche Güter
   1.2 Nicht-öffentliche Güter
   1.2.1 Ursprünglich produktive Güter
   1.2.2 Nicht-ursprünglich produktive Güter, die die Aspekte des Produktiven oder des Investiven besitzen
   1.2.3 Güter, die die Aspekte des Produziertseins oder des Konsumtiven haben

2. Auf dingliche Art persönliche Güter
   2.1 Jede Arbeit
   2.2 Verträge und Vereinbarungen
   2.3 Alle unter A. genannten Wirtschaftssubjekte, die durch das Interesse eines Wirtschaftssubjekts zu seinem Objekt geworden sind

3. Auf persönliche Art dingliche Güter
   3.1 Nicht-menschliche Lebewesen und Arten
   3.2 Nicht-menschliche Lebensräume
   3.3 Die Gesamtheit der natürlichen öffentlichen Güter

4. Rein persönliche Güter
   4.1 Zusammenhangserlebnisse
   4.2 Gefühle
   4.3 Wünsche
   4.4 Ideelle Werte und Wert- oder Wertesysteme
   4.5 Inventionen und Innovative Ideen

Gewiß ist diese Liste ergänzungs- oder auch änderungsbedürftig. Sie soll aber auch nur einen Eindruck von der Einordnungsproblematik der Vielfalt der Wirtschaftssubjekte und

Wirtschaftsobjekte geben. Immerhin lassen sich vier voneinander unterscheidbare Problemfelder wirtschaftlichen Agierens aufführen, in denen Wirtschaftssubjekte etwas zu entscheiden haben, wobei ethische Maßstäbe eine Rolle spielen können. Durch diese vier unterschiedlichen Anwendungsmöglichkeiten ethischer Maßstäbe läßt sich der Bereich der Wirtschaftsethik abgrenzen und wie folgt unterteilen:

1. Der Bereich des Umgangs der Wirtschaftssubjekte miteinander und mit den rein persönlichen Gütern.
2. Der Bereich des Umgangs der Wirtschaftssubjekte mit den auf dingliche Art persönlichen Gütern.
3. Der Bereich des Umgangs der Wirtschaftssubjekte mit den auf persönliche Art dinglichen Gütern.
4. Der Bereich des Umgangs der Wirtschaftssubjekte mit rein dinglichen Gütern.

Diese Unterscheidung von Wirtschaftsobjekten geht hinsichtlich der besonderen Bezeichnung von Gütern auf Kant zurück. Das *auf dingliche Art persönliche Recht* betrifft nach Kant Zustände an Personen, die hier als menschliche Individuen oder auch als andere Wirtschaftssubjekte aufgefaßt werden können. Er sagt: „Dieses Recht ist das des Besitzes eines äußeren Gegenstandes *als einer Sache* und des Gebrauchs desselben *als einer Person*."[1] Wenn also etwa ein Ingenieur aufgrund seiner technischen Sachkenntnisse in einer Firma angestellt wird, dann kauft die Firma die Sachkenntniszustände an der Person des Ingenieurs und die damit verbundene Arbeit des Ingenieurs ein. Die Firma erwirbt so ein auf dingliche Art persönliches Recht an dem Ingenieur. D.h., wenn der Ingenieur seine Sachkenntnisse nicht oder nicht korrekt in seiner Arbeit einsetzt, dann entsteht ein Rechtsanspruch an die Person des Ingenieurs. Der *Gegenstand*, der mit einem auf dingliche Art persönlichen Recht verbunden sein kann, sei als ein **auf dingliche Art persönliches Gut** bezeichnet. Dazu gehört vor allem jede Arbeit einer natürlichen oder juristischen Person, da jede Arbeit auf irgendeine Weise qualifiziert ist, aber auch jeder Vertrag oder jede Leistungsvereinbarung ist ein auf dingliche Art persönliches Gut.

▶ **Definition** Ein *auf dingliche Art persönliches Gut* bezeichnet eine produktive Fähigkeit eines Wirtschaftssubjekts.

So wie Kant der Meinung war, daß der von ihm neu eingeführte Rechtsbegriff des auf dingliche Art persönlichen Rechts längst stillschweigend im Gebrauch gewesen sei, so können wir heute feststellen, daß auch der Rechtsbegriff des *auf persönliche Art dinglichen Rechtes* in Form der Rechtslehre des Naturschutzes seit langem im Gebrauch ist; denn darin wird so getan, als ob den Naturdingen ein Rechtsanspruch einer Person zukäme. Damit werden aus den Naturdingen keine Personen, sie bleiben Naturdinge, aber ihnen

---

[1] Vgl. Immanuel Kant, *Metaphysik der Sitten, 1. Teil: Metaphysische Anfangsgründe der Rechtslehre*, Friedrich Nicolovius, Königsberg 1797, 2. Hauptstück, 1. bis 3. Abschnitt, § 22.

wird ein auf persönliche Art dingliches Recht zugesprochen, und sie lassen sich im Sinne von Wirtschaftsgütern als *auf persönliche Art dingliche Güter* begreifen, denen durchaus eine besondere Behandlung zukommen sollte, etwa wenn es sich dabei um Tiere handelt, denen wir auch eine eigene Würde zuzusprechen haben. Die vier Bereiche der Wirtschaftsethik gliedern sich danach, welche Typen von Wirtschaftssubjekten untereinander und mit welchen Wirtschaftsobjekten sie agieren und ob die beteiligten Wirtschaftssubjekte sowie die Wirtschaftsobjekte gleichen oder verschiedenen Typs sind. Sie mögen wie folgt etwas näher bestimmt werden:

Der erste Bereich betrifft einerseits natürlich die unterste Stufe des Umgangs von Menschen untereinander im Rahmen ihrer wirtschaftlichen Interessen, je nachdem ob sie als Einzelne ohne oder mit Bindungen an bestimmte andere Wirtschaftssubjekte auftreten. Andererseits geht es hier in diesem ersten Bereich auch um den Umgang verschiedenster Wirtschaftssubjekte miteinander, Wirtschaftssubjekte mit gleichen oder verschiedenen Organisationsformen oder auf gleichen oder verschiedenen inner- oder überbetrieblichen Organisationsstufen und insbesondere mit den rein persönlichen Gütern, zu denen etwa Kultur-, Kunst- und Religionsgesellschaften gehören. Es gibt hier ein buntes Gewirr von Möglichkeiten, aber alle haben im Umgang miteinander stets auf die Möglichkeiten der Sicherung der äußeren und inneren Existenz von ihnen persönlich und den Wirtschaftsbetrieben zu achten, denen sie angehören, wobei eine große Anzahl von Abwägungen nötig ist, durch die erst einmal die Ordnungsregel hinsichtlich der Werteordnungen herausgefordert wird.

Der zweite Bereich läßt sich auch als ein Unterbereich des ersten verstehen, der aber deshalb hier herausgehoben wird, weil gerade dieser wegen der darin traditionell immer wieder wie selbstverständlich und unreflektiert auftretenden und dennoch schlicht angemaßten Herrschafts- und Unterwürfigkeitsstrukturen von besonderer ethischer Bedeutung ist.

Der dritte Bereich betrifft entsprechend den Umgang des Menschen mit Naturwesen, die zwar keine Menschen sind, denen aber dennoch eine bestimmte Achtung entgegengebracht werden sollte, wenn wir davon überzeugt sind, daß auch ihnen eine Würde zuzusprechen ist, weil wir davon auszugehen haben, daß sich in ihnen bereits so etwas wie eine innere Existenz ausgebildet hat.

Der vierte Bereich behandelt den Umgang des Menschen mit Naturprodukten, die keine auf persönliche Art dinglichen Güter sind, den Umgang mit produzierten Gütern, die wir nicht als Lebewesen betrachten, und mit vorfindlichem organischem oder anorganischem Material, insbesondere mit öffentlichen Gütern, deren Verfügbarkeit für die Sicherung der äußeren Existenz von natürlichen und kulturellen Lebewesen in gleicher Weise unabdingbar ist, wie etwa Wasser, Luft, Sonnenstrahlen und Lebensraum, denen als sogenannte *existentielle Elementargüter* eine ganz besondere Bedeutung zukommt und die darum gesondert behandelt werden müssen.

Die Anwendung der Individualistischen Ethik auf diese Bereiche und die Umgangsformen der Wirtschaftssubjekte untereinander sowie der Wirtschaftssubjekte mit den Wirtschaftsobjekten führt auf die **Individualistische Wirtschaftsethik (IWE).** Bevor aber die IWE ausgearbeitet wird, ist noch zu beschreiben, wie der Kontakt der Wirtschaftssubjekte untereinander zustande kommt.

▶ **Definition** Die *Individualistische Wirtschaftsethik (IWE)* ist die *Bereichsethik der Wirtschaft,* die aus der Anwendung der *Individualistischen Ethik* auf den Lebensbereich der Wirtschaft hervorgeht.

4.2 Wie es zum Kontakt der Wirtschaftssubjekte kommt: Das Marktgeschehen

Die Kontaktmöglichkeiten der beschriebenen Wirtschaftssubjekte werden durch politische Gemeinschaftsformen geregelt, die auch als *Wirtschaftssysteme* bezeichnet werden. Sehr grob werden planwirtschaftlich und marktwirtschaftlich organisierte Wirtschaftssysteme unterschieden. Wir werden uns im folgenden weitgehend auf *die Darstellung der Individualistischen Wirtschaftsethik im Rahmen der marktwirtschaftlichen Wirtschaftssysteme* beschränken.

▶ **Definition** Unter *Markt* verstehen wir *den Ort* – sei es im wörtlichen oder im übertragenen Sinne –, *wo der lebenserhaltende und sinnspendende Austausch von Leistungen stattfindet.*

▶ **Definition** Das *Marktgeschehen* sind *die Vorgänge, die diese lebenserhaltenden und sinnspendenden Wechselwirkungen bewirken.*

▶ **Definition** Die *Wirtschaftssubjekte* sind die Teilnehmer am Marktgeschehen.

Die Wirtschaftssubjekte sind in dem hier definierten Sinne Lebewesen, die zu ihrer Existenzerhaltung notwendig eine Energiebereitstellungsfunktion besitzen. Als offene Systeme wandeln sie Formen physikalischer freier Energie in Energieformen um, die weniger freie, d. h. verwertbare Energie besitzen. Darum läßt sich davon sprechen, daß ein Energieträgerstrom durch den Markt fließt, indem jeder Marktteilnehmer energietragende Wirtschaftsobjekte in den Markt einbringt und andere energietragende Wirtschaftsobjekte entnimmt. Das Geld bekommt im Marktgeschehen die zusätzliche Funktion eines ideellen oder indirekten Energietransporteurs. Der Markt ist das System, das durch die Eigenschaften der Wirtschaftssubjekte gebildet und erhalten wird. Der Markt löst das Verteilungsproblem der arbeitsteiligen Gesellschaft, indem durch das Marktgeschehen über diverse Zwischen-, Neben- oder Untermärkte die Energieträgerströme an die Endverbraucher zu produktiven Zwecken oder zur Lebenserhaltung weitergeleitet werden.

Formal läßt sich nun auch der Markt selbst als ein Lebewesen bestimmen, da es ein offenes System ist, welches auch ein Existenzerhaltungsproblem besitzt, das es so lange bewältigen kann, wie es Marktteilnehmer gibt. Diese Sichtweise gibt durchaus zu allerhand Spekulationen Anlaß; denn offenbar vergeht und entsteht das Lebewesen ‚Markt' durch die Aktivität der Menschen. Dadurch hat er ein ideelles Wesen, das im Bewußtsein der Menschen beheimatet ist und das sich deshalb immer wieder an vielen verschiedenen Orten und mit sehr verschiedenen Gütern neu oder auch ganz neu realisieren kann, je nachdem, was Menschen durch ihr zusammenhangstiftendes Vermögen ausgedacht und produziert haben, um es auf dem Markt anzubieten oder eine ganz neue Art von Markt zu eröffnen, etwa wie eine Hydra, der immer wieder neue Köpfe wachsen, nur mit dem Unterschied, daß diese Köpfe nicht vernichtend, sondern lebenspendend tätig sind.

Durch den Markt entfaltet die Wirtschaft ihre lebenserhaltende Wirksamkeit. Und dies betrifft durchaus nicht nur die Erhaltung der äußeren, sondern ebenso auch die Erhaltung der inneren Existenz, wenn wir z. B. an den Buchhandel denken. Der Marktbegriff ist darum der Zentralbegriff für alle wirtschaftstheoretischen Begriffe, durch ihn erfahren sie ihre Anwendbarkeit oder ihre Nichtanwendbarkeit. Durch diese zentrale Funktion des Marktbegriffs läßt sich behaupten, daß durch die Bestimmung der Funktion, die ein wirtschaftstheoretischer Begriff im Marktgeschehen einnimmt, seine begriffliche Identifizierbarkeit erreicht wird. Man könnte nun sogar fragen, ob es vernünftig wäre, daß das Lebewesen ‚Markt' sich auch in einer Form der äußeren Welt darstellen ließe. In gewisser Weise geschah dies bereits auf den Märkten der griechischen Antike durch die Agoranomoi, die Marktaufseher, und durch die Marktgesetze, für deren Einhaltung die Agoranomoi zu sorgen hatten. Entsprechendes gibt es bis heute auf den Wochenmärkten. Und auf den meisten Märkten nehmen die Wettbewerbsbehörden, insbesondere die Kartellbehörden, eine marktaufseherische Funktion ein, um den Markt zu erhalten. Auf den Finanzmärkten scheint dieses Instrument nach meinem Eindruck vergessen worden zu sein. Und darum brechen die Finanzmärkte beinahe regelmäßig zum Nachteil der meisten Wirtschaftssubjekte, aber nicht zum Nachteil der Bankmanager, zusammen.

Wenn wir annehmen, es sei möglich, daß sich eine marktwirtschaftliche Wirtschaftsordnung durch Selbstorganisation bildet, so müssen wir zugleich annehmen, daß diese Bildungen aus dem Bewußtsein der Menschen geboren werden. Darum muß es wenigstens einen bewußtseinsgesteuerten Mikromechanismus geben, der die Ordnungen des Marktgeschehens hervorbringt, sonst wäre nicht zu erwarten, daß es zu *vergleichbaren* Ordnungen des Marktgeschehens kommt, die sich durch die Wirtschaftswissenschaften erforschen lassen. Dieser Mikromechanismus ist durch die Antwort auf die Fragen bestimmt, wie und wodurch einzelne Menschen in der menschlichen Gemeinschaft ihren Lebensunterhalt erwerben und sicherstellen. Er findet im Bewußtsein des einzelnen Menschen statt und läßt sich durch die *elementare Lebensfrage* aufspüren, die Menschen in einer selbstverantwortlichen Lebenshaltung an sich selbst zu stellen haben, um das eigene Leben mit Sinn zu erfüllen:

▶ **Definition** Die *elementare Lebensfrage* ist durch folgende Frage bestimmt: Durch welche meiner Kenntnisse, Fähigkeiten und Neigungen kann ich den Interessen von Mitmenschen

4.2 Wie es zum Kontakt der Wirtschaftssubjekte kommt: Das Marktgeschehen

so entgegenkommen, daß sie mir dafür etwas geben, was ich für den Erhalt und die Gestaltung meines Lebens brauche?

Der gesuchte Mikromechanismus der Wirtschaft beginnt also im Bewußtsein der einzelnen Menschen. Dort findet sich der Antriebsmotor für jegliches Marktgeschehen. Und wenn es dort zu Ordnungsstrukturen kommt, dann geht das dazu regulierende Moment ebenso vom Bewußtsein der Menschen aus.

Menschen mit einer autoritativen Lebenshaltung, in der sie aus eigenen Minderwertigkeitsgefühlen heraus eine Autorität suchen, die ihnen sagt, was sie zu tun haben, fehlt dieser Mikromechanismus zur Ausbildung eines Marktes. Wenn die autoritative Lebenshaltung noch einen gewissen Freiraum für den Bedarf an täglichen Verbrauchsgütern läßt, entstehen nur die kleinen Märkte auf dem Lande, während die städtischen Märkte von den Autoritäten früherer Zeiten, den Guts- oder Ratsherren und heute von den Discounter-Großkonzernen bestimmt werden.

So wie die Lebenshaltungen der Menschen zu den politisch stabilen Gemeinschaftsformen führen, so werden auf Dauer auch die möglichen Wirtschaftsformen von den Lebenshaltungen der Menschen festgelegt. Menschen in einer autoritativen Lebenshaltung neigen zu planwirtschaftlichen oder, wie Adam Smith sagt, zu merkantilistischen Wirtschaftsformen. Menschen einer wissenschafts- oder fortschrittsgläubigen Lebenshaltung werden zentralistisch-technokratische Wirtschaftssysteme bevorzugen, die durchaus auch planwirtschaftlichen Charakter haben, wie sie sich etwa im sogenannten Neo-Merkantilismus oder auch besonders in kommunistischen Wirtschaftssystemen ausgebildet haben. Menschen mit einer selbstverantwortlichen Lebenshaltung werden marktwirtschaftliche Wirtschaftssysteme mit Eigentumsbildung verwirklichen. Dies geht Hand in Hand mit der Entwicklung demokratischer Staatsformen, durch die Menschenrechte und insbesondere Eigentumsrechte garantiert werden.[2] *Eigentum* läßt sich als der Freiraum eines Menschen bestimmen, in dem er freie Gestaltungsmöglichkeiten besitzt, um die in seiner inneren Existenz entworfenen Lebensformen zu verwirklichen.

In diesen Überlegungen zu selbstverantwortlichen Lebensgestaltungen findet sich auch der Grund für das relativ späte Entstehen von marktwirtschaftlichen Theorien und von den Wirtschaftswissenschaften selbst, die erst durch die zu ergründenden Geheimnisse des Marktgeschehens auf den Plan gerufen wurden. Denn es ist erst das 18. Jahrhundert, in dem die Aufklärung so weite Kreise ergreift und eine selbstverantwortliche Lebenshaltung in größeren Bevölkerungsschichten wachsen läßt. Man denke noch einmal an die berühmte Aufklärungsschrift von Immanuel Kant vom Dezember 1784 „Beantwortung der Frage: Was ist Aufklärung?", die er gleich mit den ersten Sätzen beantwortet, indem er sagt:

> „A u f k l ä r u n g ist der Ausgang des Menschen aus seiner selbstverschuldeten Unmündigkeit. Unmündigkeit ist das Unvermögen, sich seines Verstandes ohne Leitung eines anderen

---

[2] Wenn heute das immer noch etwas kommunistische China versucht, sein Wirtschaftssystem allmählich in ein marktwirtschaftliches System umzubilden, dann wird dies ohne die Heranbildung des Bewußtseins für Menschenrechte durch die staatliche Garantie der Menschenrechte auf Dauer nicht möglich sein. Und dies gilt entsprechend für alle anderen Staaten des nahen und fernen Ostens.

zu bedienen. *Selbstverschuldet* ist diese Unmündigkeit, wenn die Ursache derselben nicht am Mangel des Verstandes, sondern der Entschließung und des Mutes liegt, sich seiner ohne Leitung eines anderen zu bedienen. *Sapere aude!* Habe Mut, *dich* deines *eigenen* Verstandes zu bedienen! Ist also der Wahlspruch der Aufklärung."[3]

In diesem Wahlspruch liegen die Voraussetzungen für die Bildung einer selbstverantwortlichen Lebenshaltung und damit die Bedingungen für die Ausbildung eines marktwirtschaftlich bestimmten Wirtschaftssystems. Wenn das marktwirtschaftliche System die Aufgaben der Sicherung der äußeren und inneren Existenz der einzelnen Menschen übernehmen soll, sind die bereits genannten beiden wirtschaftstheoretischen Axiome zu beachten, was sichergestellt ist, wenn es zwischen den Menschen eine lebenserhaltende Wechselwirkung gibt, die durch die Erfüllung folgender zwei Bedingungen zustande kommt, deren Existenz durch die evolutionäre Entstehung des Menschen gewährleistet ist:

1. *Es gibt ein aktives Interesse an der Erhaltung und Gestaltung der eigenen inneren und äußeren Existenz. Dieses Interesse ist das egoistische Interesse, das den Motor oder das dynamische Prinzip aller wirtschaftlichen Aktivitäten und der Selbstorganisation der Wirtschaft darstellt.*

2. *Die Kenntnisse und Fähigkeiten der einzelnen Menschen sind auf die Menschen so verschieden verteilt, daß sie durch einen Austausch von Leistungen in der Verfolgung dieser Interessen voneinander profitieren können. Daraus folgt das gemeinschaftsbildende Prinzip der Arbeitsteilung.*

Der Leistungsaustausch geschieht auf dem Markt durch Nachfrage, Angebot und Vertragsabschluß. Dabei soll es einerlei sein, ob erst die Nachfrage da ist und dann das Angebot folgt oder ob das Angebot erst die Nachfrage erzeugt. Mir geht es jedenfalls oft genug so, daß ich eigentlich nur Milch, Brot und Äpfel kaufen wollte, und wenn ich aus dem Kaufhaus komme, habe ich schließlich einen großen Haufen an Waren eingekauft, da mich die vielen geschickt ausgelegten Waren zum Kauf verleiteten. Damit es zum Vertragsabschluß zwischen Anbietern und Nachfragern kommt, darf man davon ausgehen, daß jeder der Vertragschließenden sich durch den Vertrag einen Vorteil verspricht, der in einem bestimmten Nutzen besteht. Dies mag als Erinnerung an die Bedingungen für die Ausbildung eines Marktgeschehens ausreichen, wie sie bereits von Adam Smith sehr genau beschrieben wurden.

---

[3] Vgl. Immanuel Kant, *Ausgewählte kleine Schriften,* Felix Meiner Verlag, Hamburg 1996, S. 1.

4.3 Wie aus Forderungen an sich selbst Forderungen an andere werden können oder welche Bedingungen für die Verrechtlichung von individualistischer Ethik erfüllt sein müssen

Mit dem Konzept der Individualistischen Wirtschaftsethik (IWE) werden die verschiedenen Wirtschaftssubjekte durch die beiden wirtschaftstheoretischen Axiome in vielfältige Beziehungen gebracht. Wenn ein Wirtschaftssubjekt *s* einem anderen Wirtschaftssubjekt *S* angehört, dann werden von dem Wirtschaftssubjekt *S* Forderungen an das Wirtschaftssubjekt *s* ausgehen. Darum muß nun geklärt werden, wie in einer individualistischen Ethik, die grundsätzlich nur aus Forderungen an sich selbst besteht, es dennoch möglich wird, Forderungen an andere zu stellen, die sie auch akzeptieren.

Wir haben hier bewußt alle staatlich organisierten Gemeinschaftswesen als Wirtschaftssubjekte aufgefaßt, da dies bisher kaum oder wenigstens nicht deutlich genug im öffentlichen Bewußtsein reflektiert wird. Nun spielen diese politischen Wirtschaftssubjekte aber eine besondere Rolle im Zusammenleben, da von ihnen Recht gesetzt werden kann, das aus Forderungen gegen andere besteht. Diese Forderungen müssen jedoch ethisch begründet sein, wenn sie nicht auf purer Willkür beruhen sollen. Von solchen auf Willkür beruhenden Forderungen gehen dann – wie wir noch sehen werden – stets schädliche Wirkungen aus. Es muß also gezeigt werden, wie grundsätzlich aus einer individualistischen Ethik Rechtssysteme begründet werden können; denn von ihnen werden die gesetzlichen Rahmenbedingungen geschaffen, an die sich alle Wirtschaftssubjekte zu halten haben. Wenn wir also meinen, daß die Gesetze eines Staates möglichst verrechtlichte ethisch begründete Forderungen sein sollten, dann ist nun die Frage zu beantworten, wie das im Sinne eines individualistischen Ethik-Konzepts überhaupt möglich sein kann.

Um erst einmal die Denkmöglichkeiten dazu aufzuzeigen, bietet es sich an, an einen der ersten Theoretiker egoistischer Ethik anzuknüpfen, an die Überlegungen von Max Stirner[4], die er in seinem viel zu wenig beachteten Buch „Der Einzige und sein Eigentum" schon in der Mitte des 19. Jahrhunderts niedergelegt hat. Max Stirner hat in diesem Werk ein Verfahren der Bildung von Vereinen aus rein egoistischen Interessen entwickelt. Danach „verbinden" sich einzelne Menschen zur Durchsetzung ihrer Interessen in Vereinen, deren Ordnungen sie sich freiwillig unterwerfen, solange sie diese Interessen haben und solange

---

[4] Max Stirner ist das selbstgewählte Pseudonym von *Johann Caspar Schmidt* (1806 bis 1856), der besonders deutlich erkannt hat, daß alle Ethik auf Egoismus beruht. Dieser leicht herausfindbare Zusammenhang wird immer wieder aus Gründen der Machtausübung und Machterhaltung von wenigen Menschen über viele Menschen geleugnet. Dennoch haben Max Stirners sehr grundsätzliche Überlegungen zum Selbstverständnis des Menschen wesentlich zur Bildung des Selbstverständnisses der modernen Menschen beigetragen. Obwohl dieser Zusammenhang nicht geleugnet werden kann, ist Max Stirner weitgehend unbekannt geblieben. Deshalb darf hier nicht verschwiegen werden, daß die Entstehung und Ausarbeitung der individualistischen Ethik wesentlich durch Max Stirner beeinflußt worden ist.

die Vereine diese Interessen auch verfolgen.[5] Ein begründbarer Weg von einer individualistischen Ethik zu einem verpflichtenden Rechtssystem ist grundsätzlich genau über diesen *Weg einer Selbstverpflichtung* denkbar, d. h. über eine freiwillige Unterwerfung zum Zwecke der Beförderung der eigenen Vorstellungen über ein sinnvolles Leben.

Da Kant seine Ethik und Rechtslehre schon auf die individualistische Akzeptierungs- und Durchsetzungsinstanz der eigenen Vernunft gegründet hat, ist es nicht verwunderlich, daß Kant (1797, S. 314) schon die Möglichkeit der Verbindung von individualistischer Ethik und einem Rechtssystem durch seine *drei rechtlichen Eigenschaften des Staatsbürgers* bereitgestellt hat:

Die gesetzliche Freiheit, die bürgerliche Gleichheit und die bürgerliche Selbständigkeit.

Man kann diese Eigenschaften auch als die Bedingungen verstehen, unter denen ein Stirner'scher Egoist bereit wäre, einem Verein von Egoisten beizutreten, den man dann auch ‚Staat' nennen dürfte. Die gesetzliche Freiheit verlangt nur, „keinem anderen Gesetz zu gehorchen, als zu welchem er seine Beistimmung gegeben hat". Die bürgerliche Gleichheit verlangt die gegenseitige Abhängigkeit zwischen den Mitgliedern und denjenigen, die eine Leitungsfunktion innehaben, und die bürgerliche Selbständigkeit sichert die Möglichkeit, die eigenen Interessen nach eigenem Ermessen und nach den eigenen Fähigkeiten und Kräften wahrzunehmen.

▶ **Definitionen**

Gesetzliche Freiheit eines Bürgers besteht für Immanuel Kant darin, „keinem anderen Gesetz zu gehorchen, als zu welchem er seine Beistimmung gegeben hat".

Bürgerliche Gleichheit bedeutet für ihn: Gegenseitige Abhängigkeit zwischen den Bürgern und denjenigen, die eine Leitungsfunktion innehaben.

Die *bürgerliche Selbständigkeit* sichert für ihn die Möglichkeit, die eigenen Interessen nach eigenem Ermessen und nach den eigenen Fähigkeiten und Kräften wahrzunehmen.

Wenn auch auf dem Wege der Selbstverpflichtung grundsätzlich das Problem gelöst werden kann, eine Verbindung zwischen einer individualistischen Ethik und einem Zwang ausübenden Rechtssystem begründend herzustellen, so ist doch der Weg zwischen diesen

---

[5] Bei Stirner (1844/1972, S. 346) heißt es: „(Weitling) behauptet daher, bei dem Wohle von Tausenden könne das Wohl von Millionen nicht bestehen, und jene müßten *ihr* besonderes Wohl aufgeben ‚um des allgemeinen Wohles willen'. Nein; man fordere die Leute nicht auf, für das allgemeine Wohl ihr besonderes zu opfern, denn man kommt mit diesem Anspruch nicht durch; die entgegengesetzte Mahnung, ihr *eigenes* Wohl sich durch Niemand entreißen zu lassen, sondern es dauernd zu gründen, werden sie besser verstehen. Sie werden dann von selbst darauf geführt, daß sie am besten für ihr Wohl sorgen, wenn sie sich mit Andern zu diesem Zwecke *verbinden* , d. h. ‚einen Teil ihrer Freiheit opfern', aber nicht dem Wohle Aller, sondern ihrem eigenen." Weiter unten sagt Stirner (1972, S. 350f.): „… den Verein benutzest Du und gibst ihn, ‚pflicht- und treulos' auf, wenn Du keinen Nutzen weiter aus ihm zu ziehen weißt. … der Verein ist nur dein Werkzeug oder das Schwert, wodurch Du deine natürliche Kraft verschärfst und vergrößerst; der Verein ist für Dich und durch Dich da."

4.3 Wie aus Forderungen an sich selbst Forderungen an andere werden können

beiden Extrempositionen möglicher Verhaltensregeln sehr weit; denn einerseits läßt sich der kantische „rechtliche Freiheitsgrundsatz" aus historisch-pragmatischen Gründen nur als Konjunktiv formulieren, da wir nur ganz selten die Möglichkeit haben, einem Gesetz bei seiner Verabschiedung direkt zuzustimmen oder dessen Verabschiedung zu verhindern, und andererseits wäre es eine Überforderung des Staatsbürgers, so wie auch Kants Kategorischer Imperativ eine unmäßige Überforderung darstellt, wenn der Bürgerin und dem Bürger zugemutet wird, ein eigenes Urteil über alle bestehenden und geplanten Gesetze zu fällen.

Wenn ich dennoch an Kants Grundsatz festhalte, die Grundlagen des staatlichen Rechtssystems durch eine formale Ethik zu bestimmen, so deshalb, weil seine Pointierung einer formalen Ethik bereits den Weg weist, wie sich ein Staat und ein Rechtssystem ohne Bezug auf materiale Wertkonzeptionen begründen läßt, aber auch deshalb, weil auf diese Weise ebenso verständlich wird, wie durch das Prinzip der Selbstverpflichtung die notwendigen Forderungsstrukturen innerhalb jedes anderen kulturellen Lebewesens, wie es jeder Wirtschaftsbetrieb ist, möglich werden. Es muß nun gezeigt werden, wie sich durch eine individualistische Ethik ein staatliches Rechtssystem, ein innerbetrieblicher Verhaltenskodex oder auch Mitgliedspflichten in einem Verein sowie in irgendwelchen Vereinigungen von Lebewesen begründen lassen.

Dazu möchte ich *pragmatische* Begründungsformen verwenden. Pragmatische Begründungen sind Begründungen der Machbarkeit. Der *pragmatische Begründungsweg* zur individualistischen Begründung von Staat und Recht folgt der Stirner'schen Strategie ebenso wie der Begründungsweg für innerbetriebliche Organisationsformen und Verhaltensregeln oder irgendwelcher Mitgliedspflichten. Jemand verbindet sich in einer Gemeinschaftsform mit anderen, um seine eigenen Interessen zu verfolgen und womöglich um darüber hinaus Gemeinsamkeiten in den Wertvorstellungen festzustellen oder auszubilden. Hier ist das Verstehensprinzip der individualistischen Ethik gefordert, aus dem sich eine Handlungsregel ableiten läßt, die wegen ihrer großen Bedeutung den eigenen Namen *Kompromißregel der Gemeinschaftsbildung* erhält und die als der gemeinschaftsbildende Grundsatz individualistischer Ethik zu verstehen ist. Es ist in der fortlaufenden Zählung der Prinzipien der individualistischen Ethik ein fünftes Prinzip, das als **G5** bezeichnet werden mag.

G5. Kompromißregel der Gemeinschaftsbildung

> Sei kompromißfähig! Oder: Räume für deine Handlungsregeln, deine Ziele und Entscheidungen einen Toleranzspielraum ein!

Dadurch kann es durch einen Interessenausgleich zwischen Menschen zu Handlungsregeln kommen, denen zu folgen sie sich selbst verpflichten. Dies ist die einzige Möglichkeit, die eigenen Werte, die ein Mensch nur selbst und nicht andere bestimmen können, mit anderen Wertvorstellungen zu verbinden, um über Kompromißbildungen zu gemeinsamen Werten und schließlich gemeinsam begründeten Handlungen zu kommen. In diesem Verständnis fordern sich im Falle einer Staatsbegründung die Bürgerinnen und Bürger eines Staates selbst dazu auf, soweit es ihnen möglich ist zu überprüfen, ob sie mit den Gesetzen ihres Staates übereinstimmen können oder nicht oder ob sie der Meinung sind, daß es noch anderer Gesetze bedarf, um die eigenen Vorstellungen von einem sinnvollen Leben besser verwirklichen zu können. Die Frage nach der Sicherung der inneren Existenz eines Staates gründet sich genau darauf, wie weit seine Bürgerinnen und Bürger der Auffassung sind, ihre eigenen Vorstellungen über ein sinnvolles Leben im Rahmen der Gesetze ihres Staates selbständig gestalten zu können. Entsprechend haben wir uns die Sicherung der inneren Existenz eines Wirtschaftsbetriebes vorzustellen. Und ganz sicher sollten sich Politiker eines Staates, die Manager einer Firma, die Vorstände eines Vereins und alle Verantwortungsträger von menschlichen Vereinigungen aus eigenem Interesse, sinnvoll zu leben, sich durch Selbstverpflichtungen dazu aufrufen, das Gemeinschaftsleben ihrer Gemeinschaft so zu gestalten, daß deren Mitglieder entweder das Gefühl ausbilden können, in dieser Gemeinschaft ihrem Wunsch nach einem sinnvollen Leben nachkommen zu können, oder die Möglichkeit bekommen, in dieser Gemeinschaft Änderungen herbeizuführen, die diesem Lebensziel förderlich sind. Grundsätzlich können wir nun verstehen, wie es möglich ist, im Rahmen einer individualistischen Ethik Forderungen zu akzeptieren, die andere an uns stellen; wenn wir nämlich etwa durch eine Absprache, einen Vertrag oder durch andere Erklärungen der Gemeinschaftszugehörigkeit uns aus Gründen der eigenen Selbsterhaltung *selbst verpflichtet* haben, das uns Mögliche für die Sicherung der äußeren und inneren Existenz dieser Gemeinschaft beizutragen. Diese Selbstverpflichtung ist für alle Funktionsträger von menschlichen Vereinigungen mit Selbstverständlichkeit vorauszusetzen. Sie gilt aber auch für alle freiwilligen Mitglieder von beliebigen Formen und Arten von Gemeinschaften. Und wer sich bewußt als Mitglied von natürlichen Gemeinschaftsformen empfindet, der kann sich sogar selbst dazu verpflichten, Forderungen dieser natürlichen Lebensgemeinschaften zu befolgen.

Da ich auf dem Lande groß geworden bin und ich mich damals wie heute sehr gern im Wald aufhalte, ist es mir in meinem jugendlichen Übermut bisweilen passiert, daß ich ungestüm in den Wald rannte und dabei großen Lärm veranstaltete. Dann hat mich regelmäßig der Eichelhäher zur Ordnung gerufen, indem er alle Mitglieder der Waldgemeinschaft mit einem wütenden Gehähe und Gekäckere vor dem wilden Eindringling warnte. Zuerst habe ich seinen Ordnungsruf nicht verstanden, bis ich endlich begriff, daß ich ihm Folge zu leisten habe, wenn ich mich in die Lebensgemeinschaft des Waldes begebe. Seitdem folge ich der Forderung des Hähers aus egoistischen Gründen; denn ich möchte, wenn ich im Wald bin, zur Gemeinschaft des Waldes dazugehören, und darum verpflichte ich mich, die Waldesruhe zu wahren.

Viel später, als ich einmal von einem Gemeinschaftsbildungsversuch unter Menschen stark enttäuscht worden war, entsann ich mich des Gemeinschaftserlebens in der Waldesruhe und suchte eine Schonung auf – das ist ein noch ganz junger Wald, der Neulinge möglicherweise eher aufnimmt als ein alter Wald. Ich stellte mich an eine Stelle, wo keine jungen Bäume standen, tat aber so, als ob ich einer war und dazugehörte, indem ich mich ganz ruhig verhielt, aber den sanften Wind spürte und mich mit ihm so bewegte, wie es die jungen Bäume auch taten. Und es war eine große Freude zu bemerken, wie mich ganz allmählich die Kleintier- und Vogelwelt akzeptierte, so daß die Spatzen und andere Finken und auch die Wacholderdrosseln ihre Scheu verloren und immer näher an mich herankamen. Schließlich hoppelten auch Kaninchen heran, und gar nicht weit von meinen Füßen machten sie sich genüßlich am Löwenzahn zu schaffen. Es mögen etwa 30 Minuten gewesen sein, bis ich das deutliche Gefühl hatte, jetzt gehöre ich dazu. Wer nie erlebt hat, sich von der Lebensgemeinschaft eines Waldes oder auch nur einer Schonung durch sein gemeinschaftsdienliches Verhalten aufnehmen zu lassen, wird das unbeschreibliche Glücksgefühl nicht nachempfinden können, daß mir in jener Schonung zuteil wurde. Aber wer schon etwas Ähnliches erlebt hat, wird mich verstehen, wenn ich sage, daß wir Menschen auch Forderungen der Natur an uns aus ganz egoistischen Gründen akzeptieren und befolgen sollten, weil sie uns sonst keine Glücksgefühle zum Erhalt unserer eigenen inneren Existenz schenkt.

Und ich spüre die Forderung der Natur, daß wir Menschen unseren Energiehunger nicht dadurch befriedigen dürfen, indem wir der Natur die Energie und den Lebensraum nehmen, die sie für ihr Überleben braucht, und schlimmer noch, daß wir den Lebensraum der Natur durch den Verbrauch von fossilen Energieträgern verschmutzen oder sogar vergiften. Und darum werde ich mich weiterhin für die friedliche Nutzung der Kernenergie einsetzen, weil wir die von uns Menschen zusätzlich benötigte Energie nicht der Natur stehlen und oder gar lebensbedrohlich erzeugen dürfen, sondern durch eigene geistige Anstrengungen und durch peinlich genaue Erforschung der Naturgesetze sicher und lebensfreundlich bereitzustellen haben.

4.4 Wie aus dem Mikromechanismus des Marktgeschehens eine direkte Verbindung von Wirtschaft und Ethik in Form eines besonderen Grundsatzes individualistischer Ethik folgt

Es ließ sich bereits zeigen, daß der Mikromechanismus zur Selbstorganisation des Marktgeschehens im Bewußtsein des Einzelnen stattfindet, wenn er versucht, selbstverantwortlich die *elementare Lebensfrage* zu beantworten:

„Durch welche meiner Kenntnisse, Fähigkeiten und Neigungen kann ich den Interessen von Mitmenschen so entgegenkommen, daß sie mir dafür etwas geben, was ich für den Erhalt und die Gestaltung meines Lebens brauche?"

Die Beantwortung der elementaren Lebensfrage wird dann möglich, wenn der Einzelne an sich selbst folgende zwei Forderungen stellt und erfüllt:

1. Kümmere dich selbst aus Verantwortung vor und für dich selbst um die Interessen anderer und gehe auf diese Interessen ein.
2. Unternimm aus Selbstverantwortung etwas, durch das du eine Leistung anbietest, die diesen Interessen anderer entgegenkommt.

Diese Voraussetzungen werden durch ein Bewußtsein erfüllt, das zusammenfassend als ein selbstverantwortliches, unternehmerisches Dienstleistungsbewußtsein bezeichnet sei.

▸ **Definition** Das *wirtschaftsethische Bewußtsein* des Bemühens, die elementare Lebensfrage zu beantworten und auch danach zu leben, heißt *das selbstverantwortliche, unternehmerische Dienstleistungsbewußtsein.*

Die historisch vermittelte Vorstellung von der Teilung der Gesellschaft in Unternehmer und Dienstleistende ist durch ein Bewußtsein zu ersetzen, in welchem diese Teilung dadurch aufgehoben wird, daß die unternehmerischen und dienstleistenden Anforderungen in *einem* Bewußtsein vereinigt werden. In diesem Bewußtsein verstehe ich mich als Unternehmer, der sich für andere interessiert, um herauszufinden, mit welchen meiner Fähigkeiten ich ihnen zu Diensten sein kann und welche Fähigkeiten ich dazu noch weiter auszubilden habe. Durch dieses grundsätzliche Interesse an anderen Menschen und durch den Willen, sich um sie zu kümmern, wird durch den Mikromechanismus der Selbstorganisation des Marktgeschehens eine soziale Marktwirtschaft vorstellbar, die nicht erst durch die Fürsorge des Staates gegenüber den Hilfsbedürftigen ins Werk gesetzt wird. Dies ist natürlich nur denkbar, wenn in den Nutzenbegriff der innere Nutzen mit einbezogen wird. Das durch die genannten zwei Forderungen an sich selbst bestimmte Prinzip individualistischer Wirtschaftsethik möchte ich als das **Prinzip des unternehmerischen Dienstleistungsbewußtseins** bezeichnen. Es lautet in fortlaufender Zählung der Grundsätze individualistischer Ethik und unter Berücksichtigung des wirtschaftlichen Bezuges:

W6. Prinzip des selbstverantwortlichen, unternehmerischen Dienstleistungsbewußtseins

Interessiere dich für andere, um zu erfahren, mit welchen deiner von dir selbst geschätzten Fähigkeiten du ihnen zu Diensten sein kannst oder welche deiner Veranlagungen du dazu ausbilden könntest, und biete entsprechende Leistungen auf dem Markt an.

Wir haben davon auszugehen, daß der Ausbildung eines solchen selbstverantwortlichen, unternehmerischen Dienstleistungsbewußtseins historisch gewordene Einstellungen in der Bevölkerung entgegenstehen. So ist ein *Dienstleistungsbewußtsein* in unserer Bevölkerung noch weniger beliebt als das *Unternehmer-Bewußtsein*. Einerseits gilt es nach den Auffassungen einer althergebrachten Herrenmoral ebenso wie nach sozialistischer Auffassung als unehrenhaft oder gar dem Menschen unwürdig, anderen Menschen zu Diensten zu sein, und andererseits werden Unternehmer gern als Ausbeuter, die auf Kosten anderer leben, diffamiert. Schließlich gibt es auch die bequeme Haltung, alles Risiko zu scheuen, das mit jeder Art von selbstverantworteter Unternehmung verbunden ist. Diese Einstellungen verhindern das Entstehen neuer Arbeitsplätze. Um das Problem der Arbeitslosigkeit langfristig zu lösen, müssen wir uns wieder auf die ursprüngliche Funktion der *Arbeit* besinnen, nämlich die, unser fortwährendes Überlebensproblem immer wieder zu überwinden. Daraus folgt der *Bildungsauftrag an alle Bildungsinstitutionen und insbesondere an die öffentlich-rechtlichen Medien*:

Wir haben das Bewußtsein der Bürgerinnen und Bürger zu stärken, durch das sie sich als ihre eigenen Unternehmer verstehen, um anderen Menschen zu Diensten zu sein. Auch Arbeiter,

Angestellte und Beamte können sich so als Unternehmer in dem Unternehmen begreifen, in dem sie ihre Arbeitsstelle haben. Diese Forderung ist kein bloßer Appell, sondern die Konsequenz einer selbstverantwortlichen Lebenshaltung.

Die Bemühungen, durch einen Begriff von „Scheinselbständigkeit" das Streben zu mehr Selbständigkeit zu diffamieren oder gar durch ein Gesetz gegen Scheinselbständigkeit zu denunzieren, läßt sich im Rahmen einer individualistischen Ethik nicht verantworten. Derartige politische Maßnahmen richten sich gewollt oder ungewollt gegen Menschen mit einer selbstverantwortlichen Lebenshaltung und damit gegen die demokratische Basis im Bewußtsein der Menschen. Überdies werden durch diese Behinderungen zur Ausbildung eines unternehmerischen Dienstleistungsbewußtseins Arbeitsplätze vernichtet oder die Möglichkeit ihrer Entstehung schon im Ansatz vereitelt. Die Frage danach, wie Arbeitsplätze oder Betriebe entstehen, findet ihre Antwort immer dadurch, daß die nötigen **Voraussetzungen für Arbeitsplätze im *Bewußtsein* der Menschen zu suchen sind und genau dort gefunden werden**. Es genügt nicht der bloße Wille zum Geldverdienen, um einen Arbeitsplatz zu gewinnen und zu sichern, sondern es bedarf eines *selbstverantwortlichen unternehmerischen Dienstleistungsbewußtseins,* dessen Ausbildung eine Forderung an sich selbst im Sinne der hier formulierten Prinzipien der individualistischen Wirtschaftsethik ist. Denn **Arbeitsplätze entstehen dort und dann, wenn Menschen bereit sind, für Leistungen anderer eine Gegenleistung zu erbringen**. Verträge, die zu diesen Zwecken geschlossen werden, sollten – aus klugem Eigennutz verstanden – im Sinne des Verstehensprinzips und des Stabilitätsprinzips der Gegenseitigkeit geschlossen werden. Wo das nicht der Fall ist, kann es zu Ausbeutungssituationen kommen. Dies durch gesetzliche Rahmenbedingungen zu verhindern, ist Aufgabe des Staates, nicht aber die Verhinderung der Ausbildung eines *selbstverantwortlichen, unternehmerischen Dienstleistungsbewußtseins*.

Wenn mehr Menschen sich selbst fragen, mit welchen ihrer Fähigkeiten sie anderen zu Diensten sein können, und es wagen, diese Dienste unternehmerisch anzubieten, werden wir uns bald von der Stadt- und Landplage der Arbeitslosigkeit befreien können; denn in unserem Bewußtsein sind intrinsisch weit mehr Arbeitsplätze verborgen, als es Arbeitslose gibt. Solche Arbeitsplätze entdecken und erstellen zu können, wird über die Anwendung der individualistischen Wirtschaftsethik mit ihrem Prinzip des unternehmerischen Dienstleistungsbewusstseins möglich. Um dies aber wirklich annehmen zu können und es in der eigenen Lebenswirklichkeit wirksam werden zu lassen, dazu gehört eine Menge Mut.

Mit Kant sei ein **erweitertes Sapere aude!** zugerufen: „*Habe Mut, dich deines eigenen Verstandes, deiner eigenen Fähigkeiten, deiner eigenen Vernunft und deiner eigenen Willenskraft zu bedienen, damit Du anderen zu Diensten sein kannst, um Dein Leben sinnvoll zu gestalten!*" Damit erfährt der Mikromechanismus der Selbstorganisation der Wirtschaftsordnung seine prinzipielle Ausformulierung.

4.5 Individualistische Wirtschaftsethik im Umgang von Wirtschaftssubjekten untereinander

4.5.1 Überprüfung der Anwendungsbedingungen

Wenn Wirtschaftssubjekte auf dem Markt erfolgreich in Erscheinung treten wollen, dann haben sie – wie bereits hervorgehoben – ihre elementare Lebensfrage zu beantworten, und dies gilt für alle Typen von Wirtschaftssubjekten, wie sie im Abschn. 4.1 überblicksartig zusammengefaßt sind. Dazu müssen sie die Forderungen an sich selbst stellen, die durch die Grundsätze der individualistischen Ethik bestimmt sind. Dieser eigene Klärungsprozeß sei im Folgenden andeutungsweise skizziert.

Damit der Marktteilnehmer weiß, was er kann, was ihm Freude bereitet und was er gern aufgrund seiner Leistungsfähigkeit erwerben würde, muß er sein eigenes Wertesystem nach dem *Ordnungsprinzip* in eine Präferenzordnung bringen, und er muß sich gemäß dem *Stimmigkeitsprinzip* danach verhalten. Entsprechend muß sich ein Betrieb, bevor er ein Angebot macht, klar darüber werden, was er leisten kann und was nicht, und was er für seine Leistung als Gegenleistung benötigt. Dazu gehört auch die Überlegung, was ein Unternehmer selbst hinzulernen könnte und in welcher Weise er seine Mitarbeiterinnen und Mitarbeiter weiterbilden kann, um vielleicht durch eigene Forschungen neue innovative Produkte auf den Markt bringen zu können. Um aber herauszufinden, was von dem, was jemand kann, andere interessieren könnte, muß er sich nach dem *Verstehensprinzip* so verhalten, daß er andere besser versteht und dadurch erfährt, wofür sie sich interessieren und was sie anzubieten haben. Dementsprechend muß ein Betrieb Marktforschung betreiben. Aufgrund der mit dem Verstehensprinzip angestrebten Gegenseitigkeit des Verstehens ist auch verständlich zu machen, welche Leistung man selbst anbietet und welche anderen Leistungen als Gegenleistung für den Austausch in Frage kommen. D.h., ein Betrieb hat Marketing zu betreiben. Endlich besagt das *Stabilitätsprinzip der Gegenseitigkeit,* daß man den Austausch der Leistungen fair vornimmt, d. h., daß man nicht nur keine Betrugsabsichten hat, sondern darum bemüht ist, daß der Gegenüber auch einen Vorteil bei dem Handel hat. Im Geschäftsleben bedeutet dies, daß man redlich darum bemüht ist, zu einem für beide Seiten günstigen Vertragsabschluß zu kommen und diesen auch vertragsgemäß zu erfüllen. Denn langfristig wird genau dies die Bedingung dafür sein, daß man sich auf dem Markt halten kann und daß man auch von den anderen Marktteilnehmern fair behandelt wird. Der Begriff der stabilen Zusammenhangserlebnisse mit all seinen positiven Konsequenzen läßt sich etwa über Vertragsabschlüsse bereits an dieser Stelle auf das Wirtschaftsleben mit den verschiedensten Wirtschaftssubjekten übertragen.

Es läßt sich demnach bereits vermuten, daß alle Überlegungen zur Ableitung der Grundprinzipien der individualistischen Ethik sinngemäß auch von allen Wirtschaftssubjekten aufgrund der Wahrung des Eigeninteresses akzeptierbar sind, insbesondere auch von denen, die hier zusammenfassend als politische Individuen bezeichnet werden. Obwohl die demokratisch bestimmten politischen Leitfiguren wie Ministerpräsidenten, Bundeskanzler und Minister mit einem Eid beschwören, das Wohl des Volkes zu mehren, so haben sie dennoch

4.5 Individualistische Wirtschaftsethik im Umgang der Wirtschaftssubjekte

bislang nicht dafür gesorgt, daß durchgängige Kosten-Nutzen-Analysen durchgeführt und vorgelegt wurden. Da sich alle politischen Kommunen, Länder, Bundes- und Zentralstaaten und Staatenbünde als Wirtschaftssubjekte zu begreifen haben, ist dies eine erste Forderung, die sie aus wirtschaftsethischen Gründen an sich selbst zu stellen und zur Erhöhung des Gemeinwohls zu erfüllen haben.

Mit dieser beispielhaften Darstellung des Markteintritts und des langfristigen Verbleibs im Marktgeschehen erscheint es nun so, daß die vernünftigen Überlebensstrategien eines Wirtschaftssubjekts mit den Grundsätzen individualistischer Ethik nicht nur vereinbar, sondern sogar identisch sind. Da dieses Vorgehen sicher für einzelne Menschen als Marktteilnehmer einsichtig ist, könnte doch noch bezweifelt werden, ob dies denn auch für alle anderen Wirtschaftssubjekte gilt, seien es private oder politische Individuen verschiedenster Stufung.

Zur Beantwortung dieser Frage braucht man sich nur erneut klarzumachen, daß sinnvolle Handlungen diejenigen sind, durch die jemand seinem Interesse an der Erhaltung und Gestaltung der eigenen inneren und äußeren Existenz nachgeht. Und dies gilt für alle Ordnungen von Individuen bzw. Wirtschaftssubjekten, wie sie in einem marktwirtschaftlichen System auftreten können. Denn die Grundsätze der individualistischen Ethik sind ja so bestimmt worden, daß der Einzelne bei ihrer Befolgung zu den gewünschten sinnvollen Handlungen kommt. Darum konnte aus diesen Grundsätzen das Prinzip des unternehmerischen Dienstleistungsbewußtseins abgeleitet werden, durch das die vollständigen Bedingungen der lebenserhaltenden Wechselwirkung des Marktes bestimmt sind.

Bei der Ableitung aller Prinzipien individualistischer Ethik sind sechs Annahmen benutzt worden, die als Sinnannahme, Zusammenhangsannahme, Annahme der positiven Gefühlsänderung durch Zusammenhangserlebnisse, Annahme der negativen Gefühlsänderung durch Isolationserlebnisse, Annahme der Bewertbarkeit der Zusammenhangserlebnisse und Annahme des Vorhandenseins eines zusammenhangstiftenden Vermögens in jedem Individuum gekennzeichnet worden sind. Man kann nun die Übertragbarkeit der Grundsätze individualistischer Ethik dadurch bezweifeln, indem darauf hingewiesen wird, daß die Annahmen wohl für einzelne Menschen Gültigkeit beanspruchen können, nicht aber für Gruppen oder organisierte Vereinigungen von Menschen. So seien etwa die Begriffe des Erlebnisses oder des Sinns, der positiven oder negativen Gefühlsänderung oder auch der Begriff des zusammenhangstiftenden Vermögens nur auf einzelne Menschen anwendbar, nicht aber auf eine Firma oder gar auf einen Staat. Darum ist nun zu zeigen, wie die in den sechs Annahmen benutzten Begriffe, z. B. die Begriffe des Sinns oder der Bewertbarkeit von Zusammenhangserlebnissen, auf alle Formen von Wirtschaftsindividuen übertragen werden können, seien es nun Vereine, Firmen oder Konzerne oder auch politische Gemeinden, Länder oder Staaten.

Daß sich der Wertbegriff auf alle Systeme mit einem Überlebensproblem übertragen läßt, ist anhand der Definition des Wertbegriffes ersichtlich, die hier zur Erinnerung noch einmal angegeben sei:

▸ **Definition** Ein *Wert* ist *etwas, von dem behauptet wird, daß es in bestimmter Weise und in einem bestimmten Grad zur äußeren oder inneren Existenzerhaltung eines Lebewesens beiträgt.*

Dabei wird hier als Lebewesen ein jegliches offenes System verstanden, das von einem Energieträgerstrom durchflossen wird und das ein Existenzerhaltungsproblem besitzt. Dadurch sind der Wert- und der Sinnbegriff direkt miteinander verbunden; denn die Erhaltung der inneren Existenz bedeutet, die Sinnvorstellungen des Menschen zu erhalten, die er zur Gestaltung der äußeren Welt benötigt. Also ist die Erhaltung der äußeren Existenz abhängig von der Erhaltung der inneren Existenz und umgekehrt. Wie schon herausgearbeitet, läßt sich sagen, daß Werte Vergegenständlichungen von Sinnvorstellungen sind, seien es nun Gegenstände der Außenwelt oder der Innenwelt.

Wenn sich der Wertbegriff auf alle Arten von Wirtschaftssubjekten anwenden läßt, dann gilt dies auch für den Sinnbegriff, wobei sich die Besonderheit zeigen könnte, daß die unlösbare Kopplung von innerer Existenz und äußerer Existenz und somit auch die Kopplung von innerem und äußerem Sinn nur für einzelne Menschen gegeben ist. Man könnte also meinen, daß nicht notwendig für alle menschlichen Vereinigungen der Begriff der inneren Existenz anwendbar ist. Bei genauerem Hinsehen aber ist dies eine Täuschung: Jedes kulturelle Lebewesen besitzt eine innere Existenz, die freilich nur im Bewußtsein der Subjekte zu finden ist, aus denen es besteht, und dies führt herunter bis zum Bewußtsein von einzelnen Menschen, aus denen ein kulturelles Lebewesen letztendlich besteht. Die äußere Existenz kultureller Lebewesen kann sogar noch stärker mit seiner inneren Existenz verbunden sein, als dies bei einem menschlichen Individuum überhaupt möglich ist. So hat etwa der polnische Staat 1795 seine äußere Existenz verloren. Da sich aber seine innere Existenz im Bewußtsein der polnischen Menschen erhielt, konnte die äußere Existenz Polens 1918 wiedergewonnen werden. Und Israel hat seine äußere Existenz etwas mehr als zwanzigmal so lange (−586[6] bis 1948) verloren wie Polen und sie dennoch wiedererlangt. Es gibt sogar Staaten, die bisher nur in Form einer inneren Existenz vorhanden sind, da sie ihre äußere Existenz bisher nie gewonnen haben. Dies gilt z. B. für Kurdistan. Wieviel Kraft und sogar zerstörerische Kraft eine solche innere Existenz entfalten kann, erleben wir an vielen Stellen der Erdkugel dramatisch in unseren Tagen. Frieden wird überall dort erst einkehren, wo die Politiker die Einsichtsfähigkeit gewinnen, daß der inneren Existenz eines Volkes auch die äußere staatliche Existenz folgen muß, sei es für die Kurden, die Palästinenser, die Kosovo-Albaner, die Basken, die Korsen, die Tibeter oder die Indianer der verschiedenen Regionen, und wenn die Friesen es wollen, dann bitte auch für sie. Schon vom alten Sokrates können die verantwortlichen Staatslenker lernen, daß es sich sehr viel einfacher und sinnerfüllter

---

[6] Diese astronomische Schreibweise ist die mathematisch korrekte Schreibweise der Jahreszahlen vor dem Jahr 0. Der Mönch Dionysius Exiguus, der die Schreibung dieser Jahre mit dem Zusatz ‚vor Christi Geburt' oder kurz, v. Chr.' im Jahre 525 erstmals einführte, kannte die Zahl Null noch nicht. Das Jahr 1 n. Chr. folgt nach Exiguus direkt dem Jahr 1 v. Chr. und das Jahr 0 gibt es nach Exiguus gar nicht. In der astronomischen Jahreszahlenangabe gibt es hingegen das Jahr 0 (Null), so daß zu den Jahreszahlen v.Chr. für die mathematisch korrekte astronomische Schreibung ein Jahr hinzugezählt werden muß. Sokrates trank den Giftbecher im Jahr 399 v. Chr., in der mathematisch korrekten Schreibung entspricht dies dem Jahr -398. Ich werde aus Gründen der Eindeutigkeit in allen Jahreszahlangaben der Jahre vor dem Jahr 0 (Null) die korrekte astronomische Jahreszahlangabe verwenden, so daß das Jahr -586 dem Jahr in der älteren Schreibung 587 v. Chr. entspricht.

unter Freunden zusammenleben läßt als unter Feinden. Also, Ihr Damen und Herren Staatslenker, schenkt aus Eigennutz den Völkern in Eurem Staatsgebiet die Freiheit, die nach ihr verlangen, und lebt künftig freundschaftlich und zum Vorteil aller friedlich zusammen!

Derartige Aufspaltungen von innerer und äußerer Existenz, wie sie bei Völkern auftreten, sind auch für private Wirtschaftssubjekte denkbar, wobei es sogar auch Aufspaltungen der äußeren Existenz und spätere Wiedervereinigungen geben kann, wie es nach der Vereinigung Deutschlands z. B. für Verlage geschehen ist, die durch die Teilung Deutschlands getrennt worden waren und die sich nach der politischen Vereinigung Deutschlands ebenso wieder vereinigt haben.

Damit wird deutlich, daß die innere Existenz den Vorrang vor der äußeren Existenz besitzt, und nur dieser Vorrang ist für die Ableitung der Grundsätze individualistischer Ethik vonnöten. Schwieriger als die Übertragbarkeit des Wert- und Sinnbegriffes scheinen die Übertragungen der Begriffe des Zusammenhangs- und des Isolationserlebnisses und der damit verbundenen positiven oder negativen Gefühlsreaktionen auf wirtschaftliche oder politische Vereinigungen zu sein, obwohl sich ja bereits in der Vertragszuverlässigkeit ein Beispiel für deren Anwendbarkeit gezeigt hat. Wenn es aber einen Wert- und – verbunden damit – einen Sinnbegriff für Vereinigungen von Menschen gibt, die als Vereinigung ein Überlebensproblem haben, dann muß es auch so etwas wie ein kollektives Zusammenhangserlebnis geben, das von allen Mitgliedern einer menschlichen Gemeinschaftsform prinzipiell empfunden und reproduziert werden kann. Denn wie anders sollen die Werte, durch die diese Gemeinschaftsform erhalten wird, entstanden sein? Werte stellen durch ihre Relationalität immer einen Zusammenhang dar, der von irgendeinem Menschen erst einmal erlebt werden muß, bevor er reproduziert und schließlich als abgesicherte Erkenntnis bewußt gemacht werden kann. So läßt sich z. B. die Überlebensfähigkeit eines Betriebes dadurch steigern, daß die Mitarbeiter dieses Betriebes gemeinsam eine Vision, ein Ziel erarbeiten, dem zu folgen den Mitarbeitern deshalb angelegen ist, weil sie damit selbst in ihrer Arbeitszeit für sich ein Stück Lebenssinn verfolgen können. Die so gewonnene Vision des Betriebs ist dann ein kollektives Zusammenhangserlebnis, durch das das Betriebsklima und die Grundstimmung der Mitarbeiter verbessert werden.[7] Sollte sich später jedoch herausstellen, daß die Betriebsleitung die gemeinsame Betriebsvision nur deshalb erarbeiten ließ, um die Produktivität des Betriebs zu steigern, sich selbst aber nicht an die Verfolgung dieser Vision hält, dann erleben die Mitarbeiter ein kollektives Isolationserlebnis, wodurch das Betriebsklima und über sogenannte innere Kündigungen womöglich auch die Firma ruiniert wird.

Diese Zusammenhänge gelten nicht nur für private Wirtschaftsbetriebe oder Großkonzerne, sondern ebenso für politische Wirtschaftsindividuen, wie etwa für ein Dorf, eine Stadt oder einen ganzen Staat. Mit welchem Schwung arbeiten z. B. die Dorfbewohner an der Verschönerung ihres Dorfes mit, wenn sie sich davon begeistern ließen, an dem Wettbewerb „Schönes Dorf" teilzunehmen, oder wie fühlen sich die Bürgerinnen und Bürger

---

[7] Vgl. etwa Gisela Hagemann, *Die Hohe Schule der Führung. Visionsdenken – Superteams – Streßmanagement,* m_i verlag moderne industrie, Landsberg/Lech 1992, ISBN 3-478-32070-4.

einer Stadt verbunden mit dem Wohl und Wehe ihres Fußballvereins! Noch stärker sind in vielen Ländern die kollektiven Zusammenhangserlebnisse des Nationalstolzes, wie wir sie besonders bei den Olympischen Spielen oder den internationalen Fußballmeisterschaften erleben können. Und wie haben die Deutschen gelitten, als sie mit dem Isolationserlebnis fertig werden mußten, daß ihre Mannschaft während der vorletzten Weltmeisterschaft durch die Mannschaft von Kroatien „nach Hause geschickt" wurde Aber wie stark wird die Identifikation der Bürger mit ihrem Staat gefährdet oder gar vernichtet, wenn sie bemerken, daß die Kommunen Blitzgeräte ausschließlich dazu nutzen, um ihre Haushaltslöcher zu stopfen, und in keiner Weise an der Erhöhung der Verkehrssicherheit interessiert sind, weil sie diese Geräte sogar so aufstellen, daß reihenweise Auffahrunfälle geschehen, weil nicht Eingeweihte aufgrund einer unvorhersehbaren Bremsung ihres Vorgängers auffahren. Tatsächlich scheint sich kaum ein Politiker um die innere Existenz unseres Staates zu sorgen, die ganz offensichtlich immer mehr gefährdet ist, was sich an der zunehmenden Zahl der Nichtwähler nach jeder Wahl bemerken läßt. Dazu trägt sicher die zunehmende Zahl der Unrechtsurteile bei, die aufgrund von grundgesetzwidrigen Gesetzen und schlecht ausgebildeten Richtern zu beklagen ist.

Solange es um sportliche Ereignisse geht, kann man kollektive Zusammenhangserlebnisse und die Versuche, sie zu reproduzieren, noch belächeln, wenngleich es auch dabei schon ziemlich herbe Auseinandersetzungen gegeben hat. Wenn aber Völker von kollektiven Zusammenhangs- oder Isolationserlebnissen ergriffen werden, durch die sie ihre eigene Existenz sichern wollen oder diese bedroht sehen, dann kann es zu furchtbaren Kriegen kommen, unter denen das nun schon vor 13 Jahren zu Ende gegangene 20. Jahrhundert von seinem Anfang bis zu seinem Ende in erschreckendem Maße gelitten hat. Noch in den letzten Jahren des 20. Jahrhunderts erlebte das serbische Volk ein erschütterndes Isolationserlebnis mit seinem gewählten Führer Milošević, der es belogen, betrogen und mit seinem General Mladić in ein moralisches und humanes Desaster hineingeführt hat. Und in Rußland wurde zu Beginn des neuen Jahrhunderts ein Präsident gewählt, weil er zur Jahrhundertwende durch seine blutige Unterdrückung des Volkes der Tschetschenen seinen Wählern ein nationalistisches Zusammenhangserlebnis vermitteln konnte.

Damit mag genügend gezeigt sein, daß auf alle menschlichen Gemeinschaftsformen, die ein Überlebensproblem haben, und somit auch auf alle Wirtschaftssubjekte die Begriffe der kollektiven Zusammenhangs- und Isolationserlebnisse verbunden mit kollektiven positiven bzw. negativen Gefühlsreaktionen anwendbar sind. Damit ist auch gezeigt, daß die Annahmen, die hier der Ableitung der individualistischen Ethik zugrunde gelegt wurden, prinzipiell für alle hier definierten Wirtschaftssubjekte erfüllbar sind, einerlei um welche Gruppen von Menschen oder Systeme menschlichen Zusammenlebens es sich dabei handelt.

Also können die Grundsätze der individualistischen Ethik auch auf alle Arten von Wirtschaftsindividuen angewandt werden. Bei der Anwendung muß aber stets bedacht werden, daß die letzten Verantwortungsträger immer einzelne Menschen sind, aus denen sich die verschiedensten Wirtschaftssubjekte zusammensetzen. Die besondere Bedeutung der Selbstverantwortung des einzelnen Menschen in einem solchen individualistischen System der Wirtschaftsethik (IWE) soll noch kurz an den soeben diskutierten Beispielen kollektiver

Zusammenhangs- oder Isolationserlebnisse diskutiert werden; denn die kollektiven Zusammenhangs- und Isolationserlebnisse können fatale Folgen für das direkte Zusammenleben der einzelnen Menschen untereinander haben.

4.5.2 Die Gefahr der Toleranzklassenbildung und die besondere Bedeutung der Selbstverantwortung des Einzelnen

Durch die Kollektivität dieser Erlebnisvorgänge haben wir es oft mit mythischen Bewußtseinsformen zu tun, durch die das Individualitätsbewußtsein der einzelnen Menschen zum Teil so stark zurückgedrängt wird, daß auch das Selbstverantwortungsbewußtsein des einzelnen Menschen verlorengeht oder sich mit dem kollektiven Verantwortungsbewußtsein identifiziert. Dafür gibt es ungezählte Beispiele von der Antike bis heute. So stellt Euripides in seiner Tragödie „Die Bakchen" dar, wie die Mutter Agaue ihren Sohn, den König Pentheus, im dionysischen Rausch zusammen mit ihren Töchtern zerreißt. Und heute wissen wir, wie der Rausch der Fußballbesessenheit den sogenannten Hooligans jegliche Form von Selbstverantwortlichkeit raubt. Der Wunsch nach sinnspendenden Zusammenhangserlebnissen mit den bekämpften Feinden kann in diesen kollektiven Rauschzuständen nicht aufkommen. Wie die grauenhaften Beispiele des Zweiten Weltkrieges oder die Balkan- und Kaukasuskämpfe gezeigt haben, wurde durch die Kollektivität der nationalistischen Zusammenhangserlebnisse kein Verstehenswunsch gegenüber den befeindeten Nationen geboren.

Die Sehnsüchte nach Zusammenhangserlebnissen und ihrer Reproduktion biegen sich im kollektiven Zusammenhangswahn auf bestimmte Toleranzklassen zurück, so daß diejenigen toleriert werden, von denen man auch toleriert wird, d. h. mit denen man bereits Zusammenhangserlebnisse hatte oder sie aus ideologischen Gründen anstrebt oder bereits meint zu haben.[8] Dadurch aber wird die Fähigkeit kollektiver Zusammenhangserlebnisse mit anderen Völkern eingeschränkt, und die nationale Isolation wird vorangetrieben, die langfristig in eine nationale Sinnlosigkeit ebenso hineinführen muß wie die freiwillige Isolation des Raffgier-Egoisten, der sich aus eigener Dummheit langfristig den eigenen Schaden eines sinnlosen Lebens zufügt. Entsprechende Abneigungs- oder gar Haßgefühle entstehen durch Toleranzklassenbildung auch zwischen konkurrierenden Fußballvereinen, aber sogar auch zwischen Angehörigen verschiedener Großfirmen.

Die Gefahr der Toleranzklassenbildung besteht bis heute auch in den westlichen Demokratien, wenn gefordert wird, daß die Intoleranz nicht toleriert werden darf. Dadurch wird Toleranz zu einer Forderung gegen andere, die die Struktur einer Äquivalenzrelation[9]

---

[8] Das Problem der Toleranzklassenbildung ist erstmalig diskutiert worden in: Wolfgang Deppert, *Religion und Toleranz – Die Deutschen Unitarier in der öffentlichen Auseinandersetzung*, Unitarische Hefte Nr. 5, Verlag Deutsche Unitarier, München 1992, S. 42ff.

[9] Äquivalenzrelationen sind paarweise Relationen, die aus den Grundrelationen der Reflexibilität, der Symmetrie und der Transitivität bestehen. Typische Äquivalenzrelationen sind Gleichheitsrelationen wie etwa Gleichaltrigkeit, Gleichfarbigkeit und Gleichstufigkeit oder auch Gleichgesinntheit. Alle diese Relationen bilden elementfremde Klassen aus.

besitzt. Äquivalenzrelationen aber bilden mit Notwendigkeit verschiedene Klassen aus, die sich in diesem Fall aufgrund der identisch gleichen ethischen Forderung, Intoleranz nicht tolerieren zu dürfen, aus scheinbar ethischen Gründen bis aufs Messer bekämpfen. Dies ist die Form der heiligen Kriege, die bis heute immer wieder an verschiedensten Stellen unseres Erdballs ausbrechen. Selbst hochangesehene Leute aus Politik und Gesellschaft stellen immer wieder mit dummdreist geschwellter Brust noch heute solche unmoralischen Forderungen, man dürfe Intoleranz nicht tolerieren. Die kriegstreiberischen Konsequenzen der scheinbar ethischen Toleranzforderung gegen andere lassen sich meines Erachtens nur durch ein Verstehensprinzip durchbrechen, das grundsätzlich nur als Forderung an sich selbst begriffen wird, d. h. welches ein Grundsatz individualistischer Ethik ist.

An dieser Stelle zeigt sich besonders deutlich, daß die Begründung der individualistischen Ethik ihren Ausgang in den Sinnvorstellungen des einzelnen Menschen hat und haben muß, so daß individualistische Bereichsethiken nur über die individualistische Ethik, wie sie für einzelne Menschen ableitbar ist, durch Verallgemeinerung und Übertragung gewonnen werden können. Denn an allen Formen menschlicher Gemeinschaftsbildungen sind doch immer Menschen beteiligt, die ihre Handlungen erst einmal vor sich selbst verantworten können müssen, wenn sie – wie hier vorausgesetzt – eine selbstverantwortliche Lebenshaltung besitzen. Dadurch werden kollektive Zusammenhangserlebnisse durch den Einzelnen kontrollierbar, und der Einzelne kann durch das Verstehensprinzip Toleranzklassenbildungen durchbrechen, indem er auch zu den Menschen, die anderen Toleranzklassen angehören als er selbst, gemäß dem Verstehensprinzip das gegenseitige Verstehen zu verbessern sucht. Dadurch können sogar aus Feindschaften Freundschaften werden.

Die Gefahren der Toleranzklassenbildungen gelten für politische Wirtschaftssubjekte ebenso wie für private Wirtschaftssubjekte. Darum haben die modernen Wirtschaftskriege der Großkonzerne eine auffallende Ähnlichkeit zu den heiligen politischen Kriegen. Und dem nationalistischen Weltmachtstreben entspricht das Monopolstreben von Großkonzernen. Das Monopolstreben, das zu einem unbarmherzigen Wettbewerb führt, weil es den vierten Grundsatz individualistischer Ethik nicht beachtet, ist ebenso wie der Raffgier-Egoismus eine Ausgeburt der Dummheit. Denn durch ein Monopol wird der Marktmechanismus ausgeschaltet, der aber unumgänglich für einen sinnvollen Interessenausgleich und für eine sinnvolle Gestaltung des eigenen Lebens ist. Die Selbstschädigung des Monopolisten wird meist erst dann bewußt, wenn nach der Erreichung der Monopolstellung die Motivation der Mitarbeiter und damit die Lebensqualität am Arbeitsplatz und schließlich die Produktivität unaufhörlich sinkt. Dadurch entsteht allerdings die Chance für Neueinsteiger, die schließlich dem einstigen Monopolisten den Garaus machen. Daran zeigt sich erneut, daß es ein schwerwiegender selbstschädigender Fehler ist, wenn derjenige, der durch einen Mechanismus groß geworden ist, darauf hinarbeitet, diesen Mechanismus außer Kraft zu setzen. Das Monopolstreben unter den Wirtschaftssubjekten ist von dieser Art, und es wäre ein schwerwiegender Ausbildungsfehler, wenn im Studium der Wirtschaftswissenschaften immer noch das Monopolstreben angepriesen werden sollte.

Die größte und glückbringendste Herausforderung, die Menschen durch ihre Mitarbeit in einem der hier genannten Wirtschaftssubjekte erfahren können, ist die Herausforderung, ihre eigene Kreativität zu entfalten. Gerade dieser herausfordernde Charakter der Arbeit entfällt mehr und mehr für die Mitarbeiter eines Monopolisten. Der Feind eines Monopolisten kommt darum von innen, da die Bedingungen für eine sinnstiftende, weil kreative Tätigkeit in einem solchen Unternehmen verfallen und damit seine Produktivität mehr und mehr sinken wird. Bei konsequenter Anwendung der Individualistischen Wirtschaftsethik (IWE) aber kann ein Unternehmer gar nicht auf die Idee kommen, ein Monopol anzustreben; denn dann wird ihm bewußt, daß er die Bedingungen, durch die allein sein Unternehmen hat wachsen können, selber vernichtet. Damit zeigt sich, daß auch die Firmen, die ein Monopol anstreben, in einem kollektiven Zusammenhangswahn in ihrem Wunsch nach Zusammenhangserlebnissen sich auf sich selbst zurückgebogen haben, so daß die einzelnen Mitglieder der Firmenleitung und die Mitarbeiter nicht mehr zur Selbstverantwortung fähig sind.

4.5.3 Das Marktgeschehen als Grundlage aller Wirtschaftsethik

Wenn man sich klarmacht, wie es durch den genannten Mikromechanismus zum Markt und zum Marktgeschehen kommt, dann wird einsichtig, daß es für eine sinnvolle Lebensgestaltung keine Alternative zum Markt gibt, da er sich als notwendige Konsequenz zur sinnvollen Beantwortung der elementaren Lebensfrage ergibt. Freilich muß zugegeben werden, daß die Selbstorganisation der Märkte und ihres Marktgeschehens, wie sie sich durch den Mikromechanismus unter Anwendung der Grundsätze der individualistischen Ethik denken läßt, nicht oder kaum dem tatsächlichen Marktgeschehen ähnelt, wie wir es heute vorfinden. Der Grund dafür ist in der Bewußtseinslage der Menschen zu suchen. Sehr viele Menschen leben in einer autoritativen Lebenshaltung und viele in einer fortschritts- oder wissenschaftsgläubigen Lebenshaltung oder haben ihre Erwartungshaltungen daher.[10] Darum wird gemeint, der Staat solle reglementierend in den Markt eingreifen. Dadurch aber verlöre der Markt seine sinnspendende Funktion für die einzelnen Marktteilnehmer. Nur ein *freier Markt* ist mit der individualistischen Wirtschaftsethik verträglich. Außerdem glauben viele daran, es müßte einen objektiven Maßstab für Erfolg geben und dieser sei der monetäre Gewinn, d. h., je mehr Geld jemand verdiene, um so mehr Erfolg habe er. Und daraus leitet sich das sogenannte *Geldquellenargument der Berufswahl* ab:

> „Schon immer haben Menschen gearbeitet, um dadurch ihren Lebensunterhalt zu verdienen. Dabei kommt es nicht darauf an, ob einem die Arbeit Spaß macht oder nicht, sondern nur darauf, ob man durch die Arbeit viel Geld verdient. Den Spaß am Leben kann man sich dann durch das verdiente Geld verschaffen. Also ist der Beruf zu wählen, durch den ich nach meinen eigenen Möglichkeiten das meiste Geld verdienen kann."

---

[10] Zur Darstellung der verschiedenen Lebenshaltungen und ihrer ethischen Konsequenzen vgl. Deppert, W., Problemlösen durch Interdisziplinarität. Wissenschaftstheoretische Grundlagen integrativer Umweltbewertung, in: Theobald, Werner (Hg.), *Integrative Umweltbewertung. Theorie und Beispiele aus der Praxis*, Springer Verlag, Berlin 1998, S. 35-64.

Dieses *Geldquellen-Argument der Berufswahl* ist traditionalistisch, was man an folgender Formulierung erkennen kann: „Geld hat schon immer die Welt regiert, also wird dies auch künftig so sein." Der Traditionalist beruft sich nicht auf die Vernünftigkeit eines Argumentes, sondern darauf, daß es schon immer gegolten hat. Daraus leiten reiche Menschen gern die Begründung für ihren Reichtum ab, und dadurch bildet sich die Toleranzklasse der Reichen. Wer mit liberalen Argumenten die Gefahr heraufbeschwört, daß sich ihr Reichtum schmälert, ist dem ererbten Reichtum gegenüber intolerant und muß bekämpft werden. Darum vertragen sich Liberalismus und der Traditionalismus der Besitzenden nicht; denn für den Liberalen kann nur die Leistungsfähigkeit des Einzelnen auf dem Markt entscheidend dafür sein, ob jemand seinen Reichtum erhalten kann oder nicht. Dieser Zusammenhang gilt für alle Arten von Besitztümern, insbesondere auch für den Besitz an Medien und den politischen Besitz. Darum gibt es keine liberale Presse und keine liberalen Hör- oder Fernsehmedien. Folglich sind diese Medien auch nicht daran interessiert, das Toleranzproblem der Demokratie etwa durch gründliche Bekanntmachung der Kandidaten zu lösen, was uns nun einen natur- und damit auch selbstzerstörerischen Ökofaschismus gegen die friedliche Nutzung der Kernenergie beschert hat, dessen Konsequenzen unabsehbar sind.

Die Medien haben es offenbar systematisch verhindert, daß auch nur einfachste Sachkenntnisse über die Mechanismen der Energiegewinnung durch Kernspaltung oder Kernfusion in der Bevölkerung vorhanden sind, und insbesondere haben sie es zu verantworten, daß nichts von der Tatsache bekannt wurde, daß es längst Möglichkeiten gibt, die Sicherheitsrisiken von Kernenergiereaktoren so zu senken, daß diese weit unter den Risiken anderer Energie-Bereitstellungsanlagen liegen. Besonders fatal ist, daß der Angst-Hysterie-Tsunami, der über Deutschland hinweggefegt ist, gerade diejenigen an die Macht spült, welche schon seit Jahren auf unverantwortliche, aber systematische Weise die Verdummungskampagne in Sachen Kernenergie über die hilfreichen Medien vorangetrieben haben. Das Gewinnstreben der Medien mit Hilfe der Simulation von Katastrophen, wie sie in Japan von kernphysikalischer Seite ja nicht stattgefunden hat[11] – schließlich hat es in Japan keinen einzigen Toten durch den Reaktor-Unfall gegeben –, bewirkt eine nun tatsächlich sehr beängstigende Verschärfung des Kompetenzproblems der Demokratie, indem nahezu kompetenzlose Politiker an die Macht kommen, so daß Platons Auffassung, daß die Demokratie die zweitschlechteste aller Staatsformen sei, weil sie mit Notwendigkeit in die schlechteste, die Tyrannis, führe,

---

[11] In Japan sind so wie im ganzen EURATOM-Gebiet sind nur Kernreaktoren in Betrieb mit einem negativen Reaktivitätskoeffizienten. Dieser bewirkt, daß die Reaktivität (die Kettenreaktion) abnimmt, sobald die Temperatur im im Bereich der Kernspaltung zunimmt. Darum hatten sich die Reaktoren von selbst abgeschaltet, als aufgrund des Wassereinbruchs des Tsunamis die Kühlanlagen versagten. Darum fand keine Kernenergie-Explosion wie in Tschernobyl, sondern lediglich eine chemische Knall-Gas-Explosion statt. Darum ist die Tschernobyl-Katastrophe nicht mit dem Fukushima-Unfall zu vergleichen, obwohl dies in den Medien laufend geschah. Die Kernreaktoren in Tschernobyl hatten einen positiven Reaktivitätskoeffizienten, wodurch die Reaktivität mit der Temperaturerhöhung im Reaktorkern zunahm, was zu einer kernphysikalischen Explosion führte, die mit einer erheblich größeren Verbreitung von hoch-radioaktivem Material und damit mit sehr vielen Todesfällen verbunden war, was in Fukushima nicht geschah.

4.5 Individualistische Wirtschaftsethik im Umgang der Wirtschaftssubjekte

in eine bedenkliche Nähe zu unserer derzeitigen faschistoiden Situation gekommen ist, in der Fachleute, die mit der friedlichen Nutzung der Kernenergie und den Möglichkeiten der steten Verbesserung ihrer Risiken vertraut sind, überhaupt kein Gehör mehr finden.

Wir haben es hier mit einem wirtschaftsethischen Problem von bisher nicht bekannten Ausmaßen zu tun, da die Einsicht, daß der Mensch die enormen Energiemengen, die er für seinen Lebensstil benötigt, nicht weiter dem Energiehaushalt der Natur entnehmen darf, ohne die Natur mehr und mehr zu schädigen, so daß schließlich auch der Mensch seine äußere Existenz in der Natur gefährdet, von den Medien nicht verbreitet und darum auch nicht deutlich gemacht wurde.[12] Die einzige Möglichkeit, dieser Gefährdung zu entgehen, aber ist, daß der Mensch durch höchste geistige Anstrengungen die Energie, die er zusätzlich als kulturelles Lebewesen benötigt, aufgrund seiner naturgesetzlichen Kenntnisse über die Zusammensetzung der Materie selbst bereitstellt, ohne sie dem seit Milliarden von Jahren ausgeglichenen Sonnenenergiehaushalt der Natur auf unverantwortliche Weise zu entnehmen.

Die wirtschaftsethische Verantwortung, die insbesondere die öffentlich-rechtlichen Medien zu tragen haben, ist diesen bisher nicht in erkennbarer Weise bewußt geworden, was eine besondere Gefahr für den Erhalt und insbesondere für die Weiterentwicklung unserer noch jungen Demokratie heraufbeschwört. Denn sie haben die besondere Aufgabe der möglichst sachlichen Informationsverbreitung gemäß dem *Verstehensprinzip* wahrzunehmen, etwa in bezug auf die Entschärfung des Kompetenzproblems der Demokratie die Darstellung der Kompetenzen der Kandidatinnen und Kandidaten zu leisten, die sich zu irgendeiner politischen Wahl stellen. Wie soeben kurz angedeutet, hat die Gefahr, die vom Kompetenzproblem der Demokratie ausgeht, bereits zu natur- und selbstschädigenden Regierungsbeschlüssen geführt, deren Auswirkungen die Allgemeinheit schon bald zu spüren bekommen hat und was sich in weiteren Verteuerungen fortsetzen wird. Die Systematik der IWE, wie die individualistische Wirtschaftsethik fortan kurz bezeichnet werden mag, hat diese selbstschädigenden Beeinflussungsstrukturen der Medien, die sich in Deutschland und anderswo etabliert haben, deutlich durchschaubar gemacht, womit sich ein grundsätzlicher Bewußtseinswandel entwickeln könnte, weil dadurch auch die Selbstschädigungsmechanismen im Wirtschaftsgeschehen erkennbar werden.

Über die kurz beschriebenen traditionalistischen Gefahren des Geldquellenarguments hinaus ist mit ihm auch die Gefahr des Übermaßes gegeben, wie sie bereits von Aristoteles beschrieben wurde.[13] Wie bereits kurz erwähnt, warnt schon Aristoteles vor dem Streben nach immer mehr Geld und äußeren Gütern; denn dieses Streben kennt keinen Endpunkt. Jeder erreichte Zustand wird durch den des Noch-mehr abgelöst, womit die Gefahr verbunden ist, das eigene Leben sinnlos zu vertun. Von dieser Gefahr sind besonders diejenigen stark betroffen, die in Arbeit stehen und die ihre Arbeit ausschließlich im Sinne des Geldquellenargumentes begreifen. Vor lauter Hast und Hetze, in der sie ihr Leben verbringen, um immer mehr Geld und Geldeswert anzuhäufen, finden sie keine Muße, um sich über

---

[12] Immerhin gibt es dazu eine mir bekannt gewordene Ausnahme, die sich in dem Blog „wolfgang.deppert.de" als „Bericht von einem Vortrag vom 30. Jan. 2011 in Gronau" findet.
[13] Vgl. Aristoteles, Politik, Buch VII, 1. Kapitel.

den Sinn ihres von Streß geplagten Daseins in selbstverantwortlicher Weise Rechenschaft abzulegen.[14] Nur wenn die Nutzenmaximierung sich im Marktgeschehen auf den äußeren *und inneren* Nutzen bezieht, kann die Gefahr des Übermaßes, die nicht nur mit dem Geldquellenargument, sondern vor allem auch mit der reinen Shareholder-Value-Management-Ideologie verbunden ist, überwunden werden. Dabei haben die langfristigen Argumente immer einen Überlebens- und damit auch einen inneren Sinnbezug, so daß sich folgendes Shareholder-Value-Paradox formulieren läßt:

▶ **Definition** Das **Shareholder-Value-Paradox** lautet:
Der Manager, der mehr auf die Mehrung des inneren Nutzens seiner Mitarbeiter achtet als auf die Steigerung des Shareholder-Values seiner Firma, wird auf Dauer den Shareholder-Value seiner Firma steigern.

Die Argumentationen gegen den Liberalismus und den scheinbar unbarmherzigen Marktmechanismus gelten nur so lange, wie die Marktteilnehmer nicht langfristig genug ihren Vorteil suchen, den sie für ihre eigene sinnvolle Lebensgestaltung brauchen. Natürlich war in dieser Hinsicht der Manchesterliberalismus extrem kurzsichtig und nicht egoistisch genug, weil nicht klar war, daß nur der Arbeiter und Angestellte, der gern zur Arbeit geht, die Produktivität des Betriebes steigern wird. Der Mitarbeiter, der sich in seinem Betrieb wohl fühlt, weil sich für ihn schon auf der Arbeitsstelle und nicht erst in der Freizeit seine Vorstellungen von sinnvoll genutzter Lebenszeit erfüllen, wird sich aus Selbstverantwortung für den Existenzerhalt seiner Firma sogar unter Verzicht und Opfer einsetzen. Damit zeigt sich, daß die Existenzbasis für alle Formen von Wirtschaftssubjekten, die aus Gruppen von Menschen oder Systemen menschlichen Zusammenlebens bestehen, durch die Erfüllung des Wunsches der Mitarbeiter nach einer sinnvollen Lebensgestaltung gegeben ist. Und darum ist es für die IWE fundamental, daß die Mitarbeiter die Grundsätze individualistischer Ethik erst einmal von sich selbst fordern, obwohl dies für alle zusammengesetzten Wirtschaftssubjekte ebenso sinnvoll ist. Darum soll bei der Besprechung des Umgangs der Wirtschaftssubjekte untereinander zuerst auf das Verhalten der einzelnen Menschen als Wirtschaftssubjekte eingegangen werden.

4.5.4 Der Umgang der einzelnen Menschen als Wirtschaftssubjekte

Unter der Voraussetzung, daß die einzelnen Menschen bereits etwas Ordnung in ihre Wertvorstellungen gebracht haben und sich auch nach diesen Wertvorstellungen richten, kann es sein, daß sie in Gefahr sind, mit dem Verstehensprinzip und wahrscheinlich noch eher mit

---

[14] Mehr dazu in: W. Deppert, Unser Weg, Leben, Arbeit und Sinn innig miteinander zu verbinden, in: Deutsche Unitarier (Hg.), *Leben – Arbeit – Sinn. Unitariertag 1997 in Hameln*, Verlag Deutsche Unitarier, Hamburg 1998, S. 58–67 oder in: W. Deppert, Weltwirtschaft und Ethik: Versuch einer liberalen Ethik des Weltmarktes, Visionen für die Weltordnung der Zukunft, in: Janke J. Dittmer, Edward D. Renger (Hg.), *Globalisierung – Herausforderung für die Welt von morgen*, Unicum Edition, Unicum Verlag, Bochum 1999, ISBN 3-9802688-9-6, S. 65–101.

dem Stabilitätsprinzip der Gegenseitigkeit in Konflikt zu geraten. Nehmen wir einmal an, Herr Peter Wolf hat seine eigene Familie für sich als einen besonders hohen Wert erkannt, so daß er deren Wohlergehen befördern möchte. Nehmen wir ferner an, er verfügt über eine wichtige Information, wie man einen begehrten Artikel, nennen wir ihn einen *Murker,* der nur noch in begrenzter Zahl vorhanden ist, günstig erwerben kann. Diese Information möchte er seinem Schwager Antonio Stichelfuß zukommen lassen, da er weiß, daß dieser einen Murker dringend benötigt. Nun wird er von seinem Arbeitskollegen Dieter Becker gefragt, ob er nicht wüßte, wie man an einen Murker kommen kann. Was ist zu tun?

Nach dem Verstehensprinzip müßte Herr Wolf seinem Kollegen Becker die Wahrheit sagen und ihm verraten, wie er günstig noch einen der letzten Murker erwerben kann. Wenn aber sein Schwager Antonio keinen Murker mehr bekäme, weil Herr Becker den letzten vor ihm geholt hätte, würde Herr Wolf sich dann nicht selbst Vorwürfe machen müssen, daß er seine Familie nicht so unterstützt hat, wie er es eigentlich vorgehabt hatte und wie es auch ethisch aufgrund seiner Selbstverpflichtung seiner Familie gegenüber geboten gewesen wäre, ganz zu schweigen von den Vorwürfen, die er sich deshalb von seinem Schwager Stichelfuß einhandeln würde? Wenn Herr Wolf deshalb Herrn Becker belöge, indem er vorgäbe, nichts über den Erwerb der letzten noch vorhandenen Murker zu wissen, könnte es nicht sein, daß Herr Becker dies doch erführe, daß er ihn belogen hat,[15] und daß er damit das Verhältnis zu seinem Arbeitskollegen erheblich verschlechterte? Wenn Herr Wolf dem Verstehensprinzip folgen wollte, würde er dann nicht durch diese möglichen Konsequenzen in eine geradezu klassisch tragische Situation geraten, die dann vorliegt, wenn ein Handelnder in jedem Fall schuldig wird, was er auch tut; denn in der Situation des Herrn Wolf müßte er in jedem Falle das Verstehensprinzip mißachten?

Auf den ersten Blick sieht dies nach einer derart klassischen ausweglosen Lage aus. Aber man kann das Verstehensprinzip erst dann richtig anwenden, wenn man sich die verschiedenen Bedeutungsvarianten des Verstehensbegriffs klarmacht, die alle im Verstehensprinzip zu berücksichtigen sind. Darum wollen wir Herrn Wolf dahingehend beraten, daß wir ihm die folgenden wichtigsten Unterscheidungen des Verstehensbegriffs verraten:[16]

(1) Verstehen als *Verständigen*. Beim Verständigen geht es um das sachliche Aufnehmen des Gewollten, Gemeinten oder Getanen. Das, was ein korrekter Dolmetscher vermittelt, ist der Gegenstand des Verständigens. Diese erste Form des Verstehens heißt das *Verständigen* oder auch das *sachliche* oder *lexikalische Verstehen*. Die Gründe für den Inhalt

---

[15] Der weltweit berühmte Unitarier Ralph Waldo Emerson hat zur Vermeidung von selbstverschuldeten Verratsfällen einen guten Rat gegeben, er sagt: „Wenn Du nicht willst, daß etwas, das du tust, bekannt werde, so tue es nicht!" Vgl. Ralph Waldo Emerson, *Essays,* übersetzt v. Harald Kiczka, Diogenes Verlag, Zürich 1983, *Geistige Gesetze*, S. 125.

[16] Man sollte meinen, daß die Ausdifferenzierung des Verstehensbegriffs von den vielen hochgelobten Philosophen des Verstehens und der sogenannten Hermeneutik längst geleistet worden ist. Das ist aber leider nicht geschehen, so daß ich hier niemanden zitieren kann, außer mich selbst, und das möchte ich nun einmal unterdrücken, weil ich mich ohnehin schon viel zu oft selbst zitiert habe.

des Gewollten, Gesagten oder Getanen bleiben bei dieser ersten Form des Verstehens, beim Verständigen, noch außer Acht oder gar unbekannt.

(2) Wenn diese Gründe im Sinne der ersten Form des Verstehens verstanden werden, dann verstehen wir, warum jemand etwas Bestimmtes will, sagt oder getan hat. Diese zweite Form des Verstehens geht über das Verständigen, das sachliche Verstehen, hinaus, indem zu dem Was auch noch das Warum hinzugefügt und beantwortet wird. Diese zweite Form des Verstehens soll das *intentionale Verstehen* genannt werden, weil die Intention des Handelnden bekannt geworden ist.

(3) Weil aber auch die Gründe erneut nach ihrem Warum befragt werden können, hört das Fragen nach den Gründen der Gründe erst auf, wenn wir eine Begründung für einsichtig halten. Darum gibt es beim intentionalen Verstehen weitere Stufen des Verstehens. Die letzte Stufe des intentionalen Verstehens möge das *einsichtige Verstehen* heißen.

(4) Das einsichtige Verstehen muß noch nicht bedeuten, daß wir selber die eingesehenen Gründe für ein Vorhaben, eine Aussage oder eine getane Handlung bejahen, d. h., daß wir sie in dem Sinne gutheißen, so daß wir meinen, wir würden in der gleichen Lage den gleichen Wunsch hegen, die gleiche Auffassung vertreten oder die gleiche Handlung ausgeführt haben. Wenn dies aber der Fall sein sollte, so sei von einem *bejahenden Verstehen* oder *zustimmenden Verstehen* die Rede.

(5) Für den Fall, daß wir zu dieser Bejahung im einsichtigen Verstehen nicht kommen können, den gewünschten Plan, die vertretene Auffassung oder die getane Handlung aber nicht ablehnen müssen, so sei von einem *tolerierenden* oder *hinnehmenden Verstehen* gesprochen.

(6) Schließlich ist der Fall denkbar, daß wir weder zu einem bejahenden noch zu einem tolerierenden Verstehen vorstoßen können, da wir das Gewollte, das Gesagte oder das Getane strikt ablehnen. In diesem Fall sei von einem *nicht tolerierenden Verstehen* gesprochen.

Der Begriff ‚Verstehen' besteht somit aus folgenden Teilbegriffen:

1.) Verstehen als *Verständigen* oder *sachliches* oder *lexikalisches Verstehen*
2.) Verstehen als *intentionales Verstehen*
3.) Verstehen als *einsichtiges Verstehen*
4.) Verstehen als *bejahendes Verstehen* oder *zustimmendes Verstehen*
5.) Verstehen als *tolerierendes* oder *hinnehmendes Verstehen*
6.) Verstehen als *nicht tolerierendes Verstehen*

Diese sechs Formen gliedern sich jeweils danach, ob das Objekt des Verstehens ein Vorhaben, eine Aussage oder eine getane Handlung ist, ob es also etwas Gewolltes, etwas Gesagtes oder etwas Getanes ist. Das höchste Ziel des Verstehensprinzips ist gewiß dies, zum bejahenden oder zustimmenden Verstehen vorzudringen. Sicher wird dies aufgrund der Verschiedenheit der Menschen nicht immer möglich sein. Voraussetzung aber für dieses Ziel ist, daß man die Gründe für den gewünschten Plan, die vertretene Auffassung oder

4.5 Individualistische Wirtschaftsethik im Umgang der Wirtschaftssubjekte

die getane Handlung dem anderen zu verstehen gibt. Wenn man das Verstehensprinzip als Forderung gegen sich selbst begreift, dann folgt daraus eine Konsequenz für die Offenlegung der eigenen Motivation, die sich als ein Offenheitsgrundsatz formulieren läßt:

Offenheitsgrundsatz: Lege die Gründe Deiner Entscheidungen offen.

Auch dies ist eine Forderung an sich selbst. Sie ist aus dem Verstehensprinzip gefolgert und darum kein gesonderter Grundsatz individualistischer Ethik. Auch an dieser Stelle läßt sich die Verwandtschaft der kantischen mit der individualistischen Ethik erkennen, da Kant in seinem Werk ‚Zum ewigen Frieden' aus seinem Kategorischen Imperativ einen Publizitätsgrundsatz ableitet und wie folgt formuliert:

„Alle auf das Recht anderer Menschen bezogene Handlungen, deren Maxime sich nicht mit der Publizität verträgt, sind unrecht."

Und erläuternd fügt Kant hinzu[17]:

„Dieses Prinzip ist nicht bloß *ethisch* (zur Tugendlehre gehörig), sondern auch *juridisch* (das Recht der Menschen angehend) zu betrachten. Denn eine Maxime, die ich nicht darf *laut werden* lassen, ohne dadurch meine eigene Absicht zugleich zu vereiteln, die durchaus *verheimlicht* werden muß, wenn sie gelingen soll, und zu der ich mich nicht *öffentlich bekennen* kann, ohne daß dadurch unausbleiblich der Widerstand aller gegen meinen Vorsatz gereizt werde, kann diese notwendige und allgemeine, mithin *a priori* einzusehende Gegenbearbeitung aller gegen mich nirgend wovon anders als von der Ungerechtigkeit her haben, womit sie jedermann bedroht."

Durch diesen Offenheitsgrundsatz läßt sich nun das beschriebene Dilemma unseres Herrn Wolf auflösen. Er muß seinem Arbeitskollegen, Herrn Becker, reinen Wein einschenken, indem er ihm klarmacht, daß in seiner Wertehierarchie die Familienangehörigen Vorrang gegenüber anderen menschlichen Beziehungen haben und daß er darum seine Information erst an seinen Schwager Stichelfuß weitergeben und, wenn dieser erfolgreich gewesen ist, auch ihn informieren wird. Dabei kann Herr Wolf nur hoffen, daß Herr Becker wenigstens zu einem einsichtigen Verstehen vordringt; denn wenn dieser ebenfalls die Grundsätze individualistischer Wirtschaftsethik als Forderungen an sich selbst stellt, so wird er bemerken, daß er in Herrn Wolf einen vertrauenswürdigen Arbeitskollegen besitzt, so daß es Dummheit wäre, das Verhalten von Herrn Wolf nicht zu bejahen. In jedem

---

[17] Vgl. Immanuel Kant, *Zum ewigen Frieden. Ein philosophischer Entwurf,* Friedrich Nicolovius, Königsberg 1795, 2. Abschnitt, Anhang II: Von der Einhelligkeit der Politik mit der Moral nach dem transzendentalen Begriffe des öffentlichen Rechts, Ausgabe Meiner Verlag, Hamburg 1973, S. 163f. Der bedeutendste Stoiker der jüngeren Stoa, Seneca, vertritt vermutlich als einer der ersten ein Offenheitsprinzip, indem er seinem jugendlichen Freund Lucilius empfiehlt: „Lebe mit den Menschen so, als ob es ein Gott sähe, sprich mit Gott so, als ob es die Menschen hörten!" (Seneca, Epistulea moralis ad Lucilium, X.) Das bedeutet so viel wie: Auch das, was Du Dir ganz sehnsüchtigst wünschst, soll stets von der Art sein, daß Du es allen Menschen mitteilen kannst. Und das heißt: Geheime Wünsche sind unmoralisch. Auch die stoische Ethik läßt sich darum als einer der Vorläufer einer individualistischen Ethik begreifen.

Falle hat Herr Wolf mit dieser beschriebenen Handlungsweise gemäß der Ordnung seines eigenen Wertesystems und gemäß der Verstehensregel gehandelt, so daß er sich nicht selbst einen Vorwurf zu machen hat. Und damit hat sich die tragische Situation des Herrn Wolf durch den Offenheitsgrundsatz der Verstehensregel und durch die Ausdifferenzierung des Verstehensbegriffs aufgelöst.

Dieses Beispiel zeigt, daß die Prinzipien der individualistischen Ethik operational sind, d. h., sie führen zu systematisch erreichbaren Entscheidungsergebnissen. Dies gilt aber nur dann, wenn der Einzelne die Grundsätze individualistischer Ethik der *Reihenfolge nach* beachtet und anwendet, d. h. wenn er *erstens* selbst eine eindeutige Ordnung unter seinen Wertvorstellungen herstellt, wenn er sich *zweitens* in seinen Entscheidungen an sein eigenes Wertesystem hält, *drittens* die Verstehensregel und wenn nötig *viertens* das Stabilitätsprinzip der Gegenseitigkeit berücksichtigt und schließlich durch Anwendung des Prinzips des unternehmerischen Dienstleistungsbewußtseins zu einer vor sich selbst verantwortbaren Handlung kommt. Dies gilt nun wiederum nicht nur für einzelne Menschen, sondern für alle Wirtschaftssubjekte. Wieviel ethisch unvertretbare Handlungen etwa von Managern und leitenden Beamten und Angestellten könnten vermieden und dadurch innere Existenzen und gewiß auch äußere Existenzen gesichert werden, wenn der Offenheitsgrundsatz und deren Quelle, die Verstehensregel, mehr Beachtung fänden!

4.5.5 Der Umgang konkurrierender Wirtschaftsbetriebe

Es ist immer wieder wichtig zu beachten, daß die individualistische Ethik grundsätzlich so konzipiert ist, daß sie auf alle Wirtschaftsindividuen anwendbar ist. Darum läßt sich das soeben beispielhaft demonstrierte Entscheidungsverfahren auch auf den Umgang von Wirtschaftssubjekten gleicher Stufe übertragen. Sicher sind wir noch weit von einem solchen Umgang konkurrierender Betriebe, Vereine, Konzerne oder auch Städte und Länder entfernt. Dies liegt weitgehend an dem vorherrschenden kurzsichtigen Raffgier-Egoismus, der auf Dauer stets zur Selbstschädigung führt und deshalb auch gar kein Egoismus ist und allenfalls als dummer Egoismus zu bezeichnen ist. Leider ist auch das heutige Reden vom bösen Egoismus eine ebenfalls äußerst dummerhafte Erscheinung; denn dadurch werden wirklich ehrliche und wahrhaftige Begründungen schon im Keim erstickt. Auch hier ist dringend ein Umdenken erforderlich. Die konkurrierenden Wirtschaftsbetriebe scheinen heute immer noch auf dem Entwicklungsstand der gnadenlosen Stammeskämpfe zu sein. Sie haben nicht begriffen, daß die Existenz der anderen auch die eigene Existenz befördert, da erst die Konkurrenz auf dem Markt mit den konkurrierenden Betrieben die inneren Überlebenskräfte mobilisiert und wach hält und daß die dadurch herausgeforderte Kreativität aller Mitarbeiter die Tätigkeit im Betrieb mit besonderem Sinn erfüllt.

Das Voneinander-Lernen und das Sich-gegenseitig-Stützen hat für Handwerksbetriebe seit dem Mittelalter in den Zünften oder Innungen eine alte Tradition. Allerdings hatten diese meist die Funktion, den Markt zugunsten von Preisabsprachen zu unterlaufen. Die damit verbundene **Kartellbildung** hat seit dem Mittelalter im Handwerk verhindert, daß es zu nennenswerten kreativen Leistungen hat kommen können. Außerdem galt nach theologisch-kirchlicher Auffassung, daß der Mensch sich nicht anmaßen dürfe, kreative Fähigkeiten zu besitzen; denn das wäre ein gotteslästerlicher Angriff auf das Kreativitätsmonopol des Herrgotts. Kreative Leistungen wurden im Handwerk erst mit der Einführung der Gewerbefreiheit möglich. Dennoch zeigt freilich das Beispiel der Innungen, daß es sicher nicht nur für die gemeinsame Ausbildung des Nachwuchses enorme Vorteile hat, mit den Konkurrenten friedlich zusammenzuarbeiten.

Das Ziel, Vorteile durch die Zusammenarbeit von Betrieben zu bewirken, könnte diese dazu verleiten, Mindestpreise zu vereinbaren. Solche Regelungen sind im deutschen Recht (GWB § 1) und auch im europäischen Recht verboten (Vertrag zur Gründung der Europäischen Wirtschaftsgemeinschaft vom 25.3.1957, §§ 85 und 86).[18] Und es soll hier einmal gefragt werden, ob diese gesetzlichen Regelungen mit den Prinzipien der individualistischen Wirtschaftsethik verträglich sind.

Hier sind das Verstehensprinzip und das Stabilitätsprinzip der Gegenseitigkeit betroffen. Denn wenn es sich um heimliche Preisabsprachen handelt, dann wäre der Offenheitsgrundsatz, der aus dem Verstehensprinzip folgt, verletzt. Andererseits werden Preisabsprachen deshalb verheimlicht, weil hinter diesen stets die Absicht der Schädigung der Nachfrager steht. Die Nachfrager würden also bei Kenntnis der Preisabsprachen niemals zu einem akzeptierenden oder gar zu einem zustimmenden Verstehen vordringen können. Damit verletzen Preisabsprachen das Verstehensprinzip in mehrfacher Hinsicht. Aber auch das Stabilitätsprinzip der Gegenseitigkeit bleibt bei einer Preisabsprache unberücksichtigt; denn beim Festlegen von Preisen ist jeder mögliche Käufer ein Gegenüber oder ein Betroffener, dessen Interessen oder Vorteile bei der Preisabsprache nicht nur nicht berücksichtigt, sondern sogar beeinträchtigt werden. Daraus folgt, daß im Sinne einer individualistischen Wirtschaftsethik die Wirtschaftssubjekte aus Selbstverantwortung keine Preisabsprachen treffen sollten. Demnach handelt es sich bei den zitierten Gesetzen gemäß der IWE um verrechtlichte ethische Forderungen, so, wie Gesetze es sein sollten.

Die Befolgung des Verstehensprinzips und des Stabilitätsprinzips der Gegenseitigkeit bewirkt unter Wirtschaftssubjekten ganz analoge Moralregeln, wie sie sich seit langem unter einzelnen Menschen langfristig für alle Beteiligten herausgebildet und als sinnvoll erwiesen haben. Sicher versteht man sich mit den anderen Marktteilnehmern nicht besser, wenn man sie belügt, betrügt oder bestiehlt. Täte man es dennoch, so würde man sich all der Vorteile auf dem Markt freiwillig berauben, die man durch ein besseres gegenseitiges Verstehen hat: die bessere Produktanpassung an den Markt, die richtigere Kaufkrafteinschätzung der Marktteilnehmer für seine eigene Produktionsplanung und das positive Image, bei den anderen Marktteilnehmern als zuverlässiger, qualitätsbewußter und vertrauenswürdiger Vertragspartner angesehen zu werden, ganz zu schweigen davon, daß es auch im Wirt-

---

[18] Gesetz gegen Wettbewerbsbeschränkungen (GWB), § 1 **Verbot wettbewerbsbeschränkender Vereinbarungen:** Vereinbarungen zwischen Unternehmen, Beschlüsse von Unternehmensvereinigungen und aufeinander abgestimmte Verhaltensweisen, die eine Verhinderung, Einschränkung oder Verfälschung des Wettbewerbs bezwecken oder bewirken, sind verboten.

schaftsleben sehr viel mehr Freude bereitet, miteinander in einer menschlich warmen und vertrauensvollen Atmosphäre zusammenzuarbeiten.

Wieviel Kummer hat etwa der Spitzenmanager Ignacio López dem VW-Konzern eingebracht, da man ihm Vertrauensbruch, Industriespionage und Behinderung von Ermittlungsverfahren vorwerfen konnte! Und natürlich wird der VW-Konzern niemals zugeben, wieviel Qualitätseinbußen er hinnehmen mußte, bedingt durch die von López durchgeführte Ausschaltung des Marktes der Zulieferer auf dem Wege der Festsetzung von niedrigsten Höchstpreisen. Der VW-Konzern hat sogar nach der von Opel und GM erzwungenen sofortigen Auflösung des Arbeitsvertrages mit López angedeutet, mit ihm einen außerbetrieblichen Beratervertrag abzuschließen.[19] Dies ist gewiß ein erstaunlicher Vorgang, der anzeigt, daß in den Chefetagen deutscher Großkonzerne noch ganz besondere Formen marktwirtschaftlichen Fehlverhaltens ausgeprägt sind. Denn wie kann man sich von jemandem beraten lassen, der so elementare Fehler gemacht hat, die man im Zusammenleben von Mitmenschen vielleicht einem Schüler zutraut, nicht aber einem erwachsenen, selbstverantwortlichen Menschen?

Aus den Überlegungen zur selbstverantwortlichen Vermeidung von Kartellbildungen ging bereits hervor, daß es einem Wirtschaftsbetrieb aus eigenem Existenzerhaltungsinteresse daran gelegen sein müßte, einen funktionierenden Markt zu bewahren, und das heißt, Konkurrenten auf dem Markt zu haben und zu erhalten. Ein Konkurrenzverhalten, durch das die konkurrierenden Betriebe in den Bankrott, den wirtschaftlichen Ruin getrieben werden sollen, ist darum im Rahmen einer individualistischen Wirtschaftsethik nicht vertretbar. Dadurch würde das Verstehensprinzip ebenso verletzt wie das Stabilitätsprinzip der Gegenseitigkeit. Nach dem Motto *„Tu dir etwas Gutes und hilf deinem Nachbarn"* sollten Betriebe, denen es gutgeht, sogar versuchen, Betrieben, die in Schwierigkeiten geraten sind, auf die Beine zu helfen. Dazu bietet sich ein großes Spektrum möglicher Maßnahmen an. Um die Phantasie für die größere Fruchtbarkeit von Kooperationen im Vergleich mit Konfrontationen, wozu sich Konkurrenz ja leicht deformieren läßt, anzuregen, mögen hier nur wenige Beispiele gegeben werden, wie sich Konkurrenz auch für alle Beteiligten positiv gestalten läßt. Ich möchte dabei mit einem Beispiel aus der Forschung beginnen, in der ja stellenweise auch eine unbarmherzige Konkurrenzsituation herrscht, die dann durchaus nicht erkenntnisfördernd ist.[20]

Wenn ein Forschungsdurchbruch zu aufregend neuen Erkenntnissen gelungen ist, dann weiß jeder, der forschend tätig ist, daß sich da das Bild von den großen Sälen mit lauter verschlossenen Türen anbietet. In einen solchen Saal gerät man dann nämlich, wenn einem ein Forschungsdurchbruch gelungen ist, weil sich durch diesen eine große Fülle von neuen

---

[19] Vgl. etwa *Hamburger Morgenpost* vom Dienstag, dem 30.11.1996 : Aufsichtsrat nahm Rücktritt an – Opel bleibt hart. López' Abgang – Als freier Berater zurück zu VW?

[20] In einem funktionierenden Markt wird es immer Konkurse geben – zum Beispiel bei Grenzbetrieben, da diese bei konjunkturellen Abschwächungen wegen der ungünstigen Kostenstruktur ihre Wettbewerbsfähigkeit verlieren. Grenzbetriebe werden die Betriebe genannt, deren Preiskalkulation so knapp ist, daß ihre Erlöse auf dem Markt gerade noch die Produktionskosten decken."

4.5 Individualistische Wirtschaftsethik im Umgang der Wirtschaftssubjekte

und weitergehenden Fragestellungen auftut, die man ganz unmöglich alle selber bearbeiten kann. Dann ist es doch nur vernünftig, alle Gedanken an eine Geheimnistuerei sofort aufzugeben, um mit den einst konkurrierenden Wissenschaftlern gemeinsame Sache zu machen, so, wie es etwa nach der Entdeckung der Quantenmechanik durch Heisenberg und Schrödinger unter den Physikern in Göttingen, München und während der sogenannten Bohr-Olympiaden in Kopenhagen so großartig gelungen war, ohne die das große Gemeinschaftswerk der Quantenmechanik nicht hätte entstehen können.

Man stelle sich nun vor, daß einer Firma eine tolle Innovation gelungen ist, etwa gar in der pharmazeutischen Industrie. Diejenigen Manager, die an ihren Universitäten noch das Streben zum Monopolgewinn angepriesen bekommen haben, werden sofort Lunte riechen und Anstalten unternehmen, um die Konkurrenten mit Hilfe dieser Innovation möglichst abzuschießen und zu vernichten. Was für ein unternehmerischer Blödsinn! Wieviel klüger wäre es, darüber nachzudenken, wie sich die Konkurrenten in die gemeinsame Aufgabe der Erzeugung von Heilmitteln zum Wohl der Menschheit einbinden ließen. So, wie die Wissenschaftler gemeinsame Sache machen sollten, wenn es um das Vorantreiben der Forschungen geht, so können sich auch die Konkurrenten in der pharmazeutischen Industrie dazu herausgefordert fühlen, über gemeinsame Anstrengungen nachzudenken, wie aus der geschaffenen Innovation zum Wohle aller weiterreichende Innovationen erarbeitet werden können. Dadurch ließe sich das Produkt-Niveau des nationalen Marktes gegenüber dem der internationalen Märkte steigern. Hinsichtlich der direkten Konkurrenz käme es also darauf an, den Markt nicht durch Innovationen zu zerstören, sondern zu stabilisieren und zu beleben! Wie wäre das möglich? Etwa durch günstige Lizenzvergaben an die Konkurrenten, die dem Stabilitätsprinzip der Gegenseitigkeit genügen, oder auch durch die Bildung gemeinsamer Forschungsgruppen mit den einstigen Konkurrenten. Es lassen sich gewiß dazu sehr viele Möglichkeiten finden. Ganz sicher ist, daß die Vermeidung von Konkursen bzw. die Vermeidung von Insolvenzen der sicherste Weg zur Reduzierung der Arbeitslosigkeit ist, die in jedem Fall das gesamte Gemeinwesen schädigt, d. h. auch die Firmen, die aus kurzsichtigem Eigennutz und gewiß nicht aus Klugheit andere Firmen in die Insolvenz gedrängt haben. Leider spielt auch hier das Wirtschaftssubjekt des Staates eine unglückselige Rolle, indem durch zum Teil sogar grundgesetzwidrige Gesetze das Phänomen von Autoimmunerkrankungen[21] des Staates ausgelöst wird. Dabei handelt es sich um besonders schwerwiegende wirtschafts- und unternehmensethische Verfehlungen, die aufgrund ihrer mangelhaften Ausbildung in wissenschaftlicher Hinsicht allzuoft Juristen innerhalb und außerhalb des Staates anzulasten sind.

Das langfristige Überlebensprogramm der IWE zielt stets auf Erhaltung des Marktes und einer sich gegenseitig befruchtenden Konkurrenz. So unsinnig es ist, politische Kriege zu führen, ebenso unsinnig ist es auch, Wirtschaftskriege zu veranstalten. Und wenn die Völker

---

[21] Autoimmunerkrankungen sind Erkrankungen, durch die das Immunsystem eines Organismus das körpereigene Eiweiß irrtümlich als Fremdstoffe erkennt und bekämpft. Autoimmunerkrankungen des Staates entstehen durch Gesetze, welche die in ihm tätigen Wirtschaftssubjekte, von denen er lebt, so schädigen, daß es zu einer Selbstschädigung des Staates kommt.

allmählich und gewiß noch sehr langsam lernen, daß Völkerverständigung dem Frieden dient, so könnten sich die großen Konzerne der Welt daran ein Beispiel nehmen und versuchen, Verständigungsmaßnahmen ihrer Konzernmitarbeiter in kleinem und später in größerem Rahmen vorzunehmen.

Die Entwicklung, die wir heute gerade erleben, daß in Deutschland politische Parteien damit begonnen haben, einerseits bestimmte Konzerne der Energiebereitstellung zu unterstützen und sogar mit staatlichen Subventionen zu versehen und andererseits gegen andere Energiebereitstellungskonzerne Krieg zu führen und diese erbarmungslos zu bekämpfen, ist ein wirtschaftsethischer Skandal allergrößten Ausmaßes, der nur über eine massenhafte Desinformation der Bevölkerung gar nicht ins Bewußtsein der allermeisten Menschen eindringen konnte.

Wir können nur hoffen, daß der antifaschistische Geist der Aufklärung noch nicht mituntergegangen ist. Wir haben in Immanuel Kant schon einen Mitstreiter, der immerhin bereits vor 229 Jahren nicht nur davor gewarnt hat, sondern es ausdrücklich als *Verbrechen wider die menschliche Natur* gegeißelt hat, wenn mächtige Organisationen wie etwa der Deutsche Bundestag jetzt künftige Generationen in ihrer Entscheidungsfreiheit durch ein Gesetz binden möchten. Kant sagt in seinem berühmten und hier schon mehrfach zitierten Aufsatz „Beantwortung der Frage: Was ist Aufklärung?"[22]:

> „Aber sollte nicht eine Gesellschaft von Geistlichen, etwa eine Kirchenversammlung oder eine ehrwürdige Classis (wie sie sich unter den Holländern selbst nennt), berechtigt sein, sich eidlich untereinander auf ein gewisses unveränderliches Symbol zu verpflichten, um so eine unaufhörliche Obervormundschaft über jedes ihrer Glieder und vermittelst ihrer über das Volk zu führen und diese sogar zu verewigen? Ich sage: das ist ganz unmöglich. Ein solcher Kontrakt, der auf immer alle weitere Aufklärung vom Menschengeschlechte abzuhalten geschlossen würde, ist schlechterdings null und nichtig; und sollte er auch durch die oberste Gewalt, durch Reichstage und die feierlichsten Friedensbeschlüsse bestätigt sein. Ein Zeitalter kann sich nicht verbünden und darauf verschwören, das folgende in einen Zustand zu setzen, darin es ihm unmöglich werden muß, seine (vornehmlich so sehr angelegentliche) Erkenntnisse zu erweitern, von Irrtümern zu reinigen und überhaupt in der Aufklärung weiterzuschreiten. Das wäre ein Verbrechen wider die menschliche Natur, deren ursprüngliche Bestimmung gerade in diesem Fortschreiten besteht; und die Nachkommen sind also vollkommen dazu berechtigt jene Beschlüsse, als unbefugter und frevelhafter Weise genommen zu verwerfen."

Weil diese Worte Kants auch für alle Mitglieder des Bundestages verbindlich sein sollten, auch wenn sie diese wahrscheinlich nicht kennen, sollte es aber einem Philosophen gestattet sein, die Hoffnung zu äußern, daß das Gesetz, das noch in der Mitte des Jahres 2011 vom Deutschen Bundestag Hals über Kopf gegen die friedliche Nutzung der Kernspaltungsenergie beschlossen wurde, wenigstens die Möglichkeit zuläßt, daß bei weiter gesteigerter Sicherheit der Kernspaltungs- oder Kernfusionsreaktoren auch neue Kernenergiereaktoren gebaut werden können. Weil es dazu erforderlich ist, wieder entsprechende Forschungsinstitute einzurichten, sollte auch dies ermöglicht werden; denn heute kann man in Deutschland

---

[22] Vgl. Immanuel Kant, „Beantwortung der Frage: Was ist Aufklärung?" (Berlinische Monatsschrift, Dezember 1784, S. 481–494, 6. Absatz).

nicht einmal mehr Kernphysik in einem Institut für Kernphysik studieren. Da aber die Möglichkeit zur friedlichen Nutzung der Kernenergie – Werner Heisenberg hat schon während des Zweiten Weltkrieges an dieser Möglichkeit gearbeitet – von Deutschland ausgegangen ist, hat Deutschland durchaus eine wirtschaftsethisch zu begründende große Verantwortung für die Sicherheit der weltweit Energie liefernden Kernreaktoren, wovon es bereits Hunderte gibt und weitere Hunderte im Bau oder in der Planung sind. Dieser Verantwortung aber können wir Deutschen nur gerecht werden, wenn wir hier in Deutschland etwa an tief unter Tage errichteten Forschungsreaktoren die Sicherheitskonstruktionen von Kernenergieanlagen immer weiter steigern, um Kernkraft-Sicherheitsexperten auszubilden und in alle Welt zu schicken, um die Sicherheit kerntechnischer Anlagen unaufhörlich zu steigern, vielleicht sogar verbunden mit einer Art Nobelpreis für die Steigerung der Sicherheit von Kernspaltungs- und Kernfusionsreaktoren und der nötigen Wiederzugriffslager. Die sogenannten Endlager sind schon jetzt wirtschaftsethisch nicht vertretbar, weil Menschen die Sicherheit von Endlagern grundsätzlich nicht garantieren können, was wegen der wirtschaftlichen Nutzungsfähigkeit des Materials auch ganz unnötig ist. Die Wiederzugriffslager sind zusammen mit den Reaktoren unter Tage einzurichten. All dies müßte möglicherweise in einem neuen Gesetz aufgenommen werden, um die entstandene Situation gegenüber der friedlichen Nutzung der Kernenergie wieder wirtschaftsethisch zu entkrampfen und teilweise wieder vertretbar zu machen.

Damit mag dieser Ausflug in die wirtschaftsethisch äußerst schwierige Situation der Wirtschaftssubjekte untereinander, die für die Bereitstellung von Energie verantwortlich sind, zu Ende gehen. Dabei ist allerdings noch mitzubedenken, daß natürlich die einstigen Shareholder der Energieversorgungskonzerne, die sich auf die friedliche Nutzung der Kernenergie eingestellt hatten, längst ihr Kapital in den Konzernen angelegt haben, die auf naturschädigende Weise Energie bereitstellen, wie es sich die Masse der Menschen in Deutschland in Unkenntnis der Sachlage dennoch als ungefährlich vorstellt. Denn Kapital hat eine Tendenz, immer dahin zu laufen, wo sich gerade die Masse der öffentlichen Meinung befindet, einerlei, ob diese Meinung gut begründet, irregeleitet oder gar selbstschädigend ist.

Beim Nachdenken über die Möglichkeiten der Zusammenarbeit zwischen verschiedenen Wirtschaftssubjekten mag noch auf die historisch erprobte Möglichkeit des Genossenschaftswesens hingewiesen werden, die sich durchaus auch auf Produktionsfirmen ausdehnen läßt. Allerdings sind die Produktionsgenossenschaften durch die ideologisch-sozialistische Vereinnahmung im ehemaligen kommunistischen Machtbereich ziemlich in Verruf gekommen. Dennoch versteckt sich darin ein sehr moderner Gedanke, der im sechsten Prinzip W6 der IWE, dem sogenannten *Prinzip des selbstverantwortlichen, unternehmerischen Dienstleistungsbewußtseins*, ausgesprochen ist; denn der Hauptgedanke des Genossenschaftswesens ist, daß die Genossenschaftler zugleich Arbeitgeber und Arbeitnehmer oder, anders ausgedrückt, zugleich Unternehmer und Dienstleister sind. Dieses Prinzip scheint auch in den sogenannten Dienstleistungsbetrieben verborgen zu sein. In den allermeisten Fällen aber sind in diesen Betrieben jedoch die Unternehmer von den Dienstleistern unterschieden. Dennoch aber läßt sich in der weltweiten Zunahme des Dienstleistungsgewerbes deutlich erkennen, daß aufgrund der Arbeitsplatzvernichtung durch Mechanisierung und Automatisierung neue Arbeitsbereiche und Arbeitsplätze erstanden sind, deren geforderte Leistungen nicht durch Maschinen erbracht werden können, so daß ich sogar von einer Vermenschlichung des Arbeitsmarktes sprechen möchte.

Mit dem Prinzip W6, dem Prinzip des selbstverantwortlichen, unternehmerischen Dienstleistungsbewußtseins, wird deutlich darauf hingewiesen, daß im Rahmen der individualistischen Wirtschaftsethik (IWE) die Menschen sich nicht freiwillig in die beiden Klassen der Arbeitnehmer und der Arbeitgeber einteilen lassen sollten, die allzuleicht begriffen werden als die Klassen der Unterwürfigen und der Herrschenden oder gar der Habenichtse und der Wohlhabenden. Ich meine, daß dieses Klassendenken aus dem 19. und 20. Jahrhundert mit dem 21. Jahrhundert nun endlich verabschiedet werden sollte. Darum können sich, durch dieses Prinzip befördert, neue Unternehmensformen herausbilden, die im nächsten Unterabschnitt von größerer Bedeutung sein werden, in dem es um die einzelnen Arbeitsleistungen geht, die in den Betrieben von den Mitarbeitern aufgrund ihrer Sachkenntnis erbracht werden.

4.5.6 Der Umgang der Wirtschaftssubjekte untereinander in der Form der auf dingliche Art persönlichen Güter

Die Wirtschaftssubjekte, die als bestimmte Systeme menschlichen Zusammenlebens organisiert sind, werden diese Organisation in den meisten Fällen auf vertragliche Verhältnisse zwischen übergeordneten und untergeordneten Systemen stützen, wobei in den meisten Fällen die untergeordneten Systeme einzelne Menschen sind, die einzelnen Mitarbeiter einer Firma. Die dabei auftretenden Rechtsverhältnisse zwischen Wirtschaftssubjekten beschreibt Kant als auf *dingliche Art persönliches Recht,* einerlei, ob es sich dabei um juristische oder natürliche Personen handelt. Und weil es darum bei den vertraglichen Rechtsgütern natürliche oder juristische Personen sind, die sich vertraglich verpflichten, bestimmte Leistungen zu erbringen, die als Wirtschaftsgüter zu betrachten sind, geht es hier um einen Umgang mit „*auf dingliche Art persönlichen Gütern*". Dabei stellt sich heraus, daß der Umgang der Wirtschaftssubjekte untereinander in der Form der auf dingliche Art persönlichen Güter gar nicht unbedingt eine hierarchische Organisationsform erzwingt, wie dies etwa in einer Firma zwischen der Firmenleitung und den Mitarbeitern der Fall ist. Es kommt dabei nur darauf an, daß juristische oder natürliche Personen etwas mit Hilfe der sogenannten *persönlichen Güter* produzieren. Dabei wird so getan, als ob *das Herstellende* als *Dinge mit bestimmten Produktionseigenschaften* betrachtet werden könnte, also als *handelbare Güter mit Produktionseigenschaften.* Sowohl der Einsatz als auch die Leistungsfähigkeit dieser produzierenden Dinge, die mit den Personen verbunden sind, gelten als Bestandteile von Verträgen. So verkauft etwa ein Ingenieur als Mitarbeiter einer Firma seine Kenntnisse und Leistungsfähigkeiten für die Produktion von Gütern, etwa die Konstruktion eines Krans oder einer Dampfturbine. Aber auch eine Firma kann z. B. als Generalunternehmer ihre Kenntnisse und Leistungsfähigkeiten verkaufen, um ein Einfamilienhaus fertigzustellen

4.5 Individualistische Wirtschaftsethik im Umgang der Wirtschaftssubjekte

mitsamt den Gartenzwergen, die bei der Übergabe des Produktes auf dem Kunstrasen vor dem Hause stehen. Daß es sich dabei um Menschen handelt, die diese Produkte erstellt haben, spielt bei dieser Betrachtung keine Rolle. Es geht nur um die Erfüllung der Verträge, welche die auf dingliche Art persönlichen Güter zu erfüllen haben.

▶ **Definition** Auf *dingliche Art persönliche Güter* sind produktive Eigenschaften von Wirtschaftssubjekten, die gehandelt werden können.

Diese Formulierung nach dem Vorbild Kants wird hier benutzt, um mit aller Deutlichkeit darauf aufmerksam zu machen, daß unser gesamtes Wirtschaftsleben genau in dieser Art abläuft, d. h., wir haben den Umgang der Wirtschaftssubjekte untereinander bereits mechanisiert, weil wir **die Welt ausschließlich äußerlich betrachten**, so, als ob jede Innerlichkeit keine Rolle spiele. Und daraus folgt schließlich, daß alle Wirtschaftswissenschaften nur Strategien dafür angeben, wie sich der **äußere Gewinn** bzw. der **äußere Nutzen** vermehren läßt. Werden Menschen nur gemäß der *auf dingliche Art persönlichen Güter* behandelt, dann dienen sie nur zur Erfüllung eines Zweckes, was Kant bereits als unmoralisch verworfen hat, und dennoch ist diese Behandlungsart in der Wirtschaft gang und gäbe und wird – was noch viel schlimmer ist – in den Beugehaft- und Erzwingungsmaßnahmen in Zivil- und Strafprozessen massenhaft angewendet, obwohl dies der UN-Antifolterkonvention von 1987 widerspricht, der die Bundesrepublik Deutschland 1990 beigetreten ist.

Diese **Veräußerlichung in unserem Denken** hat ganz erstaunliche geistesgeschichtliche Ursachen, die im **Kausalitätsdogma der Naturwissenschaften** zu finden sind, dem die Naturwissenschaftler und insbesondere die Neurophysiologen bis heute blind und kritiklos anhängen. Und fragt man sich, wie es geschehen konnte, daß die Naturbetrachtung der griechischen Antike, die sich ganz von der Überzeugung einer Innensteuerung allen Geschehens leiten ließ, am Ende des Mittelalters und zu Anfang der Neuzeit in das Gegenteil dazu, in die Naturbetrachtung der kausalen Außensteuerung, umkippen konnte, dann wird man auf die erstaunliche Erklärung dafür geführt, daß es die Form der Offenbarungsreligionen, insbesondere des Christentums, gewesen ist, durch welche die Menschen nicht durch eigenes Nachdenken, sondern nur durch die von außen kommende Nachricht, die als gute Nachricht[23] angekündigt wird, der Offenbarung teilhaftig werden können. Diese Einsicht läßt sich allerdings erst durch ein sehr gründliches Studium der Geistesgeschichte gewinnen.[24] Im Rahmen der individualistischen Wirtschaftsethik wird versucht, Möglichkeiten für die *Entmechanisierung und die Vermenschlichung* des Umgangs mit Wirtschaftssubjekten anzugeben, indem neben den Äußerlichkeiten auch die angemessene Bedeutung der **Innerlichkeit in Form innerer Werte**, des Strebens nach **innerem Nutzen** und der **Sicherung der inneren Existenz der Wirtschaftssubjekte** herausgearbeitet wird. Daraus ergibt sich die

---

[23] Die „gute Nachricht" wurde von Luther, dem Altgriechischen entnommen, als „Evangelium" bezeichnet.

[24] Vgl. W. Deppert, Problemlösung durch Versöhnung, abgedruckt in www.information-philosophie.de unter der Rubrik Vorträge, veröffentlicht am 1. September 2009.

Grundstruktur der individualistischen Wirtschaftsethik, grundsätzlich nur Forderungen an sich selbst zu stellen, um den Veräußerlichungstendenzen entgegenzuwirken.

Nun legen Verträge im Umgang mit anderen Wirtschaftssubjekten aber fest, welche Verpflichtungen dem Vertragspartner gegenüber eingegangen werden. Dadurch entstehen Forderungen an andere. Dies kann zu Komplikationen führen, wenn man im Prinzip nur Forderungen an sich selbst akzeptieren will, wie es die individualistische Ethik vorsieht. Dies ist die gleiche Problemlage, die auftritt, wenn wir gegenüber einem staatlichen Rechtssystem verantwortlich sind, das Forderungen an uns Einzelne stellt. Obwohl die Klärung der Problemlage des argumentativen Zusammenhangs von individualistischer Ethik und staatlichen Rechtssystemen ursprünglich ein Thema der politischen Philosophie darstellt, ist es auch hier zu behandeln, weil der Staat und seine Untergliederungen auch als Wirtschaftssubjekte anzusehen und zu behandeln sind und somit ebenso wirtschaftsethischen Untersuchungen zugänglich sein müssen und es auch sind. Wie bereits beschrieben, läßt sich das Problem, im Rahmen der IWE Forderungen von anderen zu akzeptieren, auf dem Wege der Selbstverpflichtung lösen, so daß über die vorausgegangene *freiwillige Selbstverpflichtung* die von außen gestellten Forderungen als *indirekte Forderungen an sich selbst* zu verstehen sind. Solange es sich dabei um Verträge im freien Wirtschaftsleben handelt, ist es sehr wahrscheinlich, daß die nötige **Voraussetzung der freiwilligen Selbstverpflichtung** erfüllt ist.

Die Vertragspartner sollten stets in ihrem eigenen Interesse das *Stabilitätsprinzip der Gegenseitigkeit* berücksichtigen, womit sie zugleich das *Verstehensprinzip* beachten müssen, da sie sonst nicht wissen können, worin der Vertragspartner seinen Vorteil erblicken kann. Bleibt das Stabilitätsprinzip der Gegenseitigkeit unberücksichtigt, kann es dazu kommen, daß sich einer oder sogar beide Vertragspartner ausgenutzt fühlen und dadurch zu irrationalen Handlungen motiviert werden, was meist zum Schaden aller Beteiligten ausfällt. Mitarbeiter, die in ihrem Betrieb das Gefühl entwickeln, ausgebeutet zu werden, sind nicht willens und auch nicht fähig, förderliche oder gar kreative Leistungen für ihren Betrieb zu erbringen. **Mitarbeiterverträge, die nicht das Stabilitätsprinzip der Gegenseitigkeit erfüllen, senken die Produktivität des Betriebes**. Außerdem wird dadurch die *innere Existenz des Betriebes* gefährdet; denn diese besteht ja gerade aus den Identifizierungsmöglichkeiten der Mitarbeiter mit dem eigenen Betrieb. Darum ist es besonders für Betriebsleiter beim Abschluß von Arbeitsverträgen unerläßlich, das Stabilitätsprinzip der Gegenseitigkeit zu berücksichtigen. Die von Kant provozierte mechanische Betrachtungsweise des Menschen hat dazu geführt, nur noch die **veräußerlichungsfähigen Kenntnisse und Fähigkeiten am Menschen** zu betrachten und damit einen Handel zu betreiben. Dafür hat sich ein **neuer Typ von Dienstleistungsunternehmertum** in Form der **Leiharbeiterfirmen** herausgebildet. Mit diesem Firmentyp wird die soeben beklagte Mechanisierung des Menschen auf die Spitze getrieben und es fragt sich, ob sich diese Art des Unternehmertums wirtschaftsethisch rechtfertigen läßt oder nicht.

Fragen wir erst einmal danach, in welcher Weise diese Unternehmungen die wirtschaftsethischen Grundprinzipien der IWE erfüllen. Wenn sich die Leiharbeitsfirmen gemäß dem *Ordnungsprinzip* selbst nach ihrem Wertesystem befragen, dann werden sie als Wirtschaftssubjekte ja wohl keine besonderen menschlichen Beziehungen zu den Menschen als Werte, durch die sie ihre Firma erhalten, angeben können, sondern lediglich die **verdinglichungsfähigen Kenntnisse und Fähigkeiten**, die Menschen an sich haben, weil sie mit diesen Kenntnissen und Fähigkeiten, losgelöst von den Menschen, mit denen diese Kenntnisse und Fähigkeiten verbunden sind, Handel treiben. Sogar schon im kantischen Sinne ließe sich das nicht als moralisch auszeichnen, **da Kant moralisch verbietet, Menschen nur als Mittel zu gebrauchen**, wie es die Leiharbeitsfirmen tun. Dadurch kämen sie bereits sehr schnell in Widersprüche mit durchaus herkömmlichen Wertsystemen, ohne eine Chance zu haben, diese Schwierigkeiten ausräumen zu können, es sei denn, sie gäben ihre Firmenidee überhaupt auf. **Demnach läßt weder das Ordnungsprinzip noch das Stimmigkeitsprinzip die Existenz von Leiharbeitsformen zu.** Auch die *Verstehensregel* müßten sie gänzlich unbeachtet lassen, denn sie werden ihre menschlichen Arbeitsmaschinen da einsetzen wollen, wo sie nachgefragt werden, und nicht aufgrund eines gegenseitigen Verstehens. Wenn man dann bedenkt, daß die Leiharbeiter generell schlechter bezahlt werden als ihre Kollegen in der gleichen Firma, in der sie ihre Leiharbeit verrichten, dann wird auch das *Stabilitätsprinzip der Gegenseitigkeit* bei der Lohnfestlegung kaum einzuhalten sein. Fragt man dann noch nach der *Sicherung der inneren Existenz der Leiharbeitsfirma,* dann stellt sich sehr schnell heraus, daß der Leiharbeiter größte Probleme damit hat, sich mit seiner Leiharbeitsfirma zu identifizieren, da er von dieser tatsächlich nur ausgebeutet wird, d. h., er würde sehr gern und sehr schnell zu einer anderen Leiharbeitsfirma wechseln, wenn er dort wenigstens einen besseren Lohn erhielte. Da die innere Existenz der Leiharbeitsfirmen nicht zu sichern ist, müßte dasselbe auch für die äußere Existenz gelten.

Aus dieser kurzen und knappen Betrachtung liefert die individualistische Wirtschaftsethik für die Leiharbeitsfirma gar keine günstigen Überlebenschancen. Das bedeutet für die Tatsache, daß es dennoch sehr viele Leiharbeitsfirmen mit zunehmend vielen vertraglich angebundenen Leiharbeitern gibt, daß es sich hier nicht um die Freiwilligkeit einer sinnvollen Lebensgestaltung handelt, sondern um die Konsequenz einer Zwangssituation eines erbarmungslosen Überlebenskampfes aufgrund der europaweit wie eine Seuchenkrankheit grassierenden Arbeitslosigkeit, so daß selbst offensichtliche Ausbeutungs-Arbeitsverträge eingegangen werden, um wenigstens die äußere Existenz für sich selbst und die eigene Familie zu sichern. Die Existenz der Leiharbeitsfirmen ist eine Konsequenz dieser Zwangssituation auf dem Arbeitsmarkt, d. h., der Arbeitsmarkt erfüllt nicht die Bedingungen eines freien Marktes, es ist mithin kein Markt, wie er hier als sinnstiftend für alle Marktteilnehmer beschrieben wurde.

Fragen wir nun nach der Anwendbarkeit der IWE für den Leiharbeiter. Dabei fällt sofort eine grundsätzliche Konstruktionsschwierigkeit auf; denn nach der IWE gibt es nur die Möglichkeit, Forderungen von anderen zu akzeptieren, wenn man sich vorher dazu selbst verpflichtet hat. Nun sind Leiharbeiter aber Angestellte der Leiharbeitsfirma und nicht der Firma, bei der sie arbeiten sollen. Formal gesehen könnten sie also ihre Fähigkeiten, zu arbeiten, bei der Leiharbeitsfirma ausüben, das sollen sie aber gar nicht, sie sollen bei einer Firma arbeiten, mit der sie keinen Vertrag haben und mithin auch keine Selbstverpflichtung eingegangen sind. Dieser Schwierigkeit werden die Leiharbeitsfirmen vermutlich vorbeugen, indem sie in ihren Vertrag eine zusätzliche Verpflichtung hineinschreiben, sich auch den Anweisungen der Vorgesetzten zu unterwerfen, bei denen die Leiharbeiter über die Leiharbeitsfirma eine Arbeit zugewiesen bekommen haben. An dieser Stelle aber greift nun das sechste Prinzip der individualistischen Wirtschaftsethik ein, das Prinzip des selbstverantwortlichen unternehmerischen Dienstleistungsbewußtseins. Danach könnte und sollte sich der Arbeiter dazu aufgefordert fühlen, sich selbst als seinen eigenen Unternehmer zu betrachten, und seinen Vertrag mit der Leiharbeitsfirma kündigen, um mit der Firma, die seine Arbeit nachfragt, direkt einen Zeitarbeitsvertrag abzuschließen, durch den er sicher einen höheren Lohn erhalten kann, da die Firma einen Nutzen davon hat, ihn *nicht* als Dauerarbeitskraft einstellen zu müssen. Dadurch würde die Leiharbeitsfirma ethisch entlastet, und der Leiharbeiter könnte sich als Selbständiger seiner zurückgewonnenen Menschenwürde erfreuen. Damit erweist sich erneut, daß sich die Existenz der Leiharbeitsfirmen gar nicht wirtschaftsethisch rechtfertigen läßt.

Der Staat als Wirtschaftssubjekt hat nach der IWE die Pflicht, sich um die Sicherung der äußeren und inneren Existenz seiner Bürger zu bemühen. Darum darf er aus wirtschaftsethischen Gründen seine Augen vor der Not seiner Bürger, die sich lediglich aufgrund von äußerer Existenznot den menschenunwürdigen Bedingungen von Leiharbeitsfirmen unterwerfen, nicht verschließen. Er hat also die Pflicht, Abhilfe zu schaffen. Durch die Anwendung der IWE weiß er, wie sich der Leiharbeiter aufgrund seines selbstverantwortlichen Dienstleistungsbewußtseins am würdigsten verhalten kann, und hat ihn nach Art. 1 GG dahingehend zu unterstützen, daß er seinen Weg zum selbständigen Leiharbeiter gehen kann. Die Verrechtlichung dieser Einsicht sollte durch ein Gesetz geschehen, welches vorschreibt, daß Leiharbeiter grundsätzlich Miteigentümer von Leiharbeitsfirmen sind. Dadurch wären tatsächlich die Leiharbeiter ihre eigenen Unternehmer, und sie könnten durch ihre eigenen Verträge mit den Firmen, die sie als Mitarbeiter brauchen, eine direkte Selbstverpflichtung eingehen, so wie dies in der IWE vorgesehen ist. Durch eine solche rechtliche Maßnahme, die ganz durch die IWE gestützt ist, ließe sich das gesamte Leiharbeitersystem sehr schnell in eine menschlich und wirtschaftlich für alle Teile erfreuliche Umgestaltung unseres Wirtschaftssystems verwandeln. Dadurch würde ein neuer Typ von Unternehmen geboren, welche *IWE-Dienstleistungsunternehmen* heißen mögen, bei denen die Firmenbesitzer zugleich Dienstleister sind, und damit bekäme das sechste Prinzip der IWE eine Leitfunktion in der Bewußtseinsentwicklung der Bevölkerung, in der das selbstverantwortliche Handeln von einem ethischen Bewußtsein getragen ist, das alle Lebensbereiche ergreift, so wie wir es gern hätten.

▶ **Definition** Ein *IWE-Dienstleistungsunternehmen* ist ein solches, in dem die Dienstleister Eigentümer des Unternehmens sind.

Dies sind gewiß noch wirtschaftsethische Träume, die sich aber als Konsequenzen einer selbstverantwortlichen Lebenshaltung erweisen. Doch nun zurück in die immer noch ethisch sehr rauhe Wirklichkeit!

Es ist längst bekannt, daß sich die Produktivität von Betrieben durch die Verwirklichung eines innovationsfreudigen Klimas steigern läßt. Innovationsfreudigkeit aber er-

4.5 Individualistische Wirtschaftsethik im Umgang der Wirtschaftssubjekte

fordert größtmögliche Offenheit zwischen den Mitarbeitern und zwischen Mitarbeitern und Betriebsleitung. Die Offenheit unter den Mitarbeitern wird erst dann wirklich um sich greifen, wenn die Betriebsleitung auf einen möglichst offenen Informationsfluß achtet. Heimlichkeiten sind in jedem Fall schädlich. Das *Verstehensprinzip* und mit ihm der *Offenheitsgrundsatz* sind darum wichtigste Forderungen, die jeder Betriebsleiter und jeder Mitarbeiter aus eigenem Interesse an sich selbst stellen sollte, wenn er daran interessiert ist, daß ihm seine Arbeit Spaß macht und auch innere Freude bereitet.

Daß Geheimhaltungen meist den Grund haben, anderen zu schaden, hat bereits Jeremy Bentham 1786 herausgearbeitet.[25] Er stellte darum den Grundsatz auf: „Die Geheimhaltung in der Geschäftsführung des Auswärtigen Amtes sollte nicht geduldet werden." Denn diese diene ohnehin nur zu Kriegsvorbereitungen, die in jedem Fall zu Selbstschädigungen führten. Und wie bereits erwähnt, formulierten auch schon die Stoiker eine Art Offenheitsprinzip. So berichtet Seneca von dem Stoiker Athenodoros, daß dieser in deutlich individualistischer Ausdrucksweise gesagt habe:

> „Dann sollst Du Dich von allen Leidenschaften erlöst wissen, wenn Du dahin gelangt bist, daß Du Gott um nichts anderes bittest, als was Du vor aller Welt erbitten kannst."[26]

Und wir wissen bereits, daß auch Kant in seiner Schrift „Zum ewigen Frieden" ein unmißverständliches Publizitätsprinzip aufgestellt hat.

So wie es sich bereits an der Konfliktsituation des hier beschriebenen Falles von Peter Wolf über den möglichen Erwerb eines Murkers zeigte, muß das Offenheitsprinzip selbst nach der Hierarchie der eigenen Werte im Zusammenhang mit den verschiedenen Stufen des Verstehens angewandt werden. Das heißt, wir müssen unseren Partnern gegenüber dahingehend offen sein, indem wir ihnen verständlich machen, warum wir in bestimmter Beziehung zu ihnen nicht offen sein können, da sonst eine Kollision innerhalb der eigenen Wertehierarchie entstünde. Es gibt also in einer Firma oder in einem Staat trotz größtmöglicher Offenheit gegenüber anderen Wirtschaftssubjekten mögliche zeitlich begrenzte Geheimhaltungen vor Wirtschaftssubjekten, die in der persönlichen Wertehierarchie niedriger eingestuft werden als diejenigen, die in der eigenen Wertehierarchie höher rangieren.

Wenn also etwa eine Firma oder ein Staat in Vertragsverhandlungen steht, dann erfordern diese Verhandlungen größtmögliche Offenheit zu den erwünschten Vertragspartnern und den Willen zur gegenseitigen Vertrauensbildung, wozu auch Verschwiegenheitsvereinbarungen gehören. Mit Vertragsverhandlungen sind darum auch nicht selten Vereinbarungen der Geheimhaltung verbunden Dazu gibt es vielerlei einsichtige Gründe. Sicher ist, daß

---

[25] Jeremy Bentham, *The Works of Jeremy Bentham,* herausgegeben von John Bowring, Bd. II, Edinburg 1843. Deutsch: Oscar Kraus (Hrg.), *Jeremy Benthams Grundsätze für ein künftiges Völkerrecht und einen dauernden Frieden,* (übers. von Camill Klatscher), Halle 1915. Außerdem in Auszügen: Kurt von Raumer, *Ewiger Friede. Friedensrufe und Friedenspläne seit der Renaissance,* Alber Verlag, Freiburg 1953, S. 379–417.

[26] Vgl. Seneca, Epistulae morales ad Lucilium, Liber I, *Briefe an Lucilius über Ethik. 1.Buch,* Reclam, Stuttgart 1987, S. 53. Zu der Zeit des Athenodoros war es üblich, auf die in den Städten aufgestellten Götterstatuen zu klettern, um ihnen seine Wünsche ins Ohr zu sagen.

durch den Entschluß, in Vertragsverhandlungen einzusteigen, der jeweils andere Verhandlungspartner in der Wertehierarchie über den nicht ausgewählten möglichen Verhandlungspartnern steht. Ganz entsprechend ist die Forderung an Betriebsmitglieder nach dem Stillschweigen über Betriebsgeheimnisse zu begründen; denn die Betriebsmitglieder bekennen sich durch die Unterzeichnung des Anstellungsvertrages dazu, daß ihre Firma in ihrer eigenen Wertehierarchie höher steht als jede andere Firma, mit der sich die eigene Firma in einer Konkurrenzsituation befindet. Ein unbeschränktes Offenheitsprinzip führte notwendig zu Kollisionen im eigenen Wertesystem. Um dies zu vermeiden, ist seine Anwendung gemäß der eigenen Wertehierarchie ebenfalls zu hierarchisieren. Über diesen Sachverhalt braucht man hingegen kein Stillschweigen zu bewahren, im Gegenteil sollte man einen Anbieter oder einen Nachfrager in aller Offenheit darüber aufklären, in welcher hierarchischen Position des eigenen Wertesystems er sich in bezug auf mögliche Verhandlungen befindet.

4.5.7 Individualistische Wirtschaftsethik im Umgang der Wirtschaftssubjekte mit den auf persönliche Art dinglichen Gütern und den rein dinglichen Gütern

Es geht hier um die im Abschn. 4.1 kurz beschriebenen dritten und vierten Anwendungsbereiche der Wirtschafts- und Unternehmensethik. Der Begriff der auf *persönliche Art dinglichen Güter* ist wiederum aus gewichtigen Gründen der Kant'schen Systematik der Rechtsbegriffe entlehnt, um damit das besondere Verhältnis der Menschen zu den Lebewesen der Natur und der Gesamtnatur von den rein dinglichen Gütern als bloßen Sachen abzuheben. Es ist die Frage zu klären, wie dieses Verhältnis im Wirtschaftsleben mit Hilfe der Grundsätze individualistischer Wirtschaftsethik gestaltet werden kann.

▶ **Definition** *Auf persönliche Art dingliche Güter* sind biologische Lebewesen, die im Wirtschaftsleben als Güter behandelt und gehandelt werden.

Zum Einstieg in diese Problematik des Umgangs mit *auf persönliche Art dinglichen Gütern* mag folgendes Beispiel dienen:

Beispiel

Ein Forscher fragt sich, ob er durch Genmanipulation einem Tier eine am Menschen schwer erforschbare seltene Krankheit anzüchten sollte, um diese Krankheit leichter untersuchen zu können und um diese Genmanipulation über eine Patentanmeldung wirtschaftlich nutzen zu können.

Da ein direktes Verstehen zwischen Mensch und Tier wohl nur in seltenen Ausnahmefällen möglich ist, müßte der Forscher das *Stabilitätsprinzip der Gegenseitigkeit* zu Rate ziehen. Danach hätte er sich zu fragen, ob er mit der beabsichtigten Genmanipulation dem Tier oder der Tierart Vorteile verschafft oder ob es nur Nachteile sind, die die genmani-

4.5 Individualistische Wirtschaftsethik im Umgang der Wirtschaftssubjekte

pulierten Tiere in Kauf zu nehmen hätten. Da vermutlich das Letztere der Fall ist, sollte er dem Stabilitätsprinzip der Gegenseitigkeit folgen und die Genmanipulation unterlassen.

Um diese Entscheidung aus der Begründung durch das *Stabilitätsprinzip der Gegenseitigkeit* einsichtig zu machen, sollte man sich klar darüber werden, daß das Verhältnis von Mensch und Natur in der nachmythischen Zeit weitgehend durch ein einseitiges Abhängigkeitsverhältnis bestimmt war: Die Natur war für den Menschen da, damit er sich von ihr ernähre und seine Freude an ihr habe. Der Mensch war aber nicht für die Natur da (von wenigen Ausnahmen abgesehen). Die Natur wurde vom Menschen ausgebeutet, was zu den verheerenden Umweltschädigungen geführt hat, die wir bereits heute zu beklagen und vor denen wir uns in der Zukunft besonders vorzusehen oder gar zu fürchten haben.

Symbiotische Verhältnisse, in denen die Symbiose-Teilnehmer, die sogenannten Symbionten, sich gegenseitig hinsichtlich der Bewältigung ihrer Überlebensproblematik unterstützen, sind in der Natur die stabilsten. Solche symbiotischen Formen des Zusammenlebens haben sich stets evolutionär aus ursprünglich parasitären Strukturen heraus entwickelt. Die Evolutionszeiträume sind aber für die Bewältigung der Überlebensproblematik der Menschen zu lang. Wir können nicht darauf warten, daß sich unser parasitäres Verhalten gegenüber der Natur auf dem Wege von Mutation, Variation und Selektion zu einem symbiotischen Verhalten ändert. Darum müssen wir diese Verhaltensänderung zur Verbesserung unserer langfristigen Überlebenschancen durch eigene Einsicht bewirken und aus eigenem Entschluß eine symbiotische Form des Zusammenlebens mit der Natur und ihren Lebewesen anstreben. Und genau dieser Weg wird durch das *Stabilitätsprinzip der Gegenseitigkeit* bestimmt.

Jahrtausende lebten die Menschen nicht nach solchen Prinzipien. Aufgrund der Macht des Stärkeren galten einseitige Abhängigkeiten, obwohl – wie wir schon erfahren haben – alle Organismen und die ganze Natur von langfristigen Prinzipien gegenseitiger existentieller Abhängigkeiten durchzogen sind.

Um die durch rein körperliche Kraft bedingten Unterwürfigkeitsstrukturen einseitiger existentieller Abhängigkeiten abschütteln zu können, entstand unter den Priestern die Idee, einen Glauben an einen übermächtigen Gott aufzubauen, der auch den mächtigsten unter den Menschen überlegen war, so daß sie als die Vermittler zu diesem allmächtigen Wesen die höchste Macht unter den Menschen gewinnen konnten. Dieser geistigen Unterdrückungsidee eines Führerprinzips der inneren Existenz folgen noch immer Milliarden von Menschen. Auf das damit einhergehende Gefahrenpotential für die äußere Existenz der Menschheit ist hier nachdrücklich hinzuweisen. Einerseits verbindet sich damit die Gefahr der Anfälligkeit von jenen Menschen zu einem absolutistischen Wissenschaftsglauben, wie er sich im vergangenen Jahrhundert in Form von Überzeugungen von angeblich wissenschaftlich beweisbarer Unterscheidbarkeit von wertvollem und „unwertem" menschlichem Leben manifestierte und was zu ungezählten Unmenschlichkeiten führte. Anderseits aber hat die Ausbildung eines geistigen Unterwürfigkeitsbewußtseins im weltlichen Bereich politischen Führern des 20. Jahrhunderts ermöglicht, unbedingte Gefolgschaft zu verlangen und auch zu bekommen. Wie sich bereits zeigte, wirken sich die Formen der Sicherung der inneren Existenz stets auf die Formen der Sicherung der äußeren Existenz aus. Diktatorische Machtansprüche im Bereich der Sicherung der inneren Existenz, sind somit stets

Gefahrenquellen für die freiheitliche Lebensgestaltung zur Sicherung der äußeren Existenz der Menschen.

Die Zeit der einseitigen existentiellen Abhängigkeiten im Denken und Fühlen der Menschen ist nach dem 20. Schreckensjahrhundert zu überwinden, und darum sollten wir sehr konsequent, wo immer wir die Möglichkeit dazu haben, für die existentielle Gegenseitigkeit eintreten und sie auch verwirklichen. Daraus erklärt sich die strikte Konsequenz, dem Forscher aus ethischen Gründen anzuraten, derartige Genmanipulationen an Tieren zu unterlassen.

Diese Fragestellung, inwiefern ein Nutzen, den wir uns von Tieren oder auch Pflanzen verschaffen, im Sinne der Anwendung des *Stabilitätsprinzips der Gegenseitigkeit* auch diesen Lebewesen einen Nutzen einbringt, ist grundlegend für einen ethisch zu rechtfertigenden Umgang mit Lebewesen überhaupt. Als Naturwesen können wir Menschen die äußere Existenz unserer Körperlichkeit nur durch die Tötung und den nachfolgenden Verzehr von Lebewesen erhalten, seien sie nun pflanzlicher oder tierischer Art. Als Jäger und Sammler der Vorzeit lebten die Menschen gewiß noch so eingebunden in die Gesamtnatur, daß sie keinerlei Gefahr für die Natur darstellten, wenn man davon absieht, daß sie schon für das Aussterben des Mammuts verantwortlich waren. Durch die aufgrund ihres sich entwickelnden Geistes immer gefährlicher werdende Waffentechnik ist der Mensch jedoch zum Schmarotzer der Natur und damit zu ihrer und seiner größten Gefahr geworden. Und um dies abzuwenden, muß er sich immer wieder um den Aufbau von symbiotischen Zusammenhängen bemühen.

Wenn wir auf großen Feldern Getreide anbauen, um es hinterher zu verzehren, so sorgen wir Menschen für das Leben dieses Getreides, d. h., den Getreidepflanzen schenken wir ihr Leben und sind mithin verantwortlich dafür, daß die Pflanzen ihrer Art gemäß gut leben können. Es ist uns auch klar, daß das Getreide dann ein hochwertiges Nahrungsmittel für uns ist, wenn wir uns um möglichst günstige Lebensbedingungen des Getreides kümmern, so daß es ein gutes Pflanzenleben führen kann. Wie steht es damit aber bei den Tieren, durch die wir unsere fleischliche Kost und unseren Bedarf an tierischem Eiweiß bereitstellen? Leben die Hühner, die Enten, die Gänse, die Puten, die Schweine und die Kühe, die durch uns Menschen ihr Leben erhalten, damit wir sie oder ihre Produkte verzehren können, leben diese Tiere so, daß wir behaupten könnten, daß sie ein ihrer Art gemäßes gutes Leben führen? Die Antwort auf diese Frage ist in den meisten Fällen ein markerschütterndes „Nein!". Es ist eine unbeschreibliche Schande, daß wir in der Bundesrepublik Deutschland und wohl weitgehend in ganz Europa oder gar auf der ganzen Welt von gequälten und geschundenen Tieren leben, die sich in keiner Weise gegen diese Grausamkeiten wehren können. Wir haben in Deutschland sogar die neu hinzugekommene grundgesetzliche Bestimmung des Art. 20a GG [Natürliche Lebensgrundlagen und Tierschutz]:

> „Der Staat schützt auch in Verantwortung für die künftigen Generationen die natürlichen Lebensgrundlagen und die Tiere im Rahmen der verfassungsmäßigen Ordnung durch die Gesetzgebung und nach Maßgabe von Gesetz und Recht durch vollziehende Gewalt und Rechtsprechung."

Diese Bestimmung wird laufend verletzt, da es die Gesetzgebung versäumt hat, ihr vor allem im Tierschutz mit verabschiedeten Gesetzen nachzukommen, die endlich der abscheulichen Tierquälerei ein Ende setzen. So essen wir massenhaft billiges Putenfleisch von Puten, die niemals das Sonnenlicht gesehen haben und die niemals auf einer Wiese gelaufen sind, was aber ihrer natürlichen Veranlagung gemäß wäre, das Entsprechende gilt für nahezu alle anderen Tiere. Den Gipfel der abscheulichen Tierquälereien nehmen die Tiertransporte von zum Schlachten vorgesehenen Tieren ein, die auf kleinstem Raum über Hunderte und Aberhunderte von Kilometern auf Europas Fernstraßen hin- und hergefahren werden und von denen nicht wenige dabei aufgrund der mörderischen Bedingungen qualvoll verenden. Das ist in höchstem Maße unmoralisch, mehr noch, es ist verbrecherisch, und wir[27] fordern die Bundestagsabgeordneten dringend auf, alle Ferntransporte von lebenden Schlachttieren grundsätzlich per Gesetz zu verbieten. Denn das wirtschaftsethische Stabilitätsprinzip der Gegenseitigkeit ist durch diese Tiertransporte extrem verletzt! - - - *Das alles ist unerträglich grauenhaft und ich empfehle an dieser Stelle etwas zu verschnaufen, um erfreulichere Gedanken zu wecken – vielleicht lassen Sie den Anfang des zweiten Satzes von Mozarts „Kleiner Nachtmusik" etwas in sich aufklingen - - -*.

Die Individualistische Wirtschaftsethik behauptet, daß die Verletzungen ihrer Prinzipien immer zu Selbstschädigungen der Menschen führen, welche die IWE mißachten, und daß deshalb diese Prinzipien immer zu berücksichtigen und einzuhalten sind. Stimmt das denn auch für die Tierquälerei? Wir haben also aus systematischen Gründen zu fragen: „Welcher Mensch oder welches kulturelle Lebewesen wird durch die Grausamkeiten, die an den Tieren verübt werden, die wir Menschen verzehren, geschädigt und auf welche Weise?"

Dies ist sicher eine äußerst wichtige Frage, weil die IWE sich langfristig als eine konsequent egoistische Ethik-Theorie verstehen will. Die Beantwortung dieser Frage hängt von der Direktheit der Beziehung zwischen den Menschen und den lebenden und den toten gequälten Tieren ab.

1. Der direkte Umgang mit den lebenden gequälten Tieren

Die Menschen, die selbst aufgrund ihres Berufs Tiere direkt zu quälen haben, weil sie Tiere mit Gewalt in die äußerst engen Käfige der Tiertransporter zu verbringen haben, schaden ihrem Gefühlsleben in nicht kalkulierbarer Weise. Ganz sicher verschaffen sie sich selbst Isolationserlebnisse und sie bewirken mit ihrem Handeln die Unmöglichkeit, beglückende Erlebnisse der Zugehörigkeit zur Natur haben zu können, wie ich sie etwa im Abschn. 4.3 kurz beschrieben habe, d. h., sie beschränken sich in ihrer Fähigkeit, sinnstiftende Zusammenhangserlebnisse zu haben, sie verrohen, und dies kann gar nicht folgenlos für ihr Zusammenleben mit anderen Lebewesen und insbesondere mit Menschen bleiben, insbesondere für sehr enge und zarte Beziehungen. Außerdem werden im direkten Umgang mit diesen Tieren Angstgefühle implementiert, weil die gequälten Tiere in ihrer Todesangst ihre

---

[27] Wenn ich hier des öfteren das Personalpronomen des Plurals verwende (‚wir' oder ‚uns'), so ist dies einerseits der Gebräuchlichkeit unter Wissenschaftlern geschuldet, nicht die eigene Person herauszustellen, so daß es wie ein Plural majestatis klingt, was auch nicht gerade ehrenhaft ist. An dieser Stelle aber erhoffe ich mir die Zustimmung von Ihnen, sehr verehrte, liebe Leserinnen und Leser, so daß ich mit dem ‚wir' möglicherweise die Leserschaft dieser Zeilen verbinden darf.

letzten Mittel von Gegenwehr einsetzen werden, sei es durch angsterregende Schreie oder auch durch bestialischen Gestank, also durch das Aussenden von schädigenden Stoffen. Das heißt, es bewahrheitet sich erneut der Satz: Jede bewußte Schädigung eines Lebewesens führt zu einer Selbstschädigung.

2. Der direkte Umgang mit den gequälten toten Tieren
Der direkte Umgang besteht im Verzehren des Fleisches der gequälten Tiere. Und da ist inzwischen längst bekannt, daß durch das Quälen von Tieren von ihrem Organismus Streßhormone produziert werden, die für alle die Organismen schädlich sind, die diese Hormone etwa durch Verzehr in sich aufnehmen. Dieser Zusammenhang ist evolutionär bedingt und läuft automatisch ab.

3. Der indirekte Umgang mit gequälten Tieren
Hier ließe sich durchaus von Schreibtischtätern sprechen, weil sie von ihren Schreibtischen aus die Schädigungen, die unter 1. und 2. nur angedeutet wurden, bewirken. Da es ihnen nicht verborgen bleiben kann, welche Schädigungen sie an natürlichen Lebewesen ausüben, wird auch in ihnen der evolutionär bedingte Mechanismus einsetzen, der schließlich ebenfalls zu einer Schädigung ihres eigenen Organismus führt. Dies bedarf einer grundsätzlichen Erklärung, die ich längst versprochen habe, und die nun zu erfolgen hat.[28]

Jeder wird die eigene Erfahrung kennen, daß wir bei einem Streit, bei heftigen Auseinandersetzungen oder auch dann, wenn wir aufgrund unserer eigenen Position die Pflicht haben, jemanden zu tadeln und zurechtzuweisen, in uns selbst unangenehme körperliche Reaktionen spüren, etwa daß wir Magenschmerzen, einen schnelleren Puls, eine unangenehme innere Erregtheit oder gar innere Verkrampfungen und starkes Hitzeempfinden bekommen. Diese Körperreaktionen sind schwer zu erklären, da es doch nur Worte sind, Produkte unseres Geistes, die dabei hin- und herfliegen, und keine materiellen Gegenstände. Um dies wenigstens ein bißchen zu beschreiben, spricht man von *psychosomatischen* Erscheinungen oder, wenn man die Beteiligung des Geistes noch hervorheben möchte, von *gnoseo-psychosomatischen* Reaktionen. Die Prinzipien, nach denen wir meinen, daß die biologische Evolution abgelaufen sein könnte, liefern auch dazu eine Erklärung. In allen Teilorganismen eines Organismus sind danach notwendig die beiden scheinbar entgegengesetzten Prinzi-

---

[28] Ralph Waldo Emerson hat den Mechanismus der Selbstschädigung durch unmoralisches Verhalten intuitiv erspürt und in seinen Essay immer wieder dargestellt. So schreibt er in seinem Essay „Geistige Gesetze" : „Ein Mensch gilt für das, was er wert ist. Was er ist, prägt sich in Lichterschrift seinem Gesicht, seiner Gestalt, seinem Schicksal ein. Verheimlichung nutzt ihm nichts, Prahlerei nichts. Es liegt ein Bekenntnis im Blick unserer Augen, in unserem Lächeln, in unseren Begrüßungen, im Händedruck. Seine Sünde beschmutzt ihn, zerstört allen guten Eindruck. Die Menschen wissen nicht, warum sie ihm nicht trauen; aber sie trauen ihm nicht. Sein Laster macht sein Auge gläsern, schneidet Linien eines gemeinen Ausdrucks in seine Wangen, preßt die Nase zusammen, setzt das Zeichen des Tieres an seinen Hinterkopf und schreibt: O Narr! Narr! auf die Stirne eines Königs." Vgl. Ralph Waldo Emerson, *Essays,* übersetzt v. Harald Kiczka, Diogenes Verlag, Zürich 1983, *Geistige Gesetze*, S. 124f.

pien, das *principium individuationis* und das *principium societationis,* angelegt, weil sonst eine Evolution gar nicht stattfinden kann. Um diese beiden Prinzipien zum Ausgleich zu bringen, besitzen alle Organismen ein Unterwürfigkeits- oder Harmoniebewußtsein zur Stabilisierung des größeren Organismus, dem sie angehören. Und die Menschen haben in sich ein auf evolutionäre Weise implementiertes Bewußtsein gegenüber ihren Mitmenschen und der Mit-Natur, von der sie leben. Wenn wir Menschen diesem Bewußtsein zuwiderhandeln, indem wir Streit anfangen, anderen Menschen oder anderen Lebewesen bewußt Schaden zufügen, dann geht von unserem Bewußtsein, das ja die Verbindung zu sämtlichen Überlebensfunktionen darstellt, zu denen all unsere Organe gehören, eine Irritation aus, die sich dann negativ in unserer eigenen Körperlichkeit auswirkt. Wenn diese Selbstschädigungen regelmäßig auftreten, dann erleiden wir auf Dauer entweder chronische Erkrankungen oder psychische Schädigungen mit weiteren psychosomatischen Komplikationen. Dies ist der Grund dafür, daß wir auf durchaus erschreckende Weise etwa bei Gefangenenbesuchen in Gefängnissen bemerken, daß das dort beschäftigte Personal durchweg unter schweren psychischen Schädigungen leidet, ohne daß – besonders die leitenden Bediensteten – sie dies selbst bemerken können. Dies gilt grundsätzlich für alle Berufe, die von dem Auftrag leben, anderen, seien es nun Menschen oder Tiere, ganz bewußt zu schaden. Und darum werden auch die oben genannten „Schreibtischtäter" schwere psychische Schädigungen zu erleiden haben, die sich oft genug ganz schlicht dadurch erkennen lassen, daß sie beim Telefonieren den Hörer auflegen, wenn ihnen an dem Gespräch etwas nicht paßt.

Als ich das erste Mal über die evolutionäre Begründung dieser ziemlich dramatischen Erfahrungen nachdachte, kam mein jüngster Sohn mit einer Zahlungsaufforderung des HVV (Hamburger Verkehrsverbund) nach Hause, der dazu aufforderte 40 € zu zahlen. Auf meine Nachfrage hin erklärte mir mein Sohn, daß er mit diversen Schulfreunden zusammen mit dem gerade bereitstehenden Bus genau eine Station gefahren und von HVV-Kontrolleuren ohne Fahrschein erwischt worden wäre. Er gab mir den Zahlungsaufforderungszettel. Darauf war eine Telefonnummer vermerkt, die ich sogleich anrief. Eine angenehme Männerstimme läßt sich hören, und ich schildere ihm den Vorfall und äußere meinen Unmut über die mangelhafte Kinderfreundlichkeit des HVV. Daraufhin beteuert er mir sein Bedauern darüber, daß es aber seine Pflicht sei, diese Gelder einzutreiben. Und nun fragte ich ihn, ob er dadurch, daß sein Beruf von ihm abverlangt, anderen Menschen zu schaden, an seiner Körperlichkeit selbst schon irgendetwas bemerkt habe. Darauf antwortet er sehr spontan: „Was glauben Sie wohl, ich habe gerade meine vierte Bypass-Operation hinter mir." Durch diese schnelle Antwort gewann ich den Eindruck, daß dieser „Schreibtisch-Täter" bereits eine Ahnung von den evolutionär bedingten Zusammenhängen hatte. Gewiß muß meinem Begründungsversuch hier noch weiter wissenschaftlich nachgegangen werden, bevor sich die Einsicht ‚*bewußte Schädigungen von anderen führen stets zu Selbstschädigungen*' als Erkenntnis bezeichnen läßt. Dies wäre jedenfalls eine Erkenntnis, die nicht nur aus wirtschaftsethischen sondern aus allgemein individualistisch-ethischen Gründen möglichst weit zu verbreiten ist, da sie uns zu einer sehr viel friedlicheren Menschenwelt führte.

Bei Tieren oder meinetwegen auch Pflanzen, von denen Menschen meinen, daß es zwischen ihnen zu gewissen Formen des gegenseitigen Verstehens kommt, läßt sich sogar auch das Verstehensprinzip anwenden, um zu Handlungsentscheidungen zu kommen, die durch die individualistische Ethik begründbar sind. Dazu besitzen wir ganz bestimmte Fähigkeiten, uns *in einen anderen hineinversetzen* zu können. Das können wir verstehen, wenn wir wissen, daß unser Gehirn in der Lage ist, in uns einen Repräsentanten unseres Gegenübers zu erzeugen. Mit diesem Repräsentanten können wir direkt kommunizieren, auch wenn wir es zu unserem Gegenüber direkt nicht können. So läßt es sich begreifen, daß unsere Kinder sich ganz mühelos mit ihren Puppen unterhalten können. Dies ist eine mythische Erlebnisform, die prinzipiell in jedem Menschen angelegt ist. Diese Fähigkeit kann auch sehr trostreich sein, wenn wir anläßlich eines schmerzlichen Trauerfalles in uns bemerken, daß wir in einer Ruhepause und innerer Versenkung uns mit dem Verstorbenen unterhalten können, da sich in unserem Gehirn ein Repräsentant von ihm gebildet hat. Wir haben sogar die Möglichkeit, zu einer Landschaft oder zu einer Ortschaft ein persönliches Verhältnis aufzubauen, so daß es uns weh tun kann, wenn wir den Eindruck haben, daß mit der betreffenden Landschaft oder Ortschaft etwas Ungehöriges vorgenommen wird, wie etwa die modern gewordene „Verspargelung" der Landschaft durch den gehäuften Aufbau oder Anbau von Windenergieanlagen, usf.

Weil es unsere eigene Fähigkeit ist, in uns selbst Repräsentanten der auf persönliche Art dinglichen Güter zu bilden, ist es letztlich ein Umgang mit uns selbst, wenn wir versuchen, zur Natur und zu ihren Lebewesen eine symbiotische Form des Zusammenlebens zu begründen, zu erstellen und zu erhalten. Damit erreichen wir gemäß Abschn. 4.1 einen Übergangsbereich zwischen dem dritten und dem vierten Anwendungsbereich der Wirtschaftsethik.

Der Übergang zum Umgang der Wirtschaftssubjekte mit den rein dinglichen Gütern ergibt sich dadurch, daß es rein dingliche Güter gibt, die alles Leben zum Überleben benötigt. Die hier vorgenommene Unterscheidung von *auf dingliche Art persönlichen Gütern, auf persönliche Art dinglichen Gütern* und *rein dinglichen Gütern* ist in den Wirtschaftswissenschaften normalerweise nicht üblich, obwohl die dabei zutage tretenden Unterschiede von erheblicher Bedeutung sind. Üblich ist, die Güter grundsätzlich nach ihrer Verfügbarkeit in nicht-öffentliche und öffentliche Güter zu unterscheiden. Der Begriff der *öffentlichen Güter*, die ursprünglich auch als *freie Güter* bezeichnet worden sind, sei hier wie folgt bestimmt:

▶ **Definition** Der Begriff des *öffentlichen Gutes* sei hier implizit durch folgende Eigenschaften bestimmt:
1. Die Nutzung eines *öffentlichen Gutes* hängt nicht von der Zahlung eines Entgelts ab.
2. Niemand kann von der Nutzung eines öffentlichen Gutes ausgeschlossen werden.
3. Die Nutzung des öffentlichen Gutes steht nicht in Rivalität oder in Konkurrenz zu anderen Nutzern.

4.5 Individualistische Wirtschaftsethik im Umgang der Wirtschaftssubjekte

Ein typisches *öffentliches Gut* sind die Luft, die wir atmen, oder der Raum, durch den wir unseren Körper bewegen,[29] aber auch die öffentlichen Straßen, auf denen wir dies tun, schließlich auch das Sonnenlicht, durch das wir etwas sehen und uns in der Welt orientieren können. Durch die oben angegebene allgemeine Definition von Wirtschaftsgütern gehören auch die *öffentlichen Güter* zu den Wirtschaftsgütern. Das ist schon deshalb vernünftig, weil auch die *öffentlichen Güter* zu den potentiell knappen Gütern gehören könnten. Und tatsächlich erleben wir es heute immer wieder, wie einstige öffentliche Güter diesen Status verlieren. So war für Adam Smith das Wasser noch ganz selbstverständlich ein freies Gut, was es heute nur noch unter besonderen Umständen ist.

Wollen wir in einer Wirtschaftsphilosophie mit dem Gedanken Ernst machen, daß der Mensch seine Überlebensproblematik auf Dauer nur lösen kann, wenn er auch für das Überleben der ganzen Natur Sorge trägt, dann gilt es, den Rechtsbegriff des auf *persönliche Art dinglichen Rechts* über den besonderen Naturschutz für einzelne Lebewesen auf biologische Arten oder auf Lebensräume auszudehnen. Denn wir Menschen haben lernen müssen, daß es für die öffentlichen Güter, die wir, wie z. B. Wasser und Luft, gemeinsam mit allen anderen Lebewesen nutzen, – entgegen der geläufigen Definition öffentlicher Güter – doch zu einem rivalisierenden Konsum kommt. So genügen bisweilen bereits relativ geringe Verschmutzungen von Gewässern, um den Lebensraum bestimmter Arten zu beeinträchtigen oder gar zu vernichten. Und global gesehen, scheinen wir einsehen zu müssen, daß die prozentual geringe Erhöhung des CO_2-Gehaltes der Luft zu deutlichen Anzeichen und zum Teil bereits dramatischen Auswirkungen des Treibhauseffektes führt, die wir weltweit jährlich in verheerenden Unwettern und Überschwemmungen zu spüren bekommen. Aber es gibt auch kaum vorstellbar große Mengen von CO_2-Einträgen in den Ozeanen, die ein Massensterben von Meereslebewesen verursachen, wie wir es seit Jahrmillionen nicht mehr kennen.

Darum müssen wir aus eigenem Überlebensinteresse die *natürlichen öffentlichen Güter* – so seien die öffentlichen Güter genannt, die wir Menschen gemeinsam mit allen anderen Lebewesen auf der Erde nutzen – in ihrer lebenserhaltenden Verfügbarkeit für alles Leben auf der Erde schützen. Die *Gesamtheit der natürlichen öffentlichen Güter* ist als Wirtschaftsobjekt mit subjektivem Charakter zu begreifen. Dadurch treten wir nicht nur zu einzelnen Tieren oder Arten in ein auf persönliche Art dingliches Rechtsverhältnis ein, sondern zur gesamten Natur. Immerhin hat diese Einsicht bereits im deutschen Grundgesetz ihren Niederschlag in Form einer Staatszielbestimmung gefunden, die hier wegen ihrer besonderen Bedeutung noch einmal zitiert sei:

---

[29] An dieser Stelle ließe sich entgegenhalten, daß die Körper die elementare Eigenschaft haben, daß der Raum, den ein Körper einnimmt, von keinem anderen Körper eingenommen werden kann, so daß uns der Raum von anderen Körpern nicht zur Verfügung steht. Aber genau dies liefert uns die Sicherheit, daß der Raum, in dem wir uns mit unserem Körper befinden, von niemand anderem beansprucht werden kann, d. h., unser Körper besitzt immer seinen Raum!

Art. 20a GG:

„Der Staat schützt auch in Verantwortung für die künftigen Generationen die natürlichen Lebensgrundlagen und die Tiere im Rahmen der verfassungsmäßigen Ordnung durch die Gesetzgebung und nach Maßgabe von Gesetz und Recht durch die vollziehende Gewalt und die Rechtsprechung."

Wir haben als Menschen die Aufgabe, die natürlichen öffentlichen Güter für das gesamte Leben der Natur so verfügbar, sauber und verwertbar zu halten, wie dies zur Erhaltung aller Lebewesen der Natur erforderlich ist. Wir haben uns als Menschheit gemeinsam mit der Natur als das umfassendste Wirtschaftssubjekt zu betrachten, das von der Strahlungsenergie der Sonne lebt, von den Sternentwicklungsprozessen der vorirdischen Zeit, den irdischen Entwicklungsabläufen, den Sonnenenergiespeicherungsvorgängen und von den Entwicklungen der natürlichen und der kulturellen Evolution. Wir müssen darum **die Bedingungen erhalten, unter denen weiterhin natürliche und kulturelle Evolution möglich ist.**

In bezug auf die flächenintensive Nutzung der Sonnenenergie, die aufgrund ihrer vorgesehenen enormen Steigerung mehr und mehr Quadratkilometer ausmachen wird, ist hier noch eine sehr ernst zu nehmende Warnung auszusprechen: Natürlich wird sich unter den massenhaft ausgelegten Sonnenkollektoren auch Leben ansiedeln, Leben in allerkleinster, viraler oder bakterieller Form, welches aufgrund der sehr gleichmäßigen Temperaturbedingungen unter den Sonnenkollektoren eine gewisse Ähnlichkeit zu den Bedingungen innerhalb von Organismen vorfindet, d. h., wir erzeugen womöglich damit Brutstätten für Krankheitserreger, von deren Gefährlichkeit für Mensch und Tier wir uns freilich noch keine Vorstellung machen können. Die Nutzung der Sonnenenergie könnte auf diese Weise sogar die äußere Existenz aller Lebewesen gefährden. Es ist darum nicht nur aus wirtschaftsethischen Gründen dringend erforderlich, darüber möglichst genaue Studien über die Folgen durchzuführen, die mit massiven Eingriffen in den Energiehaushalt der Natur verbunden sein könnten.

Alle Lebewesen bedürfen einer Energiebereitstellungsfunktion für ihre Existenzerhaltung. Damit dies möglich ist, darf der Energieträgerstrom, der für die Natur ausschließlich direkt oder indirekt durch die Sonnenstrahlung geliefert wird, nicht von den Menschen beeinträchtigt werden. Da wir Menschen Teil dieses umfassendsten Wirtschaftssubjektes „Mensch-Natur" sind, haben wir – wie es für jedes Teil eines Wirtschaftssubjektes grundsätzlich gilt – Mitverantwortung für die Sicherung der äußeren und der inneren Existenz der Mensch-Natur zu übernehmen. Für die Sicherung der äußeren Existenz ist die Sicherung des Energieträgerstromes von zentraler Bedeutung und für die Sicherung der inneren Existenz die Bewußtseinsentwicklung und Bewußtseinsstärkung der Zugehörigkeit zur Natur und der Entwicklung des symbiotischen Bewußtseins der gegenseitigen Abhängigkeit von Mensch und Natur. Fragen wir uns darum erneut, welche Energiequellen wir für unseren aufwendigen Lebensstil in Verantwortung für das Lebens-Ganze erschließen dürfen. Dann ist offensichtlich die Verwendung fossiler Energieträger nach dem Stabilitätsprinzip der Gegenseitigkeit wirtschaftsethisch gar nicht vertretbar. Denn damit ist unweigerlich ein massenhafter CO2-Ausstoß in die Atmosphäre verbunden, durch den empfindliche Schädigungen der Tier- und Pflanzenwelt und sogar sehr erhebliche Schädigungen der Meere und selbst der Menschen hervorgerufen werden. Das riesenhafte Kohlekraftwerk, das in wenigen Jahren in Hamburg-Moorburg ans Netz gehen soll, kann ganz sicher aus wirtschaftsethischen Gründen nicht verantwortet werden. Das Entsprechende gilt für das Verbrennen von Erdöl, Erdgas und dem sogenannten Biosprit im Straßenverkehr. Ungezählte Tiere und Menschen sterben täglich an Lungenkrebs, der durch die Abgase des Straßenverkehrs laufend entsteht. Hätten wir durch die friedliche Nutzung der Kernenergie genügend elektrischen Strom, dann könnten wir durch Elektrolyse des Wassers beliebig viel Wasserstoff erzeugen und damit den gesamten Verkehr versorgen, so daß das weltweit millionenfache Sterben an Lungenkrebs, der durch die Abgase des Straßenverkehrs erzeugt wird, endlich ein Ende hätte. Außerdem könnten wir Wüsten bewässern, um wieder CO_2 aus der Atmosphäre an lebendige Biomasse zu binden. Bei den anderen über die direkte Sonneneinstrahlung vermittelten Energieträgern wie Wasser, Wind und Sonnenwärme ist zu bedenken, daß alle einfallende Sonnenenergie schon immer, soweit es irgend möglich ist, von Lebewesen für ihre Existenzerhaltung genutzt worden ist. Wollen wir die Nutzung von fossilen Energieträgern durch Wasser-, Wind- oder direkte Sonnenenergie ersetzen, so müssen wir uns darüber im klaren sein, daß wir diese Energie anderen Lebewesen auf einseitige Weise wegnehmen und damit ihren Lebensraum beeinträchtigen oder gar vernichten. Wir setzen damit unser parasitäres Verhalten gegenüber der Natur fort, insbesondere angesichts der am 30. Juni 2011 durch den Deutschen Bundestag per Gesetz verordneten Abkehr von der friedlichen Nutzung der Kernenergie, was gar nicht oft und laut genug beklagt werden kann. Damit gefährden wir die äußere und innere Existenz der Gesamtnatur.

Von der Nutzung der Energie, die jedes Jahr aufs Neue bestimmte Organismen durch die Speicherung von Sonnenenergie angesammelt haben, scheint auf den ersten Blick keine Schädigung der Natur auszugehen. Diese Energieformen werden darum leider irreführenderweise *erneuerbare* Energien genannt. Die Nutzung dieser Energien ist aber leider doch eine weitere unverantwortliche Ausbeutung der Natur, da über Jahrmilliarden sich ein sehr subtiles Energienutzungsgleichgewicht auf der Erde eingestellt hat, das dadurch erheblich gestört würde. Außerdem ist die Nutzung dieser sogenannten nachwachsenden Energieträger mengenmäßig viel zu gering, um die gesamte Nutzung fossiler Energieträger ersetzen zu können. Es bleiben tatsächlich derzeit nur drei ernsthafte Möglichkeiten, die nicht mit dem Stabilitätsprinzip der Gegenseitigkeit in Konflikt geraten: die Nutzung außerirdischer Energie, wie etwa die Strahlung der Sonne auf den Mond, die Nutzung der Kernenergie und die Nutzung der Erdwärme.

Die Nutzung der Sonneneinstrahlung auf dem Mond ist technologisch einstweilen noch nicht lösbar und sicher auch mit gewissen Transportgefahren verbunden. Die Kernenergie hingegen ist sehr gut und sicher erprobt, muß nur durch immer strengere Sicherheitsstandards verbessert werden. Die Kernenergie verletzt unter strengsten Sicherheitsbedingungen das Ganzheitsprinzip der Gegenseitigkeit nicht, da diese Energie nicht anderem Leben weggenommen wird. Aufgrund des abgasfreien Reaktorbetriebes wird die Atmosphäre nicht durch Strahlung absorbierende Gasmoleküle belastet. Somit bleibt die Abstrahlung der zusätzlichen Wärmeenergie möglich und der Energiehaushalt der Erde wird insgesamt kaum beeinträchtigt, wenn zur Erzeugung eines nötigen Abkühlungseffektes die Erdwärme genutzt wird. Die Nutzung der Erdwärme ist bisher fast ausschließlich nur über die Nutzung warmer Quellen erschlossen. Über Tiefbohrungen ließen sich, wie etwa in der ehemaligen DDR durchaus erfolgreich erprobt, künstliche Heißwasserquellen energetisch nutzbar machen. Dabei könnte der geringfügige Überschuß an nicht abgestrahlter Kernenergiewärme durch die geringfügige Abkühlung durch Nutzung der Erdwärme in der Gesamtenergiebilanz der Erde ausgeglichen werden. Insbesondere ließe sich über die Installation neuer Kernenergieanlagen tief unter Tage eine ideale Nutzungskombination von Erdwärme und Kernenergie mit allerhöchster Sicherheit erreichen.

Es ist an dieser Stelle jedoch sehr wichtig zu betonen, daß zur Zeit noch keine detaillierten Rechnungen darüber vorliegen, wie groß der Abkühlungseffekt durch die Nutzung der Erdwärme tatsächlich sein kann und ob die Zusatzerwärmung, die wir uns mit der friedlichen Nutzung der Kernenergie als Primärenergie einhandeln würden, durch den Abkühlungseffekt der Nutzung der Erdwärme überhaupt ausgeglichen werden könnte. Und dabei ist mitzuberücksichtigen, daß der Energiebedarf der Menschheit mit der unvermeidlichen zunehmenden Industrialisierung der sogenannten unterentwickelten Länder weiter zunehmen wird, obwohl er schon jetzt bedrohliche Ausmaße erreicht hat. Durch seinen ungebremsten Energiehunger hat sich das Lebewesen Mensch sich und die Natur bereits in eine gefährliche Lage gebracht, die wir nur durch intensivsten Einsatz unserer geistigen und seelischen Kräfte werden meistern können. Dazu gehören mehr und mehr Anstrengungen für die weitere Entwicklung und Anwendung von Energiesparmaßnahmen. Dies ist nicht nur wirtschaftsethische sondern allgemein ethisch geboten. Auch hier ist der individualistische Ethik-Ansatz von großer Bedeutung; denn diese ethische Forderung wird nur dann massenhaft befolgt werden, wenn wir Menschen sie aus eingesehenen Selbsterhaltungsgründen an uns selbst stellen. Um das dazu nötige Einsichtsvermögen der Menschen zu stärken, ist auch in dieser Hinsicht sehr viel mehr Aufklärungsarbeit zu leisten.

Außerdem haben wir generell einzusehen, daß wir Menschen uns unseren energieaufwendigen Lebensstil weiterhin nur dann leisten können, wenn wir uns durch erhebliche und gesteigerte Anstrengungen unseres Denkvermögens die Energie dazu selbst verschaffen, ohne sie anderem Leben wegzunehmen. Das ist eine der höchstrangigen wirtschaftsethischen Forderungen unserer Zeit und künftiger Generationen. Eine Kombination der Nutzung von Kernenergie und Erdwärme wäre nach dem Ganzheitsprinzip der Gegenseitigkeit der nahezu ideale Ausgleich für den Verzicht auf die Nutzung fossiler Energieträger. Denn durch die Nutzung von Kernenergie und Erdwärme wird den Lebewesen keinerlei Energie und Lebensraum, die sie zum Leben brauchen, weggenommen. Es muß nur noch nachgewiesen werden, daß die damit zu verbindende Energiebilanz zu einer konstanten Temperatur auf der Erde führen wird. Diese ideale Möglichkeit, auch auf dem energetischen Sektor zu einem symbiotischen Zusammenleben zwischen Mensch und Natur vorzudringen, wird allerdings von den derzeitigen politischen Machthabern aller Richtungen nicht einmal angedacht und die die Aussicht auf eine langfristige Zukunft der Menschheit hoffentlich nicht auf zu lange Zeit verstellt.

Immerhin gibt es gewisse Anzeichen für eine zunehmende Einsicht bei Politikern verschiedenster Richtungen, daß das weitere Verfeuern von fossilen Energieträgern gefahrbringend sein könnte. Tatsächlich würden wir Menschen durch die vollständige Nutzung der fossilen Energieträger schließlich eine Atmosphäre produzieren, in der höheres Leben nicht mehr lebensfähig ist, eine Atmosphäre, wie sie bestand, als der Prozeß zur fossilen Energiespeicherung begann, der Jahrmillionen zur Bildung der heute noch vorhandenen Lagerstätten von fossilen Energieträgern benötigt hat. Das war die Zeit der anaeroben Kleinstlebewesen, von denen es in Form von Bakterien noch viele Nachfahren aus dieser Zeit gibt und die uns gelegentlich Zahnschmerzen bereiten, wenn wir über kein Sauerstoffwasser zum Mundspülen verfügen.

Schließlich sei noch ein beruhigendes Wort zu dem Antikernkraftargument der angeblich ungeklärten Entsorgung des sogenannten Atommülls von Fissionsreaktoren gesagt. Tatsächlich besteht dieses Restmaterial der Kernspaltung aus zum Teil besonders hochwertigen Rohstoffen, die für medizinische und technische Prüfzwecke von unschätzbarem Wert sind, da sie auf der ganzen Erde nicht oder kaum gefunden werden können. Darum geht es nicht um eine Endlagerung der abgebrannten Kernbrennstäbe, sondern um eine Lagerung, die den erneuten Zugriff für künftige Generationen sicherstellt. Wir haben also gut kontrollierte Wiederzugriffslager für das Restmaterial der Kernspaltung zu bauen, und zwar so, daß die darin enthaltene Strahlungsenergie auch noch genutzt werden kann. Auch dies läßt sich zusammen mit den neuen Kernenergiereaktoren tief unter Tage sehr gut einrichten, da etwa in den Tiefen der Kohlebergwerke im Ruhrgebiet oder im Saarland reichlich Platz dafür vorhanden ist. Aus Verantwortung für das langfristige Überleben der Menschheit hat die Politik alles zu unternehmen, um den Verbrauch von fossilen Energieträgern gänzlich zu stoppen, die Nutzung der Kernenergie sicherer zu machen und weiter auszubauen sowie für den langfristigen Wärmeausgleich dazu die Entwicklung von Erdwärmekraftwerken voranzutreiben.

An diesen Beispielen ist deutlich zu erkennen, daß die individualistische Wirtschaftsethik weitreichende Kriterien zum Bewerten bestimmter umweltrelevanter Maßnahmen besitzt. Mögen diese Argumente auch kurzfristig aufgrund von fehlenden Kenntnissen nicht plausibel erscheinen, so haben sie langfristig doch höchste Bedeutung für die Überlebensstrategie der Menschen, da durch diese Gesinnung sich der Mensch nicht mehr als Schmarotzer der Natur versteht. Es geht in einer individualistischen Wirtschaftsethik um die Ausbildung einer Gesinnung der Gegenseitigkeit und um das Bewußtsein der eigenen Einbindung in das natürliche Geschehen.

Wenn ich in meinem privaten Bereich etwa über das Verstehensprinzip mir darüber klar werde, daß eine Schädigung anderer zugleich eine Selbstschädigung bedeutet, dann könnte sich ein solches grundsätzliches Lebensprinzip auch auf die Einstellung zur Natur auswirken. Denn das Zusammenleben von Menschen untereinander und mit der Natur ist nicht nur biologisch, sondern auch sehr wesentlich durch historisch überlieferte Einstellungen bestimmt, die sich verändern lassen. Und dies gilt ganz unabhängig davon, daß man durchaus auch die Auffassung vertreten kann, die Variationsbreite innerhalb dieser Lebenseinstellungen des Menschen sei evolutionär bedingt. Nur können wir diese Grenzen der möglichen Einstellungsveränderungen nicht durch biologische Forschung herausfinden, weil auch die Methoden der biologischen Forschung selbst wesentlich durch historisch gewordene Einstellungen zur Natur entstanden und damit selbst veränderlich sind. Ganz sicher können wir zu Einstellungsänderungen nicht durch Appelle oder durch äußeren oder inneren Zwang kommen, wie es für die autoritär begründeten Ethiken früherer Zeiten gegolten hat, sondern nur durch Argumentation, die folgendes deutlich macht:

Eine Schädigung der Natur führt immer zu einer Schädigung des Menschen.[30]

Die individualistische Ethik ließ sich als Weg zur Selbsterkenntnis ausweisen. Nun wird einsichtig, daß die individualistische Wirtschaftsethik ganz entsprechend ein Weg zur Selbsterkenntnis aller Wirtschaftssubjekte ist, und nun lehrt uns das Argument der Selbstschädigung durch Naturschädigung, daß dieser Weg der Selbsterkenntnis notwendig auch zur Erkenntnis der ganzen Natur führt; denn wir Menschen gehören zur Natur, stammen aus ihr und leben von ihr.[31] Der Weg der Selbsterkenntnis führt uns Menschen über die Selbsterkenntnis der Wirtschaftssubjekte bis hin zur Erkenntnis der ganzen Natur. Das Studium der Natur wird damit zur wirtschaftsethischen Pflicht, aber nicht nur auf dem Weg der althergebrachten Wissenschaften der anorganischen und organischen Natur, sondern vor allem zur Überwindung dieser dogmatischen Grenzziehung, wodurch die Versöhnung zwischen kausalem und finalem Naturverständnis und die Einsicht über die Entstehung der Lebewesen, ihres Willens und ihres Bewußtseins aus der gar nicht toten Materie möglich wird.[32]

---

[30] Der Gedanke, daß willentliche Ungerechtigkeit einer willentlichen Selbstschädigung gleichkommt, ist wohl das erste Mal von Hesiod (um –700, Vers 215–235) geäußert worden, in aller Deutlichkeit führt ihn Plato (um –375) in seinen Dialogen *Politeia* (Der Staat) und *Gorgias* aus. Noch früher ist er nach dem Zeugnis von Xenophon schon von Sokrates geäußert worden. Vgl.: Xenophon, *Erinnerungen an Sokrates*, 1. Buch, 5(3): „Nicht in der Art, wie die Habgierigen den anderen die Schätze wegnehmen und wähnen, sich selbst zu bereichern, ist der Unbeherrschte den anderen schädlich, sich selber aber nützlich, sondern er ist geradezu ein Verbrecher zum Nachteil der anderen, sich selber gegenüber aber ein viel größerer, da es das Schlimmste ist, nicht nur sein eigenes Haus zu zerstören, sondern auch den Körper und die Seele."

[31] Dieses Lebensgefühl findet sich schon bei Sokrates und seiner Schule, den Stoikern, wo es etwa Kleanthes so ausspricht: „In ihm (dem Kosmos) leben, weben und sind wir", was von Paulus in seiner Rede an die Athener zitiert (Apostelgeschichte 17, 28) wird, indem er den Kosmos durch Gott ersetzt, wodurch später die Begrifflichkeit des Pantheismus etwa bei Spinoza oder insbesondere in der Deutschen Klassik mit Goethe überreich zu finden ist und schließlich den gesamten Unitarismus charakterisiert. (Vgl. Siegfried Wollgast, Deus sive natura: Zum Pantheismus in der europäischen Philosophie- und Religionsgeschichte, in: *Sitzungsberichte der Leibnizsozietät, Band 27*, 1998, S. 5–40)

[32] Vgl. nochmals W. Deppert, „Zum Darwinjahr – Darwin weiterdenken: Die Evolution des Bewußtseins", Vortrag in der Reihe *Freiheit und Verantwortung* am 29. März 2009 in NDR 4 um 7.15 Uhr oder Deppert, Wolfgang, Die Evolution des Bewußtseins, in: Volker Mueller (Hg.), *Charles Darwin. Zur Bedeutung des Entwicklungsdenkens für Wissenschaft und Weltanschauung*, Angelika Lenz Verlag, Neu-Isenburg 2009, S. 85–101.

Der tatsächliche Zusammenhang ist so komplex, daß er sich niemals vollständig aufklären läßt. Darum geht es vor allem um eine Änderung der Gesinnung, aus der heraus allein ein verantwortlicher Umgang mit der Natur und unter uns Menschen erwachsen kann. Daß die Aufspaltung der Ethik in Gesinnungs- und Verantwortungsethik, wie sie Max Weber (1926/92, S. 70f.) vorgeschlagen hat, ein Irrtum ist, mag schon durch den Hinweis deutlich werden, daß wir nur dann etwas verantworten können, wenn wir unserer Gesinnung gemäß gehandelt haben. Eine solche Gesinnung ist sicher auch für den Umgang der Wirtschaftsindividuen mit rein dinglichen Gütern vonnöten, wenn es sich dabei um endliche Ressourcen auf der Erde handelt oder wenn es um die Produktion von Gütern geht, die ein erhebliches Gefährdungspotential für Mensch und Umwelt bergen. Auch der Umgang mit rein dinglichen Gütern hat stets Konsequenzen für Mitmenschen oder für die Natur, die mit Hilfe der Grundsätze individualistischer Ethik durchdacht werden können, um zu begründbaren Handlungsentscheidungen zu kommen.

Mit der Besprechung der *auf persönliche Art dinglichen Güter* und den rein dinglichen Gütern sind wir auf die Güter gestoßen, die von den Menschen benutzt werden, um materielle Produkte herzustellen, die auf den Märkten angeboten werden. Die Existenz dieser Güter ist mithin – um mit Immanuel Kant zu reden – eine Bedingung der Möglichkeit des Marktes überhaupt. Aber dies ist nicht die einzige Bedingung für die Möglichkeit des Marktes. Die zweite Bedingung, ohne die ebenfalls kein Markt zustande kommen kann, ist die Existenz von Wirtschaftssubjekten, die auf dem Markt etwas anbieten oder nachfragen. Während die Frage nach der Existenz der *auf persönliche Art dinglichen Güter* und den *rein dinglichen Gütern* schon ein wenig im Anfangskapitel, dem ersten Kapitel, behandelt wurde, ist die Frage danach, wie es überhaupt zur Existenz von Wirtschaftssubjekten kommt, bisher nicht gestellt worden, wenngleich sich einige implizite Antworten darauf auch im Anfangskapitel finden lassen. Nun ist es an der Zeit, diese Frage explizit zu stellen und zu beantworten.

4.5.8 Vom Entstehen, Leben und Vergehen der Wirtschaftssubjekte

4.5.8.1 Vom Entstehen der Wirtschaftssubjekte

Überall auf der Welt sind die Quellen geheiligt worden, die Orte, an denen lebenserhaltendes Wasser hervortritt. Diese Orte wurden stets mit Gottheiten verbunden, etwa in Griechenland mit den Nymphen, den Töchtern des Zeus. Und es ist bis heute ein Wunder, wenn wir beobachten können, daß etwas Neues entsteht, ein neues Lebewesen oder auch nur ein neuer Gedanke. Diese Formulierung deutet an, daß wir neue Gedanken als etwas ganz Selbstverständliches betrachten. Denn schon in jedem Gespräch formulieren wir neue Gedanken; denn die Sätze, die wir in einem Gespräch äußern, haben wir ja nicht auswendig gelernt, wir formulieren sie tatsächlich neu, und dies ist einer der kürzesten Beweise dafür, daß alle Menschen, die Gespräche führen, auch kreativ sind. Wie es zu natürlichen Lebewesen in der Geschichte von der Entstehung des Lebens gekommen ist, läßt sich – wie im ersten Kapitel, dem Anfangskapitel, angedeutet wurde – von den in der Natur wirksamen

Prinzipien her durchaus vollständig verstehen. Es ist das Pauli-Prinzip, das die Leben stiftenden atomaren und molekularen Verbindungen erklärbar macht. Und mit der Entstehung der ersten lebendigen Großmoleküle entsteht zugleich auch der Überlebenswille in Form eines Systemattraktors, dessen Bildung wiederum durch das quantenmechanische Pauli-Prinzip notwendig bedingt ist. Durch die Evolution lassen sich dann die Entwicklung der ersten Arbeitsteilungen und – damit verbunden – die früheste Entstehung eines Bewußtseins dieser selbstreproduzierenden Lebewesen begreifen, das über sehr, sehr lange Zeiträume schließlich zu den ersten menschlichen Bewußtseinsformen geführt hat, zu denen das mythische Bewußtsein gehört, aber gewiß noch nicht das Individualitätsbewußtsein von Menschen unserer Zeit. Dies alles läßt sich bereits begreifen, aber das Entstehen eines Gedankens so gut wie noch gar nicht, weil die dazu nötigen neuronalen Verschaltungen in unserem Gehirn so komplex und kompliziert sind, daß auch unsere Neurophysiologen sich nicht schämen sollten, ihr Wundern darüber zuzugeben.

Dennoch aber können wir verschiedene Bewußtseinsformen des Menschen feststellen, die in den verschiedenen Epochen der Menschheitsgeschichte kulturbestimmend waren, so daß das menschliche Bewußtsein eine kulturgeschichtliche Evolution erfahren hat.[33] Auch die weiter oben beschriebenen verschiedenen Lebenshaltungen lassen sich als verschiedene Bewußtseinsformen interpretieren. Der Wandel der Bewußtseinsformen bringt erhebliche Neuerungen mit sich, von denen wir auch nicht wissen, wie es im Einzelnen zu ihnen kommt. Platon hat in seinem großartigen Dichtwerk *Symposion* den Übergang vom mythischen Bewußtsein zum Individualitätsbewußtsein, welches er in seinem Lehrer Sokrates schon so deutlich und für ihn zugleich beängstigend neuartig kennengelernt hatte, noch mit Hilfe der mythischen Gottheiten *Dionysos* und *Eros* beschrieben, um damit anzudeuten, wie rätselhaft ihm selbst die Bewußtseinsänderung zum Individualitätsbewußtsein, die er an Sokrates wahrgenommen hat, vorgekommen ist.[34]

In groben Zügen ist diese Entwicklung schon im letzten Abschnitt des dritten Kapitels *3.5 Vom Sollen zum Wollen* beschrieben worden. Dadurch läßt sich verstehen, warum eine individualistische Ethik zwar schon von Sokrates gelebt wurde, aber aus geistesgeschichtlichen Gründen erst jetzt formulierbar geworden ist, so daß Kants Frage „Leben wir jetzt in einem

---

[33] Vgl. dazu W. Deppert, Vom biogenetischen zum kulturgenetischen Grundgesetz, in: *unitarische blätter für ganzheitliche Religion und Kultur*, Heft 2, März/April 2010, 61. Jahrgang, S. 61–68.

[34] Platon hat das Symposion sicher erst nach seiner Politeia und seinem Phaidon ganz bewußt als Dichtwerk geschrieben; denn nach dem Abschied von seinem philosophischen Lehrer und dessen Philosophie im Phaidon konnte Platon sich wieder seiner Dichtkunst zuwenden, von der Sokrates ihn abgebracht hatte. Zum Schluß des Symposions läßt er daran gar keinen Zweifel mehr; denn er läßt Apollodoros sagen: „[…] die Hauptsache aber wäre gewesen, daß Sokrates sie (Agathon und Aristophanes) nötigen wollte einzugestehen, es gehörte für einen und denselben Komödien und Tragödien dichten zu können, und der künstlerische Tragödiendichter sei auch der Komödiendichter" (Schleiermacher-Übersetzung). Platon aber hat in seinem Symposion dem Komödiendichter Aristophanes eine tragische Groteske angedichtet und den Tragödiendichter Agathon komische Stilmittel verwenden lassen, also ist er, Platon, der wahre Dichter, der Tragödien und Komödien zu dichten in der Lage ist.

4.5 Individualistische Wirtschaftsethik im Umgang der Wirtschaftssubjekte

aufgeklärten Zeitalter?", die er in seiner Aufklärungsschrift noch nicht positiv beantworten konnte, erst heute bejahend beantwortet werden kann, wenn der Vernunftbegriff verallgemeinert wird, etwa so, wie er hier in Form einer individuellen Vernunft zur Erhaltung der eigenen inneren Existenz angegeben wurde. Kant hatte die positive Beantwortung seiner Frage so begründet: „Daß die Menschen, wie die Sachen jetzt stehen, im ganzen genommen, schon imstande wären oder darin auch nur gesetzt werden könnten, in Religionsdingen sich ihres eigenen Verstandes ohne Leitung eines anderen sicher und gut zu bedienen, daran fehlt noch viel."[35] Nach der hier gegebenen historisch abgeleiteten Bestimmung des Religionsbegriffs wird die Bejahung von Kants Frage zur Voraussetzung für die Anwendbarkeit der Individualistischen Ethik und insbesondere der Individualistischen Wirtschaftsethik, denn die Religionsdinge sind die näheren Bestimmungen der Sinnvorstellungen von Wirtschaftssubjekten, die sie ihren Zielsetzungen und Handlungen zugrunde legen.

Die hier nur angedeuteten Veränderungen des Bewußtseins, die die Menschheit in ihrer Kulturgeschichte durchlaufen hat, haben unsere Kinder aufgrund der aufeinander aufbauenden neuronalen Verschaltungen im Gehirn bis zur Erreichung des Individualitätsbewußtseins im Sinne eines kulturgenetischen Grundgesetzes zu durchleben, bis sie als natürliches Lebewesen schließlich zu einem selbstverantwortlich agierenden Wirtschaftssubjekt heranreifen. Damit dies möglich wird, müssen Bedingungen für das Heranwachsen unserer Kinder erfüllt sein, die besonders das Heranbilden eines eigenen Willens fördern und das Bewußtsein, für die aufgrund des eigenen Willens vollführten Handlungen selbst verantwortlich zu sein. Diese Bedingungen sind jedoch in Deutschland und im übrigen Europa sowie in der sogenannten westlichen Welt nur selten voll erfüllt. Weltweit ist zu beklagen, daß vielerorts, besonders in Südasien, in Afrika und in Südamerika, diese Bedingungen für ein gedeihliches Heranwachsen unserer Kinder nicht nur nicht erfüllt sind, sondern im Gegenteil ihre Ausbildung bewußt oder unbewußt behindert oder gar bekämpft wird. In den weltweiten Gebieten, in denen die Offenbarungsreligionen noch bewußtseinsleitend tätig sind, geht mit den äußerlich gezielt eingeprägten Wertvorstellungen die Verhinderung der Entwicklung einer Innensteuerung einher, so daß der Ausbildung eines selbstverantwortlichen Individualitätsbewußtseins mit den autoritären Herrschaftsansprüchen der herkömmlichen Konfessionen, insbesondere mit dem Katholizismus, nahezu übermächtige Institutionen entgegenstehen. Dies gilt auch für den Hinduismus und für andere Religionsformen der Lehre von den Wiedergeburten und Seelenwanderungen, in denen für das Ertragen verheerender Lebensumstände in den nächsten Wiedergeburten erhebliche Besserungen versprochen werden. Die Lehren der Offenbarungsreligionen und der Seelenwanderung und Wiedergeburt tragen dazu bei, daß die Kinderarbeit besonders in den genannten Gebieten unerträglich grausame und menschenverachtende Formen angenommen hat, durch die eine Ausbildung eines selbstverantwortlichen Individualitätsbewußtseins in den Kindern und den späteren Erwachsenen ganz unmöglich gemacht wird. Immerhin zeigen die neuerlichen politischen Entwicklungen in den islamischen

---

[35] Vgl. Immanuel Kant, Beantwortung der Frage: Was ist Aufklärung?, in: Immanuel Kant, *Ausgewählte Schriften,* Felix Meiner Verlag, Hamburg 1995/1969, S. 7.

Gebieten, daß sich der Wille zur Selbstbestimmung auf Dauer auch durch größten Zwang nicht unterdrücken läßt.

Wenn etwa durch Kinderarbeit der notwendige Reifungsprozeß schon in der Kindheit behindert oder gar unterbunden wird, dann ist dies wirtschaftsethisch unvertretbar. Denn die Kinder werden dann gar nicht in den Stand gesetzt, überhaupt in der Lage zu sein, den Inhalt der Prinzipien der Individualistischen Ethik zu verstehen oder zu befolgen, geschweige denn zu begreifen, daß ihre Befolgung für sie selbst sinnstiftend oder gar glückbringend sein kann.

Im Rahmen der Individualistischen Wirtschaftsethik werden die gesetzlichen Grundlagen zur Vermeidung von entwicklungsbehindernder oder entwicklungshemmender Kinderarbeit weiter unten im Abschnitt „6.3 Die Ableitung von Menschenrechten auf der Grundlage der individualistischen Wirtschaftsethik" behandelt, indem das dritte elementare Grundrecht aufgestellt und begründet wird, welches lautet:

Das Recht auf die Entwicklung und Ausbildung der Sinnstiftungsfähigkeit
(Aktionsgrundrecht zum Aufbau und zur Sicherung der inneren Existenz sowie zur Ausbildung des Willens zu sinnvollem Handeln)

Für die weltweite Akzeptanz der Menschenrechte sind die Staaten, ihre Staatenbünde und vor allem die UNO zuständig. Darauf wird im sechsten Kapitel noch deutlicher eingegangen.

Auch das Entstehen von Wirtschaftssubjekten als kulturellen Lebewesen in Form von Wirtschaftsbetrieben oder anderen menschlichen Gemeinschaften ist mit einer wirtschaftsethischen Problematik verbunden. Grundsätzlich brauchen alle hoch organisierten Lebewesen eine gewisse Zeit für ihre Entstehung und Entwicklung bis zu ihrer selbständigen Existenzerhaltungsfähigkeit. Bei Menschen bezeichnen wir diese Zeit als Kindheit, die etwa 15 Jahre währt. Bei Wirtschaftsbetrieben ist diese Zeit sehr viel kürzer. Aber immerhin liegt sie im Mittel für mittelständische Betriebe doch bei zwei bis drei Jahren, und die Kosten des Energieverbrauchs liegen dabei wiederum im Mittel bei 250.000 Euro. Dieser Betrag ist das Zehnfache der Pflichteinlage für GmbHs. Darum ist bei den allermeisten GmbH-Neugründungen zu erwarten, daß sie in dem Zeitraum von zwei bis drei Jahren nach der Gründung in die Lage kommen, überschuldet, zahlungsunfähig oder beides zugleich zu sein. Nach den §§ 64 und 84 des GmbH-Gesetzes könnte es gar keine GmbH-Neugründungen geben, da sie nahezu alle einmal in den Zustand der Zahlungsunfähigkeit oder der Überschuldung geraten, was nach § 64 GmbHG zur Anmeldung der Insolvenz führen müßte, wenn dieser Zustand der Firma drei Wochen lang bestehen bleibt. Demnach ist von staatlicher Seite kaum ein Schutz für die Bildung von Wirtschaftssubjekten, die sich als kulturelle Lebewesen bilden wollen, vorhanden. Dies sind selbstschädigende Mechanismen im Staat, die im sechsten Kapitel als Autoimmunkrankheiten des Staates identifiziert und behandelt werden.

In einem Staat, in dem ganz bewußt Freiräume für sich selbst organisierende Strukturen gegeben sind, sollte man annehmen, daß sich auch Organisationsformen zur Unterstützung von neu entstehenden Wirtschaftsbetrieben gebildet haben. Tatsächlich gab es ein Selbstverständnis der Banken, das *Joseph Schumpeter* sehr genau beschrieben hat, wonach die Banken die Energiebereitstellungsfunktion der Volkswirtschaft übernommen haben, wenn man auch diese als ein kulturelles Lebewesen versteht. Nach Schumpeter konnten die Bankiers kompetent beurteilen, ob ein Unternehmer eine bestimmte Erfindung durch geeignete Maßnahmen zu einem Markterfolg bringen konnte. Und aufgrund dieser Kompetenz vergab der Bankier Kredite, um dadurch am Markterfolg einer Innovation teilzuhaben.[36] Dadurch wurden auch Firmengründungen etwa von Jungunternehmern mit Kapital bis zum Innovationserfolg unterstützt, so daß dadurch das Entstehen von neuen Wirtschaftssubjekten durch die Banken gefördert wurde. Allerdings ist mit einem solchen Selbstverständnis der Banken auch ein gewisses Risiko verbunden. Aber es ist ein ehernes Marktgesetz, daß für alle Teilnehmer am Marktgeschehen unvermeidlich Risiken eingegangen werden müssen. Unterstützt durch die Bankgesetzgebung konnten sich die Banken dahin entwickeln, daß Bankgeschäfte nahezu risikofrei geworden sind. Dadurch ist den Banken ein Selbstverständnis, wie es Joseph Schumpeter beschrieben hat, heute vollständig abhanden gekommen. Kredite werden nur aufgrund von mehrfachen Sicherheiten vergeben. Es gibt zwar inzwischen staatliche Firmengründungs-Unterstützungsprogramme, die aber wesentlich nur zur Existenzsicherung von zuhauf entstandenen Beratungsfirmen für Firmengründer beitragen; denn das Problem, daß Kredite nur über entsprechende Sicherheiten vergeben werden, wird durch die Beratungsfirmen nicht gelöst. Selbst die staatlichen Firmengründungsprogramme über die Kreditanstalt für Wiederaufbau (KfW) greifen nicht, weil die Banken die nötigen Kreditanträge aufgrund des viel zu hohen Verwaltungsaufwandes an die KfW nicht oder nur äußerst selten weiterreichen.

Ein Wirtschaftssystem ist auch ein kulturelles Lebewesen. Es kann auf Dauer nur überleben, wenn es genügend Wirtschaftssubjekte gibt, von denen es getragen und am Leben gehalten wird. Das Vergehen bzw. Absterben von Wirtschaftssubjekten kann wie bei den natürlichen Lebewesen nicht verhindert werden. Die Überlebensfähigkeit eines Wirtschaftssystems ist darum nur zu sichern, wenn das Entstehen und Nachwachsen von neuen Wirtschaftssubjekten angemessen und nachhaltig unterstützt wird, wie es hier ansatzweise beschrieben wurde.

4.5.8.2 Vom Leben der Wirtschaftssubjekte

Die gesamte Individualistische Wirtschaftsethik ist darauf ausgerichtet, das Leben der Wirtschaftssubjekte so zu gestalten, daß Existenzgefährdungen vermieden oder Maßnahmen bereitgestellt werden, um akute Existenzgefährdungen erfolgreich zu bekämpfen. Da aber bisher weder in der Betriebswirtschaftslehre noch in den Programmen der Unternehmensberater der Begriff der inneren Existenz auftaucht, so auch nicht die vielfältigen Gefährdungen der inneren Existenz von einzelnen Menschen und anderen Wirtschaftssubjekten, soll

---

[36] Vgl. Joseph Schumpeter, *Theorie der wirtschaftlichen Entwicklung,* Berlin 1911; Neuausgabe hrsg. von Jochen Röpke und Olaf Stiller, Berlin 2006.

hier ein kurzer Blick auf die Möglichkeiten geworfen werden, Gefährdungen der inneren Existenz zu erkennen, ihnen zu begegnen oder ihnen gar vorzubeugen.

Seit einiger Zeit spricht man bereits vom Burn-out-Syndrom, welches zweifellos aus einer schweren Bedrohung der inneren Existenz eines Menschen besteht, auch dann, wenn es nur simuliert sein sollte. Derartige Störungen lassen sich an Lustlosigkeit, an physischer Mattigkeit, Zerfahrenheit oder steter Übellaunigkeit oder gar an geäußerter Sinnlosigkeit über das tägliche Tun und Lassen erkennen. Menschen in einem solchen Zustand können die Produktivität eines Betriebes nicht steigern, sondern nur mindern. Dieser Zustand von Menschen kann auch durch eine Bedrohung der inneren Existenz einer Firma bedingt sein, da die innere Existenz einer Firma weitgehend aus der Identifizierbarkeit der Mitarbeiter mit den Firmenzielen und -produkten, dem mitmenschlichen Umgang innerhalb der Firma und der Gestaltungsfreiheit innerhalb der Tätigkeit in der Firma besteht. Das Auftreten von Burn-out-Syndromen sollte stets als Warnzeichen von der Firmenleitung wahrgenommen werden, daß die innere Existenz der Firma selbst bedroht sein könnte.

Im täglichen Leben der Menschen schmälert gewiß das tägliche Einerlei die Lebensfreude und die Lebenskraft, so daß die innere Existenz der einzelnen Menschen einer Art schleichender Gefährdung ausgesetzt ist. Darum haben sich unter den Menschen bestimmte Rituale der gezielten Unterbrechung des tagtäglichen Trottes herausgebildet. So gibt es allgemeine und persönliche Feiertage im Jahresablauf, wie etwa Geburtstage, Hochzeitstage oder auch bestimmte Jubiläen, durch die sich die Menschen Möglichkeiten geschaffen haben, die Sicherung ihrer inneren Existenz durch die Verabreichung von besonderer seelischer Nahrung zu betreiben, etwa in Form von Lustbarkeiten oder innerer Einkehr oder durch die Befestigung der zwischenmenschlichen Zusammenhangserlebnisse auf dem Wege der Pflege von Freundschaften und vielfältigen Gemeinschaftserlebnissen. Es ist bereits auf die *wichtige Einsicht* hingewiesen worden, daß die Menschen eine Fülle von Rationalitäten besitzen und nicht etwa nur die wissenschaftliche Rationalität. Das heute gehäufte Auftreten des Burn-out-Syndroms mag seinen Grund auch darin finden, daß unsere anderen Rationalitäten, wie die künstlerische, die mitmenschliche oder auch die handwerkliche Rationalität, nicht genug beachtet, geschweige denn gepflegt werden. In unserem gesamten Schulsystem und an den Universitäten wird auf die Ausbildung des großen Spektrums an menschlichen Rationalitäten kaum Wert gelegt, was dringend zu ändern ist.[37]

Für die Wirtschaftssubjekte der Vereine ist es nahezu eine Selbstverständlichkeit, daß sie Festlichkeiten und geselliges Beisammensein zur Erhaltung ihrer inneren Existenz organisieren. Dies gilt aber gewiß nicht in gleichem Maße für die Wirtschaftssubjekte der Wirtschaftsbetriebe oder auch der Behörden, da gehören Betriebsfeste eher zur Ausnahme, obwohl es für die Sicherung ihrer eigenen Existenz von größter Bedeutung wäre. Am allerwenigsten aber gilt dies für die staatlichen Wirtschaftssubjekte in Deutschland oder gar für den ganzen Staat. Wenn die Deutschen jeweils am 3. Oktober ihre Wiedervereinigung

---

[37] Die Vertreter der neu zu gründenden Sokrates Universität haben sich bereits auf der Homepage ihres Sokrates-Universitäts-Vereins e. V. dafür ausgesprochen, dieses Defizit in ihrem Forschungs- und Lehrprogramm grundlegend zu ändern. Vgl. <sokrates.org>.

4.5 Individualistische Wirtschaftsethik im Umgang der Wirtschaftssubjekte   133

feiern, wer feiert denn dann eigentlich? Im Bundestag und in den Länderparlamenten werden meist langweilige Pflichtreden gehalten, und das war's dann mit der Feierlichkeit. Auf den Straßen der deutschen Dörfer und Städte wird am 3. Oktober nicht gefeiert und getanzt, obwohl es wahrhaftig gute Gründe dafür gäbe und gibt. Was ist los mit der inneren Existenz der Bundesrepublik Deutschland? Gibt's die denn überhaupt? Nun ja, etwas müßte wohl noch vorhanden sein; denn sonst könnte es, wie an den sinkenden Wahlbeteiligungen erkennbar, nicht noch immer weiter mit ihr bergab gehen. Sollen wir uns etwa damit trösten, daß es mit der inneren Existenz des vereinten Europa ja noch viel schlimmer aussieht? Politikerinnen und Politiker, wacht auf! Die Erhaltung der Euch anvertrauten Staaten und Staatenbünde ist Eure Pflicht; zu der Ihr Euch mit der Annahme Eurer Wahl selbst verpflichtet habt. Ohne die Sicherung ihrer inneren Existenz verlieren auch Staaten ihre äußere Existenz!

4.5.8.3 Vom Vergehen oder Absterben der Wirtschaftssubjekte

Politiker scheinen sich ganz sicher zu sein, daß Staaten nicht vergehen können, obwohl allein in Europa in den letzten zehn Jahren des vergangenen Jahrhunderts gar nicht wenige Staaten und Staatenbünde ihre Existenz aufgegeben haben, erst die innere Existenz und dann die äußere. Dies gilt für die DDR ebenso wie für die UDSSR, aber auch für die Tschechoslowakei oder Jugoslawien und für die Staatenbünde, denen sie angehörten oder die sie selbst darstellten.

Für das Vergehen von Wirtschaftssubjekten in Form einzelner Menschen hat sich seit Jahrtausenden eine Fülle von verschiedenen Zeremonien ausgebildet und insbesondere auch für das Andenken der Verstorbenen. Ahnenkulte waren in allen Völkern sogar von größter Bedeutung. Warum? Diese Frage läßt sich gewiß nicht eindeutig beantworten, aber wir dürfen annehmen, daß mit den Ahnen stets ein großer Schatz von Lebenserfahrungen zur Führung eines sinnvollen Lebens verbunden war, der für den Erhalt des Gemeinwesens von Bedeutung war und der darum von Generation zu Generation bereichert weitergereicht wurde. Diese uralten Bräuche wurden durch die geoffenbarten Handlungsanweisungen verdrängt, so daß auf den Friedhöfen nichts oder kaum noch etwas Besonderes der Verstorbenen außer Geburts- und Sterbedatum zu erfahren ist. Immerhin wird es während der Trauerfeiern mehr und mehr wieder üblich, auf das Leben und die Eigenheiten des Verstorbenen einzugehen, und es könnte wohl sein, daß sich das Wichtigste davon eines Tages auf den Grabmälern finden läßt, so daß nachfolgende Generationen auf den Friedhöfen etwas für ihr eigenes Leben Wichtiges lernen könnten.

Für die kulturellen Lebewesen in Form von Vereinen, Wirtschaftsbetrieben oder gar Staaten haben sich bislang überhaupt keine Zeremonien der Verabschiedung ausgebildet, sie gehen buchstäblich sang- und klanglos ein. Aber könnten nicht nachfolgende Vereins- und Unternehmensgründergenerationen von der Existenz ehemaliger Vereine und Firmen, ihren Gründungs- und Geschäftsideen etwas lernen und von den Ursachen, warum ihre Existenz zugrunde gegangen ist? Ganz gewiß doch! Die Erforschung des Entstehens, Entwickelns und Vergehens der Staaten betreiben die Geschichtswissenschaften, aber um die vergangenen Existenzen anderer Gemeinschaftsformen kümmern sich erst seit kurzem die Wissenschaften der Kulturgeschichte, aber nur im Allgemeinen, über einzelne Unternehmungen findet sich da kaum etwas, so daß sich aus deren besonderer Existenz etwas lernen ließe. Darum sollten sich die Registergerichte fortan bemühen. Sie verfügen über die wichtigsten Daten der Vereine und Wirtschaftsbetriebe, die sie nach deren „Ableben" in einer geeigneten Form der Öffentlichkeit zugänglich machen könnten, so daß Vereins- und Firmengründer daraus lernen können, wie sie ihre Gründungsideen und die daraus entstehenden Wirtschaftssubjekte zum Wohle aller gründen, entwickeln und erhalten können.

Mit diesem Abschnitt über das Entstehen, Werden und Vergehen der Wirtschaftssubjekte sind die Grundprinzipien der individualistischen Wirtschaftsethik bekannt gemacht worden, und es bietet sich nun an, einen Vergleich zu anderen wirtschaftsethischen Ansätzen vorzunehmen, wobei ich mich auf den Vergleich mit den sogenannten *ordnungstheoretischen Ansätzen* beschränken werde, weil sich diese nicht auf die hier schon erwähnten philosophischen Richtungen der Philosophiegeschichte des Empirismus oder Rationalismus beziehen und mithin etwas zu beachtendes Neues sein könnten.

5 Vergleichende Anwendung von ordnungstheoretischer und individualistischer Ethik zum Erklärungsproblem des Prinzips der „unsichtbaren Hand"

Aufgrund der bereits beschriebenen Tatsache, daß die geistesgeschichtliche Lage vor allem durch eine zunehmende Orientierungskrise in der sogenannten westlichen Welt bestimmt ist, haben ethische Disziplinen Hochkonjunktur, die sich insbesondere in eine Fülle von Bereichsethiken aufteilen. Wie bereits angedeutet, besteht aber das Dilemma der ethischen Hauptdisziplin, der philosophischen Ethik, darin, daß sie nicht mehr in der Lage ist, auf intellektuell redliche Weise ein bestimmtes ethisches System als verbindlich zu erklären. Dies mag auch der Grund dafür sein, daß in den verschiedensten Ethikkommissionen, die zu mannigfaltigen Zwecken und Fragestellungen eingesetzt werden, kaum Philosophen anzutreffen sind, es sei denn, sie sind konfessionell so stark gebunden, daß sie eine konfessionell bestimmte Ethik unter dem Deckmantel der Philosophie vertreten.[1] Gerade zu dem Bereich ‚Wirtschaft' gibt es unübersehbar viele wirtschaftsethische Tagungen, Kongresse und entsprechend viele Veröffentlichungen. Die allermeisten von ihnen besitzen hinsichtlich ihrer Aussagestruktur keinen argumentativen, sondern ausschließlich einen appellativen Charakter. Eine philosophische Beschäftigung mit wirtschaftsethischen Ausarbeitungen scheint aber nur für die Arbeiten fruchtbar sein zu können, die eine erkennbare Argumentationsstruktur besitzen, so daß überhaupt von einer Ethik gesprochen werden kann. Diese Position wird auch von dem ordnungtheoretischen Ansatz zur Behandlung wirtschaftsethischer Fragestellungen eingenommen. Da diese wirtschaftsethische Konzeption heute der wohl am meisten diskutierte Ansatz ist, könnte ein Vergleich mit dem

---

[1] Immerhin hat sogar die Allgemeine Gesellschaft für Philosophie eine Arbeitsgemeinschaft „Wirtschaftsethik" ins Leben gerufen, jedoch scheint dieser Kreis auf esoterische Art und Weise zustande gekommen zu sein, da auf der Mitgliederversammlung 1999 in Konstanz niemand sagen konnte, wie man in diese Arbeitsgemeinschaft aufgenommen werden kann, und weitere Versuche während des Philosophenkongresses in Essen bisher zu keinem Erfolg geführt haben.

Konzept der individualistischen Wirtschaftsethik fruchtbar sein, zumal dieser Ansatz dem ordnungstheoretischen Begründungsversuch einer Wirtschaftsethik am meisten zu widersprechen scheint. Diesen Vergleich werde ich an dem Problembeispiel vornehmen, das mit der Interpretation der von Adam Smith verwendeten Metapher der „unsichtbaren Hand" bestimmt ist. Dazu sei das Zustandekommen dieser Metapher erst einmal kurz vorgestellt.

Der Mikromechanismus des wirtschaftlichen Selbstorganisationsprozesses baut auf dem Prinzip der Arbeitsteilung auf, das es den Menschen erlaubt, der Verschiedenartigkeit ihrer Neigungen und Fähigkeiten nachzugehen. Dies bedeutet für den Einzelnen: Ein Markt ist um so besser, je mehr an Angeboten und Nachfrage da ist. Freilich muß die Nachfrage- und Angebotssituation möglichst jedermann bekannt werden. Darum entsteht im wirtschaftlichen Selbstorganisationsprozeß weltweit eine Fülle von Firmen, die sich um dieses Kommunikationsproblem kümmern. Dadurch werden zu ein und derselben Leistung mehrere Anbieter bekannt. Der Wettbewerb setzt ein, und die von Adam Smith beschriebene *unsichtbare Hand* wird tätig, die den Wohlstand aller dadurch vermehrt, daß alle konsequent ihren eigenen Nutzen verfolgen. Adam Smith hat dieses Prinzip an vielen Stellen seines berühmten Werkes „An Inquiry into the Nature and Causes of the Wealth of Nations", das 1776 in London erschien, dargestellt. Da heißt es z. B. im zweiten Kapitel des ersten Buches:

> „Dagegen ist der Mensch fast immer auf Hilfe angewiesen, wobei er jedoch kaum erwarten kann, daß er sie allein durch das Wohlwollen der Mitmenschen erhalten wird. Er wird sein Ziel wahrscheinlich viel eher erreichen, wenn er deren Eigenliebe zu seinen Gunsten zu nutzen versteht, indem er ihnen zeigt, daß es in ihrem eigenen Interesse liegt, das für ihn zu tun, was er von ihnen wünscht. jeder, der einem anderen irgendeinen Tausch anbietet, schlägt vor: Gib mir, was ich wünsche, und du bekommst, was du benötigst. Das ist stets der Sinn eines solchen Angebotes, und auf diese Weise erhalten wir nahezu alle guten Dienste, auf die wir angewiesen sind. Nicht vom Wohlwollen des Metzgers, Brauers und Bäckers erwarten wir das, was wir zum Essen brauchen, sondern davon, daß sie ihre eigenen Interessen wahrnehmen. Wir wenden uns nicht an ihre Menschen- sondern an ihre Eigenliebe, und wir erwähnen nicht die eigenen Bedürfnisse, sondern sprechen von ihrem Vorteil."[2]

Dies ist der von Adam Smith beschriebene Tatbestand, der erstaunliche Ähnlichkeit mit der hier beschriebenen elementaren Lebensfrage und dem 6. Prinzip der IWE, dem selbstverantwortlichen unternehmerischen Dienstleistungsbewußtsein, aufweist: Alle Marktteilnehmer sind Egoisten. Sie suchen ausschließlich ihren eigenen Vorteil. Wie sich dieses Verhalten auf die wirtschaftliche Situation der am Markt teilnehmenden Menschen auswirkt, beschreibt er im zweiten Kapitel des vierten Buches, und dort findet sich die vielzitierte Stelle von der ‚invisible hand', der ‚unsichtbaren Hand':

> „Wenn daher jeder einzelne so viel wie nur möglich danach trachtet, sein Kapital zur Unterstützung der einheimischen Erwerbstätigkeit einzusetzen und dadurch diese so lenkt, daß ihr Ertrag den höchsten Wertzuwachs erwarten läßt, dann bemüht sich auch jeder einzelne ganz

---

[2] Vgl. Adam Smith, *Der Wohlstand der Nationen. Eine Untersuchung seiner Natur und seiner Ursachen.* Übers. von Horst Claus Recktenwald, 7. Aufl., Deutscher Taschenbuch Verlag, München 1996, S. 17.

zwangsläufig, daß das Volkseinkommen im Jahr so groß wie möglich werden wird. Tatsächlich fördert er in der Regel nicht bewußt das Allgemeinwohl, noch weiß er, wie hoch der eigene Beitrag ist. Wenn er es vorzieht, die nationale Wirtschaft anstatt die ausländische zu unterstützen, denkt er eigentlich nur an die eigene Sicherheit und wenn er dadurch die Erwerbstätigkeit so fördert, daß ihr Ertrag den höchsten Wert erzielen kann, strebt er lediglich nach eigenem Gewinn. Und er wird in diesem wie auch in vielen anderen Fällen von einer unsichtbaren Hand geleitet, um einen Zweck zu fördern, den zu erfüllen er in keiner Weise beabsichtigt hat. Auch für das Land selbst ist es keineswegs immer das schlechteste, daß der einzelne ein solches Ziel nicht bewußt anstrebt, ja, gerade dadurch, daß er das eigene Interesse verfolgt, fördert er häufig das der Gesellschaft nachhaltiger, als wenn er wirklich beabsichtigt, es zu tun. Alle, die jemals vorgaben, ihre Geschäfte dienten dem Wohl der Allgemeinheit, haben meines Wissens niemals etwas Gutes getan."[3]

An diesen Zitaten läßt sich erkennen, daß Adam Smith schon in der Diktion einer individualistischen Ethik argumentiert. Und daß durch das Verfolgen der eigenen Interessen der Wohlstand aller befördert wird, ist für Adam Smith kein geheimnisvoller Effekt; denn wenn jeder auf dem Markt seinen Vorteil durch das Marktgeschehen sucht und findet, dann ist es gar nicht anders möglich, als daß der Markt den Wohlstand derjenigen fördert, die an ihm beteiligt sind. Natürlich muß sich der Anbieter vor seinem Angebot um das Interesse der Nachfragenden kümmern, sonst wird er am Markt vorbeiproduzieren und wegen eigener Dummheit vom Markt verschwinden. Auch diesen Mechanismus hat Adam Smith schon beschrieben, wovon das Zitat aus dem zweiten Kapitel des ersten Buches ein beredtes Beispiel ist.

Im Rahmen der individualistischen Wirtschaftsethik verbindet sich mit der Metapher der ‚unsichtbaren Hand' von Adam Smith auch kein geheimnisvoller Vorgang, da das Gewinnstreben der Marktteilnehmer nicht mit dem Makel der Unmoralität behaftet ist. Sieht man allerdings das Prinzip der Nutzenmaximierung der Marktteilnehmer als grundsätzlich unmoralisch an, da es ausschließlich auf Eigennutz ohne „Tugendabsichten" gerichtet ist, dann steht man vor dem Rätsel, wie aus unmoralischem Eigennutz moralisch hochwertiger Gemeinnutz werden kann. In dieser Einstellung beschreiben z. B. Birger und P. Priddat (1997, S. 200), die zu den ordnungstheoretischen Wirtschaftsethikern gehören, die Wirkung der unsichtbaren Hand wie folgt:

„Gleichgültig, wie selbstsüchtig die Individuen einer Gesellschaft handeln mögen, das Ergebnis ihrer Handlungen bildet dennoch – wie von unsichtbarer Hand gelenkt – eine Art von gemeinsamem Wohl bzw. ein bonum commune, das allerdings nicht durch Tugendabsichten, sondern durch Systemeigenschaften des Marktes erreicht wird."

Die moralische Funktion des Marktes wird seinen „Systemeigenschaften" zugeschrieben. Das ist die ordnungstheoretische Position einer Wirtschaftsethik, wie sie besonders Karl Homann vertritt. Das Eigeninteresse der Marktteilnehmer ist danach grundsätzlich egoistisch und damit unmoralisch, und erst der wohlstandsfördernden Wirkung der unsichtbaren Hand, die auf rätselhafte Art mit dem Marktgeschehen verbunden ist, kommt die

---

[3] Vgl. Smith (1776/1996, 370f.).

ethische Bedeutung des Marktes zu, so, als ob das Marktgeschehen auf geheimnisvolle Weise aus ethischem Mist ethisches Gold machen könnte.[4] Der Wirtschaftsethiker Homann und seine Schule behaupten darum, daß das Marktgeschehen und die Rahmenbedingungen für das Funktionieren des Marktes die Marktteilnehmer moralisch entlasteten, damit sie sich in ihrem unmoralischen Gewinnstreben nicht ethisch belastet fühlen müßten. Ja, man müsse sogar dieses unethische Gewinnstreben der Marktteilnehmer aus moralischen Gründen fordern, da sich sonst die moralische Wirkung der unsichtbaren Hand nicht entfalten könnte:[5]

> „Langfristige *Gewinnmaximierung* ist daher *nicht ein Privileg* der Unternehmen, für das sie sich ständig entschuldigen müßten, es ist vielmehr ihre *moralische Pflicht*, weil genau dieses Verhalten – unter Voraussetzung einer geeigneten Rahmenordnung – den Interessen der Konsumenten, der Allgemeinheit, am besten dient."

Die Moral besteht für die Ordnungstheoretiker gerade darin, auf dem Markt unmoralisch zu sein. Das ist ein unbegreiflicher Widerspruch für eine Ethikbegründung; denn Moral und Ethik lassen sich formal ausschließlich durch Widerspruchsvermeidungsstrategien begründen. Außerdem ist der hier verwendete Begriff von moralischer Pflicht völlig unbestimmt und hat lediglich appellativen und nur scheinbar argumentativen Charakter; denn warum sollte es jemand als seine moralische Pflicht ansehen, „den Interessen der Konsumenten, der Allgemeinheit, am besten" durch Unmoralität zu dienen? Aufgrund der inneren Widersprüchlichkeit dieser Argumentation erweist sie sich als untauglich dafür, für die Erstellung einer Basis ethischer Begründungen dienlich sein zu können. Die individualistische Wirtschaftsethik kann auf die Frage nach der Begründung einer moralischen Pflicht durchaus eine begründete Antwort geben, aber die ordnungstheoretischen Wirtschaftsethiker können sie aus prinzipiellen Gründen gar nicht beantworten. Denn sie sind ja gerade der Meinung, daß der Marktteilnehmer durch die Rahmenordnung des Marktes moralisch entlastet werden solle, d. h., die ordnungstheoretische Wirtschaftsethik will bewußt keine Ethik sein, weil sie es ablehnt, das Verhalten der Marktteilnehmer durch ethische Grundsätze zu bestimmen. Überdies hat die Konzeption der angeblich moralentlastenden Funktion des Marktes durch die wirtschaftsethischen Ordnungstheoretiker offenbar nur zum Ziel, der Gewinnmaximierung hinsichtlich des Strebens nach äußeren Gütern freie Bahn zu gewähren und sie nicht durch moralischen Ballast zu behindern. Damit maßt sich die ordnungstheoretische Wirtschaftsethik an, den Marktteilnehmern weismachen zu können, daß sie im Marktgeschehen nicht nach Prinzipien einer sinnvollen Lebensgestaltung

---

[4] Vgl. dazu auch: Wolfgang Deppert und Werner Theobald, Die ‚unsichtbare Hand'. Ihre moralische Fehlinterpretation und ihre Selbstorganisationsfunktion durch die unbemerkte Moralität des Eigeninteresses, Kritik zu Priddat, Birger P., Alternative Interpretationen einer ökonomischen Metapher: die ‚invisible hand' bei Adam Smith, in: Ethik und Sozialwissenschaften (EuS), Bd. 8 (1997) Heft 2, S. 210–213.

[5] Vgl. Homann, Karl und Blome-Drees, Franz, *Wirtschafts- und Unternehmensethik*, Vandenhoek & Ruprecht, Göttingen 1992 S. 38f. oder ähnlich auch Homann, Karl und Pies, Ingo, Wirtschaftsethik in der Moderne: Zur ökonomischen Theorie der Moral, in: *Ethik und Sozialwissenschaften 5* (1994), S. 3–12.

verfahren sollten. Denn solche Prinzipien schließen stets eine Nutzenmaximierung des äußeren und inneren Nutzens ein. Offenbar sind ordnungstheoretische Wirtschaftsethiker der Meinung, daß der Lebenssinn der Marktteilnehmer ebenso wie deren Moralität durch die Rahmenbedingungen des Marktes von außen festgelegt werden.

Solch eine Ethikposition ist nur denkbar im Rahmen eines Menschenbildes, in dem von vornherein nur an Menschen mit einer autoritären Lebenshaltung oder wenigstens mit einer wissenschaftsgläubigen Lebenshaltung gedacht wird. Mit einem selbstverantwortlichen Menschenbild und mit einem demokratischen Gemeinwesen kann die ordnungstheoretische Wirtschaftsethik grundsätzlich nicht zusammenstimmen, und dies bedeutet: Sie kann auch das Marktgeschehen und den Markt nicht beschreiben, da ein funktionierender Markt Marktteilnehmer mit einer selbstverantwortlichen Lebenshaltung voraussetzt. Glücklicherweise findet die ordnungstheoretische Wirtschaftsethik bei den Marktteilnehmern kaum Gehör; denn mehr und mehr Wirtschaftsbetriebe bemerken, daß sie ihre Marktstellung nur behaupten oder ausbauen können, „wenn nichtfinanzielle Größen Gegenstand von individuellen Zielen sowie Mitarbeiterbeurteilungen und Belohnungssystemen sind"[6]. Die Scheinargumentationen der sogenannten ordnungstheoretischen Wirtschaftsethiker erwachsen aus einer mangelhaften und extrem oberflächlichen Reflexion, die sogar das heutige wirtschaftsethische Dilemma des durchaus unmoralischen ausschließlichen Strebens nach äußeren Gütern weiter vorantreibt. Damit erweist sich die Beschäftigung mit den sogenannten ordnungstheoretischen Ansätzen zur Wirtschaftsethik als äußerst unfruchtbar. Sie sollten auf keinen Fall den Staaten für ethische Begründungen von Ordnungsmaßnahmen dienen. Wie Staaten mit Hilfe des Konzepts der individualistischen Wirtschaftsethik ethisch begründet vorgehen sollten, ist darum im folgenden Kapitel zu behandeln.

---

[6] Vgl. Jürgen Brunner und Michael Hessing, Wertorientiertes Management: Shareholder Value und Balanced Scorecard, in: http://www.flexible-unternehmen.de/fb990930.htm S. 3.

Vom Umgang der staatlichen Wirtschaftssubjekte mit sich und den nichtstaatlichen Wirtschaftssubjekten

6.1 Zu den Grundlagen des Staates

Ein Wirtschaftssystem wird durch die Verfassung eines Staates festgelegt. Verfassungen sind die Bestimmungen, in denen geregelt ist, auf welche Weise Menschen ihr Zusammenleben organisieren und die Existenz ihres Gemeinwesens sichern können. Diese Festlegungen finden in Form von Gesetzen statt. In einer Verfassung muß darum bestimmt sein, wie es zu Gesetzen kommt, wie Gesetze geändert werden können und wie sichergestellt wird, daß die Gesetze auch eingehalten werden. Nun ist ein Staat in dem hier definierten Sinn ein kulturelles Lebewesen. Damit hat er das Sicherungsproblem seiner äußeren und seiner inneren Existenz, und darum ist ein Staat auch ein Wirtschaftssubjekt, das mit anderen Staaten, die ebenso Wirtschaftssubjekte sind, in wirtschaftlichen Kontakten steht. Die Sicherung der äußeren Existenz eines jeden Staates ist, so wie es für jedes Wirtschaftssubjekt gilt, wesentlich von der Sicherung seiner inneren Existenz abhängig. Diese ist durch den Grad der Zufriedenheit der Bürger bedingt, wie sie meinen, ihr Leben in diesem Staat sinnvoll gestalten zu können. Nach der hier gegebenen Definition von Religion ist diese für den einzelnen Menschen durch seine Lebenssinnvorstellungen bestimmt. Für die Sicherung der inneren Existenz eines Staates bedeutet dies, daß sie so lange gut gesichert ist, wie die Bürger in ihrem Staat ihre Sinnvorstellungen ohne größere Behinderungen durch den Staat verwirklichen können, d. h., wenn das Wertsystem des Staates weitgehend nicht in Widerstreit zu den Wertesystemen seiner Bürger steht.

Und tatsächlich läßt sich in der Geschichte beobachten, daß die Existenz eines Staates auf lange Sicht immer dann bedroht war, wenn die sinnstiftenden religiösen Vorstellungen der Bürger nicht mit denen des Staates zusammenfielen. Darum war es in der Menschheitsgeschichte stets ein staatsgefährdendes Vergehen, wenn jemand an den Staatsgöttern zweifelte oder, später in den staatlichen Herrschaftsformen der Offenbarungsreligionen, wenn jemand es wagte, die Existenz des monotheistischen Gottes oder seiner Prädikate wie etwa das der Trinität anzuzweifeln, und dies galt für den katholischen, den reformierten oder den lutherischen Herrschaftsbereich in gleichem Maße.

Schon in Athen wurde Protagoras im Jahre –410 zum Tode verurteilt, weil er behauptete, daß wir Menschen nichts über die Götter wissen können, weil wir selber keine sind, und daß wir deshalb über keine göttlichen, sondern nur über menschliche Maße verfügen. Nach dem gleichen Gesetz wurde Sokrates im Jahre –398 zum Tode verurteilt und auch hingerichtet. Und zu Beginn der Neuzeit wurde der Entdecker des zweiten Blutkreislaufes und Gegner der Trinität Michael Servet von Johannes Calvin 1553 in Genf verbrannt, ebenso ist der Entdecker der einen Welt, Giordano Bruno, der damit überhaupt erst die Grundlagen unserer Naturwissenschaft legte, 1600 in Rom bei lebendigem Leibe verbrannt worden, und schließlich wurde sogar der einfache Handwerksgeselle Peter Günther noch 1687 in Lübeck vom Rat der Stadt auf Anraten der evangelischen Theologen in Wittenberg enthauptet, weil er behauptete, daß Jesus ein Mensch und kein Gott war.[1]

In unserer Zeit wird das Glaubensgut der großen Kirchen von der Mehrheit der Bevölkerung schon lange nicht mehr geteilt und dennoch haben die Kirchen über die grundgesetzwidrigen Konkordate und Staatskirchenverträge staatlich begünstigte Sonderrechte, wie z. B. die Errichtung von Theologischen Fakultäten an deutschen Universitäten, die zu allem Überfluß sogar noch vom Staat bezahlt werden. Damit ist nun tatsächlich eine Gefährdung der Inneren Existenz der Bundesrepublik Deutschland verbunden, wenn die überkommenen Religionsgemeinschaften Sonderrechte genießen, die dem Art. 3 Abs. 3 GG eklatant widerstreiten.[2] Da der Sachverhalt, daß die Gesetzgebung, die vollziehende

---

[1] Vgl. dazu Gustav Radbruch, Peter Günther, Narr und Held, 1911 in: Radbruch, Gustav, *Elegantiae juris criminalis, Sieben Studien zur Geschichte des Strafrechts*, Basel 1938, S. 50–60 oder Deppert, Wolfgang, Systematische philosophische Überlegungen zur heutigen und zukünftigen Bedeutung der Unitarier, in: Wolfgang Deppert, Werner Erdt, Aart de Groot (Hg.), *Der Einfluß der Unitarier auf die europäisch-amerikanische Geistegeschichte – Vorträge der ersten wissenschaftlichen Tagung zur Unitarismusforschung vom 13.–14.Juni 1985 in Hamburg*, Peter Lang, Frankfurt/Main 1990 (Unitarismusforschung Bd. 1), S. 129–151.

[2] Die letzte meiner vier-semstrigen Vorlesung trägt den Titel „*Kritik der Wissenschaften hinsichtlich ihrer Verantwortung gegenüber dem menschlichen Gemeinwesen*". Nach einer Neugliederung der Fakultäten zur Erfassung des Ganzen der Wissenschaften in zwölf Fakultäten, wie dies im Sokrates-Universitäts-Verein (SUV) satzungsgemäß vorgesehen ist, bin ich in meinen Kritiken dem Vorbild Kants gefolgt, wie er in seinem letzten großen Werk „Der Streit der Fakultäten" vorgegangen ist und habe damit begonnen, die Theologischen Fakultäten zu kritisieren, indem ich herausgearbeitet habe, daß sie sich um die Sicherung der inneren Existenz der Menschen ihres Staates, von dem sie bezahlt werden, zu kümmern hätten. Da ich meine Kritiken an alle Dekanate der Fakultäten meiner Universität mit der Bitte um Stellungnahmen geschickt hatte, aber darauf keine Reaktion erfolgte, habe ich damit begonnen, die Dekane persönlich zu besuchen und wiederum beginnend mit der Theologischen Fakultät. Und ich war enorm erstaunt, daß mir der Dekan der Theologischen darin voll darin zustimmte, daß es zweifellos die Aufgabe der Theologischen Fakultät sei, die Bürgerinnen und Bürger in ihrer Mühe der Sicherung ihrer eigenen inneren Existenz zu unterstützen, daß dies aber von den Theologischen Fakultäten nicht geleistet würde. Zweifellos eine sehr ehrliche und mutige Stellungnahme.

Gewalt und das Bundesverfassungsgericht das unmittelbar geltende Recht der Grundrechte verletzen, allmählich auch in größeren Kreisen der Bevölkerung bekannt wird, kann es nicht ausbleiben, daß es um die Sicherung der inneren Existenz der Bundesrepublik Deutschland nicht gut bestellt ist. Die laufend sinkenden Wahlbeteiligungen sind bereits ein deutliches Zeichen für den Vertrauensverlust der deutschen Bevölkerung in unser staatliches System. Mag sein, daß die geradezu öffentlich ausgebildete Lust, Steuerbetrügereien im Kleinen wie im Großen zu betreiben, ebenfalls ein Anzeichen für die stark gefährdete innere Existenz der Bundesrepublik Deutschland ist. Wir werden darauf noch genauer zu sprechen kommen müssen.

In der Geschichte haben die Staaten versucht, das Gleichgewicht zwischen staatlichen Wertsystemen und den Sinnvorstellungen der Bürgerinnen und Bürger dadurch zu halten, daß es Möglichkeiten gab, Staatsverfassungen auch zu ändern, sei es auf revolutionärem oder auf evolutionärem Wege. Die Änderungsmöglichkeit von Verfassungen ist darum klugerweise in den Staatsverfassungen ebenso vorzusehen wie die Verfahren zur Bestimmung der Regierung und der Regierungsform. Durch die in der Verfassung vorgesehenen Änderungsmöglichkeiten der Verfassungen haben die Staaten eine kulturelle Evolution im Sinne einer Konkurrenz zwischen den einzelnen Staatsformen durchgemacht. Ich meine, daß es der österreichische Wirtschaftsnobelpreisträger Friedrich August von Hayek war, der diese evolutionären Entwicklungsformen der Wirtschaftssysteme das erste Mal beschrieben hat. Und ich meine sogar, dabei gewesen zu sein, als ihm das über Nacht eingefallen war. Im Jahre 1978 hatte ich das Glück, in Griechenland an der internationalen Tagung der Humanistischen Gesellschaft Griechenlands teilnehmen zu können, an der auch der Nobelpreisträger Friedrich August von Hayek und ebenso Herbert Giersch teilnahmen, der ehemalige Präsident des Weltwirtschafinstituts in Kiel, und spannende Beiträge vortrugen. Da ich das zusätzliche Glück hatte, des öfteren mit von Hayek zusammen zu frühstücken, erzählte er mir davon, daß ihm in der vergangenen Nacht der Gedanke gekommen sei, daß das wichtigste Ergebnis der Evolution der Wirtschaftssysteme darin bestünde, daß die erfolgreichsten Systeme den Eigentumsbegriff entwickelt und weiter befestigt hätten. Und das hat er dann in seinem Vortrag vorgetragen. Davon soll im nächsten Abschnitt die Rede sein.

6.2 Zu den Grundlagen erfolgreicher Wirtschaftssysteme

Bisher haben wir im Rahmen der individualistischen Wirtschaftsethik kaum etwas vom Begriff des Eigentums gehört, obwohl seit eh und je Eigentumsdelikte zu den ethischen Grundproblemen überhaupt zu zählen sind. Nun ist aber der Begriff des Eigentums als einer erwerbsfähigen Sache in der Menschheitsgeschichte eine relativ späte Entwicklung, was damit zusammenhängt, daß auch die Wirtschaftswissenschaften erst sehr spät im Kanon der Wissenschaften auftauchen. Die ersten Anfänge einer als neuzeitlich zu betrachtenden Wirtschaftswissenschaft beginnen erst in der zweiten Hälfte des 18. Jahrhunderts, und wohl erst im 19. Jahrhundert entwickelt sie sich zu einer eigenständigen Wissenschaft. Und da gehen gleich vom Eigentumsbegriff heftige Kontroversen aus, wenn wir nur an die sozialistischen Wirtschaftstheorien von Marx und Engels denken, die ein Eigentum an Produktionsmitteln grundsätzlich ablehnen, eine Position, die sich in den kommunistischen Ländern bis weit ins 20. Jahrhundert fortsetzte, deren ökonomischen Zusammenbruch Hayek schon 1978 deutlich voraussah.

Wo aber läßt sich der Eigentumsbegriff in der individualistischen Wirtschaftsethik finden? Ganz vorn, nämlich dort, wo ein Staat gemäß der Ordnungsregel sein Wertesystem bestimmt. Ich spreche hier nicht mehr von einem festgefügten Wertsystem, weil sich die individualistische Wirtschaftsethik bereits auf demokratische Staaten bezieht, in denen ein Glaube an absolute, ewige Wertmaßstäbe nicht mehr vorkommt, so daß auch ein staatlich festgefügtes Wertsystem nicht mehr denkbar ist. In diesem Buch ist im Abschn. 2.2.1 definiert worden, was hier unter einem Wert zu verstehen ist, aufgrund der tiefgreifenden Bedeutung dieser Definition sei sie an dieser Stelle noch einmal wiederholt:

Ein **Wert** ist *etwas, von dem behauptet und womöglich nachgewiesen werden kann, daß es in bestimmter Weise und in einem bestimmten Grad zur äußeren oder inneren Existenzerhaltung eines Lebewesens beiträgt.*

Wie aber kann ein Staat die grundlegenden Werte, durch die er seine Existenz erhalten kann, bestimmen? Wir wissen bereits, daß für alle Wirtschaftssubjekte gilt: ***Die Sicherung der äußeren Existenz gelingt nur über die Sicherung der inneren Existenz des Wirtschaftssubjekts***. Und die innere Existenz eines Wirtschaftsbetriebes besteht aus den Einstellungen der Mitarbeiter zu ihrem Betrieb, die bestenfalls bis zu einer Identifizierung mit dem Betrieb und seinen Zielen reicht. Dies trifft gleichermaßen auf die innere Existenz eines Staates zu.

Wenn Bürgerinnen oder Bürger den Eindruck haben, daß sie in ihrem Staat ihr Leben so führen können, wie sie es für sich selbst als sinnvoll erachten, und wenn sie außerdem mit den Staatszielen übereinstimmen, dann stützen sie die innere Existenz ihres Staates. Und wenn dies gar für die große Mehrheit der Bürgerinnen und Bürger eines Staates gilt, dann ist die innere Existenz des Staates nicht gefährdet, d. h., die Werte der Bürgerinnen und Bürger stimmen mit den Staatszielen und ihren Verwirklichungen zusammen. Nun haben alle selbstverantwortlichen Menschen in einem Staat durchaus *eigene* Vorstellungen über die Gestaltung ihres Lebens. Dazu aber brauchen sie einen Gestaltungsfreiraum, in dem sie sich ganz nach ihren eigenen Vorstellungen entwickeln und entfalten können. Alle diese Vorstellungen über die Gestaltung des eigenen Lebens sind aber stets an materielle Voraussetzungen und Gegebenheiten gebunden, d. h., der erwünschte Gestaltungsfreiraum besteht aus einer Verfügungsfreiheit über bestimmte Güter. Und genau diese Verfügungsfreiheit über materielle oder geistige Güter nennen wir *Eigentum*. Unser Eigentum gibt uns die Freiheit, mit den Gütern in unserer Lebensgestaltung so zu verfahren, wie wir es wünschen. Daraus folgt, daß das Eigentum eine besondere Form allgemeiner Freiheit darstellt.

▶ **Definition** *Eigentum von Gütern* bezeichnet die *Verfügungsfreiheit über diese Güter*, die es gestattet, die eigene Lebensgestaltung mit Hilfe dieser Güter in Freiheit zu betreiben.

Und wenn nun der Staat darauf bedacht ist, sein Wertesystem so aufzubauen, daß die Menschen ihre innere Existenz sichern können, die ja gerade darin besteht, ein nach ihren Vorstellungen sinnvolles Leben führen zu können, dann wird der Staat dem allgemeinen Freiheitsrecht zur Entfaltung der eigenen Persönlichkeit der Bürgerinnen und Bürger und dem besonderen Freiheitsrecht der Sicherung ihres Eigentums eine hohe Priorität in seinem Wertesystem einräumen, um dadurch die eigene innere Existenz optimal zu sichern. Und darum ist in der Bundesrepublik Deutschland das Eigentum durch Art. 14 GG geschützt. Hier wird deutlich, daß Freiheits- und Eigentumsrechte eng miteinander verbunden sind und daß sie in der individualistischen Wirtschaftsethik schon in der Erfüllung des ersten Prinzips der IWE, dem *Ordnungsprinzip,* einen erstrangigen Platz einnehmen.

Was hat diese Einsicht nun mit dem Erfolg von Wirtschaftssystemen zu tun? Auch hier gibt es eine deutliche Parallele zu den erfolgreichen Wirtschaftsbetrieben, welche genau dann besonders überlebenstüchtig sind, wenn die Sicherung der inneren Existenz des Betriebes mit der Sicherung der inneren Existenz der Mitarbeiter weitgehend zusammenstimmt; denn dann breitet sich in dem Betrieb eine innovationsfreudige Atmosphäre aus, durch die der Betrieb zu überlebenswichtigen Innovationen kommt, wie es Jürgen Hauschildt in seinem so wichtigen Buch zum Innovationsmanagement immer wieder herausgearbeitet hat.[3] Das Entsprechende gilt für die Bürgerinnen und Bürger in einem Staat, sie werden durch den für sie garantierten Freiraum all ihre kreativen Kräfte mobilisieren und enorm zur Steigerung des Bruttosozialproduktes beitragen. „So einfach ist das!", rufen wir hiermit allen Diktatoren der Welt zu. „Gebt den Menschen, über die Ihr herrscht, ihr Selbstbestimmungsrecht, ihre dazu nötige Freiheit und ihr Eigentum zurück, und Ihr werdet im Wohlstand unter Freunden ein glückliches und sinnvolles Leben führen!"

Aber die Freiheit und das damit verbundene Eigentum ist noch nicht alles, was zu den Grundlagen erfolgreicher Wirtschaftssysteme gehört. Denn zur Sicherung der äußeren und inneren Existenz der Menschen muß der Staat die allgemeinen Menschenrechte in sein Wertesystem mit aufnehmen. Dies ist eine unabdingbare Voraussetzung für die sinnstiftende Funktion des Marktgeschehens, ohne die ein Wirtschaftssystem auf Dauer nicht erfolgreich sein kann. Da es meines Wissens nach bislang noch keine Systematik zur Entwicklung der Menschenrechte gibt, soll diesem Problem extra ein Unterabschnitt gewidmet werden.

6.3 Der Nachweis der Ableitungsmöglichkeit von Menschenrechten auf der Grundlage der individualistischen Wirtschaftsethik

Da es leider die gänzlich unphilosophische Auffassung gibt, daß sich Menschenrechte gar nicht ableiten lassen, sei an dieser Stelle noch kurz auf den Ableitungsbegriff eingegangen. Was bedeutet es, wenn wir von einer Ableitung sprechen?

---

[3] Vgl. Jürgen Hauschildt und Sören Salomo, *Innovationsmanagement,* von Vahlen, 4. Aufl., München 2007.

Grundsätzlich wird unter einer *Ableitung eines Terms* die Darstellung eines Zusammenhangs verstanden, der diesen Term in eine eindeutige Bedeutungsbeziehung zu anderen Termen stellt, in der der abzuleitende Term nicht enthalten ist. Unter einem Term sei hier irgendein kurzer sprachlicher Ausdruck verstanden. Darum werden in jeder Ableitung bestimmte Ausgangs- oder Grundgrößen angenommen. Ableitungen kann es von Begriffen, von Aussagen und von Anweisungen geben.

Handelt es sich um begriffliche Ableitungen, dann bestehen diese im Fall der exaktesten Ableitungen aus Definitionen. Die Grundbegriffe sind dann notwendig undefiniert, da es für sie aufgrund der Definition der Grundbegriffe in dem gewählten Ableitungszusammenhang keine anderen Begriffe gibt, auf die sie zurückgeführt werden können. Dieser Fall gilt für die Lehre der Axiomensysteme. Die Axiome bestehen dabei aus Aussagen über undefinierte Grundbegriffe mit Hilfe von umgangssprachlichen Ausdrücken oder auf andere Art bestimmten wissenschaftlichen Termen. Das System von Aussagen eines Axiomensystems oder eines ethischen Systems wird mit Hilfe von Definitionen auf der Grundlage der undefinierten Grundbegriffe bzw. den ethischen Grundprinzipien und logischen Ableitungen aus den Axiomen und den Prinzipien gebildet. Es ist das Ziel aller mathematischen, naturwissenschaftlichen und ethischen Arbeiten, ihre Begriffsbildungen und Aussagen auf diese Ableitungsstruktur zu bringen.

An die Stelle von undefinierten Grundbegriffen und Axiomen treten in den Naturwissenschaften mythogene Ideen.[4] Das sind Vorstellungen, in denen Einzelnes und Allgemeines in einer Vorstellungseinheit zusammenfallen, etwa in der Physik die Vorstellung eines einzigen allumfassenden Weltraumes oder einer einzigen alle Vorgänge umfassenden Weltzeit oder einer einzigen allgemeinsten Naturgesetzlichkeit. Durch die Kopplung der Naturwissenschaft an mythogene Ideen wird einsichtig, daß ein analoges Ableitungsverfahren auch für die Geisteswissenschaften erstrebenswert sein könnte, um klarere Ableitungsverhältnisse erreichen zu können; denn auch in den Geisteswissenschaften müssen die Begründungsendpunkte aus wissenschaftssystematischen Gründen die Struktur von mythogenen Ideen besitzen. Da in der Ethik schon seit Baruch Spinoza Ableitungsstrukturen wie in der Mathematik und den Naturwissenschaften verlangt werden und wir es aus Genauigkeitsgründen auch so halten wollen, müssen die mythogenen Ideen in den ethischen Grundprinzipien enthalten sein. Und aus diesen sollten die Grundrechte als verrechtlichte ethische Forderungen abzuleiten sein.

Nun könnte die Frage auftauchen, ob die Menschenrechte selbst schon als Begründungsendpunkte, als mythogene Ideen oder ethische Grundprinzipien angesehen werden können. Für eine Bejahung dieser Frage spricht die Bezeichnung der Menschenrechte im Grundgesetz der Bundesrepublik Deutschland als Grundrechte, weil durch sie das ganze Rechtssystem stufenartig aufgebaut werden soll. Bei dieser Betrachtung tritt die Begründungsfrage der Grundrechte nicht auf. Wenn jedoch der Art. 146 des Grundgesetzes ernst genommen und eine Verfassung angestrebt wird, „die von dem deutschen Volke in freier Entscheidung beschlossen" und in Kraft gesetzt wird, dann wird die Frage nach der

---

[4] Vgl. etwa Deppert (1996) oder Deppert (1997a).

Begründung der Grundrechte wieder bedeutsam. Denn dann bestünde die Möglichkeit, aufgrund von Argumenten bestimmte Grundrechte zu ändern, zu erweitern oder dem bisherigen Grundrechtekanon weitere Grundrechte hinzuzufügen. Außerdem aber ruht das gesamte Rechtssystem, das durch das Grundgesetz bestimmt ist, auf dem **Begriff der Würde des Menschen**. Daraus folgt, daß die **Grundrechte eine Konsequenz des Begriffes der Würde des Menschen** sein müßten, d. h., die Grundrechte sollten aus der Explikation des Begriffes der Würde des Menschen folgen und mithin ableitbar sein. Es ist leider ein schwerwiegendes Versäumnis der Verfasser des Grundgesetzes und aller späterer Volksvertreter der Legislative, daß sie den Begriff der Würde des Menschen unbestimmt gelassen haben, so daß eine Ableitung der Grundrechte aus dem Würdebegriff bislang nicht geschehen konnte und man sich damit behalf, die Würde des Menschen so zu verstehen, daß sie zusammenfassend das bedeute, was in den Grundrechten ausgesagt sei. Nur gibt es da eine große Anzahl von Grundrechten, die durch Gesetze eingeschränkt werden können, so daß dann die Würde des Menschen verletzt würde, was nach Art. 1 GG verboten ist. Um dieses Dilemma in unserem Verfassungsprovisorium, welches ja das Grundgesetz darstellt, zu reparieren, müßte der *Begriff der Würde des Menschen möglichst genau gefaßt* und aus ihm die Menschenrechte abgeleitet werden.[5] Die Erfüllung dieser Forderung könnte die innere Existenz der Bundesrepublik Deutschland stützen, die zur Zeit sehr angeschlagen zu sein scheint.

Aus den Formulierungen des Grundgesetzes, in denen über den Würdebegriff gesprochen wird, ist ersichtlich, daß ein Begriff von Würde gemeint ist, der es zuläßt, daß die Würde verletzt werden kann und darum als oberstes Schutzgut des ganzen Grundgesetzes gilt. Denn der Art. 1 Abs. 1 GG lautet:

„Die Würde des Menschen ist unantastbar. Sie zu achten und zu schützen ist Verpflichtung aller staatlichen Gewalt."

Wenn der Begriff der Würde *das* definierende Merkmal des Menschen ist, dann läßt sich mit einem solchen Begriff keine Verletzlichkeit verbinden; denn das würde ja bedeuten, daß jemand mit verletzter Würde auch nicht mehr ganz Mensch wäre. Könnte es darum vielleicht sein, daß gerade eine verletzliche Würde das definierende Merkmal des Menschen ist? Dem scheint entgegenzustehen, daß der erste Satz des Grundgesetzes lautet: „Die Würde des Menschen ist unantastbar." Etwas, das unantastbar ist, kann gewiß auch nicht verletzt werden. Wenn dies aber die Grundgesetzautoren gemeint hätten, dann wäre ihr zweiter Satz des Art. 1 GG ohne Sinn, der da heißt: „Sie zu achten und zu schützen ist Verpflichtung aller staatlichen Gewalt." Der erste Satz „Die Würde des Menschen ist unantastbar" kann darum nur sinnvoll als folgender Imperativ interpretiert werden: „Die Würde des Menschen darf unter keinen Umständen angetastet werden!" Dies bedeutet, daß der Begriff der Würde des Menschen die Verletzlichkeit der Würde zulassen muß, denn sonst wäre es

---

[5] Die weitaus beste Zusammenfassung und Diskussion der Probleme um die Definition des Würdebegriffs findet sich in Franz Josef Wetz, *Illusion Menschenwürde – Aufstieg und Fall eines Grundwerts*, Klett-Cotta, Stuttgart 2005.

ja unnötig, sie schützen zu wollen. Allerdings gibt es noch eine weitere durchaus sehr interessante Deutungsvariante der beiden Sätze von Art. 1 Abs. 1 GG. Im ersten Satz könnte eine größte Allgemeinheit des Würdebegriffs als Gattungsbegriff gemeint sein, während im zweiten Satz ein spezieller Würdebegriff gemeint ist, der unter den Gattungsbegriff der Würde fällt, dennoch aber einen speziellen Würdebegriff bezeichnet, der Vorstellungen von einer werdenden und auch verletzlichen Würde zuließe. Etwas Ähnliches finden wir schon bei Aristoteles mit seinem Begriff der göttlichen Vernunft und dem Begriff der werdenden Vernunft im Menschen, die beide dem Menschen zugehören und sogar den Menschen als Gattungswesen und als Einzelwesen bestimmen. Diese Deutungsvariante ist schon deshalb hochinteressant, weil sie auf eine Parallelität von Würde- und Vernunftbegriff hinweist, die möglicherweise bereits den Weg zu einer befriedigenden Definition des Würdebegriffs weist.[6]

Der Würdebegriff der rechtsphilosophischen Literatur entstammt meistens den Arbeiten von Kant zum Würdebegriff. Er spricht in seiner ‚Grundlegung zur Metaphysik der Sitten' von „der Idee der *Würde* eines vernünftigen Wesens, das keinem Gesetze gehorcht, als dem, das es zugleich selbst gibt".[7] Erläuternd führt er aus:

> „Im Reich der Zwecke hat alles entweder einen *Preis*, oder eine *Würde*. Was einen Preis hat, an dessen Stelle kann auch etwas anderes, als *Äquivalent*, gesetzt werden; was dagegen über allen Preis erhaben ist, mithin kein Äquivalent verstattet, das hat Würde. Was sich auf die allgemeinen menschlichen Neigungen und Bedürfnisse bezieht, hat einen *Marktpreis*; das, was, auch ohne ein Bedürfnis vorauszusetzen, einem gewissen Geschmacke, d.i. einem bloßen Wohlgefallen am zwecklosen Spiel unserer Gemütskräfte, gemäß ist, einen *Affektionspreis*; das aber, was die Bedingung ausmacht, unter der allein etwas Zweck an sich selbst sein kann, hat nicht bloß einen relativen Zweck, d.i. einen Preis, sondern einen inneren Wert, d.i. *Würde*. Nun ist Moralität die Bedingung, unter der allein ein vernünftiges Wesen Zweck an sich selbst sein kann; weil nur durch sie es möglich ist, ein gesetzgebend Glied im Reiche der Zwecke zu sein. Also ist Sittlichkeit und die Menschheit, so fern sie derselben fähig ist, dasjenige, was allein Würde hat."

Hier weist auch Kant schon auf einen „inneren Wert" hin, den er mit der Würde verbindet. Und dabei geht Kant sogar so weit, zumindest anzudeuten, daß alles, was einen inneren Wert hat, auch Würde habe. In der hier verwendeten Begrifflichkeit geht das *zu* weit; denn ein Gegenstand, der einen Erinnerungswert für einen Menschen hat, hat für diesen Menschen einen inneren Wert, aber doch wohl keine Würde.

Da für Kant Sittlichkeit niemals Fremdbestimmung durch die Sinne, sondern nur Selbstbestimmung durch die Vernunft bedeuten kann, kommt er zu dem Schluß:

> „Autonomie ist also der Grund der Würde der menschlichen und jeder vernünftigen Natur."[8]

---

[6] Der Sokrates Universitäts Verein e. V. <sokrates.org> hat im Frühjahr dieses Jahres (2013) die erste wissenschaftliche Tagung zum Thema „Die Würde des Menschen – was sie bedeutet, wie sie verletzt und wie sie geschützt werden kann" durchgeführt, deren Beiträge noch in diesem Jahr als Tagungsband im Leipziger Universitätsverlag erscheinen werden, in dem genauere Ausführungen zu dieser Problematik des grundgesetzlichen Würde-Begriffs zu finden sein werden.
[7] Vgl. Immanuel Kant, *Grundlegung zur Metaphysik der Sitten,* Riga 1785/86, A77/B76.
[8] Vgl. ebenda A79/B78.

6.3 Der Nachweis der Ableitungsmöglichkeit von Menschenrechten   149

Eine Würde haben demgemäß Lebewesen, die zur Selbstbestimmung fähig sind.[9] Nach diesem Kant'schen Begriff der Würde kann der Mensch seine Würde nur selbst verletzen, indem er unmoralisch handelt. Für Kant gibt es aber keinen möglichen Zwang, sich unmoralisch zu verhalten. Die Würde des Menschen kann danach nicht durch äußere Einwirkungen verletzt werden. Also ist der Würde-Begriff des Grundgesetzes nicht mit dem Würde-Begriff Kants zu identifizieren, um auf ihn das Rechtssystem der Bundesrepublik Deutschland zu stützen. Denn eine Würde, die sich von außen nicht angreifen läßt, kann man nicht antasten, und sie bedarf deshalb nicht des Schutzes „aller staatlichen Gewalt". Dennoch aber ist Kants Begriff der Würde antastbar, aber nur von dem Wesen selbst, das Würde hat.

Die Ableitung der einzelnen Grundsätze der individualistischen Ethik zeigte, daß einige von ihnen als Verallgemeinerungen von Kants ethischen Prinzipien zu verstehen sind. So ist z. B. das *Ordnungsprinzip* eine Folge des Kant'schen Autonomieprinzips und das *Stimmigkeitsprinzip* eine Verallgemeinerung des *Kategorischen Imperativs,* während man das *Verstehensprinzip* als eine allgemeinere Form von Kants Publizitätsprinzips begreifen kann. Es könnte darum möglich sein, durch eine Verallgemeinerung von Kants allgemeinem Begriff der Würde zu einem Begriff von Menschenwürde vorzustoßen, der sich als ein Begriff von menschlicher Würde im Rahmen einer individualistischen Ethik begreifen läßt. Hierzu eignen sich Kants Formulierungen, daß die Autonomie der „Grund der Würde der menschlichen und jeder vernünftigen Natur" sei und daß Würde „die Bedingung ausmacht, unter der allein" Zwecke gesetzt werden können, die zugleich von der Art der Unersetzbarkeit sind.

Nach der hier dargestellten Ableitung der Grundsätze einer *individualistischen Ethik* stehen diese unter der Bedingung der *Sinnannahme*. Damit wird unterstellt, daß alle Menschen das Sinnproblem kennen und das stete Ziel haben, die eigenen Handlungen sinnvoll zu gestalten. Diese selbstbestimmte Zielsetzung steht aber nicht mehr unter der kantischen Autonomie einer allgemeinen, für alle bewußten Wesen identischen Vernunft, sondern unter dem Autonomieanspruch der eigenen Vernunft des jeweiligen menschlichen Individuums. Der sich seiner eigenen Individualität bewußt werdende Mensch nimmt zugleich seine Orientierungsproblematik wahr, die in der Bestimmung und Bewahrung seiner inneren Existenz besteht. Aus seiner inneren Existenz entwirft er seinen Sinnhorizont, und **dadurch ist die innere Existenz die Bedingung der Möglichkeit für sinnvolles Handeln.** Aus ihr gewinnen wir die Fähigkeit zu sinnvollem Handeln. Damit bestätigt sich erneut, daß wir wie schon im Abschn. 3.1 die **innere Existenz mit der eigenen Vernunft identifizieren** können, indem wir Kants Vernunftbegriff so verallgemeinern, daß wir jedem bewußten Wesen eine eigene Vernunft zusprechen. So wie die Vernunft Kants sich mit dem Kategorischen Imperativ eine eigene Existenzerhaltungsstrategie entwerfen kann, so gilt dies ebenso

---
[9] Gemäß den Arbeiten Peter Singers sollten wir auch die Menschenaffen dazu zählen und entsprechend für sie Menschenaffenrechte fordern, wie er es getan hat, wofür ihm von der Giordano-Bruno-Stiftung zusammen mit Frau Paola Cavalieri der Ethik-Preis 2011 verliehen wurde. Vgl. „Giordano-Bruno-Preis für Peter Singer" in: *Wege ohne Dogma*, Heft 7/8, 2011, S. 159ff., Freireligiöse Verlagsbuchhandlung, Mannheim,.

für die Vernunft des Einzelnen oder das, was wir hier als seine innere Existenz bezeichnen. Demnach besitzt die innere Existenz eines Lebewesens selbst auch die Bestimmungen eines Lebewesens, das seine eigene Existenz zu sichern hat.

Damit ist die innere Existenz auch verletzlich und kann in Existenznot geraten. So entsteht die Orientierungsnot durch die Bedrohung der inneren Existenz durch Sinnlosigkeit. Diese Bedrohung der inneren Existenz des einzelnen Menschen kann von inneren Zuständen, aber auch von äußeren Zuständen ausgehen, d. h., die innere Existenz besitzt die Eigenschaft, die wir bei der Würde des Menschen gesucht haben. Und so wie Kant die Würde durch die Selbstbestimmung durch die Vernunft gekennzeichnet hat, so sollten wir nun die Würde des Menschen mit der Selbstbestimmung durch seine eigene Vernunft verbinden. Da die innere Existenz die Eigenschaften eines Lebewesens besitzt, schlage ich vor, die Würde eines Menschen als *die Sicherungsfähigkeit der eigenen inneren Existenz* zu kennzeichnen, *die sich vor allem in dem Willen zur Erhaltung der eigenen inneren Existenz äußert.*

▸ **Definitionsversuch** *Die Würde des Menschen* besteht aus seiner Sicherungsfähigkeit der eigenen inneren Existenz.

Weil die innere Existenz an die Vergänglichkeit der äußeren Existenz geknüpft ist, so können die innere Existenz und ihre Existenzsicherung von außen verletzt werden; sie sind somit schutzbedürftig. Dies ist nun anders als bei Kants allgemeiner Vernunft, weil sich die eigene Vernunft in ihren eigenen Sinnvorstellungen durch äußere Ereignisse ändern kann und damit auch ihre eigenen Sicherungsfähigkeiten. Denn das, was für einen einzelnen Menschen kurz- oder langfristig sinnvoll zu tun ist, läßt sich nicht losgelöst von den äußeren Gegebenheiten bestimmen, und der Wille, es auch tatsächlich zu tun, hängt wiederum stark von den Möglichkeiten etwa in Form von Handlungsfreiräumen ab.

Mit dem Bestimmungsversuch des Würdebegriffs scheint seine Ableitung aus unserer im Laufe der Darstellung der individualistischen Wirtschaftsethik deutlicher gewordenen Vorstellung von der inneren Existenz möglich geworden zu sein, und wir könnten nun fragen, ob das, was wir bisher als „innere Existenz" gekennzeichnet haben, gar die Bedingungen für eine mythogene Idee erfüllt. Demnach müßte sie in einer Vorstellungseinheit Einzelnes und Allgemeines untrennbar miteinander verbinden. Tatsächlich ist die innere Existenz eines Lebewesens ein Einzelnes, welches sogar das Charakteristikum dieses Lebewesens ausmacht, und außerdem ist sie das Allgemeine für alle Sinnvorstellungen dieses Lebewesens bezüglich der eigenen Lebensgestaltung. Die „innere Existenz" ist mithin eine mythogene Idee und damit dazu tauglich, so wie in der Naturwissenschaft, eine große begriffliche Mannigfaltigkeit aus ihr heraus zu entwickeln. Insbesondere sollte sie es gestatten, eine Systematik zur Ableitung der Menschenrechte zu entwickeln.

▸ **Definition und wichtige Einsicht** *Die innere Existenz* eines Menschen ist als *das* Einzelne, das wesentlich seine Einzigartigkeit bestimmt, und zugleich als *das* Allgemeine seiner Sinnvorstellungen eine *Vorstellungseinheit von Einzelnem und Allgemeinem* und somit eine

mythogene Idee des Menschen, die am Anfang eines Ableitungssystems seiner Grundrechte stehen kann.

Dazu sei eine kurze Überlegung zur Bedeutung von Rechten im Rahmen der individualistischen Wirtschaftsethik gestattet. Der Staat besteht aus einer Fülle von verschiedenartigen Wirtschaftssubjekten. Und er hat durch seine politischen Leiter aus seinem eigenen Existenzerhaltungsinteresse an sich selbst die Forderung zu stellen, diesen Wirtschaftssubjekten die bestmöglichen Bedingungen bereitzustellen, damit sie ihre äußere und innere Existenzproblematik lösen können. Dabei hat er wiederum aus seinem Eigeninteresse heraus Gerechtigkeit zu üben, um eine größtmögliche Harmonie im Zusammenleben zwischen den Wirtschaftssubjekten zu erzielen und zu gewährleisten. Gerechtigkeit herrscht dann, wenn das dynamische und das statische wirtschaftstheoretische Axiom ins Gleichgewicht gebracht sind. Dazu vergibt der Staat Rechte und schafft Regelungen in Form von Gesetzen. Die Rechte sind staatlich garantierte Sicherheiten, damit die einzelnen Wirtschaftssubjekte gemäß dem dynamischen wirtschaftstheoretischen Axiom agieren können. Dagegen werden diesem Agieren Grenzen durch Gesetze auferlegt, die aus dem statischen wirtschaftstheoretischen Axiom ableitbar sind. Zu entsprechenden Folgerungen kommen wir, wenn wir lediglich der Systematik der individualistischen Ethik folgen.

Die erste Grundannahme der individualistischen Ethik ist die *Sinnannahme,* die besagt, daß alle Individuen den Wunsch haben, ihr Leben nach eigenen Sinnvorstellungen zu gestalten. Dieses Gestalten setzt voraus, daß im gemeinsamen Zusammenleben mit anderen Lebewesen bestimmte Aktivitäten erlaubt sein müssen. Aktivitäten, die erlaubt sind, ließen sich in Erlaubnisregeln zusammenfassen. Und die Garantien des menschlichen Gemeinwesens, also des Staates, gemäß den Erlaubnisregeln sich verhalten zu dürfen, ohne von anderen daran gehindert zu werden, sollen hier als *Aktionsrechte* bezeichnet werden. Nun könnte es jedoch geschehen, daß eine Person A in Ausübung ihrer Aktionsrechte eine Person B in ihren Aktionsrechten beeinträchtigt oder ihr gar einen Schaden zufügt, dann muß der Person B ein *Reaktionsrecht* eingeräumt werden, durch das sie Wiedergutmachung verlangen kann.

▶ **Definitionen** *Aktionsrechte* garantieren in einem Gemeinwesen die Möglichkeit, ganz bestimmte Aktionen ausführen zu dürfen.
Reaktionsrechte sind Schutzrechte vor Eingriffen anderer Mitglieder des Gemeinwesens in die Freiräume der eigenen Aktionsrechte.

Demnach läßt sich die Möglichkeit der Harmonisierung zwischen dem individualistischen und dem globalen Axiom der Wirtschaftstheorie durch die Einführung von Aktions- und Reaktionsrechten erreichen. Und wenn sich diese so formulieren ließen, daß damit alle Bereiche der menschlichen Lebensgestaltung erreicht werden, in denen es überhaupt zu Konflikten zwischen Wirtschaftssubjekten kommen kann, dann ließe sich von *Aktionsgrundrechten* und von *Reaktionsgrundrechten* sprechen. Damit wäre eine erste Systematisierung der Grundrechte gegeben.

▸ **Definitionen** *Aktionsgrundrechte* und *Reaktionsgrundrechte* sind Aktionsrechte bzw. Reaktionsrechte, die sich so bestimmen lassen, daß sie für alle Mitglieder eines Gemeinwesens zu gelten haben.

Da die Vorstellung von innerer Existenz eine mythogene Idee ist, stellt sie den Begründungsendpunkt der individualistischen Auffassung vom Menschen dar. Sie ist zugleich das allgemeinste Merkmal aller menschlichen Individuen und der Ort der größten Vereinzelung für jedes Individuum. In ähnlicher Weise ist auch die Vorstellung einer Seele des Menschen eine mythogene Idee. Da es aber in der Geistesgeschichte zu viele verschiedene Verwendungen des Wortes ‚Seele' gibt, rate ich davon ab, die hier bestimmte Vorstellung der inneren Existenz mit dem Seelenbegriff zu identifizieren. Dennoch mag das Adjektiv ‚seelisch' zur Kennzeichnung der Belange der inneren Existenz verwendet werden, da sein Sprachgebrauch die erforderliche Allgemeinheit besitzt.

▸ **Definition** *Das Adjektiv seelisch kennzeichnet* Belange der inneren Existenz eines Lebewesens.

Durch die hier vorgenommene Deutung des Begriffs Menschenwürde mit Hilfe der mythogenen Idee der inneren Existenz des Menschen als sein Erhaltungswille seiner inneren Existenz läßt sich auch die Mehrdeutigkeit in der Verwendung des Wortes ‚Würde' etwas reduzieren; denn wenn wir etwa einen Menschen als würdig bezeichnen, dann meinen wir damit einen Menschen, der sich über sich selbst im klaren ist, der sich selbst nichts vormacht, der also seine eigene innere Existenz weitgehend gesichert hat und seinen Willen zu sinnvollem Handeln dadurch bestimmt, oder wenn wir von der Würde des Alters sprechen, dann stellen wir uns alte Menschen vor, die auf dem Wege, sich und die Welt zu durchschauen, schon erheblich weiter gekommen sind als junge Menschen und die deshalb nicht mehr in Zwietracht mit sich selbst leben, sondern mit sich im reinen sind und wissen, was für sie sinnvoll ist und was nicht. Von einem würdelosen Verhalten aber sprechen wir, wenn wir damit ein Verhalten kennzeichnen wollen, von dem wir vermuten, daß es der handelnde Mensch nicht vor sich selbst rechtfertigen kann, d. h., daß dieser Mensch seine eigene innere Existenz gefährdet und seinen Willen zu sinnvollem Handeln jedenfalls nicht auf Langfristigkeit hin bestimmt hat.

Bei einem Rechtssystem, das alle Lebensbereiche des Menschen umfaßt, wird es Rechte geben müssen, durch die die Menschen selbst als agierende Subjekte und als betroffene Objekte möglichst umfassend geschützt werden. Diese Schutzrechte sind Bedingungen dafür, daß sich ein Rechtssystem selbst erhalten kann und ebenso dafür, daß Menschen ein eigenes Interesse daran haben können, freiwillig einem derartigen Rechtssystem beizutreten und sich den darin bestehenden Regeln zu unterwerfen. Damit lassen sich Menschenrechte als grundlegende Schutzzusagen eines alle menschlichen Lebensbereiche umfassenden Rechtssystems begreifen, durch die die Menschen vor ungerechtfertigten Beeinträchtigungen ihrer Möglichkeiten des selbständigen Tuns und Lassens gesichert werden. Dieser sehr allgemeine Begriff von Menschenrechten kann bereits auf alle ver-

6.3 Der Nachweis der Ableitungsmöglichkeit von Menschenrechten

tragstheoretischen Staatskonzeptionen angewandt werden, selbst auf die des Hobbesschen Unterwerfungsvertrages. Darum trifft diese allgemeine Konzeption von Menschenrechten aber noch nicht unsere heutigen speziellen Vorstellungen von Menschenrechten. Dies liegt daran, daß der Begriff der Würde des Menschen darin noch keine Berücksichtigung gefunden hat.

Die Würde des Menschen ist ein Begriff, der nicht von irgendeinem Rechtssystem abhängig ist. Sie ist ein Begriff, der grundsätzlich auf die innere Existenz von Lebewesen angewandt werden kann, unabhängig davon, in welchem speziellen Rechtssystem sie sich befinden. Da aber einzelne Rechte, wie es die Menschenrechte sind, nur durch ihre Bindung an bestimmte Rechtssysteme garantiert werden können, gibt es ein Problem, wenn von Menschenrechten überhaupt ohne eine Bindung an ein Rechtssystem gesprochen wird. Dieses Problem ist allen internationalen Menschenrechtsorganisationen wohlbekannt, da es äußerst schwierig ist, in *den* Staaten ein Unrechtsbewußtsein bei Menschenrechtsverletzungen zu bewirken, in denen sich kein oder ein ganz anderes Bewußtsein von der Würde des Menschen ausgebildet hat. Um international anerkannte und abgesicherte Menschenrechte wenigstens im Bewußtsein der staatstragenden Persönlichkeiten zu etablieren, bedarf es einer Argumentation für ein internationales Rechtssystem, durch das bestimmte Menschenrechte in Form von internationalen Schutzzusagen abgesichert werden. Wie könnte dies geschehen?

Durch den wirtschaftlichen Einfluß, der durch Erzeugnisse bewirkt wird, die mit Hilfe von naturwissenschaftlichen Erkenntnissen hergestellt wurden, darf davon ausgegangen werden, daß das Bewußtsein der Menschen, die in den führenden Kreisen aller Handel treibenden Nationen tätig sind, weitgehend durch wissenschaftliches Denken geprägt ist. Dies müßte nach den an anderer Stelle durchgeführten Analysen des Zusammenhangs von begrifflichem Denken und Individualitätsbewußtsein[10] zur Folge haben, daß sich in diesen Menschen ein vergleichbares Individualitätsbewußtsein mit den beschriebenen Orientierungsnöten ausgebildet hat, so daß ihnen das Problem der Bestimmung und Bewahrung der inneren Existenz bekannt ist. Die Ableitung von Menschenrechten aus dem hier bestimmten Begriff der menschlichen Würde als die *Sicherungsmöglichkeit der inneren Existenz* des Menschen wird darum von der Hoffnung getragen, daß eine derartige Ableitung nicht nur für Angehörige bestimmter religiöser und geistesgeschichtlicher Traditionen akzeptabel ist, sondern auch für alle diejenigen, die ein Individualitätsbewußtsein ausgeprägt haben und darum für die Bewußtwerdung und Erhaltung der eigenen inneren Existenz und für die Stärkung des Willens zu sinnvollen Handlungen eintreten.

Es fragt sich nun, wie die Grundrechte verfaßt sein müssen, damit sie für ein Rechtssystem grundlegend sein können und von Menschen mit einem selbstverantwortlichen Individualitätsbewußtsein so akzeptiert werden, daß sie sich einem durch eine individualistischen Ethik begründeten Rechtssystem aus Eigeninteresse freiwillig unterwerfen können.

---

[10] Vgl. Deppert (1994).

6.4 Die Ableitung von Menschenrechten auf der Grundlage der IWE

Von allgemeinen Menschenrechten, die durchaus inhaltlich mit den abgeleiteten Grundrechten übereinstimmen können, läßt sich erst sprechen, wenn es ein die ganze Menschheit umspannendes Rechtssystem gibt, dem sich alle Staaten auf unserer Erde angeschlossen haben. Dafür sind von den Vereinten Nationen bereits beachtliche Anstrengungen unternommen worden, wie sie in der Präambel der Satzung (Charter) der Vereinten Nationen vom 26. Juni 1945 durch die Forderung nach „fundamental human rights" zum Ausdruck gekommen sind. Aber in der politischen Wirklichkeit sind wir selbst in Europa noch sehr weit von der Verwirklichung dieser Rechte entfernt. Es scheint mir, als ob dazu noch ein Stirner'scher Weltbürgermenschenrechtsverein gegründet werden müßte. Diese Frage aber möchte ich einstweilen noch zurückzustellen.

Da die Sicherung der inneren Existenz des Menschen selbst eine notwendige Bedingung für den Erhalt seiner äußeren Existenz ist und weil der Staat seine eigene äußere und innere Existenz auf die Existenz von Menschen gründet, ist die Würde des Menschen für den Staat selbst der fundamentale Wert überhaupt. Ferner stellt *der staatliche Schutz der Würde des Menschen* die **Bedingung der Möglichkeit für die Ableitung von Grund- oder Menschenrechten** dar. Damit ist das Recht auf den Schutz der Menschenwürde das grundlegendste Recht, das es überhaupt geben kann, es sei darum als das *fundamentale Menschenrecht* bezeichnet. Es findet bereits seinen Ausdruck im Art. 1, Abs. 1 des Grundgesetzes der Bundesrepublik Deutschland (GG):

> „Die Würde des Menschen ist unantastbar. Sie zu achten und zu schützen ist Verpflichtung aller staatlichen Gewalt."

▶ **Definition** *Das fundamentale Menschenrecht* ist das Recht auf den Schutz der Menschenwürde.

Aufgrund der im GG nicht vorhandenen, aber hier versuchsweise angegebenen Definition des Würdebegriffs muß für mein Dafürhalten das gesamte Strafrecht neu überdacht werden, und alle Zwangsmaßnahmen, die ausschließlich dazu gedacht sind, den Willen eines Menschen zu brechen,[11] z. B. als Beugehaft- oder Erzwingungshaftmaßnahmen, wie sie z. B. im § 70 Abs. 2 ZPO oder im § 96 (1) OWIG vorgesehen sind, verletzen die Würde des Menschen, wie sie hier definiert ist, und mithin können diese schon jetzt als grundgesetzwidrig festgestellt werden; denn bei diesen Maßnahmen geht es nicht um den Versuch einer Willensänderung durch die Vermittlung besserer Einsichten auf dem Wege des sinnvollen Argumentierens, sondern um pure, brutale Gewalt, die einzusetzen für ei-

---

[11] Nach der allgemeinen Definition von Folter, wie sie etwa in Wikipedia angegeben ist, erfüllt die gewaltsam herbeigeführte Willensänderung den Begriff der Folter: „Die Folter wird meist als ein Mittel zu einem bestimmten Zweck eingesetzt, beispielsweise um eine Aussage, ein Geständnis, einen Widerruf oder eine Information zu erhalten oder um den ***Willen und den Widerstand des Folteropfers*** (dauerhaft) ***zu brechen.***"

nen Staat zum Zwecke der Willensbrechung unwürdig ist, da dieser damit seine eigenen Grundlagen zerstört und mithin seine eigene innere Existenz in höchstem Maße gefährdet. Das Entsprechende gilt für die Gesetzgebung zur Abschiebung und zur Abschiebehaft von Ausländern, da schon der Begriff der ‚Abschiebung' bereits die hier definierte Würde des Menschen verletzt.

Da die Würde des Menschen mit Hilfe der mythogenen Idee der inneren Existenz definierbar erscheint, die selbst als ein definierendes Merkmal von Menschen überhaupt angesehen werden kann, so folgt aus dem Schutz der Würde des Menschen, daß alle Menschen in dieser Hinsicht vor dem Gesetz gleich sein müssen, was im Grundgesetz Art. 3 (1) mit dem allgemeinen Gleichheitsgrundsatz: „Alle Menschen sind vor dem Gesetz gleich" ausgedrückt wird, was allerdings einer Präzisierung bedarf; denn aufgrund der äußerlichen und innerlichen Verschiedenheit von Menschen muß es auch Gesetze geben dürfen, in denen bestimmte Verschiedenheiten berücksichtigt werden, etwa Gesetze für Sonderrechte von Behinderten, von Kindern oder von Alten und Kranken, wodurch natürlich Ungleichheiten vor dem Gesetz geschaffen werden, was mit der bisherigen Formulierung des Gleichheitsgrundsatzes nicht zusammenstimmt.

Im Sinne der individualistischen Wirtschaftsethik hat das Wirtschaftssubjekt ‚Staat' bei der Bestimmung seines Wertesystems gemäß dem von der IWE geforderten *Ordnungsprinzip* den Schutz der Menschenwürde aller Bürger in gleichem Maße gemäß dem Gleichheitsgrundsatz den höchsten Wert einzuräumen. Um diese Gleichheit vor dem Gesetz abzusichern, ist im Gleichheitsartikel 3 des Grundgesetzes insbesondere betont worden, welche Unterschiede zwischen Menschen nicht zum Anlaß für die Einräumung von Sonderrechten genommen werden dürfen. Dies sind die Unterschiede zwischen Frauen und Männern (Abs. 2) und insbesondere eine ganze Anzahl von möglichen Unterschieden, die im Art. 3, Abs. 3 wie folgt aufgezählt werden:

> „Niemand darf wegen seines Geschlechts, seiner Abstammung, seiner Rasse, seiner Sprache, seiner Heimat und Herkunft, seines Glaubens, seiner religiösen oder politischen Anschauungen benachteiligt oder bevorzugt werden. Niemand darf wegen seiner Behinderung benachteiligt werden."

Damit darf der Staat diese Ungleichheiten in seinem Wertesystem nicht berücksichtigen, wobei allerdings für Behinderte Sonderrechte eingeräumt werden.

Wenn wir uns die Rechtswirklichkeit in unserem Staat anschauen, dann müssen wir allerdings feststellen, daß durch die Konkordate und Staatskirchenverträge der Art. 3, Abs. 3 grob verletzt wird.

Dieser Gleichheitsgrundsatz ist konstitutiv für das gesamte Rechtssystem der Bundesrepublik Deutschland und wird dennoch vom Bundesverfassungsgericht gröblichst mißachtet; denn soweit in den Konkordaten oder Staatskirchenverträgen die Einrichtung und staatliche Finanzierung von konfessionell gebundenen theologischen Fakultäten festgelegt wurden, sind diese Verträge grundgesetzwidrig, weil mit ihnen Menschen mit einem bestimmten Glauben und entsprechend bestimmten religiösen Anschauungen bevorzugt und andere, die einen anderen Glauben und andere religiöse Anschauungen vertreten, benachteiligt werden. Dies aber ist ausdrücklich durch das Grundgesetz in Art. 3 Abs. 3 GG verboten. Die Richter des Bundesverfassungsgerichtes haben nach dem Gesetz über das Bundesverfassungsgericht gemäß § 11 folgenden Eid geschworen:

> „Ich schwöre, daß ich als gerechter Richter alle Zeit das Grundgesetz der Bundesrepublik Deutschland getreulich wahren und meine richterlichen Pflichten gegenüber jedermann gewissenhaft erfüllen werde."

Wenn die Bundesrichter in ihrem Urteil gegen Herrn Prof. Dr. Gerd Lüdemann[12] aber behaupten, daß das Grundgesetz die Lehre der Theologie als Wissenschaft an staatlichen Hochschulen erlaube, und zwar in der kirchlich kontrollierten Weise, dann haben sie damit Art. 3 Abs. 3 GG verletzt und sich *nicht* ihrem Eid gemäß verhalten. Die Behauptung, „das Grundgesetz erlaube die Lehre der Theologie als Wissenschaft an staatlichen Hochschulen" ist nicht nur unwahr, sondern darüber hinaus ist es eine Verunglimpfung des Wissenschaftsverständnisses, das an den deutschen staatlichen Hochschulen gepflegt wird, welches durch Art 5, Abs. 3 GG festgelegt und geschützt ist.[13] Hier wird durch das Bundesverfassungsgericht das *Ordnungsprinzip* und insbesondere das *Stimmigkeitsprinzip* der IWE gröblich verletzt und gewiß auch das *Verstehensprinzip*. Wir müssen also von dem hier entwickelten

---

[12] Im Falle des ehemaligen Theologie-Professors Gerd Lüdemann ist durch das Bundesverfassungsgericht unser gesamtes Rechtssystem in Frage gestellt worden. Am 18.2.2009 hat die Pressestelle des Bundesverfassungsgerichts die Pressemitteilung 14/2009 mit dem Titel „Verfassungsbeschwerde eines nicht mehr bekennenden Theologieprofessors gegen seinen Ausschluss aus der Theologenausbildung erfolglos" herausgegeben. Der „nicht mehr bekennende Theologieprofessor" ist Prof. Dr. Gerd Lüdemann aus Göttingen. In der Pressemitteilung wird folgendes behauptet: „Die Wissenschaftsfreiheit von Hochschullehrern der Theologie findet ihre Grenzen am Selbstbestimmungsrecht der Religionsgemeinschaften. Das Grundgesetz erlaubt die Lehre der Theologie als Wissenschaft an staatlichen Hochschulen." Die Behauptung, das Grundgesetz erlaube die Lehre der Theologie als Wissenschaft an staatlichen Hochschulen ist durch keinen Artikel des Grundgesetzes abgesichert. Im Gegenteil widerstreitet diese Behauptung auf elementare Weise den Gleichheitssätzen des Art. 3 Abs. 3 GG : „Kunst und Wissenschaft, Forschung und Lehre sind frei."

[13] Der Begriff der Wissenschaft in Art. 5 Abs. 3 GG ist in keiner Weise so zu verstehen, daß die Ergebnisse wissenschaftlichen Forschens schon im Voraus von irgendeiner Instanz festgelegt werden könnten. Derartige Wissenschaftsvorstellungen gehören in das Arsenal diktatorischer Staaten, wie wir sie leider in Deutschland schon mehrfach erleiden mußten. Dies bedeutet, daß es sich bei der angeblichen theologischen Wissenschaft *dann* nicht um eine Wissenschaft handelt, wenn in den theologischen Fakultäten die grundgesetzlich garantierte Freiheit von Forschung und Lehre nicht gilt. Und wenn das so ist, dann können solche theologischen Fakultäten nicht Bestandteile deutscher Universitäten sein. Insbesondere aber kann die Freiheit von Forschung und Lehre nur durch die Treue zur Verfassung beschränkt werden, wie es in Art. 5 Abs. 3 GG verlangt wird. Das Grundgesetz sieht keine Beschränkung der Freiheit von Forschung und Lehre durch ein „Selbstbestimmungsrecht der Religionsgemeinschaften" vor. Das Selbstbestimmungsrecht der Religionsgemeinschaften wird im Gegensatz dazu nach Artikel 140 GG mit Art. 137 Abs. 3 der Weimarer Verfassung durch die „Schranken des für alle geltenden Gesetzes" beschränkt. Damit aber ist es den Religionsgemeinschaften sogar untersagt, derartige Verträge mit dem Staat abzuschließen, durch die die für alle geltenden Gesetze, insbesondere das Grundgesetz, verletzt werden. Und entsprechend ist es den Landesregierungen grundgesetzlich verboten, derartige Verträge mit den Kirchen abzuschließen.

6.4 Die Ableitung von Menschenrechten auf der Grundlage der IWE

wirtschaftsethischen Standpunkt aus dem Bundesverfassungsgericht eine sehr ernste ethische Rüge erteilen, was freilich nicht viel nützen wird.[14]

Um das Konzept zur Ableitung weiterer Menschenrechte deutlich zu machen, sollen elementare von abgeleiteten Menschenrechten unterschieden werden. Unter *elementaren Grund- oder Menschenrechten* verstehe ich solche Rechte, die nur durch sich selbst oder durch das fundamentale Grund- oder Menschenrecht eingeschränkt werden dürfen, wofür gesetzliche Grundlagen zu schaffen sind. Abgeleitete Grundrechte sind solche, die aus dem fundamentalen Grundrecht oder den elementaren Grundrechten abgeleitet sind und die durch andere Menschenrechte eingeschränkt werden können.

Wir haben bereits herausgefunden, daß es *Aktions- und Reaktionsgrundrechte* geben sollte, und zwar jeweils *zur Sicherung der äußeren und der inneren Existenz*. Und daraus ergeben sich vier elementare Grund- oder Menschenrechte, durch die die Bedingungen der Möglichkeit individualistischer Ethik erfüllt werden. Diese *vier elementaren Grund- oder Menschenrechte* lauten:

1. *Das Recht auf Leben*
   (Aktionsgrundrecht zum Aufbau und zur Sicherung der äußeren Existenz)
2. *Das Recht auf körperliche Unversehrtheit*
   (Reaktionsgrundrecht zur Sicherung der äußeren Existenz)
3. *Das Recht auf die Entwicklung und Ausbildung der Sinnstiftungsfähigkeit*
   (Aktionsgrundrecht zum Aufbau und zur Sicherung der inneren Existenz sowie zur Ausbildung des Willens zu sinnvollem Handeln)
4. *Das Recht auf seelische Unversehrtheit*
   (Reaktionsgrundrecht zur Sicherung der inneren Existenz)

Die Formulierung der ersten beiden elementaren Grund- oder Menschenrechte ist identisch mit der historisch gewachsenen Formulierung, wie sie sich im Art. 2 (2) GG findet. Dennoch ist hier mit der Formulierung des Aktionsgrundrechts zum Aufbau und

---

[14] Das Bundesverfassungsgericht wäre gut beraten gewesen, wenn anläßlich des Lüdemann-Prozesses seinen Richterinnen und Richtern am Artikel 3 Abs. 3 GG aufgefallen wäre, daß dort in der Aufzählung der Eigenarten eines Menschen, die nicht zu einer Bevorzugung oder Benachteiligung (durch die drei Staatsgewalten nach Art. 1 Abs. 3 GG) führen dürfen, die religiösen und die politischen Anschauungen direkt nacheinander genannt werden, wo es im Zusammenhang heißt „Niemand darf wegen … seines Glaubens, seiner religiösen oder politischen Anschauungen benachteiligt oder bevorzugt werden." Das Verbot der Benachteiligung oder Bevorzugung hinsichtlich politischer Anschauungen hat der Bundestag durch den Beschluß eines allgemeinen Parteiengesetzes Rechnung getragen. Das Entsprechende hätte das Bundesverfassungsgericht für das Verbot, einen Menschen wegen seines Glaubens oder seiner religiösen Auffassung zu benachteiligen oder zu bevorzugen vom Bundestag fordern können, indem die Erarbeitung und Verabschiedung eines allgemeinen Religions- und Weltanschauungsgemeinschaftsgesetzes verlangt wird. Dann würden die grundgesetzwidrigen Konkordate und Staatskirchenverträge obsolet und es wäre die Basis für einen gerechten Umgang des Staates mit allen Religionsgemeinschaften und Weltanschauungsgemeinschaften sichergestellt und dem Grundgesetz wieder Geltung verschafft, was ja die höchste Aufgabe des Bundesverfassungsgerichtes ist.

zur Sicherung der äußeren Existenz sehr viel mehr gemeint als nur das bloße Recht, vor absichtlicher Tötung geschützt zu werden. Das Aktionsgrundrecht bezeichnet mit dem Wort ‚Leben' ein aktives Leben, das die Gesamtheit der Lebensgestaltung einschließt.

Die Schutzzusagen, die mit den elementaren Grundrechten verbunden sind, müssen in Gesetzen zum Ausdruck kommen. Da elementare Grundrechte nur durch solche Gesetze beschränkt werden dürfen, die ausschließlich zur Realisierung der mit ihnen und dem fundamentalen Grund- oder Menschenrecht verbundenen Schutzzusagen erlassen wurden, bestimmen die elementaren Grundrechte einen eindeutigen Gesetzgebungsanfang. Einschränkungen des ersten und zweiten elementaren Grundrechts kann es nur für Notwehrsituationen geben, Einschränkungen des dritten elementaren Grundrechts nur mit Bezug auf eine gerechte Verteilung der zur Verfügung stehenden Mittel und auch durch das fundamentale Grundrecht selbst. Das vierte elementare Menschenrecht darf gar nicht eingeschränkt werden, da dies eine willentliche Verletzung der Würde des Menschen bedeutete.

Fragt man sich, ob und inwieweit die Idee von elementaren Menschenrechten und deren inhaltlicher Bestimmung im Bewußtsein von Bürgern, Politikern und Rechtsgelehrten anzutreffen ist, so kommt man zu der Feststellung, daß die Auffassung von elementaren Grund- oder Menschenrechten sicher noch kein Gemeingut ist. Für das dritte und vierte elementare Grundrecht ist diese Feststellung sicher zu erwarten. Man sollte aber hoffen, daß wenigstens das erste und vielleicht auch schon das zweite elementare Grundrecht zu einer intuitiven Selbstverständlichkeit geworden sind. Dies gilt aber leider nicht einmal für die offiziellen Menschenrechtsdeklarationen.

In der Präambel der Satzung (Charter) der Vereinten Nationen vom 26. Juni 1945 ist zwar von „fundamental human rights" und in Artikel 1 vom „respect for human rights and fundamental freedoms for all" die Rede, aber es wird nicht gesagt, was darunter zu verstehen ist. Selbst in der Konvention zum Schutze der Menschenrechte des Europarates vom 4. November 1950 heißt es im Art. 2, Abs. 1:

> „Das Recht jedes Menschen auf das Leben wird gesetzlich geschützt. Abgesehen von der Vollstreckung eines Todesurteils, das von einem Gericht im Falle eines mit der Todesstrafe bedrohten Verbrechens ausgesprochen worden ist, darf eine absichtliche Tötung nicht vorgenommen werden."

Das Recht auf Leben ist hier kein elementares Menschenrecht; denn sonst dürfte es nicht ohne das Vorliegen einer Notwehrsituation gesetzlich außer Kraft gesetzt werden. Dadurch, daß Menschen über den Weg staatlicher Gewalt das Recht zur vorsätzlichen Tötung von Menschen zugesprochen bekommen, wird die Würde des Menschen nicht nur verletzt, sondern sogar vernichtet, was wohl die stärkste Form der Verletzung ist. Da die Konvention zum Schutze der Menschenrechte von 1950 sich selbst widerspricht, hat es inzwischen eine ganze Reihe von Zusatzprotokollen gegeben, in der immerhin die deutliche Tendenz zur weltweiten generellen Abschaffung der Todesstrafe zu erkennen ist, aber selbst für die USA, die sich gern als Hüter der Menschenrechte aufspielen, gibt es immer noch Bundesstaaten, in denen die Todesstrafe weiterhin vorgesehen ist. Die allmähliche Abschaffung der Todesstrafe in mehr und mehr Staaten ist sicher eine der bedeutendsten kulturellen Entwicklungen des 20. Jahrhunderts. Und im 21. Jahrhundert sollten wir dies dadurch zum Ausdruck bringen, indem wir es in Frage stellen, ob wir die Nationen, in denen es immernoch die Todesstrafe gibt und die auch noch angewandt wird, in Zweifel ziehen, ob wir diese Nationen noch zu den Kulturnationen zählen dürfen. Mit der Todesstrafe wird das elementare Menschenrecht auf Leben mißachtet und damit auch alle weiteren, aus dem elementaren Menschenrecht auf Leben abgeleiteten Menschenrechte, worauf das Verständnis von heutiger und zukünftiger menschlicher Kultur aufruht. Eine individualistische Ethik ist vor dem Hintergrund eines Menschenrechtsverständnisses mit Todesstrafe nicht ableitbar. Aus der Sicht individualistischer Ethik ist die Möglichkeit und erst recht die faktisch durch Gesetze bestimmte Einschränkung der elementaren Menschenrechte auf Leben und körperliche Unversehrtheit ethisch nicht zu vertreten und darum unmoralisch und kulturlos.

Im Grundgesetz der Bundesrepublik Deutschland vom 23. Mai 1949 heißt es im Art. 2, Abs. 2:

> „Jeder hat das Recht auf Leben und körperliche Unversehrtheit. Die Freiheit der Person ist unverletzlich. In diese Rechte darf nur auf Grund eines Gesetzes eingegriffen werden."

Dies bedeutet, daß auch in der Bundesrepublik Deutschland die Möglichkeit besteht, die elementaren Grundrechte auf Leben und körperliche Unversehrtheit durch Gesetze einzuschränken. In Artikel 102 des Grundgesetzes ist immerhin festgelegt: „Die Todesstrafe ist abgeschafft", aber dieser Artikel kann im Zuge einer Grundgesetzänderung selbst wieder abgeschafft werden,[15] und außerdem gilt dies nur für die Todesstrafe, nicht aber für etwaige körperliche Züchtigungen. Die Bestimmung des Art. 2 des Grundgesetzes, die erlaubt, die elementaren Grundrechte auf Leben und körperliche Unversehrtheit durch Gesetze einzuschränken, ist im Rahmen einer individualistischen Ethik ebenfalls als unmoralisch anzusehen und kann nicht Bestandteil eines Grundgesetzes bzw. einer neu zu beschließenden Verfassung sein, wenn diese einen demokratischen Rechtsstaat auf der Grundlage der individualistischen Ethik begründen soll.

Hier ist eine Änderung des Grundgesetzes vonnöten, die leider nicht einmal von der Verfassungskommission diskutiert wurde. Nach dem derzeitigen Stand könnten per Gesetz mit einfacher Mehrheit im Bundestag die Prügelstrafe oder gar Verstümmelungsstrafen wieder eingeführt werden, wie es aufgrund der neuerlichen Praxis in den USA sogar schon diskutiert und zum Teil auch praktiziert wird. Die Abschaffung von Strafen, die die körperliche Unversehrtheit verletzen, hat bei uns immer noch keinen Verfassungsrang. Es kann darum keine Rede davon sein, daß mit Art. 2 (2) GG sich bereits die rechtsphilosophische Position von elementaren Grundrechten verbinden ließe.

Ethische Systeme gehen logisch und damit auch zeitlich den rechtlichen voraus, weil nur sie die Rechtfertigung von gesetztem Recht liefern können. Das Ziel der weltweiten Anerkennung der Menschenrechte setzt die weltweite Abschaffung der Todesstrafe voraus, die sich nur durch eine Ächtung derjenigen Staaten wird erreichen lassen, in der die

---

[15] Zum Problem der Wiedereinführung der Todesstrafe vgl. Bodo Pieroth und Bernhard Schlink, *Grundrechte Staatsrecht II*, 9. Aufl., C. F. Müller Juristischer Verlag, Heidelberg 1993, S. 461ff.

Todesstrafe noch immer verhängt und ausgeführt wird. Das Recht auf Leben ist das erste elementare Menschenrecht, ohne das alle anderen Menschenrechte nicht begründbar sind. Die moralische Ächtung der Todesstrafe ist darum einer der wesentlichsten Grundpfeiler individueller, nationaler und internationaler Orientierung. Das Entsprechende gilt für das elementare Menschenrecht auf körperliche Unversehrtheit. Wenn sich die USA immer wieder als weltweite Hüter der Menschenrechte aufspielen, dann ist dies so lange eine Farce, wie sie nicht selbst bei sich die Todesstrafe abgeschafft haben und ihre weiteren Versuche, durch körperliche Züchtigungen zu strafen, verfassungsrechtlich untersagen.

Das dritte hier genannte elementare Grundrecht, das Recht auf die Entwicklung und Ausbildung der Sinnstiftungsfähigkeit, scheint im Grundgesetz bereits stärker verankert zu sein, da es in der Reihe der Grundrechte als erstes genannt ist. Art. 2 (1) GG lautet:

> „Jeder hat das Recht auf die freie Entfaltung seiner Persönlichkeit, soweit er nicht die Rechte anderer verletzt und nicht gegen die verfassungsmäßige Ordnung oder das Sittengesetz verstößt."

Das vierte elementare Grundrecht ist in dem Grundrechtskatalog der Bundesrepublik Deutschland nicht ausdrücklich beschrieben und somit nicht gesichert, obwohl dieses Grundrecht am allermeisten die Wahrung der Würde des Menschen betrifft, die im Art. 1 (1) GG ausdrücklich zugesichert ist. Es wird in Art. 5 (2) in Form des Ausdrucks „Recht der persönlichen Ehre" lediglich apostrophiert, wo es heißt:

> „(2) Diese Rechte finden ihre Schranken in den Vorschriften der allgemeinen Gesetze, den gesetzlichen Bestimmungen zum Schutze der Jugend und in dem Recht der persönlichen Ehre."

Dieses Recht der persönlichen Ehre wird im Grundgesetz an keiner Stelle näher beschrieben, so daß es in der deutschen Rechtsprechung kaum Berücksichtigung findet. Da das Recht auf Meinungsfreiheit ausdrücklich in Art. 5 (1) GG ausgeführt ist, erscheint ihre Beschränkung in Art. 5 (2) als eine weniger wichtig zu nehmende Randbemerkung, die vermutlich deshalb in dem bekannten Grundgesetzkommentar von Schmidt-Bleibtreu/Klein (6. Aufl.) gar nicht behandelt wird. Die Absätze 1 und 2 des Art. 5 GG lauten:

> „[1] Jeder hat das Recht, seine Meinung in Wort, Schrift und Bild frei zu äußern und zu verbreiten und sich aus allgemein zugänglichen Quellen ungehindert zu unterrichten. Die Pressefreiheit und die Freiheit der Berichterstattung durch Rundfunk und Film werden gewährleistet. Eine Zensur findet nicht statt. [2] Diese Rechte finden ihre Schranken in den Vorschriften der allgemeinen Gesetze, den gesetzlichen Bestimmungen zum Schutze der Jugend und in dem Recht der persönlichen Ehre."

In der Formulierung des Absatzes 2 ist deutlich, daß von den Müttern und Vätern des Grundgesetzes ein Zusammenhang zwischen der Ehre und der Wahrung der inneren Existenz, sprich der Würde des Menschen, gar nicht gesehen wurde. Wahrscheinlich hatten ihre Verfasser noch einen Ehrbegriff einer veräußerlichten soldatischen Ehre vor Augen, deren Verletzung einst nur auf dem Wege von Duellen wiederhergestellt werden konnte. Der große Mangel des Grundgesetzes besteht leider darin, daß in ihm nichts über seinen Funda-

6.4 Die Ableitung von Menschenrechten auf der Grundlage der IWE

mentalbegriff der Würde des Menschen ausgesagt ist und darum bislang eine systematische Ableitung der Grundrechte, wie sie hier versucht wird, nicht vorgenommen worden ist.

Die Tatsache, daß es ein Grundrecht auf seelische Unversehrtheit des Menschen im Grundgesetz nicht gibt, hat zu einer erheblichen Vergiftung des öffentlichen Lebens und zu einer Verunsicherung des Rechtslebens der Bundesrepublik Deutschland geführt. Denn faktisch kann sich niemand gegen Beleidigungen wehren, da sie durch das Grundrecht auf Meinungsfreiheit vor allem dann gedeckt sind, wenn es sich, wie es in einem Urteil des Landgerichtes Berlin aus dem Jahre 1990 heißt, „aufgrund der Substanzarmut in tatsächlicher Hinsicht um zulässige Meinungsäußerungen […] handelt"[16]. Und dies bedeutet: Je weniger wahr eine Behauptung über einen Menschen oder eine Organisation in tatsächlicher Hinsicht ist, um so weniger läßt sie sich als Tatsache erweisen, und um so mehr gilt sie als bloße Meinung, deren Berechtigung, sie zu äußern, durch das Grundrecht der Meinungsfreiheit geschützt wird. Dies ist ein rechtspolitischer und rechtsphilosophischer Skandal, der nur durch die rechtsphilosophische Unbildung eines großen Teiles der Juristen und entsprechend der Richter möglich geworden ist. Die richterliche Praxis hat leider nicht zählbare äußere und innere Existenzen von Bürgern der Bundesrepublik Deutschland vernichtet, so daß an dieser Stelle von der Gefahr zu sprechen ist, die von den Richtern aufgrund ihrer nur mangelhaften wissenschaftlichen Ausbildung auf unsere sogenannte „freiheitliche demokratische Grundordnung" ausgeht.[17] Darum ist die Forderung zu erheben, daß zur Befähigung, das Richteramt auszuüben, auch eine rechtsphilosophische Ausbildung zur Pflicht zu machen ist. In ganz besonderem Maß muß diese Forderung von den Juristen erfüllt werden, die sich für ein Amt als Bundesrichter bewerben.

Systematisch gesehen ist die Stabilität und Verletzlichkeit der inneren Existenz unlöslich mit der religiösen Überzeugung des einzelnen Menschen verbunden; denn nach der hier verwendeten Definition des Religionsbegriffes ist diese durch die innere Existenz des

---

[16] Urteil des Landgerichtes Berlin im Rechtsstreit zwischen der *Deutsche Unitarier Religionsgemeinschaft* und *Hilfswerk der Deutschen Unitarier* gegen Peter Kratz und Hartmut Meyer vom 23.1.1990, S. 11. Vgl. dazu auch Deppert (1992c).

[17] Dieses Urteil mag von Außenstehenden als zu hart angesehen werden. Wer sich aber einmal im Wirtschaftsrecht umgesehen und erlebt hat, wieviele Unrechtsurteile in bezug auf angebliche Insolvenzverschleppungen von Richtern gefällt werden, die nicht einmal über eine wirtschaftstheoretische Minimalausbildung verfügen, wird sehr schnell den obigen Feststellungen Recht geben. In der bereits mehrfach erwähnten Vorlesung „*Kritik der Wissenschaften hinsichtlich ihrer Verantwortung gengenüber dem menschlichen Gemeinwesen*", habe ich nach der theologischen auch die juristische Fakultät heftig und nachdrücklich kritisieren müssen, da ihre Ausbildung in nur wenigen Spezialrichtungen wie etwa der Kriminologie, der Rechtssoziologie und der Rechtsphilosophie wissenschaftlichen Standards entspricht. Auch dies habe ich mit dem Dekan diskutiert, und auch er konnte dieser Kritik kaum etwas entgegensetzen. Vor diesem Hintergrund ist nur allzu verständlich, daß es sich in nur seltenen Fällen bei juristischen Doktorarbeiten um wissenschaftliche Arbeiten handelt. Wir brauchen dringend eine Selbstorganisation der Wissenschaftler etwa in Form einer Wissenschaftskammer, von der ein Schutz der Wissenschaft vor Mißbrauch ausgehen kann. Dies ist allerdings eine besondere individualistische wissenschaftsethische Forderung, zu der sich jeder Wissenschaftler selbst aufgerufen fühlen sollte, das seinige dazu zu tun.

Menschen bestimmt, aus der heraus er seine Fragen nach dem Sinn seiner Handlungen stellt und versucht, sie zu beantworten. Darum könnte man hoffen, daß das 3. und 4. elementare Grundrecht zum Aufbau und zur Sicherung der inneren Existenz des Menschen durch die Bestimmungen zur Religionsfreiheit im Grundgesetz weitgehend abgesichert sind. Leider aber wird in der Verfassungswirklichkeit das Grundrecht der Religionsfreiheit nach Art. 4 weniger als ein Grundrecht einzelner Menschen verstanden, sondern mehr als ein Schutzrecht für etablierte konfessionelle Institutionen. Auch hier liegt ein definitorischer Mangel vor, indem nicht gesagt wird, was unter Religion zu verstehen ist, so daß es zu so eigenartigen Urteilen kommen kann, daß einer Gemeinschaft, die sich selbst als Religionsgemeinschaft auffaßt, der Status einer Religionsgemeinschaft, wie in Hamburg geschehen, mit dem Argument abgesprochen wird, daß diese Gemeinschaft auf materiellen Gewinn ausgerichtet sei.

Nun wissen wir aber spätestens seit den Max Weber'schen Analysen zur protestantischen Ethik, daß die Anhänger des reformierten Protestantismus nach der Prädestinationslehre aus religiösen Gründen ganz besonders nach materiellem Gewinn strebten und dadurch sogar wesentlichen Anteil am Entstehen der westlichen Industrienationen und der damit verbundenen Wirtschaft mit ihrem ausschließlichen Streben nach äußerlichem Gewinn hatten. Sollte man darum nach dem Hamburger Urteil etwa den organisierten Calvinisten nachträglich den Status von Religionsgemeinschaften absprechen? Dies ist ein unbeschreiblicher Begriffswirrwarr, den wir uns nicht leisten können, wenn wir die Glaubens- und Gewissensfreiheit nach Art. 4 GG ernst nehmen wollen. Und dies ist die Voraussetzung für die Sicherung der inneren Existenz demokratischer Staaten, daß die Bürger in ihrer Entwicklung von Kindesbeinen an die Chance bekommen, auf dem vor allem von Immanuel Kant bereiteten Weg der Aufklärung zu einem selbstverantwortlichen Individualitätsbewußtsein vorzudringen, um durch Selbsterkenntnis selbstbestimmt und sinnvoll leben zu können. Solche Bürgerinnen und Bürger sind in der Lage, die Demokratie weiterzuentwickeln und in der Wirtschaft durch Forderungen an sich selbst ethisch begründet zu agieren und ein friedliches Zusammenleben zwischen allen kulturellen und natürlichen Lebewesen zu organisieren.

Die wichtigsten erzieherischen Grundlagen für solche Entwicklungen im Sinn der individualistischen Wirtschaftsethik werden bereits in der Schule gelegt, insbesondere in dem immer noch als Religionsunterricht bezeichneten Schulfach. Die begriffliche Konfusion über den Religionsunterricht erreichte eine nicht ungefährliche Blüte in den offiziellen Interpretationen über die Abhaltung des Religionsunterrichts an den Schulen, obwohl diese in Art. 7 (3,1) GG sogar sehr klar festgelegt ist. Dort heißt es:

„(3) [1] Der Religionsunterricht ist in den öffentlichen Schulen mit Ausnahme der bekenntnisfreien Schulen ordentliches Lehrfach."

Hier ist zweifelsfrei bestimmt, daß in den bekenntnisfreien Gemeinschaftsschulen der Religionsunterricht kein ordentliches Lehrfach ist. Was ‚Bekenntnis', ‚bekenntnisfrei' oder ‚Bekenntnisfreiheit' bedeutet, steht seit der Kirchenspaltung in der Reformationszeit fest. Im Augsburger Religionsfrieden vom 25. September 1555 wurde das evangelische vom ka-

6.4 Die Ableitung von Menschenrechten auf der Grundlage der IWE   163

tholischen Bekenntnis unterschieden und festgelegt, daß der Fürst mit seinem Bekenntnis das Bekenntnis seiner Bürger bestimmt. Bekenntnisfreiheit bedeutet seitdem die Aufhebung der Kopplung von Staatszugehörigkeit und Bekenntnis. Darum wurde Art. 137 WV durch Art. 140 GG in das Grundgesetz übernommen, wo der Abs. 1 lautet: „Es besteht keine Staatskirche." Und dies bedeutet, es gibt kein an den Staat gebundenes Bekenntnis. Dennoch wird mit Ausnahme von Brandenburg in ganz Deutschland abweichend von dieser grundgesetzlichen Regelung so verfahren, als ob die öffentliche Gemeinschaftsschule eine *nicht bekenntnisfreie* Schule wäre. Wie ist dieser offensichtliche Verfassungsbruch möglich? Nur dadurch, daß in den Schulgesetzen der Länder die staatliche Gemeinschaftsschule unter der Hand unter Ausnutzung des unklaren Religionsbegriffes zur Bekenntnisschule umdefiniert wird. Da heißt es z. B. im Schulgesetz des Landes Schleswig-Holstein vom 2. August 1978 im § 4 (2):

> „[…] Die Schule soll auf der Grundlage der christlichen und humanistischen Überlieferungen kulturelle und religiöse Werte vermitteln."

An dieser Stelle kann doch nicht von einem Bekenntnischarakter der öffentlichen Schulen die Rede sein, da hier nur auf die Tatsache hingewiesen wird, daß unser historisches Bildungsgut aus der griechischen Antike und dem Christentum stammt, wobei allerdings zu betonen ist, daß der Anteil des historischen Bildungserbes, der aus der griechischen und römischen Antike stammt, unvergleichlich viel größer ist als der christlich beeinflußte Anteil. Und wenn es da heißt, daß in der Schule „religiöse Werte" vermittelt werden sollen, so wird absichtlich der Terminus ‚religiös' als ‚konfessionell' mißverstanden, da der Religionsbegriff bewußt verzerrend mit dem Konfessionsbegriff gleichgesetzt wird. Im § 6 des schleswig-holsteinischen Schulgesetzes findet sich dann schließlich der eklatante Widerspruch. Dort wird im ersten Absatz deutlich gesagt, daß die öffentliche Schule keine Bekenntnisschule sein kann, denn es heißt dort:

> „(1) Die öffentlichen Schulen fassen als Gemeinschaftsschulen die Schüler ohne Unterschied des Bekenntnisses und der Weltanschauung zusammen."

Und ganz sicher kann eine Schule, in der alle Konfessionen gleichberechtigt sind, keine Konfessions- bzw. Bekenntnisschule sein. Dennoch aber lautet der zweite Absatz des § 6 des schleswig-holsteinischen Schulgesetzes:

> „(2) Der Religionsunterricht ist an den öffentlichen Schulen ordentliches Lehrfach. […]"

Eklatanter kann der Widerspruch zum Art. 7 (3,1) GG nicht hingeschrieben werden. Einige Kommentatoren haben sich damit beholfen, daß sie von christlichen Gemeinschaftsschulen sprechen, um damit einen Schultypus von „nicht bekenntnisfreien Schulen" zu erfinden.[18] Damit wird aber nur die erschütternde religionskundliche Unkenntnis über die historische Tatsache zutage gefördert, daß es ein christliches Bekenntnis, eine einzige christ-

---

[18] Vgl. etwa Hans Heckel, *Schulrechtskunde. Ein Handbuch für Praxis, Rechtsprechung und Wissenschaft*, Luchterhand.

liche Konfession nicht mehr gibt. Denn von christlichen Bekenntnissen oder christlichen Konfessionen spricht man erst seit der Reformationszeit.

An dieser erbärmlichen Stelle von Inkonsistenz unserer Verfassungswirklichkeit wird deutlich, daß unser Grundgesetz der Willkür parteipolitisch initiierter Länderpolitik schutzlos ausgeliefert ist. Es gibt ganz offensichtlich keine Instanz, die für die Einhaltung des Grundgesetzes aktiv eintritt. Erst wenn ein Betroffener oder eine dazu befugte Institution Klage beim Bundesverfassungsgericht erhebt, kann dieses tätig werden. Selbständig kann es die Einhaltung und Beachtung des Grundgesetzes nicht gewährleisten. Auch dies ist ein folgenreicher Fehler des Grundgesetzes.

Wenn ein gegründeter Verein beim Amtsgericht eintragen werden soll, dann wird die Eintragung erst vorgenommen, wenn die Satzung den Anforderungen des Gerichtes genügt. Und wenn eine Satzungsänderung in einer ordnungsgemäß einberufenen Vollversammlung beschlossen wurde, dann wird auch diese erst rechtskräftig, wenn das Gericht die Änderung gründlich auf ihre Verträglichkeit mit dem BGB und dem GG geprüft und beim Vorliegen keiner Unverträglichkeit genehmigt hat. Wenn ein Landesparlament ein Schulgesetz verabschiedet, dann gibt es keine Instanz, die dieses Schulgesetz erst zuläßt, wenn es mit dem Grundgesetz verträglich ist. Dies aber müßte ebenso Aufgabe der Judikative sein, wie sie von den Registergerichten wahrgenommen wird: Fehler über Fehler im Grundgesetz!

Diese kurzen Nebenbemerkungen zur Verfassungswirklichkeit unseres Grundgesetzes lassen erste Zweifel darüber aufkommen, ob es sich bei den im Grundgesetz dargestellten Grundrechten überhaupt um Schutzzusagen des Rechtssystems der Bundesrepublik Deutschland handelt, da es offensichtlich an der Instanz fehlt, die für die Einhaltung derartiger Schutzzusagen eintreten könnte. Für eine erste Fassung einer demokratischen Verfassung der Bundesrepublik Deutschland sollte darum diese Instanz vorgesehen werden, die die Bundesrepublik davor schützt, daß in ihr Gesetze gelten oder rechtskräftig werden, die mit der Verfassung nicht übereinstimmen.

Mit den vorausgegangenen Bemerkungen zum Grundrecht der Religionsfreiheit sei die Besprechung der Frage abgeschlossen, inwiefern sich der Gedanke von elementaren Menschenrechten schon in der heutigen Rechtspraxis nachweisen läßt. Aber auch an dieser Diskussion läßt sich erkennen, daß in einer künftigen deutschen Verfassung die Grundrechte sehr viel systematischer dargestellt werden sollten, als dies bisher der Fall ist.

Da die Ableitung der elementaren Grundrechte nur von der Konstitution eines Rechtssystems ausgeht, das aus Forderungen gegen andere besteht, ist noch die Frage zu behandeln, ob ein Anhänger einer individualistischen Ethik gegen sich selbst die Forderung erheben sollte, die elementaren Grundrechte seiner Mitmenschen auch in seinem eigenen persönlichen oder geschäftlichen Leben zu achten und sich für deren Sicherung einzusetzen. Diese Frage läßt sich aus dem Verstehensprinzip sehr schnell mit „Ja" beantworten; denn die Gewährleistung der vier elementaren Grundrechte ist auch eine notwendige Voraussetzung für ein besseres gegenseitiges Verstehen.

Die Behandlung der Grund- oder Menschenrechte ist für die individualistische Wirtschaftsethik von sehr weitreichender Bedeutung, weil durch sie die Bedingungen für die Heranbildung von selbständigen Individuen gegeben sind, die in der Lage sind, auf dem

Wege der Selbsterkenntnis eigene Konzepte einer sinnvollen Lebensgestaltung zu entwickeln und in selbstverantwortlicher Weise zu verwirklichen. Derart selbstbestimmte Menschen sind wiederum die Voraussetzung für eine funktionierende Demokratie. Damit dies aber stattfinden kann, darf eine außengesteuerte kirchliche religiöse Erziehung in unseren bekenntnisfreien Gemeinschaftsschulen nicht mehr stattfinden. Der an den öffentlichen Schulen derzeitig erteilte Religionsunterricht steht einer selbständigen Sinnfindung für das eigene Leben diametral entgegen. Anstelle des konfessionell gebundenen Religionsunterrichts sollte an den Schulen ein ordentliches Lehrfach eingerichtet werden, das etwa heißen könnte „Bekenntnisfreie Religions- und Lebenskunde", wozu an den Universitäten Lehrerinnen und Lehrer nach neu einzurichtenden Studiengängen auszubilden sind. Auch dies ist aufgrund des fundamentalen Wertes des staatlichen Wertesystems der Würde des Menschen von allen Kultusministerien Deutschlands zu fordern.

Die hier entwickelte Individualistische Wirtschaftsethik wird ihre harmonisierende Wirkung auf das Ganze des Wirtschaftslebens nur dann allmählich entfalten können, wenn in der Bevölkerung mehr und mehr Bewußtseinsänderungen stattfinden, durch welche die Bedeutung der inneren Werte und des inneren Nutzens zur Sicherung der eigenen inneren Existenz und aller anderen Wirtschaftssubjekte bis hin zu dem gemeinsamen Staat erkannt und im Handeln beachtet werden. Dies wird jedoch mit schon in der Schule religiös entmündigten Schülerinnen und Schülern kaum möglich sein, da sie weiterhin in ihrer Entwicklung zur inneren Selbständigkeit und Wahrhaftigkeit insbesondere durch die unmoralische Verteufelung des Egoismus-Begriffes blockiert werden. Die Argumentation aller individualistischen Ethik-Ansätze setzt den Willen zur Erhaltung der eigenen inneren Existenz voraus, welche den Menschen zum Führen eines sinnvollen Lebens befähigt. Dies aber ist ethischer Egoismus, der die Würde des Menschen bewahrt und der niemals verunglimpft oder gar beschädigt werden darf, so wie es Art. 1, Abs. 1 GG fordert.

Damit ist nun hinreichend gezeigt, daß Wirtschaftssysteme dann erfolgreich sein werden, wenn sie die Würde des Menschen achten und schützen sowie die Menschenrechte, die aus dem hier bestimmten Würdebegriff – wie gezeigt – unter Verwendung der individualistischen Wirtschaftsethik grundsätzlich ableitbar sind.

6.5 Von den Gefahren des Mißbrauchs staatlicher Gewalt gegenüber den im Staat agierenden Wirtschaftssubjekten oder von der Gefahr der Autoimmunerkrankungen des Staates

6.5.1 Von den gefahrabwehrenden Maßnahmen zur Existenzsicherung der Lebewesen und insbesondere des Staates

Alle Lebewesen können ihr Existenzproblem nur lösen, wenn sie über Maßnahmen verfügen, durch die sie Gefahren bekämpfen und überwinden können. Dies ist eine der Überlebensfunktionen, durch die der Begriff von Lebewesen überhaupt bestimmt wird. Grob lassen sich die existentiellen Gefahren danach klassifizieren, ob sie von außen oder von innen kommen, d. h. ob sie das offene System, welches ein Lebewesen darstellt, von außerhalb des Systems angreifen oder ob es Gefahren sind, die innerhalb des Systems auftreten. Maßnahmen, um äußeren Gefahren zu begegnen, haben sich in der Natur in großer Fülle entwickelt. Je nachdem, ob die Lebewesen ortsfest oder ortsbeweglich organisiert sind, haben die Maßnahmen sehr unterschiedlichen Charakter, d. h., die Abwehrmaßnahmen sind sehr verschieden. Die kulturellen Lebewesen lassen sich entsprechend nach ortsfesten und ortsbeweglichen unterscheiden, und wir können in bezug auf diese grundsätzliche Organisationsform gewiß eine Menge über Existenzerhaltungsmaßnahmen von der Natur lernen, was hier nicht weiter problematisiert werden soll, weil diese Thematik viel mehr in die Forschungs- und Lehrbereiche der Volkswirtschafts- und insbesondere Betriebswirtschaftslehre gehört. Von Interesse sind hier die Maßnahmen zur Abwehr von Gefahren, die innerhalb des Systems angesiedelt sind, auch wenn sie von Lebewesen ausgehen, die eingedrungen sind und sich innen eingenistet haben, weil sie dort gute Überlebensbedingungen vorgefunden haben. Zum Schutz vor solchen Eindringlingen haben die Tiere und mit ihnen auch der Mensch Abwehrsysteme entwickelt, die als Immunsysteme bezeichnet werden. Deren hochkomplexe Immunreaktionen können Bakterien, Viren oder sogar Pilze, die in den Körper eingedrungen sind, bekämpfen oder auch abgestorbene körpereigene Zellen entfernen, da auch diese durch Eiweißzersetzung für den Körper zur Gefahr werden können.

Da wir Menschen Pharmazeutika – im Prinzip zur Unterstützung unseres Immunsystems – entwickelt haben, etwa die sogenannten Antibiotika gegen Bakterien oder Virostatika gegen Viren, ist durch zu extensive Verwendung dieser Fremdstoffe oder auch durch übertriebene Hygiene leider allzuoft unser Immunsystem so geschädigt worden, daß es geschehen kann, daß körpereigenes Eiweiß vom Immunsystem für Fremdeiweiß gehalten und dann körpereigenes Eiweiß – also der eigene Körper – bekämpft wird. Derartige Krankheitserscheinungen werden als Autoimmunerkrankungen bezeichnet. Diese Erkrankungen sind äußerst schwer zu bekämpfen, im wesentlichen durch Herabsenkung der Abwehrkräfte etwa durch die Vergabe von Cortison.

An dem Beispiel der Autoimmunerkrankungen läßt sich erkennen, daß die Abwehrkräfte eines Organismus sehr mächtig sind und durch Fehlsteuerungen zur Gefahr für das eigene System werden können. Staaten haben sich zur Abwehr von inneren Gefahren ein ganzes Arsenal von privat oder staatlich organisierten Gefahrenabwehrmaßnahmen geschaffen. Die Sicherung der äußeren und inneren Existenz der Bürgerinnen und Bürger überläßt der Staat weitgehend privaten Organisationen. Die Ausübung staatlicher Gewalt soll in demokratisch organisierten Staaten prinzipiell vom Volk ausgehen, wozu eine Gewaltenteilung, bestehend aus legislativer, exekutiver und judikativer Gewalt, zu deutsch: gesetzgebender, ausführender und rechtsprechender Gewalt, vorzunehmen ist. Prinzipiell ist mit allen diesen Machtmitteln des Staates die Gefahr des Mißbrauchs verbunden. Dies beginnt bereits damit, daß in Deutschland die Gewaltenteilung zwar grundgesetzlich vorgeschrieben ist, daß sie aber an vielen Stellen durchbrochen wird, wie etwa in dem gesamten Bereich der sogenannten Ordnungswidrigkeiten, bei denen sich die Exekutive judikative Gewalt anmaßen darf.

Zur Einhaltung seiner Gesetze hat der Staat einen großen Machtapparat aufgebaut, der aus ermittelnden, zugreifenden, verurteilenden und vollstreckenden Abteilungen besteht.

Die ausübenden Personen der Organe dieser Machtfunktionen sind ganz besonders der Gefahr ausgesetzt, selbst Machtmißbrauch zu betreiben, zumal wenn sie schlecht ausgebildet sind, was man generell von den allermeisten Juristen anzunehmen hat, weil sie zwar an der Universität studiert haben müssen, die allermeisten Fächer aber an den juristischen Fakultäten wissenschaftlichen Standards überhaupt nicht genügen.

Darum stecken wir in dem schon mehrfach angedeuteten juristisch-begrifflichen Desaster, daß die Juristen keinen Begriff von der Würde des Menschen entwickelt haben, obwohl das gesamte Rechtssystem der Bundesrepublik Deutschland aufgrund des Grundgesetzes auf diesem Begriff und den mit diesem Begriff verbundenen Versprechungen an alle Menschen gegründet sein soll. Da von allen Beamten und Staatsbediensteten die Gefahr ausgeht, daß staatliche Macht mißbraucht wird, müßten sie alle bei ihrer Einstellung über die rechtlichen Grundlagen des Staates darüber informiert werden,

1. *was die Würde des Menschen bedeutet, auf deren Begriffsbestimmung das gesamte Rechtssystem der Bundesrepublik Deutschland aufgebaut ist,*
2. *in welchen Gefahren die Staatsbediensteten stehen, die Würde von Menschen zu verletzen, und wie diese Gefahren vermieden werden können,*
3. *unter welchen Umständen sie selbst befugt und verpflichtet sind, eine Verletzung der Würde eines Menschen festzustellen, und*
4. *was zu tun ist, wenn die Würde von Menschen durch Staatsbedienstete verletzt worden ist.*

Diese Informationen werden – soweit meine Kenntnisse darüber reichen – den Beamten und Staatsbediensteten bei ihrer Einstellung vorenthalten, weil sie vermutlich aufgrund der unverantwortlichen Nachlässigkeit der juristischen Fakultäten gar nicht erarbeitet und somit nicht vorhanden sind. Auf die Ausarbeitung dieser staatstragenden Informationen zu achten und sie von den juristischen Fakultäten und womöglich auch von den philosophischen Instituten einzufordern, ist die **Aufgabe aller bisher amtierenden Bundespräsidenten** gewesen. Die Einhaltung des mit Art. 1 Abs. 1 GG von der Bundesrepublik Deutschland ausgesprochenen Versprechens gegenüber allen Menschen, einerlei ob es sich dabei um Deutsche oder Menschen ohne deutsche Staatsangehörigkeit handelt, ihre Würde zu achten und zu schützen, ist darum nicht gesichert, und es weiß niemand, wie oft, wo, wann und von wem die Würde von Menschen verletzt worden ist und noch immer verletzt wird. Damit ist aber *keine Sicherung der inneren Existenz der Bundesrepublik Deutschland vorhanden*, da die Achtung und der Schutz der Würde des Menschen das Herzstück der inneren Existenz des Wirtschaftssubjekts Bundesrepublik Deutschland ist. Hier besteht aus wirtschaftsethischen Gründen dringendster Handlungsbedarf, auf den adäquat zu reagieren ist, was vom Bundespräsidenten und den Verantwortlichen der drei Gewalten der Bundesrepublik von hier aus gefordert wird.

6.5.2 Staatliche Zwangsmaßnahmen zum Zwecke der Entledigung von wirtschaftsethischen Pflichten des Staates

Der Staat hat als Wirtschaftssubjekt die Pflicht, die Bedingungen zur Sicherung der äußeren und inneren Existenz seiner Wirtschaftssubjekte zu schaffen; denn diese Pflicht besteht im Rahmen der IWE für alle Wirtschaftssubjekte. Für die heranwachsende Bevölkerung kommt der Staat dieser Pflicht insofern nach, als er Bildungs- und Ausbildungsstätten bereithält oder für deren Erstellung Sorge trägt, in denen die Heranwachsenden befähigt werden, ihre äußere Existenz durch eine berufliche Tätigkeit selbstverantwortlich zu sichern. Was die Sicherung der inneren Existenz der Heranwachsenden angeht, kommt der Staat dieser seiner Pflicht kaum nach, da die Länder mit Ausnahme des Landes Brandenburg in ihren öffentlichen Schulen kein ordentliches Lehrfach im Sinne einer bekenntnisfreien Religions- und Lebenskunde eingeführt haben und stattdessen in grundgesetzwidriger Weise immer noch konfessionellen Religionsunterricht erteilen lassen, der nicht dazu geeignet ist, daß junge Menschen ohne Dogmenzwang auf eigenständige Weise sich ihr eigenes sinnstiftendes und eigenständig religiös begründetes Wertesystem der Selbstverantwortung bilden können. Dies sind wesentliche Voraussetzungen dafür, daß eine ethische Neuorientierung stattfinden kann, wie sie hier mit der individualistischen Wirtschaftsethik für alle Wirtschaftssubjekte vorgeschlagen wird.

Der größte Teil der Erwachsenen kann sich in eigenverantwortlicher Weise seine äußere Existenz durch eine Tätigkeit im Berufsleben sichern. Aber es gibt durchaus nicht wenige, für die dies so nicht gilt. Da sind vor allem die sogenannten Behinderten, für die der Staat zweifellos eine besondere Pflicht besitzt, sich um die Sicherung ihrer äußeren und inneren Existenz zu kümmern. Wenn es gelänge, durch besondere Maßnahmen auch diese Gruppe von Bürgerinnen und Bürgern in das Berufsleben zu integrieren, dann hätte der Staat seine Pflicht gewiß erfüllt. Das scheinbar Naheliegendste ist, dazu ein Gesetz zu schaffen, welches die Wirtschaftsbetriebe dazu verpflichtet, eine festgelegte Quote von Behinderten zu beschäftigen, die als ein bestimmter Prozentsatz der Belegschaft festgesetzt wird. Und eine solche Quotenregelung sieht das SGB IX vor. In diesem Sozialgesetzbuch legt der Gesetzgeber für alle Arbeitgeber, die wenigstens 20 Beschäftigte haben, sogar eine Beschäftigungspflicht von Schwerbehinderten fest, und falls sie dieser Pflicht nicht nachkommen, wird nach § 77 sogar eine Ausgleichsabgabe von den Arbeitgebern verlangt, die mit zunehmenden Arbeitsplatzverpflichtungen ansteigt.

Dieser Weg des staatlichen Zwangs führt zu einer prinzipiell verbotenen Diskriminierung der Schwerbehinderten und ist nicht nur deshalb aus wirtschaftsethischen Gründen abzulehnen. Zwar ist der Staat grundsätzlich bereit, für Produktivitätseinbußen, die durch die geminderte Leistungsfähigkeit von Schwerbehinderten bedingt sind, einzustehen. Dies alles ist aber immer mit furchtbar viel Bürokratismus verbunden, insbesondere die Kontrolle der Einhaltung der §§ 71, 77 und folgende des SGB IX. Es ist darum nicht verwunderlich, daß viele Betriebe der staatlich auferlegten Pflicht nicht Folge leisten und lieber die Zahlung der Ausgleichsabgabe vornehmen, wodurch wiederum eine staatlich geförderte Abneigung gegen Behinderte aufgebaut wird.

Der Staat versucht hier, sich seiner Fürsorgepflichten durch die Anwendung von staatlicher Gewalt zu entledigen. Derartige Verfahren widerstreiten grundsätzlich der individualistischen Wirtschaftsethik, da sie den Wirtschaftssubjekten eine Werteordnung aufzwingen, wodurch Unwahrhaftigkeit und Scheinheiligkeit gerade den Behinderten gegenüber erzeugt werden, worunter diese in ihrer sehr verständlichen Sensibilität unnötige Schwierigkeiten bekommen, sich in die Gemeinschaft der Arbeitskolleginnen und -kollegen zwanglos zu integrieren. Die durch den Zwang des SGB IX entstehenden Widersprüche im Wertesystem der Mitarbeiter und der Firma können grundsätzlich nicht ausgeräumt werden, und damit läßt sich das *Stimmigkeitsprinzip* nicht einhalten. Insbesondere wird das *Verstehensprinzip* verletzt, weil ein gegenseitiges Verstehen unter Zwang unmöglich ist, und natürlich ist entsprechend das *Stabilitätsprinzip der Gegenseitigkeit* zwischen Arbeitgeber und Staat und insbesondere zwischen den Mitarbeitern nachhaltig gestört, worunter die Behinderten am allermeisten leiden.

In Lebensbereichen, in denen die Ausbildung von Mitmenschlichkeit anzustreben ist, wirkt jegliche Form von Zwang stets kontraproduktiv, d. h., das Gegenteil des Gewollten wird verwirklicht: Die Inklusion von Behinderten wird durch die Zwangsmaßnahmen des Staates im SGB IX extrem behindert und führt darum sogar zur verstärkten Exklusion. Hier nützen nur freundliche Aufklärungs- und Schulungsangebote und unbürokratische Hilfestellungen für die Betriebe, die bereit sind, Schwerbehinderte in ihre Belegschaft aufzunehmen. Die gewollte Inklusion von Schwerbehinderten in den Arbeitsprozeß erfährt ihre besondere Schwierigkeit durch die bisherigen Ethikversuche, die nur aus Forderungen gegen andere und nicht ausschließlich aus Forderungen an sich selbst bestehen. Wenn es gelingt, das Bewußtsein der Selbstverantwortlichkeit auch bei Schwerbehinderten zu wecken und damit auch ein selbstverantwortliches, unternehmerisches Dienstleistungsbewußtsein, dann wird sich das Inklusionsvorhaben sehr viel eher, menschenfreundlicher und erfolgreicher realisieren lassen. Insbesondere sind die Wirtschaftsunternehmen hinsichtlich ihrer betrieblichen Verschiedenheit sehr unterschiedlich dazu geeignet, Schwerbehinderte in ihre Arbeits- und Produktionsprozesse einzugliedern. Die staatlich verordnete Gleichmacherei des § 71 SGB IX ist dabei zusätzlich kontraproduktiv und widerstreitet der Freiheit, die der Staat mit dem *Ordnungsprinzip* zur selbstverantwortlichen Festlegung der eigenen Wertesysteme allen Wirtschaftssubjekten zu gewähren hat. Eine sehr unbürokratische Maßnahme wäre etwa, die Mehrwertsteuer dem Betrieb für den Produktionsanteil der Schwerbehinderten zu erlassen. Dazu bedarf es kaum Verwaltungsaufwand, würde aber für den Betrieb eine gut kalkulierbare Minderung des Risikos bedeuten, schwerbehinderte Menschen einzustellen. Auf diesem Wege könnten wir womöglich zu einer Vollbeschäftigung von Schwerbehinderten vordringen, was für die Inklusion von Schwerbehinderten in die arbeitende Bevölkerung optimal wäre.

Wie es sich hier bei den Behinderten zeigte, scheinen grundsätzlich staatlich festgelegte und mit staatlicher Gewalt durchgesetzte Quotenregelungen kontraproduktive Wirkungen zu haben. Das hat sich bereits bei den verschiedenen Arten von Frauenquoten gezeigt, und es gibt darum mehr und mehr Frauen, die sich dagegen wehren, in die Gefahr zu kommen, als Quotenfrau diskriminiert zu werden, was freilich bei staatlich verordneten Frauenquoten unausbleiblich ist, und das hat sich leider auch an unseren Universitäten bereits fatal ausgewirkt. Um so mehr begrüße ich, daß Frau Dekanin Birgit Friedl ohne Quotenregelung aufgrund ihrer unbestrittenen Fähigkeiten zur Vizepräsidentin unserer Universität gewählt wurde. Scheinbar gibt es in den nordischen Ländern Gegenbeispiele zur Kontraproduktivität staatlicher Quotierungen. Dies liegt meines Erachtens an einer integrationsfreudigeren Einstellung der Menschen in diesen Ländern, so daß es dort auch keiner begleitenden Zwangsmaßnahmen bedarf und die genannten Widersprüchlichkeiten gar nicht auftreten.

Gerade was die neuerlich wieder geforderten Frauenquoten für leitende Angestellte und Topmanager angeht, so sind diese aus ganz entsprechenden wirtschaftsethischen Gründen abzulehnen, die soeben am Beispiel der Inklusion von Schwerbehinderten aufgezeigt wurden. Die Tatsache, daß gerade in Deutschland den Frauen der Einstieg in eine innerbetriebliche Karriere zu oft verbaut ist, liegt an einer nur scheinbar frauenfreundlichen Gesetzgebung in bezug auf den sogenannten Mutterschutz. Durch das Mutterschutzgesetz, welches zu den Strafgesetzen gehört, haben die Arbeitgeber so erhebliche betriebsorganisatorische und finanzielle Nachteile hinzunehmen, daß sie sich scheuen, Frauen zwischen 18 und 40 Jahren einzustellen, weil mit ihnen die Gefahr verbunden ist, erhebliche mutterschaftsbedingte wirtschaftliche Nachteile zu erleiden. Damit bleibt den jungen Frauen der Einstieg in eine betriebliche Karriere verstellt, welches den Hauptgrund für die geringe Zahl an weiblichen Führungskräften in der Wirtschaft darstellt. Und natürlich hat der Staat die wirtschaftsethische Pflicht, sich um den Nachwuchs seiner Bewohner zu kümmern. Diese Pflicht darf er nicht per Zwangsmaßnahmen auf einzelne Betriebe abwälzen; denn das widerstreitet dem *Ordnungsprinzip,* dem *Stimmigkeitsprinzip* und besonders dem *Stabilitätsprinzip der Gegenseitigkeit.* Der Mutterschutz ist gut und sehr wichtig, aber alle Benachteiligungen, die bislang durch die Mutterschutzgesetzgebung den Betrieben aufgeladen werden, bei denen die werdenden und gewordenen Mütter beschäftigt sind, müssen durch staatlich organisierte Maßnahmen den Betrieben vom Hals gehalten werden. Erst wenn das ganz sichergestellt ist und womöglich mutterschaftsfreundliche Betriebe etwa noch staatlich belohnt werden, dann werden wir in der Zukunft mehr und mehr weibliche Führungskräfte in den Wirtschaftsbetrieben finden.

Generell gilt, daß es der äußeren und inneren Existenz des Staates guttut, möglichst keine Zwangsmittel einzusetzen. Ist das Gegenteil der Fall, droht der Staat aufgrund seiner Gewalttätigkeit schwer zu erkranken, indem sich die Gewalt gegen seine eigene Existenz richtet, wovon nun die Rede sein wird.

6.5.3 Von den Autoimmunerkrankungen des Staates

Aus systematischen Gründen ist der Begriff der Lebewesen hier so allgemein gewählt worden, daß wir auch sinnvoll den Begriff von kulturellen Lebewesen bilden können, welche die offenen Systeme sind, die von Menschen in Form von vielen verschiedenen menschlichen Gemeinschaften mit dem Ziel gebildet worden sind, die eigene äußere oder auch innere Existenz oder beides zu sichern. Alle Vereine, Wirtschaftsbetriebe, Religionsgemeinschaften, Schiffsbesatzungen oder Wandergruppen, aber auch Staaten und gewiß auch Familien sind kulturelle Lebewesen. Sie alle können von der Natur lernen, da die Natur die älteste und bedeutendste Lehrmeisterin zur Lösung der Überlebensprobleme ist. Und da es in der Individualistischen Wirtschaftsethik (IWE) ausschließlich um die möglichst harmonische Lösung der Überlebensproblematik der Wirtschaftssubjekte geht, ist auch die Natur die Lehrmeisterin für den Aufbau der Systematik der IWE.

Das grundlegendste Prinzip der Natur für das Zusammenleben in größtmöglicher Vielfalt ist das Zusammenspiel des *principium individuationis* und des *principium societationis*, des Individualisierungsprinzips und des Gemeinschaftsbildungsprinzips.[19] Aus dem Individualisierungsprinzip folgt die Notwendigkeit der staatlichen Garantie von Menschenrechten. Entsprechende grundlegende Aktions- und Reaktionsrechte für Gemeinschaften gibt es bislang nur in wenigen Ansätzen. Wir haben im Grundgesetz den Schutz der Familie und im BGB einen gewissen Schutz der Vereine, ferner kennen wir ein Völkerrecht, und im Grundgesetz Art. 19 Abs. 3 wird immerhin schon eine Übertragbarkeit von Grundrechten auf juristische Personen angedacht, was allerdings in der Gesetzgebung mit Ausnahme des Kirchenrechts kaum weitergedacht wurde.

In der Natur ist der Schutz von besonderen gemeinschaftlichen Zellverbänden innerhalb eines Organismus ganz selbstverständlich. Erkrankt ein Organ eines natürlichen Lebewesens, dann werden alle Selbstheilungskräfte dieses Organismus an dem Organ tätig, um es wieder zu heilen und ganz funktionstüchtig zu machen. Täten sie es nicht und das Organ würde seine Funktionen einstellen, dann stürbe der gesamte Organismus mit allen seinen Organen. Diese gegenseitige existentielle Abhängigkeit aller Organe ist überall in der Natur zu beobachten. Unsere Damen und Herren der Legislative, Exekutive und Judikative scheinen das bisher überhaupt nicht bemerkt zu haben. Denn wenn ein Wirtschaftsunternehmen erkrankt, was daran zu erkennen ist, daß etwa die Sozialabgaben oder die Steuern nicht rechtzeitig bezahlt werden können, dann rücken keine Hilfstrupps der Industrie- und Handelskammern oder der Finanzämter aus, um der erkrankten Firma hilfreich zur Seite zu stehen, nein, das Gegenteil ist der Fall; denn die Legislative hat Gesetze bereitgestellt, die es den Sozialversicherungsträgern und den Finanzämtern gestatten, die Firmenkonten zu pfänden und zu sperren. Damit ist diesen Firmen die Geschäftsgrundlage entzogen, sie gehen zugrunde und erhöhen damit die Zahl der Arbeitslosen und darüber hinaus wird den Menschen, die es unternommen haben, durch die Verwirklichung einer Firmenidee das menschliche Gemeinwesen zu fördern, ein kaum zu beziffernder Schaden zugefügt, der womöglich sogar auch noch mit einer Bestrafung verbunden ist. Außerdem verringern sich die Steuereinnahmen des Staates und die Einnahmen der Sozialversicherungsträger. Dies sind kurz- und langfristige Selbstschädigungen des Staates durch extrem dummes

---

[19] Fragt man danach, woher dieses Prinzip stammt, dann läßt sich darauf nicht mehr antworten: „Der Schöpfer hat es so gewollt", da die kulturelle Entwicklung unserer Bewußtseinsstruktur nicht mehr das Unterwürfigkeitsbewußtsein hervorbringt, das für einen Glauben an einen Schöpfer erforderlich ist. Die Annahme der ontologischen Wirksamkeit der hier genannten Prinzipien ist jedoch erforderlich, um die Möglichkeit der Evolution sicherzustellen. Sie gehören in kantischer Sprechweise zu den Bedingungen der Möglichkeit der Evolution und mithin zur Metaphysik der Natur.

Fehlverhalten der politischen Verantwortungsträger, das durch grobe Mißachtung aller Grundprinzipien der IWE zustande kommt.

Dies sind Gesetzgebungsfehler der Legislative, die aus jüngster Zeit stammen, aber es gibt auch staatsschädigende Gesetze, die noch aus der Kaiserzeit stammen, die aber niemals an die grundsätzlich anderen Verhältnisse, die mit dem Grundgesetz gegeben sind, angepaßt worden sind und dadurch ihre staatsschädigende Wirkung entfalten. Diese Selbstschädigungen des Staates werden von den zuständigen staatlichen Stellen nicht erkannt, weil das Lebewesen Staat keine eigenständige Wahrnehmungs- und Erkenntnisfunktion ausgebildet und eingerichtet hat. Die Erkenntnisfunktionen, die es immerhin an den Universitäten gibt, werden in keiner Weise abgefragt. Darum finden die beschriebenen Firmenvernichtungen aufgrund von durchaus gesetzmäßigem Verhalten der Finanzämter oder der Sozialversicherungsträger weiterhin tagtäglich statt, wodurch ein unübersehbarer Schaden für den Staat entsteht. Die Staatsbeamten, die diese Maßnahmen durchführen, arbeiten zwar gesetzeskonform, aber dennoch gegen das Wohl des Staates. Diese Beamten befinden sich in einer klassisch tragischen Situation: Wenn sie die Gesetze befolgen, die zum Untergang der Wirtschaftsbetriebe führen, schädigen sie den Staat und verletzten durch diese Schädigung ihren Beamteneid, und wenn sie die Gesetze nicht befolgen, verletzen sie ebenfalls ihren Beamteneid. Das, was sich hier in unserem Staat abspielt, läßt sich nur mit Hilfe des Begriffes der Autoimmunerkrankung des Staates beschreiben. Denn die *Autoimmunerkrankungen des Staates* zeigen sich daran, daß mit staatlich durchgesetzten Maßnahmen Menschen und deren Organisationen aus dem gesellschaftlichen und dem Wirtschaftsleben ausgeschieden werden, obwohl sie die Zellen und Organe des Staates sind, von denen der Staat lebt.

▶ **Definition** *Autoimmunerkrankungen des Staates* werden durch Gesetze oder Verordnungen verursacht, die seine innere und äußere Existenz durch die Schädigung seiner Wirtschaftssubjekte in Mitleidenschaft zieht.

Erste Therapien könnten ebenso wie im medizinischen Bereich so erwogen werden, daß dem Immunsystem, welches im Staat die Vollzugsbehörden sind, etwas von seiner Angriffsschärfe genommen wird. Dies könnte durch Gerechtigkeitsformeln möglich werden, die den Richtern und Staatsanwälten an die Hand gegeben werden, nach denen sie weitere Selbstschädigungen des Staates künftig vermeiden können, indem durch Abwägung der entstehenden Schäden für den Staat und für seine untergebenen Wirtschaftssubjekte die Anwendung von Gesetzen wegen zu großer Schädlichkeit als Unrecht verworfen werden kann. Dieses Verfahren kennen wir bereits durch die Anwendung der Radbruch'schen Gerechtigkeitsformel, um in bezug auf nationalsozialistische oder sozialistische DDR-Gesetze einer übergeordneten Gerechtigkeit Geltung zu verschaffen.[20]

---

[20] Vgl. dazu Robert Alexy: *Der Beschluß des Bundesverfassungsgerichts zu den Tötungen an der innerdeutschen Grenze vom 24. Oktober 1996.* Hamburg 1997, Horst Dreier, *Gustav Radbruch und die Mauerschützen.* Juristenzeitung 1997, S. 421ff. Hidehiko Adachi, *Die Radbruchsche Formel: eine Untersuchung der Rechtsphilosophie Gustav Radbruchs.* Baden-Baden 2006.

6.5 Von den Gefahren des Mißbrauchs staatlicher Gewalt

Es gibt inzwischen eine große Zahl von unbemerkten Autoimmunerkrankungen des Staates, die allesamt vermieden werden könnten, wenn die Prinzipien der IWE von den Vertretern der drei Staatsgewalten angewandt würden. Solange sie dies nicht tun, sind sie des groben wirtschaftsethischen Fehlverhaltens zu bezichtigen, was freilich von hier aus nicht zu ihnen vordringen wird, so daß darüber nachzudenken ist, eine mit Wirtschaftsphilosophen besetzte wirtschaftsethische Beurteilungsstelle einzurichten, die einen derartigen Tadel nicht öffentlich, aber den Betroffenen direkt zustellt, wobei dieser Tadel als eine Anregung zu verstehen ist, mit seinem eigenen Leben selbstverantwortlicher umzugehen. Um den selbstschädigenden Mechanismus der Autoimmunerkrankungen des Staates noch deutlicher werden zu lassen, mögen hier einige wenige Beispiele von Autoimmunerkrankungen gebracht werden, die durch wirtschaftsethische Fehlleistungen von Abgeordneten und Staatsbeamten entstehen und bislang in keiner Weise bekämpft werden:

1. Die Geschäftsführer der in den meisten Fällen unverschuldet in die Zahlungsunfähigkeit geratenen Firmen haben nach § 64 Abs. 1 GmbHG schon drei Wochen nach dem Eintreten der Illiquidität die Eröffnung des Insolvenzverfahrens zu beantragen, was in den allermeisten Fällen einer Firmenaufgabe gleichkommt. Handelt es sich aber bei den Geschäftsführern um Menschen, die sich ihrer Verantwortung gegenüber ihrem Gemeinwesen bewußt sind, dann werden sie versuchen, die Firma zu retten, und wenn es sich bei ihnen um Beamte handelt, sind sie sogar nach ihrem Beamteneid dazu verpflichtet, Schaden von ihrem Gemeinwesen abzuwenden, der jedoch entstünde, wenn sie den Insolvenzantrag stellten, anstatt alles daran zu setzen, die Firma und damit die Arbeitsplätze zu retten. Damit ist der § 64 Abs. 1 GmbHG in Zeiten beängstigend hoher Arbeitslosigkeit ein besonders eklatanter Fall einer Selbstschädigung des Staates. Es darf doch nicht sein, daß Menschen von ihrem Staat dafür bestraft werden, daß sie sich für das Wohl des Staates einsetzen, indem sie mit ihrer Kraft und ihrem Kapital versuchen, Arbeitsplätze zu erhalten. Dennoch steht im § 84 GmbHG die eindeutig staatsschädigende und mithin unmoralische Strafvorschrift:

   „(1) Mit Freiheitsstrafe bis zu drei Jahren oder mit Geldstrafe wird bestraft, wer es [...] als Geschäftsführer entgegen § 64 Abs. 1 [...] unterläßt, bei Zahlungsunfähigkeit oder Überschuldung die Eröffnung des Insolvenzverfahrens zu beantragen."

   Da nahezu alle Firmen während der Gründungsphase in die Zone der Überschuldung geraten, weil sie sich auf dem Markt erst einmal bekannt machen müssen, beschleunigt dieses Gesetz nicht nur Firmenschließungen, sondern verhindert ebenso Firmenneugründungen. Und darüber hinaus werden risikofreudige Unternehmer, die unser Wirtschaftsleben so dringend braucht, von Staats wegen ohne erkennbaren Grund kriminalisiert und womöglich durch Inhaftierung aus dem Verkehr gezogen.

2. Wenn verantwortungsbewußte Bürger in Unkenntnis der staatsschädigenden Paragraphen im GmbHG es wagen, zur Schaffung von Arbeitsplätzen Firmenneugründungen vorzunehmen, dann können sie aufgrund der schlechten Zahlungsmoral ihrer Auftraggeber

in die Situation der Illiquidität geraten, so daß sie die fälligen Lohnsteuern und Sozialversicherungsbeiträge nicht zahlen können. Aufgrund der Gesetzeslage können sie vom Finanzamt und von den Sozialversicherungsträgern persönlich in Haftung genommen werden. Wenn sie aber bereits ihr privates Vermögen geopfert haben, um die Firma noch zu retten, sind sie jedoch zahlungsunfähig. Darum wird bei ihnen der Gerichtsvollzieher vorstellig werden, um ihnen nach § 900 ZPO die eidesstattliche Versicherung abzunehmen, die zur Folge hat, daß sie nach § 915 ZPO in das öffentlich einsehbare Schuldnerverzeichnis eingetragen werden. Diese Bestimmung verstößt jedoch eklatant gegen die grundgesetzliche Bestimmung Art. 1 Abs. 1 GG zum Schutz der Würde des Menschen und ist damit null und nichtig, wird aber dennoch fortlaufend von deutschen Richtern betrieben.

Die Konsequenz des hier definierten Würdebegriffs ist die auch von Immanuel Kant als kennzeichnend für den Würdebegriff angesehene Wertsetzungskompetenz. Wird der Mensch durch den Staat daran gehindert, die von ihm gesetzten moralischen Werte zu verfolgen, wie es etwa der innere Wert ist, seine Schulden grundsätzlich zurückzahlen zu wollen, dann ist dies eine eklatante Verletzung der Würde des Menschen. Denn durch die Eintragung in das Schuldnerverzeichnis wird es einem Kaufmann faktisch unmöglich gemacht, jemals wieder in die Lage zu kommen, durch eigene Aktivität Geld zu verdienen und seine Schulden abzutragen. Ganz abgesehen davon, daß das Schuldnerverzeichnis lediglich die moderne Form des mittelalterlichen Prangers darstellt und damit die Würde des Menschen öffentlich verletzt, ist das Schuldnerverzeichnis außerdem aufgrund von Art. 2 Abs. 1 ersatzlos zu streichen; denn durch die Aufnahme in das Schuldnerverzeichnis ist dem einzelnen Bürger „das Recht auf die freie Entfaltung seiner Persönlichkeit" im Bereich des Berufslebens genommen, obwohl er sich keinerlei moralischer Verfehlungen schuldig gemacht hat.

Schuldenmachen bedeutet nicht mehr, moralisch schuldig zu werden. Im Gegenteil! Das Schuldenmachen hat in unserem Wirtschaftsleben einen sehr hohen moralischen Wert wirtschaftlicher Aktivität, wirtschaftlicher Verantwortung und wirtschaftlicher Vertrauensbildung. Denn die Wirtschaft kann nur auf dem Wege der Kreditierung von zukunftsträchtigen, innovativen Ideen wachsen.[21] Wer Schuldner durch ein Schuldnerverzeichnis moralisch diskreditiert, schadet unserem Gemeinwesen, indem er die moralische Grundlage des wirtschaftlichen Fortschritts vernichtet.

Aber es kommt noch schlimmer! Wer sich aufgrund seines Gewissens und der Bewahrung seiner Würde weigert, die eidesstattliche Versicherung abzugeben, kann nach § 901 ZPO bis zu sechs Monate (§ 913 ZPO) in Erzwingungshaft genommen werden, wozu im Mittelalter der Schuldturm diente. Es ist ein Skandal der Rechtsgeschichte, daß eine derartige Verletzung der Würde des Menschen noch Bestandteil eines deutschen Rechtssystems

---

[21] Diese Zusammenhänge wurden erstmalig von dem österreichischen Nationalökonomen Joseph Schumpeter schon vor über 100 Jahren in aller Deutlichkeit dargestellt. Vgl. Joseph Schumpeter, *Theorie der wirtschaftlichen Entwicklung,* Berlin 1911; Neuausgabe hrsg. von Jochen Röpke und Olaf Stiller, Berlin 2006.

sein kann, das einzig auf der Bewahrung und Verteidigung der Würde des Menschen aufgebaut sein soll. Um ein solches Unrecht zu vermeiden, ist nach Art. 20 Abs. 4 Widerstand zu leisten; denn die Würde des Menschen „zu achten und zu schützen ist" nach Art. 1 Abs. 1 „Verpflichtung aller staatlichen Gewalt" und „gegen jeden, der es unternimmt," – und sei es auch ein Verhaftungsbeamter – „diese Ordnung zu beseitigen, haben alle Deutschen das Recht zum Widerstand, wenn andere Abhilfe nicht möglich ist."

Das GmbH-Gesetz, das ursprünglich aus der Kaiserzeit stammt, ist durch die Nachkriegsgesetzgebung dermaßen verunstaltet worden, daß es nun zu einem Paradebeispiel von staatlichen Autoimmunerkrankungen geworden ist. Aber es gibt auch Beispiele von Gesetzesübernahmen aus der Kaiserzeit, die gerade wegen ihrer fehlenden Anpassung an das Grundgesetz ebenfalls zum Beispiel für Autoimmunerkrankungen des Staates geworden sind, wie das folgende Beispiel zeigt.

3. Was das Bürgerliche Gesetzbuch (BGB) angeht, sind diese Unverträglichkeiten weitgehend ausgeräumt, soweit sie das Personenrecht betrafen. In den Bereichen des Vermögens- und Eigentumsrechts aber gibt es kaiserliche Gesetze, die mit dem BGB im Jahre 1900 rechtskräftig wurden, die aber mit den Gleichheits- und Eigentumsschutzgrundsätzen demokratischer Staaten unvereinbar sind. Der Kürze wegen sei hier nur auf die Grundgesetzwidrigkeit des Zwangsversteigerungsgesetzes (ZVG) aus dem Jahre 1897 eingegangen, das ebenso wie das BGB am 1.1.1900 in Kraft trat. Während das BGB eine Menge von Änderungen erfahren hat, die aufgrund der durch das Grundgesetz geänderten Menschenrechtslage erforderlich waren, so ist diese geänderte Menschenrechtslage hinsichtlich des grundsätzlichen staatlichen Eigentumsschutzes ohne Ansehen der Eigentümer weitgehend unbeachtet geblieben. Dies gilt leider auch noch für Teile des BGB, etwa den Abschnitt über den Nießbrauch, besonders aber für das ZVG, was bereits zu erheblichen Schädigungen unseres Wirtschaftssystems geführt hat.

Der Hauptmangel besteht darin, daß mit allen durch Antrag eines Gläubigers staatlich eingeleiteten Zwangsmaßnahmen ein erheblicher Wertverlust des Eigentums des Schuldners verbunden ist. Da aber in der Kaiserzeit noch keine Vorstellung über die staatliche Verpflichtung des Eigentumsschutzes eines jeden seiner Bürger vorhanden war, einerlei ob sie nun Gläubiger oder Schuldner sind, wird in der Gesetzgebung der Kaiserzeit der staatlich erzeugte Werteverlust stets einseitig dem Schuldner aufgebürdet, so daß bei privat beantragten, aber staatlich durchgeführten Zwangsmaßnahmen, seien es nun Zwangsverwaltungen oder Zwangsversteigerungen, nahezu regelmäßig die Schuldner gänzlich ruiniert werden, obwohl sie sogar nach staatlichen Vermögensschätzern keineswegs überschuldet waren. D.h., auch in der Rechtsprechung der Bundesrepublik Deutschland wird lediglich das Eigentum des Gläubigers geschützt, nicht aber das Eigentum des Schuldners. Wenn dem Schuldner auch das Recht zugestanden wird, bei zu geringen Geboten Einspruch zu erheben, so gilt dies jedoch nicht für den mehrfachen Wiederholungsfall. Um die himmelschreiende Ungerechtigkeit deutlich zu machen, die sich mit der Praxis des ZVG verbindet, sei folgendes Beispiel gegeben:

Man nehme einmal an, eine Immobilie, deren Verkehrswert von einem staatlich anerkannten Schätzer auf 2 Mill. Euro geschätzt wurde, sei durch Kredite in Höhe von 1 Mill. Euro belastet. Durch Veränderungen auf dem Immobilienmarkt sinkt der Verkehrswert dieser Immobilie auf 1,5 Mill. Euro, so daß sich die kreditgebende Bank aufgrund der Vertragslage berechtigt sieht, 250.000 Euro zurückzufordern. Man nehme ferner an, daß der Eigentümer, der zweifellos den durch das Wirtschaftsleben entstandenen Eigentumsschaden von 500.000 Euro selbst zu tragen hat, aufgrund von Illiquidität nicht in der Lage ist, die Forderung der Bank zu begleichen. Daraufhin wird von der kreditgebenden Bank vertragsgemäß der gesamte Kredit von einer Mill. Euro gekündigt.

Für einen solchen Fall ist – von einigen bundesrepublikanischen Gesetzesänderungen abgesehen – das kaiserliche Zwangsversteigerungsgesetz anzuwenden, und es kommt zur Einleitung eines Zwangsversteigerungsverfahrens, welches ein staatlich betriebenes Pekuniarisierungsverfahren von dinglichem Eigentum ist.

Eigentümlicherweise fehlt im kaiserlichen Recht im Falle der Forderung nach pekuniärer Einlösung einer dinglich besicherten Schuld bei Zahlungsunvermögen des Schuldners die staatlich garantierte Eigentumsübertragung des Sicherungsobjektes auf den Gläubiger, verbunden mit der Auszahlung des über den Anspruch des Gläubigers hinausschießenden Wertgehaltes des Besicherungsobjektes an den Schuldner. Nach dem immer noch gültigen Verständnis handelt es sich bei monetärem Eigentum um eine Vereinfachung von Tauschgeschäften werthaltiger Objekte. Der erste staatlich zu organisierende Schritt, der den Schutz des Eigentums des Gläubigers sowie des Schuldners optimal sicherstellt, ist mithin die Eigentumsübertragung des Pfandobjektes, das zur Sicherung des Kredites benutzt wurde, auf den oder die Gläubiger. Damit ist aber verbunden, daß der oder die neuen Eigentümer fortan das Risiko eines weiteren Werteverlustes des ehemaligen Pfandobjektes im Wirtschaftsleben zu tragen haben.

In dem gewählten Beispiel müßte bei der staatlich bewirkten Eigentumsübertragung auf den Gläubiger die Gläubigerbank dem Schuldner 500.000 Euro zahlen, da sie ja nur einen Anspruch von 1 Mill. Euro hat und der Verkehrswert der Immobilie auf 1,5 Mill. Euro festgesetzt worden war, wodurch ja erst die Rückzahlungsforderungslawine in Gang gesetzt wurde. Natürlich könnte auch zugunsten des ehemaligen Schuldners eine Grundschuld von 500.000 Euro im Grundbuch eingetragen werden.

Nun kann der Staat gewiß nicht seine Bürger oder irgendwelche juristischen Personen zur Übernahme eines bestimmten wirtschaftlichen Risikos zwingen. Darum muß die Bank die staatlich vermittelte Eigentumsübertragung ablehnen können, weil sie das damit verbundene wirtschaftliche Risiko nicht tragen will, obwohl sie durch diese Willensäußerung zwangsläufig an den Risiken des Wirtschaftslebens beteiligt ist, da sie aufgrund einer wirtschaftlichen Risikoabwägung handelt. Dadurch aber wird klar, daß die Gläubigerbank an dem Risiko anteilig zu beteiligen ist, das mit einer Pekuniarisierung eines Wertobjektes immer gegeben ist. Da aber die Pekuniarisierung in Form einer Zwangsversteigerung durch staatliche Stellen betrieben wird, darf aufgrund des grundgesetzlichen Gleichheitsgrundsat-

6.5 Von den Gefahren des Mißbrauchs staatlicher Gewalt

zes das damit verbundene Werteverlustrisiko nicht nur dem Schuldner zugemutet werden, sondern an diesem Risiko haben alle beteiligten Parteien anteilmäßig zu partizipieren.

In dem gegebenen Beispiel sei, um dieses zu demonstrieren, nun angenommen, daß das Besicherungsobjekt im Zuge des vierten Versteigerungstermins zu einem Gebot von 300.000 Euro versteigert wird. Damit tritt ein Wertverlust von 1,2 Mill. Euro ein. Es widerstreitet dem Gleichheitsgrundsatz und dem Grundrecht auf Schutz des Eigentums in eklatanter Weise, wenn dieser Werteverlust nur dem Schuldner übertragen wird, wie es derzeit aufgrund der Gesetzeslage aus der Kaiserzeit noch immer üblich ist, indem die Gläubigerbank den Schuldner künftig mit einer Schuld von 730.000 Euro weiterhin belastet, wenn man annimmt, daß die Mindestforderung zur Abdeckung von Gerichtskosten etc. 30.000 Euro betragen hat. In diesem Fall wäre dem Schuldner auf dem Wege der staatlichen Zwangspekuniarisierung ein Schaden von 1,23 Mill. Euro entstanden, während die Bank jedenfalls keinen buchhalterischen Schaden erlitten hätte. In der Praxis wird es allerdings so sein, daß die Bank ihre 730.000 Euro Forderungen an den Schuldner niemals wird realisieren können, weil dieser durch den staatlichen Eingriff der extrem wertevernichtenden Zwangsversteigerung so ruiniert ist, daß er jeden unternehmerischen Elan verloren hat und nicht mehr produktiv tätig ist.

Die grundgesetzkonforme Lösung müßte verlangen, daß aufgrund des Gleichheitsgrundsatzes zwei Drittel des Verlustes der Gläubigerbank zuzurechnen sind und dem Schuldner ein Drittel. Dies aber würde bedeuten, daß von dem Zwangsversteigerungserlös der Gläubigerbank von 270.000 Euro nur zwei Drittel, nämlich 180.000 Euro zustehen, während der Schuldner davon 90.000 Euro zu erhalten hat. Dann hat die Gläubigerbank durch die Wertevernichtung auf dem Wege der Zwangsversteigerung einen Verlust von 820.000 Euro zu verbuchen und der Schuldner einen Verlust von 410.000 Euro. Die Gläubigerbank kann aufgrund dieses Verlustes keine weiteren Forderungen mehr an den Schuldner stellen; denn dies würde eine Verletzung des grundgesetzlichen Gleichheitsgrundsatzes bedeuten. Unter diesen mit dem Grundgesetz vereinbaren rechtlichen Umständen würde sich die Bank gewiß nicht leichtfertig auf eine Zwangsversteigerung einlassen und damit mit dazu beitragen, extreme Wertevernichtungen, die sich immer zum Schaden der gesamten Wirtschaftsgemeinschaft auswirken, zu vermeiden.

Volkswirtschaftlich ist die in dem Beispiel dargestellte Behandlung des Schuldnerproblems lehrbuchmäßig sehr sinnreich, weil die Bank durch ihre Rückzahlungsforderungen aus einem Eigentümer erst einen Schuldner gemacht hat. Genau dies aber ist wirtschaftsethische Unmoral. Denn auch für das Einfahren von Verlusten hat hier durchaus ein Verursacherprinzip zu gelten. Die Bank ist durch ihren Antrag auf Zwangsversteigerung der erste Verursacher des Zwangsversteigerungs-Werteverlustes. Sie kann aufgrund des grundgesetzlichen Gleichheitsgrundsatzes und Eigentumsschutzes aber eben nicht von ihrem unternehmerischen Risiko befreit werden, wie es derzeit aufgrund des kaiserlichen Zwangsversteigerungsgesetzes übliche Rechtspraxis geworden ist, die gewiß nicht unwesentlich zum unternehmerischen Niedergang in der Bundesrepublik Deutschland geführt hat. Derartige Auswirkungen des ZVG gehören auch zu den Autoimmunerkrankungen der Bundesrepublik Deutschland.

4. Wenn Bürger in Haft genommen werden, so ist dies für den Staat in jedem Falle noch über die Inhaftierungskosten hinaus sehr kostspielig; denn von den Inhaftierten sind

stets wirtschaftliche Aktivitäten ausgegangen, die aber aufgrund der Inhaftierung unterbleiben. Dies bedeutet für den Staat eine wirtschaftliche Schädigung. Darum ist sehr genau zu prüfen, unter welchen Umständen sich für Inhaftierungen überhaupt Begründungen finden lassen, die so schwer wiegen, daß man die damit verbundenen Staatsschädigungen in Kauf nehmen darf. Aber derartige richterliche Abwägungen sind mir bislang nicht bekannt geworden, daß Gegenteil scheint der Fall zu sein.

Da gibt es z. B. inzwischen eine große Anzahl von Inhaftierungen aufgrund von Verkehrsdelikten, wie etwa wiederholtes Fahren ohne Führerschein oder auch aktive oder passive Verkehrsteilnahme unter Alkoholeinfluß. Selbst dann, wenn keine Personenschäden zu beklagen sind, werden nach der Gesetzeslage lange Inhaftierungen vorgenommen, die für alle Beteiligten und insbesondere für den Staat große Schädigungen herbeiführen. Jeder Autofahrer weiß, wieviel übertriebene Geschwindigkeitsbegrenzungen z. B. im Autobahnbereich aufgestellt werden, besonders in den neuen Bundesländern verbunden mit vielen Radarfallen, so daß wohl jeder aktiv am Wirtschaftsleben teilnehmende Autofahrer schon einmal in Terminnot geraten ist, was ihm dann mit dem Verlust des Führerscheines für mindestens einen Monat „gedankt" wurde. Welche staatlichen Selbstschädigungen allein im Verkehrsrecht zu beklagen sind, ist gewiß nicht statistisch erfaßt, es sind hier aber Größenordnungen zu vermuten, die als Verluste in den Haushaltsplänen empfindlich zu Buche schlagen und das Entsprechende gilt für die anderen erwähnten Beispiele von Autoimmunerkrankungen des Staates. Diese Verluste zu vermeiden ist nicht Sache der Verkehrsteilnehmer, sondern der Politiker, die mit ihrem Entschluß, als Politiker dem Staat zu dienen, zumindest eine Selbstverpflichtung eingegangen sind, alles in ihrer Macht stehende zu tun, um Schaden vom Staat abzuwenden. Da gäbe es z. B. die Möglichkeit, gesetzlich vorzuschreiben, daß Bußgelder niemals als Haushaltsmittel eingesetzt werden dürfen, sondern ausschließlich nach einem korrekten Verteilungsplan gemeinnützigen Vereinigungen zukommen zu lassen. Dann wären wir sehr viele unsinnige Verkehrsschilder los, die nur dazu gedient haben, über Bußgelder die Haushaltslücken der Gemeinden zu stopfen.

In diesen Beispielen ist noch nicht näher behandelt worden, daß den Menschenrechten entsprechende grundlegende Aktions- und Reaktionsrechte für kulturelle Lebewesen einzurichten und staatlich zu garantieren sind, die dann auf Wirtschaftsbetriebe angewandt werden können. Dies ist aus Sicht der IWE zu fordern, da alle Wirtschaftssubjekte eine innere Existenz besitzen und einen Willen, diese zu erhalten, und mithin auch eine Würde, so daß die Grundrechte auf sie anzuwenden sind. Dadurch könnte eine ganze Anzahl von Autoimmunerkrankungen geheilt werden, indem z. B. auch den Wirtschaftssubjekten ein Lebensrecht zugestanden wird, wodurch den Finanzämtern und den Sozialversicherungsträgern eine Totalpfändung der Firmenkonten untersagt wird. Denn so wie den Einzelmenschen ein unpfändbarer, zum Überleben notwendiger Betrag auf ihren Konten zur freien Verfügung bleiben muß, so hat dies entsprechend für alle Wirtschaftssubjekte und natürlich auch für die Wirtschaftsunternehmen zu gelten. Damit können sie ihre laufenden Kosten, wie Strom-, Heizungs-, Telekommunikationskosten etc., decken und ihre Mitarbeiter bezahlen sowie die wichtigsten Rechnungen.

6.5 Von den Gefahren des Mißbrauchs staatlicher Gewalt

Im Gegensatz zur Medizin lassen sich die Gründe für die Entstehung und das Vorliegen von staatlichen Autoimmunerkrankungen recht genau angeben, so wie dies hier an einigen wenigen Beispielen aufgezeigt wurde. Diese Gründe liegen fast ausnahmslos in einer mangelhaften Gesetzgebung, in fehlerhaften Funktionen der Judikative und in bestimmten Fehlstellen der verfassungsrechtlichen Funktion des Grundgesetzes. Darum könnte man meinen, daß diese Gründe doch leicht durch Gesetzgebungs- oder gar durch Grundgesetzänderungsinitiativen behoben werden können müßten. Immerhin haben wir in einem Staat gegenüber einem lebenden Organismus doch den Vorteil, daß wir die Gesetze seines Funktionierens kennen, weil wir sie selber gemacht haben, und wir müssen sie nicht erst mühsam erforschen, wie dies in der Medizin der Fall ist.

Tatsächlich aber haben wir keine staatliche Einrichtung, die laufend das Funktionieren unserer Gesetze im Hinblick auf das Wohlergehen des Staatsganzen und das der Bürgerinnen und Bürger sowie im Hinblick auf das Wohlergehen der Nachbarstaaten, der ganzen Menschheit und der Natur, von der wir leben, untersucht und Gesetzesinitiativen anregt. Es gibt auch keine Ausbildung für Berufspolitiker, die geeignete Fähigkeiten besitzen müßten, um solche Funktionen wahrnehmen zu können. Stattdessen haben wir an den Universitäten eine Juristenausbildung, die über die Vermittlung und Einübung einer positivistischen Gesetzeslehre nicht hinausreicht. Wer aber nur darin ausgebildet ist, gesetztes Recht in Form bestehender Gesetze anzuwenden, der hat nicht die Fähigkeit entwickelt, Gesetzesfehler zu erkennen und wissenschaftliche Untersuchungen über bessere Gesetze oder gar über erforderliche Grundgesetzänderungen zu betreiben. So konnte es dazu kommen, daß der gesamte Korpus bundesrepublikanischer Strafgesetze sich aufgrund tiefgreifender Widersprüchlichkeit einer grundlegenden Reform widersetzt hat. Und darum hat es zu einer dringend erforderlichen Strafrechtsreform nicht kommen können.

Die weitaus größte Fachgruppe des Bundestages aber besteht aus Juristen. Da sie die Fachkompetenz im Erarbeiten neuer Gesetze beanspruchen, aufgrund ihrer mangelhaften Ausbildung aber nicht besitzen, ist vom Bundestag derzeit nicht zu erwarten, daß von ihm Gesetzesinitiativen ausgehen, durch die die Aussicht besteht, daß die zunehmenden Autoimmunerkrankungen des Staates erforscht und beseitigt werden. Dies ist ein besonderer Schaden für unser demokratisches Gemeinwesen, der vom *Kompetenzproblem der Demokratie* ausgeht. Darum besteht die einzige kurzfristige Hoffnung darin, daß sich mehr und mehr Richter finden, die aus eigener Einsicht die Problemlage erkennen und ein Recht sprechen, das seinen Namen verdient. Dies bedeutet aber, daß diese Richter positives Recht dann in ihren Richtersprüchen außer Acht zu lassen hätten, wenn sie erkennen, daß deren Beachtung zu einer Selbstschädigung des Staates in Form eklatanter Ungerechtigkeiten führen würde. Aber wodurch könnten unsere Richter die Einsichten gewinnen, die für ein derartiges von Weisheit gelenktes richterliches Vorgehen vonnöten sind? Dazu könnten ihnen von rechtsphilosophischer Seite allenfalls durch die Entwicklung von Gerechtigkeitsformeln geeignete Handreichungen gegeben werden.

▶ **Definition** *Gerechtigkeitsformeln* sind Empfehlungen an die Judikative, unter bestimmten Umständen dem höchsten Rechtsgut der Gerechtigkeit gegenüber bestimmten einzelnen Gesetzen den Vorrang zu geben und diese Gesetze aufgrund ihrer Gerechtigkeitsschädlichkeit nicht in Anwendung zu bringen.

Aus diesen kurzen Betrachtungen über den Umgang der staatlichen mit den nichtstaatlichen Wirtschaftssubjekten ergibt sich, daß es auch für den Staat aus Gründen seines eigenen Wohlergehens sehr ratsam ist, die Forderungen der individualistischen Wirtschaftsethik als Forderungen an sich selbst zu akzeptieren und ihnen nachzukommen. Die Voraussetzung dafür aber ist, daß sie Kenntnis von der ethischen Systematik der individualistischen Wirtschaftsethik bekommen.

6.6 Vom Umgang der Staaten als Wirtschaftssubjekte untereinander

6.6.1 Zur Überlebenssicherung des kulturellen Lebewesens „Menschheit", das aus den Staaten und Völkern besteht

Durch den hier verwendeten Begriff von Lebewesen ist einsichtig, daß zur Überwindung ihrer Existenzproblematik bestimmte Überlebensfunktionen vorhanden sein müssen:

1. Wahrnehmungsfunktion,
2. Erkenntnisfunktion,
3. Maßnahmenbereitstellungsfunktion,
4. Maßnahmendurchführungsfunktion und
5. Energiebereitstellungsfunktion.

Für alle kulturellen Lebewesen sollten diese Funktionen zur Sicherung der äußeren wie der inneren Existenz von bestimmten Funktionsträgern wahrgenommen werden. Fragt man nun danach, ob dies für die allermeisten kulturellen Lebewesen gewährleistet ist, dann stellt sich heraus, daß dies bei weitem nicht der Fall ist, woraus sehr tiefliegende Unsicherheitsgefühle in nahezu allen Lebensbereichen auszumachen sind. Und jeder Mensch mag sich aus Eigennutzgründen dazu auffordern, bei sich und den kulturellen Lebewesen, in die er eingebunden ist, damit zu beginnen, diese Funktionen zu überprüfen oder überhaupt erst zu etablieren, in Gang zu setzen und zu halten. Und genau dies soll nun auch hier wenigstens andeutungsweise in bezug auf die größte menschliche Gemeinschaftsform geschehen, die wir kennen, die aus der Gemeinschaft aller Völker besteht und darüber hinaus bis hin zur Gemeinschaft alles Lebendigen. Da im Zusammenhang der Besprechung des Zusammenlebens der Menschen mit den anderen natürlichen Lebewesen in bezug auf die Nutzung der natürlichen öffentlichen Güter die Probleme der Gemeinschaft von Mensch und Natur wenigstens am Rande zur Sprache gekommen sind, möchte ich mich nun auf die größten rein menschlichen Zusammenschlüsse kultureller Lebewesen beschränken.

Da ist erst einmal zu beobachten, wie sich die Staaten in ihrem Zusammenleben nach innen und nach außen organisiert haben. Daraus könnte sich ergeben, ob sich aus diesen

Beobachtungen Gefahren erkennen lassen und welche Maßnahmen vorzusehen sind, um bemerkten Gefahren begegnen zu können. Die Fragen nach der Tätigkeit der Energiebereitstellungsfunktion sind in bezug auf die physikalischen Energien schon weitgehend besprochen worden, nicht aber in bezug auf die Zahlungs- und Kreditmittel, die besonders für Wirtschaftssubjekte als transformierte Energieträger anzusehen sind und aus denen der existenzerhaltende Energieträgerstrom weitgehend besteht. Denn die Wirtschaft beruht wesentlich auf der Bereitstellung von Krediten und den Bedingungen zu ihrem Erwerb, die in vieler Hinsicht von den internationalen Verträgen der Staaten und Staatenbünde untereinander abhängen.

6.6.2 Wahrnehmungen zur allgemeinen Lage der Staaten als Wirtschaftssubjekte, Erkenntnisse über Gefahren ihres Wirtschaftens und erste Maßnahmen zur Gefahrenbegrenzung

Staaten werden durch Politiker vertreten. Da die meisten Staaten zumindest dem Namen nach inzwischen Demokratien sind, wurden diese Politiker in diese Staatsvertretungsfunktion auf Zeit gewählt. Die Ämter der politischen Staatsführung sind mit viel Macht, Ansehen und ausgezeichneter materieller Versorgung ausgestattet. Und genau darum wollen die meisten Politiker bei der nächsten Wahl wiedergewählt werden. Darum besteht zumindest der Verdacht, daß es das Hauptziel ist, wiedergewählt zu werden, welches ihre Handlungen auch auf internationaler Ebene bestimmt. Dann geht es ihnen zumindest nicht vordringlich darum, langfristige Politik zum Wohl ihres Staates und dessen Bevölkerung oder gar der ganzen Menschheit zu machen, sondern lediglich darum, ihre staatspolitische Position über die nächste Wahl hinweg zu erhalten. Entsprechend haben die oppositionellen Politiker das wichtigste Ziel, Schwächen der Regierung aufzuzeigen oder diese über die Medien herbeizureden, um bei der nächsten Wahl selbst in die vorteilhaften Funktionen des Regierens zu kommen. Dabei spielt die unabdingbare kommunikationstheoretische Forderung nach Wahrhaftigkeit eher eine untergeordnete Rolle, so daß Verunglimpfungen, die von den Medien dankbar verbreitet werden, beinahe an der Tagesordnung sind. Alle Politiker betreiben – von ganz wenigen Ausnahmen abgesehen – diese sehr kurzfristige Politik, die sich als ein kurzfristiger Raffgier-Egoismus in bezug auf kurzfristig äußerlich erkennbare politische Erfolge erkennen läßt, die dem Staatsganzen und dem Wohlergehen der Menschen gewiß nicht auf längere Sicht förderlich sind. Entsprechendes gilt für das Wohlergehen der Staatenbünde oder in der UNO, dem Gesamtverband aller Staaten. Diese Kurzfristigkeit ist eine Konsequenz der Wahlperioden demokratischer Staaten, die dem demokratischen Periodizitätsprinzip folgen.

Für die Wirtschaftssubjekte haben wir das kurzsichtige Verhalten einzelner Menschen und darüber hinaus das der Verantwortungsträger größerer Wirtschaftssubjekte als Ausgeburt der Dummheit mehrfach und nachhaltig entlarvt, das mit einem sinnstiftenden Egoismus, auf dem die individualistische Wirtschaftsethik aufgebaut ist, kaum etwas oder gar nichts zu tun hat. Nun sind aber alle Staaten auch Wirtschaftssubjekte. Und sie werden offenbar von Politik-Managern geleitet, die sich darum eine entsprechende wirtschaftsethische Kritik gefallen lassen müssen. Es scheint sogar, als ob die Manager der Global-Players sich diese Polit-Manager zum Vorbild genommen haben, indem auch sie nur an ihrem kurzfristigen persönlichen Vorteil interessiert sind. Dieses wirtschaftsethische Desaster greift in immer größeren Kreisen von Politikern und Managern um sich.

Aus diesen Wahrnehmungen lassen sich unschwer Gefahren für die Einzelstaaten und besonders für ihre demokratischen Staatsformen erkennen und ebenso für den gedeihlichen Zusammenschluß von Staaten in Staatenbünden sowie in dem Ganzen aller Staaten und Menschen. Man fühlt sich doch stark erinnert an Platons Meinung über die Staatsform der Demokratie, die er für die zweitschlechteste hielt, weil das Volk nicht in der Lage sei, sich fähige und gerechte Regierungen zu wählen, und weil sich darum auf die Dauer machtbesessene Politiker an die Spitze des Staates wählen ließen, die dann die Demokratie in eine Diktatur verwandeln. Und dies folge nach Platon mit einer inneren Notwendigkeit. Der von den Medien massenhaft geschürte und geförderte Ökofaschismus, der in der Mitte des Jahres 2011 ganz Deutschland erfaßte und der Regierung und Opposition in einem Siegeszug energiepolitischer und naturschädigender Dummheit vereinte, ist ein sehr ernst zu nehmendes Warnsignal in bezug auf die Instabilität unserer Demokratie und nicht nur die Zunahme in der Abnahme der Wahlbeteiligungen.

Das letztere weist seit geraumer Zeit darauf hin, daß die Bevölkerung immer weniger daran glaubt, über die Stimmabgabe „alle Staatsgewalt vom Volke" ausgehen zu lassen, wie es im Art. 20 Abs. 2 GG heißt. Dagegen schleicht sich zunehmend die Meinung in allen Bevölkerungsschichten ein, daß es letztlich das Großkapital sei, welches im Staat das Sagen hat. Auch wenn das vor allem eine Stimmungs- und Meinungsmache darstellt, die von den skandalorientierten Medien promotet wird, so ist die Tendenz, die sich in dieser Meinung als ein *wirtschaftsethisches Unbehagen* andeutet, sehr ernst zu nehmen, weil die demokratische Staatsform dadurch an Glaubhaftigkeit verliert. Auf die Gründe und das Gefahrenpotential, das dieses wirtschaftsethische Unbehagen in sich birgt, ist nun einzugehen.

Schon zu Beginn der hier vorgeführten wirtschaftsethischen Grundlegung wurde auf wirtschaftswissenschaftliche Desiderata hingewiesen, die durch das weitgehende Fehlen einer Wertdefinition entstanden sind. Denn dadurch fehlt auch die grundlegende Einsicht, mit Hilfe der Unterscheidung von äußeren und inneren Werten zu der Erkenntnis der ethischen Verpflichtungen vorzudringen, für die innere und äußere Existenz aller beteiligten Wirtschaftssubjekte aus Selbsterhaltungsgründen Sorge tragen zu wollen. Unter diesen wirtschaftswissenschaftlichen Fehlstellen leidet vor allem das nationale und internationale Bankensystem mit den Folgen der weltweiten Finanzkrise und der nachfolgenden Euro-Krise, wodurch sich das wirtschaftsethische Unbehagen immer weiter gesteigert hat.

Eines der wesentlichen Ziele, das sich mit der Entwicklung der IWE verbindet, ist, das wirtschaftsethische Unbehagen allmählich in ein wirtschaftsethisches Urvertrauen umzuwandeln; denn mit der IWE wird propagiert, das äußere und innere Existenzinteresse aller Wirtschaftssubjekte so miteinander zu verbinden, daß sich dadurch das gesamte Wirtschaftsleben wie von selbst (von unsichtbarer Hand) harmonisiert. Dazu gehört, daß die Menschen- bzw. Grundrechte im Rahmen der IWE so abgeleitet wurden, daß sie für alle

6.6 Vom Umgang der Staaten als Wirtschaftssubjekte untereinander

Wirtschaftssubjekte gelten können: die Würde als fundamentales Grundrecht, die elementaren Grundrechte als Aktions- und Reaktionsgrundrechte und die daraus abgeleiteten Rechte. Aus diesem Ansatz ergeben sich erhebliche Konsequenzen für das gesamte Wirtschaftsleben, die eine heilsame Wirkung ausüben könnten, wenn die Argumentationen der individualistischen Wirtschaftsethik bekannt und jeweils aus Eigennutz beachtet würden. Dies gilt besonders für das nationale und internationale Bankenwesen, dessen Leidensgeschichte damit begann, daß die Banken anfingen, ihre Aufgaben der Wirtschaftsförderung, wie sie von Joseph Schumpeter[22] sehr genau beschrieben wurden, zu vernachlässigen und sich mehr und mehr auf Geschäfte mit sogenannten Finanzwirtschaftsprodukten verlegten. Dadurch verloren sie ihre einstige Fachkompetenz im Beurteilen von innovationsträchtigen Inventionen im produzierenden Gewerbe und die damit verbundene Renditesicherheit in der Vergabe von Krediten. Im Gefolge davon wurden Kommissionen zur Reglementierung der Kreditvergabe eingerichtet. Dadurch entstanden die Kreditvergabe-Richtlinien Basel I, Basel II und Basel III, die das Entstehen von privaten Rating-Agenturen stark begünstigten oder gar erzwungen. Damit aber wurde das Unheil für die Wirtschaft perfekt; denn diese Firmen lebten von der Geschäftsschädigung von Wirtschaftsunternehmen, indem diese ausspioniert – das ist ja das Geschäft von Agenten! – und die Spionageergebnisse an die Banken verraten wurden, die sie dafür bezahlten, Gründe für die Erhöhung der Zinsen zu finden, die mit einer negativen Bonitätsbeurteilung der Firma gegeben sind, die bei der Bank in einem Kreditverhältnis steht oder in ein solches eintreten will. Das ist nun für alle Beteiligten – außer der Agentur – kurz- und langfristig eine vor wirtschaftsethischer Dummheit strotzende, extrem geschäftsschädigende Prozedur. Denn wenn ein Kredit riskant ist, dann darf man das Risiko, den Kredit wieder zurückzubekommen, nicht noch vergrößern, indem man die Zinsen erhöht. So ein Verhalten der Banken ist eine ganz offensichtliche Selbstschädigung. Dennoch ist diese Praxis gang und gäbe, und die Banken bekommen deshalb risikobehaftete Kredite nicht zurück oder sie verkaufen sie zu Spottpreisen an skrupellose „Haifisch-Banken", die auf die Erhaltung eines guten Namens keinen Wert legen. Die Konsequenz ist die Vergrößerung des Leidens aller und mithin auch der ganzen Volkswirtschaft.

Natürlich ließen sich für Firmen, die in Zahlungsschwierigkeiten geraten sind, die Zinsen bei Verlängerung des Rückzahlungszeitraumes senken, wodurch die Firmen gerettet und die Arbeitsplätze erhalten werden könnten und der Bank sogar auf lange Sicht eine höhere Rendite zuflösse. Diese Ideen bieten sich unter Berücksichtigung der IWE sofort an; denn das *Stabilitätsprinzip der Gegenseitigkeit* verlangt direkt ein solches existenzsicherndes Verhalten. Außerdem hat jede Firma gemäß dem *Ordnungsprinzip* ihr Wertesystem situationsbedingt so zu gestalten, daß sie in Risikofällen gemäß der *Kompromißregel G5* ihren kurzfristigen Gewinn zugunsten der langfristigen Risikosenkung und des langfristigen Gewinns in der Präferenzordnung verschiebt.

Zu diesen wirtschaftsethisch zu vertretenden Verhaltensweisen könnte eine gut organisierte Bank ohne die Einschaltung einer sehr kostspieligen Ratingagentur von allein kom-

---

[22] Vgl. dazu Joseph Schumpeter, *Theorie der wirtschaftlichen Entwicklung,* Berlin 1911; Neuausgabe hrsg. von Jochen Röpke und Olaf Stiller, Berlin 2006.

men. Die Tätigkeit der Ratingagenturen ist darüber hinaus grundsätzlich wirtschaftsethisch abzulehnen, da sie immer mit dem *Stabilitätsprinzip der Gegenseitigkeit* in Konflikt geraten, es sei denn, sie werden von der Firma selbst dazu beauftragt, ein Rating über sie vorzunehmen. D.h., die einzige wirtschaftsethische Existenzberechtigung von Ratingagenturen ist die, daß sie nur aufgrund eines Auftrages der Firma tätig werden, die, aus welchen Gründen auch immer, ein Rating-Gutachten haben will, wobei dies selbstredend nur unter Einhaltung der wirtschaftsethischen Prinzipen der IWE, insbesondere des *Verstehensprinzips* mit dem *Offenheitsprinzip* und dem *Ganzheitsprinzip der Gegenseitigkeit,* geschehen darf. Aufgrund des derzeitigen Wildwuchses von Ratingagenturen sollten diese wirtschaftsethischen Forderungen an Ratingagenturen durch ein Gesetz verrechtlicht werden. In derartigen Gesetzgebungen ist insbesondere zu berücksichtigen, daß die vier elementaren Grundrechte auch auf Wirtschaftssubjekte aller Art anzuwenden sind. Außerdem würden die Ratingagenturen nicht zu den haarsträubenden Fehleinschätzungen der Bonität einer Firma kommen, wenn sie in die Bonitätsbestimmung einer Firma den Grad der Sicherung der inneren Existenz einer Firma einfließen ließen. Die dazu erforderlichen Kenntnisse wären aber auch nur für den Fall zu erwerben, wenn die Firma selbst den Auftrag zur Einschätzung der Bonität gegeben hätte. Auch darum sollte nur diese Möglichkeit verrechtlicht werden.

Die genannten wirtschaftsethischen Forderungen können nur dann eine segensreiche Wirkung hervorbringen, wenn sie für das nationale wie für das internationale Wirtschaftsleben durch entsprechende Gesetzgebungen Unterstützung fänden. Die Euro-Krise des Jahres 2011 konnte nur entstehen aufgrund des desaströs unmoralischen Verhaltens weniger internationaler Ratingagenturen gegenüber Staaten, deren elementare Grundrechte sogar beschädigt wurden. Wer immer gegen den sogenannten Rettungsschirm für die an der Zahlungsunfähigkeit agierenden Länder polemisiert, wird dies nicht mehr tun, sobald er die Prinzipien der IWE auf alle Staaten der EU jeweils als einzelne Wirtschaftssubjekte anwendet, für die es immer auch um Existenzerhaltung geht. Dann ist das Konzept der IWE durchaus geeignet, derartige Problemsituationen, wie sie mit der Euro-Krise 2011 aufgetreten sind, aufzulösen. Denn danach sind alle Staaten zugleich auch Wirtschaftssubjekte, von denen allesamt ein Jahresabschluß so abzuverlangen ist, wie er von allen Wirtschaftsunternehmungen schon aus Selbsterhaltungsgründen von sich selbst gefordert werden sollte. Und um aus dem Jahresabschluß die Situation der Firma wahrnehmen zu können, muß daraus auch die Existenzgefährdungs- oder Existenzsicherungslage erkennbar sein, etwa dadurch, daß dabei deutlich wird, ob ergriffene Maßnahmen den erwünschen Erfolg erbracht haben oder nicht und ob womöglich verbesserte Maßnahmen zur Existenzsicherung zu ergreifen sind. Leider werden von den Staaten derartige Jahresabschlüsse und entsprechende Analysen nicht betrieben, sonst wäre längst zu erkennen gewesen, welche Gesetzgebungsmaßnahmen zu Autoimmunerkrankungen verschiedener Staaten geführt haben und daß der sogenannte Bologna-Prozeß zur Zerstörung unserer Universitäten führt und vieles mehr.

Die hier gemachten Andeutungen von Wahrnehmungen und Erkenntnissen über Existenzgefährdungen von Staaten, die als Lebewesen betrachtet werden und als Wirtschaftssubjekte zu bezeichnen sind, weisen ein erhebliches Gefährdungspotential gerade der demokratisch organisierten Staaten aus. Aus ethischen Gründen darf es nicht bei dieser Feststellung bleiben. Darum sollen in einem weiteren Abschnitt Möglichkeiten aufgezeigt werden, wie dieses Gefährdungspotential verringert werden kann.

6.6.3 Möglichkeiten der Sicherung der äußeren und inneren Existenz demokratischer Staaten und ihrer weltweiten Bündnisse

Am Anfang der hier entwickelten Gedanken zur Wirtschaftsethik steht ein sehr allgemeiner Begriff vom Lebewesen, der es gestattet, natürliche von kulturellen Lebewesen zu unterscheiden. Dadurch war es möglich, viel von der Natur darüber zu lernen, wie sich möglichst optimal mit Überlebensproblemen umgehen läßt. Dazu wurden fünf Überlebensfunktionen eingeführt und in ihrer bewußtseinsbildenden Kooperationsorganisation beschrieben, wobei der Bewußtseinsbildung stets noch ein Überlebenswille als Existenzerhaltungswille eines Systems in Form von dessen Systemattraktoren vorgeordnet ist. Schaut man einmal nach, bei welchen Wirtschaftssubjekten die Überlebensfunktionen wirklich gezielt in Tätigkeit gesetzt worden sind, so werden sich in den allerseltensten Fällen positive Beispiele dafür finden lassen, obwohl es in der Tierwelt keine Beispiele gibt, in denen diese Funktionen nicht ausgebildet sind. Wie sollten sie sich auch ohne die Überlebensfunktionen ihr Überleben sichern können? Aus dieser Tatsache ergibt sich eine Fülle von Anregungen für Unternehmensberater und Staatstheoretiker. Für Unternehmensberater mag das von ihnen selbst erdacht werden, für die Staatstheoretiker möchte ich hier aber noch einige Ausführungen machen.

In jedem demokratischen Staat gibt es reichlich Wahrnehmungsorgane in Form von privatwirtschaftlich organisierten Medien verschiedenster Art. Ferner gibt es staatlich organisierte Nachrichtendienste und in Deutschland die Bundes- und Landes-Pressekonferenzen. Außerdem gibt es sogar Gedächtnisfunktionen in Form von statistischen Bundes- und Landesämtern und darüber hinaus in Form von zahllosen Bibliotheken. Aber es gibt keine Institution, die das Wahrgenommene überprüft, ob aus ihm irgendwelche Gefahren für die äußere oder innere Existenz des Staates erschlossen werden können. Solche Institutionen werden lediglich im Kriegsfalle eingerichtet. Eine derartige Institution müßte im Friedensfalle mit einer entsprechenden Erkenntnisfunktion verkoppelt sein. Und wenn diese vorhanden wäre, hätte sie längst melden müssen, daß von der nicht erkennbaren Anstrengung, den Grundgesetzauftrag des Art. 146 zu erfüllen und dem deutschen Volk eine demokratische Verfassung zur Abstimmung vorzulegen, eine kaum übersehbar große Gefahr für die innere Existenz des Staates ‚Bundesrepublik Deutschland' ausgeht. Außerdem müßte die Gefahr gemeldet worden sein, daß die Regierenden nur eine kurzsichtige Politik bis zur nächsten Wahlperiode betreiben, so daß die langfristigen Perspektiven für die Erhaltung des Staates wie etwa die Abstimmung einer demokratischen Verfassung für das ganze Deutsche Volk unbeachtet bleiben.

Erkenntnisfunktionen sind in einem demokratischen Staat auch in großer Fülle vorhanden. Dazu gehören die staatlichen und privaten Universitäten, die staatlichen und privaten Forschungsinstitute, wie etwa die Max-Planck-, die Helmholtz- oder die Fraunhofer-Gesellschaft, und die vielen kleinen und größeren Forschergruppen, die sich mehr oder weniger spontan meist problemorientiert bilden. Es gibt aber wiederum keine Verkopplung dieser gut ausgebildeten Erkenntnisfunktionen zu den Repräsentanten des Staatswillens, die darum in vielen Fällen sehr schlecht begründete Maßnahmen ergreifen, wie etwa die gerade vollzogene Abkehr von der friedlichen Nutzung der Kernenergie. Die vorhandenen Erkenntnisfunktionen haben in vielen Fällen ganze Arsenale von Maßnahmen ersonnen und bisweilen sogar bereitgestellt. Diese werden jedoch aufgrund der weitgehend fehlenden Verkopplungen zur Exekutive fast nicht abgefragt oder gar genutzt.

Alles, was es meines Wissens in der Richtung einer gesetzlich bestimmten exekutiven Nutzung der verschiedenen Erkenntnisbereitstellungseinrichtungen gibt, ist ein bereits seit 1963 existierendes *Gesetz über die Bildung eines Sachverständigenrates zur Begutachtung der gesamtwirtschaftlichen Entwicklung* und ein im Jahre 2007 vom Deutschen Bundestag beschlossenes *Gesetz zur Einrichtung des Deutschen Ethikrats* (Ethikratgesetz - EthRG). Die fachliche Qualifikation ist in beiden Gesetzen nicht in ausreichendem Maße gesichert. Da heißt es über die Qualifikation und Berufung der Mitglieder des Sachverständigenrates im § 1 Abs. zwar „Der Sachverständigenrat besteht aus fünf Mitgliedern, die über besondere wirtschaftswissenschaftliche Kenntnisse und volkswirtschaftliche Erfahrungen verfügen müssen.", aber diese Qualifikation wird nicht fachlich überprüft, weil die Berufung wie folgt im § 7 Abs. 1 festgelegt ist: „Die Mitglieder des Sachverständigenrates werden auf Vorschlag der Bundesregierung durch den Bundespräsidenten berufen." Offenbar war der Sachverständigenrat nicht in der Lage, die Finanzkrise vorauszusagen und entsprechende Maßnahmen rechtzeitig zu empfehlen. Und im *Gesetz zur Einrichtung des Deutschen Ethikrates* (Ethikratgesetz)) heißt es über die Mitglieder im § 4 Abs 1 EthRG: *„Der Deutsche Ethikrat besteht aus 26 Mitgliedern, die naturwissenschaftliche, medizinische, theologische, philosophische, ethische, soziale, ökonomische, und rechtliche Belange in besonderer Weise repräsentieren. Zu den Mitgliedern gehören Wissenschaftlerinnen und Wissenschaftler aus den genannten Wissenschaftsgebieten, darüber hinaus gehören ihm anerkannte Personen an, die in besonderer Weise mit ethischen Fragen der Lebenswissenschaften vertraut sind."* Da gibt es keinerlei Bestimmung über die Sicherstellung der Qualifikationen, die von Mitgliedern des Deutschen Ethikrates verlangt werden müßten. Auch die gesetzlichen Bestimmungen über die Berufung der Mitglieder des Deutschen Ethikrates lassen die Qualifikationssicherstellung nicht erkennen, denn da heißt es im § 5 Abs. 1 lediglich: *„(1) Der Präsident des Deutschen Bundestages beruft die Mitglieder des Deutschen Ethikrates je zur Hälfte auf Vorschlag des Deutschen Bundestages und der Bundesregierung."*[23]

---

[23] Der derzeitig existierende *Deutsche Ethikrat* besteht aus sechs Theologen, neun Medizinern, sieben Juristen, drei Politikern und lediglich zwei Fachleuten der Wissenschaft der philosophischen Ethik. Mehr zufälliger Weise sind diese beiden philosophischen Ethik-Experten sehr gut ausgewiesene Fachleute, aber aufgrund ihrer extremen Unterrepräsentanz, können sie sich im Ethikrat nicht durchsetzen, was sie durchaus beklagen, was aber an der desolaten Fehlbesetzung des Deutschen Ethikrates nichts ändert. Das bereits vieldiskutierte Kompetenzproblem, das bereits der alte Sokrates gekannt und behandelt hat (vgl. Xenophon, *Erinnerungen an Sokrates*, übers. v. Rudolf Preiswerk, Reclam Verlag Jun. Stuttgart 1992, 1. Buch Kap. 7 Abs. 1 bis 5 und 3. Buch Kap. 9 Abs. 10 bis 13.), erweist sich hier wiederum als ungelöst. Die dauerhafte Existenz demokratischer Staatsformen wird jedoch davon abhängen, ob das Kompetenzproblem der Demokratie einer Lösung zugeführt wird oder nicht.

Demnach ist die Maßnahmendurchführungsfunktion in der Exekutive zumindest in der Bundesrepublik Deutschland sehr mangelhaft organisiert. Entsprechendes gilt für die Energiebereitstellungsfunktion. Dazu sind heute für jeden Staat verschiedene Formen von Energie zu unterscheiden:

1. die physikalischen Formen von Energie,
2. die biologischen Formen von Energie als Lebensmittel,
3. die marktwirtschaftlichen Formen von Energie als Zahlungsmittel,
4. die bankwirtschaftlichen Formen von Energie als Wertpapiere, Kreditverträge und finanzwirtschaftliche Produkte.

Die letzten beiden Untergliederungen sind dabei durchaus willkürlich gewählt; denn es lassen sich dazu sehr viel genauere Unterteilungen vornehmen, die aber wiederum einer bestimmten Willkür niemals entbehren können. Mir kommt es hier nur darauf an, die Wertbeziehungen so aufzugliedern, daß ihre Verbindungen zum Energiebegriff deutlich werden. Physikalisch ist der Begriff ‚Energie' als *die Fähigkeit, Arbeit zu leisten,* definiert, wobei der physikalische Arbeitsbegriff A bedeutet, eine Kraft k um ein Wegstück s entgegen der Kraftrichtung zu verschieben, so daß die physikalische Definition der Arbeit lautet:

$$A = k \cdot s$$

(Arbeit A ist gleich Kraft k mal Weg s)

Im lebensweltlichen Sinn bedeutet allerdings Arbeit stets eine Tätigkeit, die zum Existenzerhalt beiträgt, und darum hat jede Arbeit einen Wert oder sie ist sogar selbst ein Wert. So ist etwa die Arbeit einer Blinddarmoperation für den Patienten ein Wert und für den Operateur hat sie einen, weil er dafür mit Geld entlohnt wird, welches ein Energiewert ist, weil er der Arbeitsleistung der Operation in gewisser Weise entspricht. Damit wird die physikalische Energiedefinition auf eine lebensweltliche Energiedefinition verallgemeinert, in der Energie bedeutet, einen Wert zu schaffen, der ja so definiert ist, daß er dazu beiträgt, die Existenz eines Lebewesens zu erhalten. Dies gilt entsprechend für den Einsatz von geistiger Energie zur Schaffung von inneren Werten zur Erhaltung innerer Existenzen. Da der Wert des Geldes nach der hier verwendeten Wertdefinition stets auf eine Existenzerhaltung von Lebewesen heruntergebrochen werden kann, sind die Energieformen unter 3. und 4. besonders bedeutsam für die kulturellen Lebewesen, wie es alle Wirtschaftssubjekte sind, insbesondere die Betriebe und Staaten.

Wertschöpfungen entstehen entweder durch die Überführung von physikalischer Energie in lebensweltliche Energie zur Erhaltung äußerer Existenzen oder durch die Umsetzung geistiger Energie zur Erhaltung innerer Existenzen, wodurch der Energieträgerstrom des Marktgeschehens erhalten wird. Die bankwirtschaftlichen Formen von Energie sind hingegen an der Wertschöpfung so gut wie gar nicht mehr beteiligt, seit die Banken die Aufgabe nicht mehr wahrnehmen, die ihnen zur Förderung der wirtschaftlichen Entwicklung zukommt, wie sie etwa von Josef Schumpeter beschrieben worden ist. Die Banken sind im wesentlichen an der **Wertabschöpfung** und der **Vernichtung von Werten** beteiligt, vergleichbar den Reibungsverlusten durch umlaufende Blindleistungen, wie sie etwa in schlecht konstruierten technischen Anlagen, beispielsweise in großen Getrieben und Betrieben, zu beklagen sind. Daraus folgt, daß auch das gesamte nationale und internationale Bankensystem extrem reformbedürftig ist, was bereits aus der hier verwendeten Definition des Wertbegriffs mit der Aufspaltung in äußere und innere Werte sowie der *Ordnungsregel* folgt, die eigenen äußeren und inneren Werte in eigene hierarchisch geordnete Wertesysteme einzuordnen, da es einen Wert zur Wertevernichtung nicht geben kann, weil dieser zum Ziel hätte, die eigene Existenz zu zerstören. Das bisherige Bankensystem erweist sich damit wirtschaftsethisch als unvertretbar.

Die Beziehung der Energieformen untereinander führt zu einer weiteren Konsequenz, die allgemein als die Forderung nach Energiebilanzen bezeichnet werden mag. Wirtschaftsbetriebe sind aufgrund ihrer Verpflichtung, Steuern an den Staat zu leisten, die in einem bestimmten Verhältnis zu ihrer Wertschöpfung stehen, zur Offenlegung von Bilanzen verpflichtet. Denn der Staat kann nur existieren, wenn er an den Wertschöpfungen, die in seinen Organen stattfinden, die wir meist als Organisationen bezeichnen, beteiligt wird. Diese Bilanzen weisen aus, bei welchem energetischen Einsatz welche Wertschöpfungen stattgefunden haben. Und dabei ereignet sich ein technisch gänzlich unverständliches Zahlenspiel. Es soll stets der Wert der Gesamtproduktion den Wert des gesamten Einsatzes, der für die Produktion erforderlich ist, möglichst hoch übersteigen; denn nur dann handelt es sich um eine positive Produktivität, und nur dann hat der Betrieb einen erwirtschafteten Ertrag, an dem der Staat über die Zahlung von Steuern zu beteiligen ist. Für einen Techniker muß hinter einem derartigen Zahlenspiel ein gewaltiger Betrug stecken; denn mit der positiven Produktivität eines Betriebes müßte ein Wirkungsgrad über 1 verbunden sein, der Nachweis eines Perpetuum mobile, das in der Lage ist, aus Nichts Energie zu schöpfen. Wir wissen aber aus sehr tiefliegenden Struktureigenschaften unserer physikalischen Welt[24], *daß ein Perpetuum mobile unmöglich ist*. Also ist eine energetisch *positive Produktivität* eines Betriebes unmöglich! Zu diesem Dilemma kommt hinzu, daß sich zeigen läßt: Alle genannten Energieformen zur Erhaltung äußerer Existenzen können auf die Bereitstellung von physikalischen Energieformen zurückgeführt werden. Und *daraus folgt zwingend, daß in den Bilanzen der Wirtschaftsbetriebe und ihren positiven Produktivitäten etwas nicht stimmen kann;* denn in den Bilanzen tritt so etwas wie innere Werte und innerer Nutzen gar nicht auf, so daß sich die Bilanzen ausschließlich auf äußere Wertschöpfungen beziehen, für die die grundsätzliche Ableitbarkeit auf physikalische Energieformen gilt. Um den Fehler herauszufinden, der in den Bilanzen steckt, bietet es sich an, in die Zeiten zurückzugehen, in

---

[24] Diese Struktureigenschaften, die Emmy Noether aufgedeckt hat, sind im Noether'schen Theorem festgehalten, welches besagt, daß jede globale Symmetrie notwendig mit einem globalen Erhaltungssatz verbunden ist. Die globale Translationsinvarianz des physikalischen Raumes hat darum den Energieerhaltungssatz zur Folge. Und daraus folgt, daß ein abgeschlossenes System höchstens seine Energie erhalten, niemals aber vermehren kann. Vgl. dazu etwa T. Kugo, Eichtheorie, übers. v. Stefan Heusler, Springer Verlag, Berlin, Heidelberg 1997, S. 12.

denen die Wirtschaft hauptsächlich aus Agrarwirtschaft bestand. Und da bemerkt man sehr schnell, daß die *Wertschöpfung der Agrarprodukte* im wesentlichen *durch die kostenlose Sonnenenergie* bewirkt wird, die die Feldfrüchte wachsen läßt. Wenn wir uns die Energiebilanz der Feldfrüchte anschauen, dann ist ganz klar, daß sie weit unter 1, sogar noch unter 0,4 liegt, da der höchste Wirkungsgrad, der durch Assimilation der Blätter erreicht werden kann, etwa bei 40 Prozent liegt. Daß die Bauern dennoch eine Produktivität über 1 erzielen können, d. h., daß sie von der Wertschöpfung, die sie auf ihren Höfen produzieren, auch selbst leben können, liegt hier also daran, daß die *Wertschöpfung durch die Sonnenenergie als Geschenk* betrachtet wird, welches nicht in die Bilanzierung eingeht. Das ist bis heute so! Und wie steht es mit all den wertschöpfenden Wirtschaftsbetrieben, die von der Sonnenenergie nicht beschenkt werden? *Wodurch können sie eine Produktivität über 1 erzielen?* Auch hier muß es *Energiegeschenke* geben. Und die gibt es auch, und zwar in Form von geistiger Energie, die vor allem innere Werte schafft. Das gesamte produzierende Gewerbe lebt von einer Vielzahl von Erfindungen, die aus dem *Einsatz geistiger Energie* entstanden sind und die zur Sicherung der inneren und äußeren Existenz der Menschen dienlich sind, indem sie dem Streben der Menschen nach einem angenehmeren Leben und einem Leben in größerer Sicherheit entgegenkommen. Dies gilt für alle Industriezweige wie etwa für die Lebensmittelindustrie, die Automobilindustrie, die pharmazeutische Industrie usw. und für all die unübersehbar vielen Zulieferindustriezweige.

Es ist also der *Erfindergeist selbständig denkender Menschen,* der es zu dem wirtschaftstheoretischen Wunder kommen läßt, daß Wirtschaftsbetriebe einen Mehrwert produzieren können, der sich aus den Bilanzen ablesen läßt und der bewirkt, daß ein Wirtschaftsbetrieb mehr abwirft, als was zur Produktion hineingesteckt werden muß. Hieraus ist ersichtlich, daß die *inneren Werte der geistigen Energie in der gesamten Wirtschaftstheorie unverständlicherweise bisher nicht beachtet* oder bei ihrer Erwähnung sogar belächelt wurden und noch immer belächelt werden. Welch ein wissenschaftstheoretischer Unverstand! *Die geistige Energie* mit ihrer Produktion innerer Werte ist das Zentrum aller Wirtschaftstheorie: **Sie ist die „Sonne", von der die gesamte Wirtschaft lebt!** Von wem aber haben wir das selbständige Denken gelernt? Von den alten Griechen, insbesondere von Sokrates und Aristoteles, der das Erfinden erfunden hat! *Für dieses Geschenk der inneren Werte sind wir den Griechen für immer zu Dank verpflichtet!*

Nach der Aufklärung des Produktivitätswunders der Wirtschaftsbetriebe ist aber noch einer Bilanzierungsfrage von großer Bedeutung nachzugehen, die in den bisherigen wirtschaftstheoretischen Bilanzen weitestgehend unbeachtet geblieben ist. Dies ist die Bilanzierung der physikalischen Energie, die in jedem Betrieb eingesetzt werden muß, ohne die alles dunkel bleibt und alle Räder stillstehen. Alle Produkte, die von einem Betrieb erstellt werden, sind mit einem physikalischen Energiewert zu versehen, der dadurch zu bestimmen ist, daß der gesamte physikalische Energieverbrauch eines Betriebes auf die einzelnen Produkte des Betriebes anteilmäßig umgelegt wird, so daß dadurch erkennbar ist, wieviel an physikalischer Energie nötig war, um dieses Produkt zu erstellen. Erst dann läßt sich die wesentliche energiepolitische Frage beantworten, wieviel an zusätzlicher physikalischer Energie eine Energiebereitstellungsanlage, wie etwa ein Windrad, über den Zeitraum ihrer

Lebensdauer liefert, die über die Energie hinausgeht, die aufzubringen erforderlich war, um beispielsweise das Windrad aufzustellen und zu erhalten. Erst dann läßt sich für die einzelnen Energiebereitstellungsanlagen eine *Energiebilanz* erstellen, aus der ersichtlich ist, ob und wieviel mehr Energie sie zu liefern in der Lage sind, als zu ihrer Erstellung nötig war. Und erst dann kann auf korrekte Weise bestimmt werden, wieviel Energie tatsächlich durch diese Anlagen für den Gesamtenergieverbrauch bereitgestellt wird. Dies bedeutet, daß wir heute davon auszugehen haben, daß die derzeitigen Angaben über den Anteil von Wind-, Sonnen- und sonstigen Energiebereitstellungsarten weit übertrieben sind. Dies alles wird dann möglich sein, wenn wir eine Pflicht zur Erstellung von physikalischen Produkt-Energiewerten eingeführt haben, durch die *verläßliche Energiebilanzen von Energiebereitstellungsanlagen* aufgestellt werden können. Auch diese Forderung ist aufgrund des Wertesystems eines Staates eine dringend nötige wirtschaftsethische Forderung an alle produzierenden Wirtschaftsbetriebe. Sie hat außerdem den Vorzug, daß damit steuerliche Anreize zum Energiesparen gesetzt werden können, indem die Betriebe steuerlich begünstigt werden, die für ihre Produkte weniger Energie verbrauchen als andere Betriebe für die gleichen Produkte.

Damit sind nun die fünf Überlebensfunktionen des Staates vom Blickwinkel der Lebewesen-Definition wenigstens hinsichtlich einiger ihrer wirtschaftsethischen Konsequenzen andiskutiert. Übrig bleibt nun noch, über mögliche Maßnahmen nachzudenken, die sich aus der Gefahren-Wahrnehmung für alle demokratisch organisierten Staaten ergeben, weil ihre agierenden Politiker ihre Politik stets nur kurzfristig auf die nächste zu gewinnende Wahl ausrichten, so daß die langfristig zu bewältigenden Aufgaben unerledigt bleiben, die für das langfristige Wohlergehen des Staates, seiner Bürgerinnen und Bürger und der vielfältigen Untergliederungen von größter Bedeutung sind und ebenso für das langfristig friedliche und gedeihliche Zusammenleben aller Völker und Staaten und insbesondere für das möglichst symbiotische Zusammenleben der Menschheit mit der Natur. Die sorgsame Behandlung dieser langfristig zu lösenden Problematiken ist eine der wichtigsten wirtschaftsethischen Forderungen.

In der Bundesrepublik ist die Position des Bundespräsidenten längerfristig angelegt und außerdem der Verwicklung in die politische Tagesproblematik weitgehend enthoben. Langfristige Gefahrenerkennungs- und -bewältigungsinstitutionen ließen sich darum in die Präsidialverwaltung integrieren. Für die Aus- und Abwahl kompetenter Fachleute sollten alle Forschungs- und Lehrinstitutionen auf höchstem Niveau beteiligt werden, ohne dabei tagespolitische Einflüsse zuzulassen. Insgesamt geht es um die nachhaltige Lösung des *Kompetenzproblems der Demokratie*[25], welches ungelöst auf lange Sicht den Untergang der demokratischen Staatsformen herbeizuführen droht. Dazu ist der Bildungsstand der die Politik bestimmenden Kräfte erheblich anzuheben, um langfristige und sachgerechte Entscheidungen zur Sicherung der inneren und äußeren Existenz der demokratischen

---

[25] Zum Begriff des Kompetenzproblems der Demokratie vgl. etwa. W. Deppert, Das Kompetenzproblem der Demokratie. Seine akuten Gefahren und Möglichkeiten zu seiner Überwindung, in: Internet-Blog >wolfgang-deppert.de<, Kiel 2010.

6.6 Vom Umgang der Staaten als Wirtschaftssubjekte untereinander

Staaten zu gewährleisten. Die erforderlichen Maßnahmen dazu werden sich im Rahmen der durch das Grundgesetz verfaßten Ordnung, aufgrund seiner vielfachen tiefgreifenden staatsrechtlichen und demokratietheoretischen Fehler, die im Laufe der hier vorgeführten Untersuchungen oft aufgefallen sind, nicht verwirklichen lassen. Offenbar haben die Mütter und Väter unseres Grundgesetzes in weiser Voraussicht die Möglichkeit einer derartigen Situation vorausgesehen und das Grundgesetz als ein Verfassungs-Provisorium begriffen und den letzten Artikel 146 GG wie folgt verfaßt:

> „Dieses Grundgesetz verliert seine Gültigkeit an dem Tage, an dem eine Verfassung in Kraft tritt, die von dem deutschen Volke in freier Entscheidung beschlossen worden ist."

Dieser Artikel erfuhr, bedingt durch die Vereinigung Deutschlands, am 23. September 1990 eine Einfügung, die nur die Vereinigung Deutschlands betraf, so daß der Art. 146 GG heute lautet:

> „Dieses Grundgesetz, das nach der Vollendung der Einheit und Freiheit Deutschlands für das gesamte deutsche Volk gilt, verliert seine Gültigkeit an dem Tage, an dem eine Verfassung in Kraft tritt, die von dem deutschen Volke in freier Entscheidung beschlossen worden ist."

Es bleibt der grundgesetzliche Auftrag zur Erarbeitung einer Verfassung, die dem deutschen Volk zur Abstimmung vorzulegen ist, bestehen. Aufgrund der staats- und demokratietheoretischen Fehler im Grundgesetz ist es höchste wirtschaftsethische Pflicht, damit zu beginnen, einen Verfassungsentwurf zu erarbeiten. Die allermeisten Bundesrichter und hochrangigen Juristen sind in grundgesetzwidriger Weise gegen ein solches Vorhaben eingestellt. Schließlich genießen sie durch das Grundgesetz abgesicherte Privilegien, die aber schon längst nicht mehr staatsrechtlich und ethisch vertretbar sind. Auch darum laßt uns ans Werk gehen, das sehr gründlich zu durchdenken ist, und alle Weisheit der Völker heranziehen, so daß frühestens zu Kants 300. Geburtstag im Jahre 2024 ein erster Entwurf vorgelegt werden kann.[26]

---

[26] Der Sokrates Universitäts Verein (SUV) >sokrates.org< wird sich trotz aller Widerstände darum kümmern.

Zum Schluß 7

Die hier vorgestellte Systematik der individualistischen Wirtschaftsethik ist der Versuch, den grundlegenden **Ansatz der individualistischen Ethik** auf den **Bereich der Wirtschaft** anzuwenden. Diesem Versuch müssen viele weitere Untersuchungen und Anwendungen folgen, indem spezifische wirtschaftsethische Problemstellungen diskutiert werden und überprüft wird, ob sich aus dem hier gewählten Konzept der IWE Problemlösungen auch für die vielfältigen hier aber nicht diskutierten wirtschaftsethischen Problemstellungen finden lassen oder ob dazu die Konzeption noch zu erweitern und zu verändern ist.

Darum betrachte ich diese Ausarbeitung als einen Anfang, der fortzuführen, zu ergänzen, zu verbessern und zu kritisieren ist. Die Studentinnen und Studenten der diesem Buch vorausgegangenen Vorlesung haben mit ihren Hausarbeiten bereits wertvolle Ergänzungen durch eine Fülle von wirtschaftsethischen Beispielen erbracht, für die ich außerordentlich dankbar bin. Außerdem haben sie damit den Start für die Weiterführung des hier entwickelten Ansatzes einer individualistischen Wirtschaftsethik geliefert, der als Aufforderung für alle weiteren Interessierten dienen mag, diesen Weg zu einem harmonischer werdenden, ethisch begründeten Wirtschaftsleben fortzuführen.

Nicht wenige Studenten haben zu bedenken gegeben, daß der Erfolg der IWE davon abhängt, wie viele Wirtschaftssubjekte sie auch beherzigen und befolgen. Das wird sicher ein sehr langer Weg werden, aber die Konzeption ist so aufgebaut, daß für jeden, der sie auf sich selbst anwendet, der Erfolg in seinem Sinnstiftungsstreben eintreten wird, auch wenn der äußere Erfolg zeitlich begrenzte Engpässe aufweisen kann, die aber aufgrund der stärkeren Sicherung der eigenen inneren Existenz überwindbar sind. Und das wird im wahrsten Sinne des Wortes Schule machen.

Tatsächlich gibt es bereits auf der produzierenden Seite schon eine ganze Menge an nationalen und internationalen Vereinigungen, die sich nicht nur zur Einhaltung höchster Qualitätsstandards der Produkte verpflichtet haben, sondern auch auf der Herstellungsseite zur Einhaltung ethischer Normen, etwa in Form der Anerkennung der Menschenrechte. All dies sind Hinweise darauf, daß auf intuitive Weise die Grundsätze der IWE bereits vielfältig im produzierenden Bereich der Wirtschaft angewendet werden.

Die hier vorgeführte Anwendung der individualistischen Ethik auf den Bereich der Wirtschaft mag als Anregung verstanden werden, ähnliche Anwendungen der Individualistischen Ethik in den sogenannten Bereichsethiken vorzunehmen. Dabei wird sich gewiß zeigen, daß bereichsspezifische Zusätze zur Individualistischen Ethik erforderlich sind, wie sie hier mit dem Toleranzprinzip und dem Prinzip eines selbstverantwortlichen, individualistischen Dienstleistungsbewußtseins eingeführt wurden. Der grundsätzliche Standpunkt aber, daß die Philosophie eine gemeinsame Grundlage für alle Bereiche des menschlichen Lebens bereitzustellen hat, sollte aus tiefliegenden Gründen nicht aufgegeben werden.

Und wenn Sie sich bis hierher mehr oder weniger mühsam durch den Text ohne oder mit zeitweiligen Inspirationen hindurchgewühlt haben, dann dürfen Sie sich einen guten Wodka, einen Aquavit, der durch den Äquator gekrochen ist, einen Lütjenburger klaren Weizenkorn, einen alten Scotch oder einen jungen Bourbon oder auch einen Asbach Uralt gönnen, zum Wohl! –

Ein Hoch auf das Ich und das Wir, auf „I and we" (IWE) und auf die Philosophie und die philosophierenden Menschen!

Literatur

Adachi, H. (2006). *Die Radbruchsche Formel: eine Untersuchung der Rechtsphilosophie Gustav Radbruchs.* Baden-Baden: Nomos Verlag, ISBN 978-3-8329-2028-9.

Alexy, R. (1997). *Der Beschluß des Bundesverfassungsgerichts zu den Tötungen an der innerdeutschen Grenze vom 24. Oktober 1996.* Hamburg: Vandenhoeck & Ruprecht, ISBN: 978-3-525-86293-3.

Antonovsky, A., & Franke, A. (1997). *Salutogenese: Zur Entmystifizierung der Gesundheit.* Tübingen: Dgvt-Verlag.

Aristoteles, *Politik*, übersetzt von Eugen Rolfes, 4. Aufl. mit Einl. von Günther Bien, Felix Meiner Verlag, Hamburg 1981 oder*Politik – Schriften zur Staatstheorie,*übersetzt u. hgg. von Franz f. Schwarz, Philipp Reclam Jun. Stuttgart 1989.

Aristoteles (1989). *Metaphysik.* Hamburg: Meiner Verlag. übers. von Hermann Bonitz, mit Einleitung und Kommentar von Horst Seidl

Bentham, J. (1843). In J. Bowring (Hrsg.), *The Works of Jeremy Bentham* Bd. II Edinburg: Deutsch.. Deutsch: Oscar Kraus (Hrg.), *Jeremy Benthams Grundsätze für ein künftiges Völkerrecht und einen dauernden Frieden*, (übers. von Camill Klatscher), Halle 1915

Berth, R. (1995). *Erfolg* (2. Aufl.). München: Econ Verlag.

Brunner, Jürgen und Hessing, Michael, Wertorientiertes Management: Shareholder Value und Balanced Scorecard, in: http://www.flexible-unternehmen.de/fb990930.htm (leider unbekanntes Verfallsdatum)

Burkhoff, D., Schaefer, J., Schaffner, K., & Yue, D. T. (Hrsg.). (1993b). *Myocardial Optimization and Efficiency, Evolutionary Aspects and Philosophy of Science Considerations.* Darmstadt: Steinkopf Verlag.

Deppert, W. (1976). Atheistische Religion. *Glaube und Tat, 27,* 89–99.

Deppert, W. (1988). Hermann Weyls Beitrag zu einer relativistischen Erkenntnistheorie. In W. Deppert, K. Hübner, A. Oberschelp, & V. Weidemann (Hrsg.), *Exact Sciences and their Philosophical Foundations. Exakte Wissenschaften und ihre philosophische Grundlegung* (S. 446). Frankfurt/Main: Peter Lang Verlag.

Deppert, W., Hübner, K., Oberschelp, A., & Weidemann, V. (1988). *Exact Sciences and their Philosophical Foundations. Exakte Wissenschaften und ihre philosophische Grundlegung.* Frankfurt/Main: Peter Lang Verlag.

Deppert, W. (1990). Systematische philosophische Überlegungen zur heutigen und zukünftigen Bedeutung der Unitarier. In W. Deppert, W. Erdt, & A.de Groot (Hrsg.), *Der Einfluß der Unitarier auf die europäisch-amerikanische Geistesgeschichte – Vorträge der ersten wissenschaftlichen Tagung zur Unitarismusforschung vom 13.–14.Juni 1985 in Hamburg* Unitarismusforschung, (Bd. 1, S. 129–151). Frankfurt/Main: Peter Lang.

Deppert, W. (1992). *Religion und Toleranz – Die Deutschen Unitarier in der öffentlichen Auseinandersetzung.* Unitarische Hefte Bd. 5, S. 42). München: Verlag Deutsche Unitarier.

Deppert, W. (1993). Concepts of optimality and efficiency in biology and medicine from the viewpoint of philosophy of science. In D. Burkhoff, J. Schaefer, K. Schaffner, & D. T. Yue (Hrsg.), *Myocardial Optimization and Efficiency, Evolutionary Aspects and Philosophy of Science Considerations* (S. 135–146). Darmstadt: Steinkopf Verlag.

Deppert, W. (1996). Gefahren und Chancen der Individualität. *Unitarische Blätter, 47*(2), 56–74.

Deppert, W., & Theobald, W. (1997a). Die ‚unsichtbare Hand'. Ihre moralische Fehlinterpretation und ihre Selbstorganisationsfunktion durch die unbemerkte Moralität des Eigeninteresses, Kritik zu Priddat, Birger P., Alternative Interpretationen einer ökonomischen Metapher: die ‚invisible hand' bei Adam Smith. *Ethik und Sozialwissenschaften, 8*(2), 210–213.

Deppert, W. (1997b). Hierarchische und ganzheitliche Begriffssysteme. In G. Meggle (Hrsg.), *Analyomen 2 – Perspektiven der analytischen Philosophie, Perspectives in Analytical Philosophy,: Logic, Epistemology, Philosophy of Science* (Bd. 1, S. 214–225). Berlin: De Gruyter.

Deppert, W. (1998). Teleology and Goal Functions – Which are the Concepts of Optimality and Efficiency in Evolutionary Biology. In F. Müller, & M. Leupelt (Hrsg.), *Eco Targets, Goal Functions, and Orientors* (S. 342–354). Berlin: Springer Verlag.

Deppert, W. (1998). Unser Weg, Leben, Arbeit und Sinn innig miteinander zu verbinden. In Deutsche Unitarier (Hrsg.), *Leben – Arbeit – Sinn. Dokumentation des Unitariertages 1997 in Hameln* (S. 58–67). Hamburg: Verlag Deutsche Unitarier.

Deppert, W. (1998). Problemlösen durch Interdisziplinarität. Wissenschaftstheoretische Grundlagen integrativer Umweltbewertung. In W. Theobald (Hrsg.), *Integrative Umweltbewertung. Theorie und Beispiele aus der Praxis* (S. 35–64). Berlin: Springer Verlag.

Deppert, Wolfgang, Zur Philosophie von Wirtschaft und Recht. Eine individualistische Gemeinschafts-theorie zur Sicherung des Ganzen von Mensch und Natur, Nicht druckfertiges Vorlesungsmanuskript, Vorlesungen SS 1999 und SS 1998, Kiel, im Oktober 1999(a).

Deppert, W. (1999). Strafen ohne zu schaden. In M. Hagenmaier (Hrsg.), *Wieviel Strafe braucht der Mensch* Neue Reihe -Grenzen, (Bd. 4, S. 9–19). Sierksdorf: Text-Bild-Ton Verlag.

Deppert, W. (1999). Weltwirtschaft und Ethik: Versuch einer liberalen Ethik des Weltmarktes, Visionen für die Weltordnung der Zukunft. In J. J. Dittmer, & E. D. Renger (Hrsg.), *Globalisierung – Herausforderung für die Welt von morgen* (S. 65–101). Bochum: Unicum Edition, Unicum Verlag.

Deppert, Wolfgang, Die zweite Aufklärung, in: *Unitarische Blätter,* 51. Jahrgang, Heft 1 Jan./Febr., Heft 2 März/April und Heft 3 Juni/Juli 2000.

Deppert, W. (2001). Individualistische Wirtschaftsethik. In W. Deppert, D. Mielke, & W. Theobald (Hrsg.), *Mensch und Wirtschaft* Interdisziplinäre Beiträge zur Wirtschafts- und Unternehmensethik. (S. 131–196). Leipzig: Leipziger Universitätsverlag.

Deppert, W. (2003). Zum Verhältnis von Religion, Metaphysik und Wissenschaft, erläutert an Kants Erkenntnisweg und dessen Aufdeckung durch einen systematisch bestimmten Religionsbegriff. In W. Deppert, & M. Rahnfeld (Hrsg.), *Klarheit in Religionsdingen, Aktuelle Beiträge zur Religionsphilosophie* Grundlagenprobleme unserer Zeit, Bd. III Leipzig: Leipziger Universitätsverlag.

Deppert, Wolfgang, „Zum Darwinjahr – Darwin weiterdenken: Die Evolution des Bewußtseins", Vortrag in der Reihe *Freiheit und Verantwortung* am 29. März 2009 in NDR 4 um 7.15 Uhr.

Deppert, W. (2009). Atheistische Religion für das dritte Jahrtausend oder die zweite Aufklärung. In K. Baumann, & N. Ulrich (Hrsg.), *Streiter im weltanschaulichen Minenfeld – zwischen Atheismus und*

Theismus, Glaube und Vernunft, säkularem Humanismus und theonomer Moral, Kirche und Staat. Festschrift für Professor Dr. Hubertus Mynarek. Essen: Verlag Die blaue Eule.

Deppert, W. (2009). Die Evolution des Bewußtseins. In V. Mueller (Hrsg.), *Charles Darwin. Zur Bedeutung des Entwicklungsdenkens für Wissenschaft und Weltanschauung* (S. 85–101). Neu-Isenburg: Angelika Lenz Verlag.

Deppert, W. (2010). Vom biogenetischen zum kulturgenetischen Grundgesetz. *Unitarische blätter für ganzheitliche Religion und Kultur, 61*(2), 61–68.

Deppert, W. (2010). *Das Kompetenzproblem der Demokratie. Seine akuten Gefahren und Möglichkeiten zu seiner Überwindung*. Kiel: Wolfgang Deppert. Internet-Blog www.wolfgang-deppert.de

Devall, B. (1980). The Deep Ecology Movement. *Natural Resources Journal, 20,* 299–322.. übers. von. M. Sandhop in: D. Birnbacher (Hg.), Ökophilosophie, Reclam, Stuttgart 1997, S. 17–59

Dijksterhuis, E. J. (1983). *Die Mechanisierung des Weltbildes*. Berlin – Heidelberg – New York: Springer-Verlag. übers. von Helga Habicht

Dittmer, G. (1995). *Managen mit Methode – Instrumente für individuelle Lösungen*. Wiesbaden: Gabler Verlag.

Dreier, Horst, *Gustav Radbruch und die Mauerschützen*. Juristenzeitung 1997, S. 421 ff.

Emerson, W. R. (1983). *Essays*. Zürich: Diogenes Verlag. übersetzt v. Harald Kiczka

Hagemann, G. (1992). *Die Hohe Schule der Führung. Visionsdenken – Superteams – Streßmanagement.* Landsberg/Lech: mi verlag moderne industrie.

Hauschildt, J., & Salomo, S. (2007). *Innovationsmanagement* (4. Aufl.). München: von Vahlen.

Heckel, Hans Schulrechtskunde. Ein Handbuch für Praxis, Rechtsprechung und Wissenschaft, Luchterhand.

Hesiod (1991). *Theogonie, Werke und Tage*. München: Artemis. griechisch-deutsch, herausgegeben und übersetzt von Albert von Schirnding

Hollnagel, B. (2009). *Relativitätsökonomie*. Weinheim: WILEY-VCH Verlag.

Homann, K., & Blome-Drees, F. (1992). *Wirtschafts- und Unternehmensethik*. Göttingen: Vandenhoek & Ruprecht.

Homann, K., & Pies, I. (1994). Wirtschaftsethik in der Moderne: Zur ökonomischen Theorie der Moral. *Ethik und Sozialwissenschaften, 5,* 3–12.

Hübner, K. (1978). *Kritik der wissenschaftlichen Vernunft*. Freiburg: Alber Verlag.

Hübner, K. (1985). *Die Wahrheit des Mythos*. München: Beck Verlag.

Kant, I. (1784). Beantwortung der Frage: Was ist Aufklärung? *Berlinische Monatsschrift, Dez. 1784,* 1–9.. oder in: Immanuel Kant, Ausgewählte Schriften, Meiner Verlag, Hamburg 1969, S. 1–9

Kant, I. (1781/1787). *Kritik der reinen Vernunft*. Riga: Johann Friedrich Hartknoch.

Kant, I. (1785). *Grundlegung zur Metaphysik der Sitten*. Riga: Johann Friedrich Hartknoch.

Kant, I. (1788). *Critik der practischen Vernunft*. Riga: Johann Friedrich Hartknoch.

Kant, I. (1795). *Zum ewigen Frieden. Ein philosophischer Entwurf*. Königsberg: Friedrich Nicolovius.

Kant, I. (1797). *Metaphysik der Sitten, 1. Teil: Metaphysische Anfangsgründe der Rechtslehre*. Königsberg: Friedrich Nicolovius.

Kugo, T. (1997). *Eichtheorie* (S. 12). Berlin, Heidelberg: Springer Verlag,. übers. Stefan Heusler

Lenk, H., & Mahring, M. (1998). Werte und Bewertung von Umweltgütern. In W. Theobald (Hrsg.), *Integrative Umweltbewertung. Theorie und Beispiele aus der Praxis* (S. 143–171). Berlin Heidelberg: Springer Verlag.

Nida-Rümelin, J. (1996). Theoretische und angewandte Ethik: Paradigmen, Begründungen, Bereiche. In J. Nida-Rümelin (Hrsg.), *Angewandte Ethik. Die Bereichsethiken und ihre theoretische Fundierung* (S. 2–85). Stuttgart: Kröner Verlag.

Nida-Rümelin (1996, S. 2–85).

Nida-Rümelin, J. (Hrsg.). (1996). *Angewandte Ethik. Die Bereichsethiken und ihre theoretische Fundierung*. Stuttgart: Kröner Verlag.

Pakdaman, A. O. (2003). *O2-Wasser fördert die Gesundheit und bessert die Lebensqualität, Band IV der Reihe Grundlagenprobleme unserer Zeit*. Leipzig: Leipziger Universitätsverlag.

Pieroth, B., & Schlink, B. (1993). *Grundrechte Staatsrecht II* (9. Aufl.). Heidelberg: C. F. Müller Juristischer Verlag.

Platon (1973). *Der Staat*. Stuttgart: Kröner Verlag. übers. von August Horneffer

Popper, K. R. (1957). *Die offene Gesellschaft und ihre Feinde, Erster Band: Der Zauber Platons*. Bern: Francke Verlag. engl. Orig. *The Open Society and Its Enemies, I. The Spell of Plato*, übers. von Paul Feyerabend

Priddat, B. P. (1997). Alternative Interpretationen einer ökonomischen Metapher: die „invisible hand" bei Adam Smith. *Ethik und Sozialwissenschaften, 8*, 195–204.

von Raumer, K. (1953). *Ewiger Friede. Friedensrufe und Friedenspläne seit der Renaissance*. Freiburg: Alber Verlag.

Radbruch, G. (1938). Narr und Held (1911). In G. Radbruch, & P. Günther (Hrsg.), *Elegantiae juris criminalis, Sieben Studien zur Geschichte des Strafrechts* (S. 50–60). Basel: Verlag für Recht und Gesellschaft.

Schefold, Bertram, „Die Engländer sind Schuld", in: Frankfurter Allgemeine Zeitung, Nr. 275, 25.11.2011, S. 12.

Schumpeter, J. (1911). *Theorie der wirtschaftlichen Entwicklung*. Berlin: Duncker & Humblot. Neuausgabe hrsg. von Jochen Röpke und Olaf Stiller, Berlin 2006

Seneca (1987). *Epistulae morales ad Lucilium, Liber I, Briefe an Lucilius über Ethik. 1. Buch*. Stuttgart: Reclam.

Sprigge, T. L. S. (1987). Are There Intrinsic Values in Nature? *Journal of Applied Philosophy, 4*, 21–28.. oder übers. von W. Beermann in: D. Birnbacher (Hg.), Ökophilosophie, Reclam, Stuttgart 1997, S. 60–75

Stegmüller, W. (1970). *Probleme und Resultate der Wissenschaftstheorie und Analytischen Philosophie, Band II Theorie und Erfahrung*. Berlin-Heidelberg: Springer Verlag.

Stirner, M. (1972). *Der Einzige und sein Eigentum*. Stuttgart: Reclam Verlag. Erstausgabe bei Otto Wiegand, Leipzig 1844 (Jahresangabe: 1845)

Taylor, P. W. (1981). The Ethics of Respect by Nature. *Environmental Ethics, 3*, 197–218.. übers. von H. Sezgin und A. Krebs in: D. Birnbacher (Hg.), Ökophilosophie, Reclam, Stuttgart 1997, S. 77–116

Weber, M. (1992). *Politik als Beruf*. Verlag, Stuttgart: Reclam.

Wetz, F. J. (2005). *Illusion Menschenwürde – Aufstieg und Fall eines Grundwerts*. Stuttgart: Klett-Cotta.

Wollgast, S. (1998). Deus sive natura: Zum Pantheismus in der europäischen Philosophie- und Religionsgeschichte. *Sitzungsberichte der Leibnizsozietät, 27*, 5–40.

Xenophon (1992). *Erinnerungen an Sokrates,* Stuttgart: Philipp Reclam Jun. übers. u mit Anmerkungen versehen von Rudolf Preiswerk, Nachwort von Walter Brunkert

Zimmerli, C. W., & Aßländer, M. (1996). Wirtschaftsethik. In J. Nida-Rümelin (Hrsg.), *Angewandte Ethik. Die Bereichsethiken und ihre theoretische Fundierung* (S. 290–344). Stuttgart: Kröner Verlag.

Stichwortverzeichnis

A

Abwehrkräfte, 166
Achtungsentzug, 39
Adachi, Hidehiko, 172
Agathon, 128
Agora, 9
Aktiengesellschaft, 52
Aktions- und Reaktionsgrundrechte, 157, 183
Anaxagoras, 34
Anaximandros, 33
Anaximenes, 33
Angebot, 80, 88, 137
Angst, 40, 55, 68, 96
Annahme der Bewertbarkeit der Zusammenhangserlebnisse, 57, 58, 89
Annahme der negativen Gefühlsänderung durch Isolationserlebnisse, 57, 58, 89
Annahme der positiven Gefühlsänderung durch Zusammenhangserlebnisse, 57, 58, 89
Annahme eines spezifischen eigenen zusammenhangstiftenden Vermögens, 58
Annahmen zur Ableitung einer individualistischen Ethik, 56
Antonovsky, Aaron, 16
Anwendungsbedingungen, 88
Apollodoros, 128
Apoptose, 16
Apperzeption, 3
Äquivalenzrelation, 93
Arbeit, 63, 68, 74, 86, 95, 97, 112, 113, 187
Arbeitskraft, 29
Arbeitslosigkeit, 86, 105, 111, 173
Arbeitsplätze, 86, 108, 173, 183
Argon, 10

Aristophanes, 128
Aristoteles, XIV, 7, 29, 34, 36, 45, 60, 68, 97, 148, 189
Art, 3, 5, 7, 14, 33, 70, 74, 76, 108, 114, 116, 120, 127, 137, 184
Aßländer, M., 41
Athenodoros, 113
Atomhülle, 9
Atomkern, 9
Attraktor, 8
Aufklärung, 7, 13, 34, 37, 46, 49, 66, 69, 79, 106
Ausgleichsabgabe, 168
äußere Genüsse, 2
Autoimmunerkrankung, 172
Autonomie, 53, 54, 70, 148
Autonomieprinzip, 53
Autorität, 12, 43, 45, 47, 50, 67, 69, 79

B

Bachmann, Friedrich, 2
Bank, 26, 176, 183
Baumann, Karola, 7, 34
Beckenbauer, Franz, 39
Behinderte, 155, 168
Bekenntnisschule, 163
Bentham, Jeremy, 113
Bereichsethik, 41, 50, 64, 77, 94, 135, 194
Bergpredigt des Neuen Testaments, 49
Berth, Rolf, 59
Berufswahl, 95, 96
beständige Freude, 32
Betäubungsmittel, 6
Betriebswirtschaftslehre, 17, 131, 166
Betrug, 188
Bewusstlosigkeit, 5
Bewußtseinsbegriff, 4

Bewußtseinsform, 43, 45, 56, 60, 62
Bildungsinstitutionen, 86
biologische Lebewesen, 114
Blank-Sangmeister, Ursula, 34
Blome-Drees, Franz, 138
Bohr, Niels, 9, 105
Bologna, 1, 32, 37, 41, 184
Bologna-Prozeß, 1, 37, 184
Brunkert, Walter, 9
Brunner, Jürgen, 139
Bruno, Giordano, 142, 149
Bundespräsident, 167, 186
Bundestagswahl, 28
Bundesverfassungsgericht, 143, 155, 156, 164
Bürgerliche Gleichheit, 82
Burkhoff, Daniel, 6, 14
Burn-out-Syndrom, 132

C
Carnap, Rudolf, 27
Cavalieri, Paola, 149
chemische Zusammensetzung, 8
Chlor-Ion, 10
Christen, 44
Christentum, 44, 67, 163
Christianisierung, 45
Cicero, 33, 34

D
Daimonion, 62
Darwin, Charles, 70, 126
das dynamische wirtschaftstheoretische
 Axiom, 51
das statische wirtschaftstheoretische Axiom, 51
das Tragende im Leben, 31
Dekanin, 170
Deppert, Wolfgang, IX, 6, 7, 14, 17, 23, 27, 33,
 34, 45, 48, 51, 54, 55, 63, 66, 68, 70, 71,
 95, 97, 98, 109, 126, 128, 138, 142, 146,
 153, 161, 190
Descartes, René, 37
Deutsche Unitarier Religionsgemeinschaft, 161
Deutschland, 28, 35, 36, 44, 96, 106, 109, 116,
 129, 132, 133, 142, 145, 147, 149, 154,
 156, 159, 161, 163, 166, 170, 175, 177,
 182, 185, 187
Deutungsprobleme der Quantenmechanik, 8
Devall, 25

Dienstleistungsbewußtsein, 85, 86, 136, 169
Dijksterhuis, E.J., 7
Dionysos, 128
Dispositionsprädikat, 8
dissipative Systeme, 4
Dittmer, Gonde, 36
Dittmer, Janke J., 98
Domestikation, 13

E
Edelgas, 8
Edelgaselektronenkonfiguration, 10
Egoismus, 47, 48, 49, 55, 81, 94, 102, 165, 181
egoistisches Moralbefolgungsprinzip, 40
Eichelhäher, 84
Eigennutz, 87, 91, 105, 137, 183
Eigenschaften des Staatsbürgers, 82
Eigentümer, 112, 175, 177
Eigentumsbegriff, 143, 144
Eigentum von Gütern, 144
Einzigartigkeit, 50, 150
Eisler, Rudolf, 69
Elektronenhülle, 8
elementare Grundrechte, 158, 184
Emergenz, 10
Emerson, Ralph Waldo, 61, 99, 118
Energie, 97, 123, 187, 189
Energiebereitstellungsfunktion, 5, 77, 122, 131,
 180, 187
Energiebilanz, 188, 190
Energiegeschenk, 189
Energiegewinnung, 96
Energiehunger, 85, 124
Energienutzungsgleichgewicht, 123
Energiesparmaßnahmen, 124
Energieträgerstrom, 77, 90, 122, 181, 187
Engels, Friedrich, 144
Entelechie, 7, 36
Entmechanisierung, 109
Entspannen, 15
Entstehungsgeschichte, 2
Erbmaterial, 3
Erdt, Werner, 142
Erdwärme, 123, 124
Erhaltungsproblem, 19
Erkenntnisbegriff, 14
Erkenntnisfunktion, 4, 14, 15, 172, 180, 185
Erkenntnissicherungsverfahren, 37
Erklärungszirkel, 32

Eros, 128
Ethik als System von Handlungsregeln, 42
Ethikratgesetz, 186
ethisches Grundprinzip, 49
EURATOM-Gebiet, 96
Evolution, 2, 4, 6, 11, 14, 17, 21, 31, 43, 51, 62, 70, 118, 119, 122, 126, 128, 143, 171
Evolutionsgesetz, 18
Exiguus, Dionysius, 90
Existenz, 4, 11, 18, 22, 26, 28, 30, 31, 52, 56, 62, 71, 80, 90, 92, 97, 102, 110, 112, 115, 127, 130, 132, 133, 134, 141, 144, 150, 154, 170, 186, 188
Existenzbedrohung, 23
Existenzerhaltung, 23, 26, 29
Existenzform, 24
Existenzgefahr, 185
Existenzproblem, 4, 23, 28, 52, 165
Existenzsicherung, 22, 27, 31, 70, 131, 150, 165, 184
Existenz unserer noch jungen Demokratie, 28

F
Fachkompetenz, 179, 183
Fakultät, 142, 161
Familie, 63, 99, 111, 171
Faschismus, 17
final, 6, 7
Finanzkrise, 16, 182, 186
Forschung, 1, 104, 126, 156
Franke, Alexa, 16
Freiheit, 3, 35, 36, 69, 82, 91, 126, 144, 156, 159, 169, 191
Fremdenfreundlichkeit, 9
Friedl, Birgit, XI, 170
friedliche Nutzung der Kernenergie, 85, 96, 107, 123
Führerprinzip, 35, 46
Fukushima, 96
fundamentales Grundrecht, 183
fundamental human rights, 154, 158

G
Geborgenheit, 13, 31
Geborgenheitssehnsucht, 31
Geborgenheitszustände, 13
Gedächtnis- und Bewertungsfunktionen, 14, 27
Gefahrenbegrenzung, 181

Gegenwart, 10
Gegenwartsfunktion, 5
Geheimhaltung, 113
Gehirn, 5, 42, 56, 66, 68, 120, 128
Geisteswissenschaftler, 7
Gelddefinitionszirkularität, 29
Geldeswert, 29, 30, 97
Geldquellenargument, 95, 98
Gemeinschaftserhaltung, 18, 55
Gemeinschaftswerk, 105
Gemeinschaftswesen, 81
Generalunternehmer, 108
Genmanipulation, 114, 115
Gerechtigkeit, 51, 151, 172, 179
Gerechtigkeitsformel, 172
Geschichtsziel, 47
Geschwulst, 16
Gesetz Deines eigenen Lebens, 62, 72
Gespenst der vollständigen Determiniertheit, 6
Gesundungsmaßnahmen, 15
Getragenwerden, 31, 63
Gewalt, 55, 106, 116, 122, 143, 147, 149, 154, 158, 165, 169, 175
Gewinn, 2, 16, 95, 109, 137, 162, 183
Gewissen, 13, 60, 62, 66
Gewissensanruf, 60
Gewißheit, 32
Giersch, Herbert, 143
Gläubiger, 175, 176
GmbH-Gesetz, 175
Goethe, Johann Wolfgang, 35
Goldene Regel, 49, 50, 65
Gravitationstheorie, 48
Grenzbegriff, 55
Gronau, 97
Groot, Aart de, 142
Großkirchen, 35
Großkonzerne, 91, 94, 104
Grundgesetz, 45, 68, 121, 128, 146, 155, 157, 159, 161, 163, 171, 175, 177, 191
Grundgesetzverletzung, 158
Grundrecht, 130, 157, 160, 161, 164, 177, 183
Günther, Peter, 142
Güter, 29, 74, 76, 108, 114, 120, 127, 144, 180

H
Hagemann, Gisela, 91
Hauschildt, Jürgen, 145
Hayek, Friedrich August von, 143, 144

Heckel, Hans, 163
Hedonismus, 54
Heraklit, 33
Herrenmoral, 86
Hesiod, 33, 68, 126
Hesse, Hermann, 1
Hessing, Michael, 139
himmelschreiendes Unrecht, 35
Hollnagel, Bruno, VII, VIII, X
Homann, Karl, XIII, XIV, 16, 42, 50, 137, 138
Hübner, Kurt, 61, 68
Hume, David, 48

I
Immunsystem, 105, 166, 172
Indien, 45
Individualisierungsprinzip, 171
individualistische Ethik, 50, 53, 56, 64, 66, 83, 94, 102, 110, 120, 124, 126, 128, 159
individualistische Wirtschaftsethik (IWE), 77
Individualitätsbewußtsein, 41, 50, 51, 54, 56, 58, 59, 66, 71, 93, 128, 153, 162
individuelles Menschenrecht, 33
Individuum und Gemeinschaft, 17
innere Existenz, 143, 147, 149, 152, 154, 161, 170, 178, 182, 185
innerer Nutzen, 188
Inneres, 30
innere Wirklichkeit, 8, 9, 10, 25
Insolvenz, 105, 130
Interessenausgleich, 51, 63, 83, 94
Intoleranz, 93, 94
„invisible hand", 16
Isolationserlebnis, 32, 91, 92
IWE-Dienstleistungsunternehmen, 112

J
Juden, 44

K
Kaiserzeit, 172, 175, 177
Kant, Immanuel, 35, 61, 65, 66, 69, 70, 71, 72, 75, 79, 80, 82, 83, 87, 101, 106, 108, 109, 110, 111, 113, 114, 127, 128, 129, 142, 148, 149, 150, 162, 174, 191
Kants Erkenntnisweg, 54, 70

Kapitalismus, 46
Kartellbildung, 102
Kategorischer Imperativ, 49, 61, 83
Kaufkrafteinschätzung, 103
kausal, 7
Kausalitätsdogma, 6, 7, 109
Kernfusion, 96
Kiczka, Harald, 99, 118
Kiel, 17, 36, 68, 143, 190
Kindheit, 130
Kirche, 35, 142, 156, 171
Kirche und Staat, 7, 34
Klatscher, Camill, 113
Kleanthes, 126
Klein, 160
Kleist, Heinrich von, 36
Kochsalzmolekül, 10
Kohlekraftwerk, 123
kollektives Isolationserlebnis, 91
Kommunismus, 46
Kompetenzproblem der Demokratie, 97, 179, 186, 190
Kompromißregel, 83, 183
Konfessionsbegriff, 163
Konkordate, 142, 155, 157
Konstruktivisten, 48
Konvention zum Schutze der Menschenrechte, 158
Koslowski, Peter, 50
Kratz, Peter, 161
Kraus, Oscar, 113
Krebszellen, 16
Kredit, 26, 176, 183
Krieger, Gottfried, 61
Kritik der reinen Vernunft, 3
Kritik der Wissenschaften, 142, 161
kulturelles Lebewesen, 90, 97, 131
Kulturelles Lebewesen, 4
Kunst, 1, 76, 156

L
Landtags- und Kommunalwahlen, 28
Lebensgemeinschaft des Waldes, 84
Lebenshaltung, 43, 45, 47, 50, 56, 78, 79, 87, 94, 112, 139
Lebensmittel, 187
Lebewesen, 2, 4, 5, 7, 11, 14, 16, 18, 21, 22, 24, 27, 29, 31, 36, 42, 58, 62, 74, 77, 78, 83,

90, 114, 116, 118, 120, 122, 124, 126, 149, 151, 153, 162, 165, 170, 172, 180, 184, 187, 190
Lehre, 1, 41, 129, 146, 156
Lehrveranstaltung, 1
Leiharbeit, 110
Lenk, Hans, IX
Liebesgebot, 44, 49
Literatur, 148
Locke, John, 48
López, Ignacio, 104
Löslichkeit, 8
Lüdemann, Gerd, 156, 157
Luther, Martin, 109

M

Mahring, Matthias, IX
Marktaufseher, 78
Marktbegriff, 78
Marktgeschehen, 77, 79, 89, 95, 98, 131, 137, 139
Marktteilnehmer, 16, 77, 88, 95, 98, 103, 111, 136, 138
marktwirtschaftliche Wirtschaftssysteme, 79
Marx, Karl, 144
Maßnahmebereitstellungsfunktion, 4
Maßnahmedurchführungsfunktion, 5
Mathematik, 2, 27, 37, 38, 146
Mehrwertsteuer, 169
Meinungsfreiheit, 160, 161
Menschenrecht, 33, 79, 130, 145, 147, 150, 152, 154, 157, 159, 164, 194
Menschenwürde, 112, 147, 149, 152, 154
Menschheit, 2, 23, 39, 43, 44, 45, 51, 69, 70, 105, 115, 122, 124, 129, 148, 154, 179, 181, 190
menschliche Gemeinschaft, 9, 39
Metaphysik, 53, 60, 70, 75, 148, 171
Methodik, 31
Metrisierungsvorschriften, 27
Meute, 14
Meyer, Hartmut, 161
Mielke, Dietmar, 23
Mikromechanismus der Wirtschaft, 79
Mikromechanismus des Marktgeschehens, 85
Minderwertigkeitsgefühle, 45
Mindestpreise, 103
Mitarbeiter, 88, 91, 94, 98, 106, 110, 113, 132

Mitmenschlichkeit, 38, 169
Möglichkeitsräume, 14, 33
molekulares Lebewesen, 11
Molekülbildung, 8, 9
Moleküle, 10, 11, 71
Mond, 123
Monopolgewinn, 16, 105
moralische Regeln, 39, 40, 63, 65
moralisches Handeln, 7, 55
Moralphilosophie, 48, 69
Moral- und Ethikbegründungen, 42, 47
Mozart, Wolfgang Amadeus, 117
Müller, Felix, 6, 17
Murker, 99
Muslime, 44
Mutation, 3, 115
Mutterschutz, 170
Mynarek, Hubertus, 7
mythogene Idee, 55, 150, 152

N

Nachfrage, 80, 119, 136
Nationalsozialismus, 46
Naturgesetze, 46, 85
Naturgesetzlichkeit, 55, 146
natürliches Lebewesen, 4, 129
Naturwissenschaft, 6, 7, 142, 146, 150
Naturwissenschaftler, 6, 109
Nelson, Leonhard, 65
Neo-Merkantilismus, 79
Neon, 10
Nervenzellen, 5, 6
Nida-Rümelin, Julian, 41, 42, 50
Nietzsche, Friedrich, 17
Nike, 33
Nötigung, 3
Nutzen, 16, 22, 28, 29, 51, 80, 82, 86, 89, 98, 109, 112, 116, 136
Nutzenbegriff, 28, 29, 31, 86
Nutzen-Kosten-Quotienten, 51
Nutzenmaximierung, 29, 35, 48, 98, 137, 139
Nutzenrelation, 29

O

Offenbarungsreligion, 66
offene Systeme, 4, 77
Offenheitsgrundsatz, 101, 102, 103, 113

öffentlich-rechtlichen Medien, 73, 86, 97
Ohnmacht, 69
Optimierungsprozeß, 14, 18
Optimierungsziel, 55
Ordnungsmaxime, 72
Ordnungsprinzip, 59, 64, 65, 88, 110, 111, 145, 149, 155, 156, 169, 170, 183
Ordnungsregel, 59, 76, 144, 188
Organismus, 15, 16, 17, 23, 105, 118, 119, 166, 171, 179
Orientierungsmaßstab, 25, 29
Orientierungsmöglichkeiten, 45

P
Pakdaman, Abolghassem, 15
parasitäres Verhalten, 115, 123
Parmenides, 33
Pauli, Wolfgang, 128
Pekuniarisierung, 176
Pflicht, 36, 61, 65, 112, 118, 119, 126, 133, 138, 161, 168, 170, 190, 191
Philosophie, 7, 17, 27, 34, 45, 48, 68, 69, 110, 126, 128, 135, 194
Pieroth, Bodo, 159
Platon, 34, 45, 60, 68, 69, 96, 128, 182
Politiker, 84, 90, 92, 96, 133, 178, 181, 182, 190
politische Gemeinden, 17, 89
Popper, Karl R., 68, 69
Präferenzordnung, 55, 59, 88, 183
Pragmatisten, 48
Preisabsprache, 103
Preistheorie, 27
Preiswerk, Rudolf, 9
Priddat, P., 137, 138
principium individuationis, 17, 18, 51, 64, 119, 171
principium societationis, 17, 18, 51, 64, 119, 171
Prinzip des selbstverantwortlichen, unternehmerischen Dienstleistungsbewußtseins, 86, 107, 108
Problemstellungen unserer Zeit, 45, 70
Produktivität, 91, 94, 95, 98, 110, 112, 132, 188, 189
Publizitätsgrundsatz, 101
Pumpleistung, 15
Pütz, Manfred, 61
Pythagoras, 33

Q
Quantenmechanik, 8, 105
Quantenphysik, 48
quantenphysikalisch, 8
Quotenregelung, 168, 170

R
Radbruch, Gustav, 142, 172
Rahnfeld, Michael, 54, 70
Rassenlehre, 46
Rating-Agenturen, 183
Reaktionsgrundrecht, 151, 157, 183
Reaktor-Unfall, 96
Rechtssystem, 40, 81, 83, 110
Recktenwald, Horst Claus, 136
Reformationszeit, 46, 162, 164
Relation, 24, 25
Relativierungsbewegung, 48
Religion, 7, 22, 31, 33, 34, 35, 45, 54, 70, 93, 128, 141, 162
Religionsbegriff, 31, 32, 33, 34, 54, 70, 163
Religiosität, 33, 35
Renaissance-Schübe, 45
Renger, Edward D., 98
Repräsentationsfunktionen, 27
Rückbindung, 33, 34
Rudel, 14

S
Sachverständigenrat, 186
Salomo, Sören, 145
Salutogenese, 16
Sanitätstruppen, 15
Schädigung, 171, 175, 178, 183
Schaefer, Jochen, 6, 14
Schaffner, Ken, 14
Schiller, Friedrich, 22, 35
Schimpf und Schande, 39
Schirnding, Albert von, 68
Schlaf, 5
Schlafen, 15
Schlaflosigkeit, 5, 6
Schleiermacher, Friedrich, 128
Schlink, Bernhard, 159
Schmidt-Bleibtreu, 160
Schmidt, Johann Caspar, 81
Schonung, 84, 85
Schulmediziner, 15

Schumpeter, Joseph, 174, 183, 187
Schutzmaßnahmen, 6, 15
Schwerbehinderte, 169
Seele, 7, 126, 152
Selbstbeobachtung, 55
Selbstbestimmung, 37, 66, 69, 70, 130, 148, 149, 150
Selbsterhaltungsprinzip, 55, 61
Selbsterhaltungsstrategie der Vernunft, 54, 70
Selbsterkenntnis, 9, 55, 56, 59, 65, 66, 126, 162, 165
Selbstheilungsfunktionen, 15
Selbstorganisation des Marktgeschehens, 85, 86
Selbstschädigung, 62, 69, 94, 102, 105, 118, 125, 126, 173, 179, 183
Selbsttötung, 16
Selbstüberprüfung, 55
selbstverantwortliche Ethik, 50, 51
Selbstverantwortlichkeit, 54, 93, 169
Selbstverantwortung, 34, 56, 85, 92, 95, 98, 103, 168
Selbstverpflichtung, 82, 84, 99, 110, 112, 178
Seneca, 45, 101, 113
Sicherheitsexperten, 107
Sicherheitsorgan, 5, 42, 68
Singer, Peter, 149
Sinn, 22, 27, 30, 48, 54, 56, 58, 61, 64, 78, 90, 98, 102, 136, 141, 147, 162, 187
Sinnannahme, 56, 58, 71, 89, 149, 151
Sinnbegriff, 30, 34, 90, 91
Sinnleere, 36
Sinnlosigkeit, 29, 36, 56, 93, 132, 150
Sinnproblem, 29, 35, 149
sinnstiften, 141, 145, 168, 181
Sinnstiftung, 35, 36
Sinnstiftungsfähigkeit, 157, 160
Sinnstiftungsstreben, 193
Smith, Adam, 16, 35, 48, 79, 80, 121, 136, 137, 138
Sokrates, XIV, 9, 45, 60, 62, 65, 68, 90, 126, 128, 132, 142, 148, 186, 189, 191
Sollen, 3, 24, 48, 67, 69, 71, 128, 133
Sonnenenergie, 97, 122, 189
Sonnenenergiehaushalt der Natur, 97
Sonnenkollektoren, 122
Sousa Ferreira, Karin de, 18
Spinoza, Baruch de, 54, 126
Staat, 4, 17, 23, 24, 35, 60, 64, 79, 82, 89, 91, 95, 112, 113, 116, 122, 126, 130, 132, 139, 141, 144, 151, 153, 154, 158, 162, 163, 165, 166, 168, 170, 171, 172, 174, 175, 176, 178, 180, 182, 184, 185, 187, 190
staatlich, 141, 144, 147, 149, 151, 154, 156, 158, 163, 165, 168, 170, 172, 175, 177, 180, 185
Staatsbedienstete, 167
Staatskirchenverträge, 142, 155, 157
Staatslenker, 90, 91
Staatsreligion, 68
Stabilität, 51, 64, 66, 72, 161
Stabilitätsmaxime der Gegenseitigkeit, 72
Stabilitätsprinzip der Gegenseitigkeit, 63, 66, 88, 99, 102, 104, 110, 111, 114, 117, 122, 123, 169, 183
Stegmüller, Wolfgang, 27
Stimmigkeitsmaxime, 72
Stimmigkeitsprinzip, 60, 64, 88, 111, 149, 156, 169
Stirner, Max, 54, 81, 82, 83, 154
Studenten, 41, 193
Sukzessionen, 34
Systemattraktoren, 10, 11, 185

T

Thales von Milet, 33
Theobald, Werner, IX, 14, 23, 95, 138
Tiertransporte, 117
Tierwelt, 3, 185
Todesstrafe, 158, 159, 160
Toleranzklasse, 96
Toleranzprinzip, 194
Toleranzspielraum, 83
Totalpfändung, 178
Trotzphase, 69

U

Überlebenschancen, 6, 62, 111, 115
Überlebensfunktion, 4, 5
Überlebenskampf, 12, 18
Überlebensstrategie, 125
Überlebenswille, 11, 17, 47, 128, 185
Ulrich, Peter, XIII, XIV
Unfehlbarkeit, 12
Universität, 132, 142, 167, 170
Unsöld, Albrecht, 2
Unternehmensberater, 12, 131, 185

Unternehmensethik, 1, 23, 64, 114, 138
Unterwürfigkeitsbewußtsein, 16, 66, 171
Ursuppe, 10

V
Variable, 27
Verallgemeinerung, 48, 58, 61, 94, 149
Verantwortung, 56, 69, 85, 97, 107, 116, 122, 125, 142, 161, 173, 174
Veräußerlichung, 109
Verbrechen wider die menschliche Natur, 106
Verein, 23, 46, 52, 82, 142, 148, 164, 191
Vereinzelungsprinzip, 17, 52
Vergangenheit, 10
Vergänglichkeitswerte, 28
Vergesellschaftungsprinzip, 17, 51, 52
Verhaltenskodex, 83
Verkopplungsorganisation, 5
Vermenschlichung, 108, 109
Vermögen, 3, 32, 36, 54, 58, 78, 174
Vernunft, 3, 7, 33, 34, 45, 48, 49, 50, 53, 56, 60, 62, 70, 82, 87, 129, 148, 149
Vernunftidentität, 54
Verrechtlichung, 81, 112
Verstehen, 39, 63, 65, 72, 94, 99, 101, 103, 114, 164, 169
Verstehens-Abgrund, 37
Verstehensbegriff, 99, 102
Verstehensmaxime, 72
Verstehensprinzip, 63, 65, 66, 83, 88, 94, 97, 99, 101, 103, 110, 113, 120, 125, 149, 156, 164, 169
Vertrauen, 12, 68
Viren, 3, 166
Völkerverständigung, 106
Vorsokratiker, 33, 68
VW-Konzern, 104

W
Wahrhaftigkeit, 62, 65, 165, 181
Wahrhaftigkeitsgebot, 62
Wahrnehmungsfunktion, 4, 180
Wahrscheinlichkeit, 57, 62
Waldesruhe, 84
Weber, Max, 127, 162
Weidemann, Volker, 2
Weise, Karl-Heinrich, 2

Welt, 3, 11, 21, 24, 30, 32, 34, 46, 66, 69, 78, 90, 96, 98, 106, 109, 113, 116, 121, 127, 129, 135, 142, 145, 152, 188
Wert, 22, 24, 26, 28, 30, 36, 59, 74, 89, 91, 99, 125, 132, 137, 144, 148, 154, 174, 183, 187
Wertäquivalent, 29
Wertbegriff, 22, 24, 26, 28, 31, 89
Wertehierarchie, 101, 113, 114
Wertentstehung, 31
Wertesystem, 59, 61, 64, 66, 72, 88, 102, 110, 114, 144, 155, 168, 183
Werteverlust, 37, 175, 177
Wert-Haben, 25
Wert-Sein, 25
Wertsystem, 141, 144
Wertzuweisung, 27
Wettbewerbsbeschränkungen, 103
Wettbewerb „Schönes Dorf", 91
Wetz, Franz Josef, 147
Widerspruchsvermeidungsstrategie, 54
Wiederzugriffslager, 107, 125
Wille, 2, 6, 11, 12, 60, 67, 70, 87, 130, 150
Willensformen, 6, 12, 18, 67
Willensfreiheit, 6, 70
Willenshierarchie, 13
Willenshierarchiespitze, 13
Windenergie, 120
Wirtschaft, 16, 23, 39, 40, 67, 72, 77, 79, 85, 109, 135, 137, 162, 170, 174, 181, 183, 189, 193
Wirtschaftsbetrieb, 4, 17, 72, 83, 91, 102, 104, 132, 139, 168, 170, 172, 178, 188, 189, 190
Wirtschaftsethik, 1, 23, 35, 41, 50, 64, 69, 73, 75, 77, 81, 86, 88, 92, 95, 97, 101, 103, 108, 111, 114, 117, 120, 125, 129, 131, 134, 135, 136, 138, 143, 145, 150, 155, 162, 164, 168, 171, 180, 183, 185, 193
Wirtschaftsethik marktwirtschaftlicher Systeme, 50
Wirtschaftsobjekt, 74, 76, 77, 121
Wirtschaftssubjekt, 17, 26, 28, 51, 64, 69, 73, 75, 77, 81, 88, 91, 94, 98, 102, 105, 107, 109, 112, 114, 120, 122, 126, 129, 131, 133, 134, 141, 144, 151, 155, 165, 168, 171, 178, 180, 182, 184, 187, 193
Wirtschaftswissenschaften, 16, 22, 27, 78, 94, 109, 120, 143

Wirtschaftswoche, 35
Wissenschaft, 1, 3, 27, 32, 37, 38, 41, 46, 54, 70, 126, 134, 142, 143, 156, 161, 163, 186
Wissenschaftsglauben, 46, 115
Wissenschaftstheorie, 27, 41, 42
Wohlstandsvermehrung, 16
Wollgast, Siegfried, 126
Würde, 36, 67, 76, 147, 149, 152, 154, 158, 160, 165, 167, 174, 178, 183

X
Xenophanes, 33
Xenophon, 126, 186

Y
Yue, David T., 6, 14

Z
Zahlenwert, 27
Zahnschmerzen, 125
Zauber, 1, 68, 69
Zellbildung, 12
Zellenknäuel, 5
Zellverband, 12
Zentralnervensystem, 14
Zeus, 127
Zimmerli, W. Ch., 41, 42
Zusammenhangsannahme, 56, 58, 89
Zusammenhangserlebnis, 6, 31, 38, 57, 91
Zusammenspiel eines Vereinzelungsprinzips und eines Vergesellschaftungsprinzips, 17, 51
Zwangsjacke, 55
Zwangsversteigerung, 175, 177

Printed in Germany
by Amazon Distribution
GmbH, Leipzig